권력의 현상

―권위, 지배, 무력, 기술―

Phänomene der Macht: Autorität, Herrschaft, Gewalt, Technik

Heinrich Popitz

J. C. B. Mohr (Paul Siebeck) Tübingen

1992

하인리히 포피츠 저
현동균 번역 및 역주

Phänomene der Macht: Autorität-Herrschaft-Gewalt-Technik
by Heinrich Popitz
Copyright © 1992 Mohr Siebeck Tübingen
All rights reserved.
This Korean edition was published by ZININZIN in 2025 by arrangement with Mohr Siebeck GmbH & Co. KG Tübingen through Hobak Agency.

이 책은 호박 에이전시(Hobak Agency)를 통한 저작권자와의 독점계약으로 진인진 출판사에서 출간되었습니다. 저작권법에 의해 한국 내에서 보호를 받는 저작물이므로 무단전재와 복제를 금합니다.

목차

일러두기 ··· ix
저자에 대하여 ·· xii
역자에 대하여 ·· xiii
역자 서문 ·· xv
저자 서문 (제2판) ··· xxiii

제1부. 권력의 개념 ··· 1

1. 인간적 소산으로서의 권력에 기반한 질서들 ········ 4
    I. 권력에 대한 문제를 제기함에 있어서의 역사적 전제:
        권력에 기반한 질서들은 인간적 소산 ············· 4
    II. 권력의 편재성 ·· 9
    III. 권력에 의한 자유의 제약 ··························· 15
    IV. 이 장의 정리 ·· 19

2. 권력의 기본적 인류학적 형태 ·························· 22
    I. 행동 권력 ·· 26
    II. 도구적 권력 ·· 28
    III. 권위적 권력 ··· 33
    IV. 데이터설정 권력 ·· 36
        네 가지 유형의 권력에 대한 요약 ················ 39
    V. 권력 형태들의 보편성과 그들 간의 관계 ······ 42

제2부. 권력 관철의 형태 ······································ 51

3. 무력 ·· 52
    I. 행동 권력 ·· 53

  II. 인간 무력 관계의 탈 경계적 확장 ·· 58
  III. 살해의 권력 ·· 65
   권력의 완전성에 내재된 이율배반 ·· 73
  IV. 무력극복에 내재된 악순환 ··· 79
  V. 총체적 무력: 미화, 무관심, 그리고 기술화의 복합군 ············· 85

4. 위협함과 위협받음 ··· 103
  I. 위협의 구조 ··· 104
   1) 강제된 선택지 ··· 106
   2) 자기구속 ··· 108
   3) 잠재적 행동을 통한 실재적 행동의 조종 ···························· 110
  II. 위협의 일상성 ·· 113
   은폐된 위협과 은폐된 순종 ·· 116
  III. 위협의 경제 ·· 119
   1) 채산성 ··· 119
   2) 위협의 확장성 ··· 122
   3) 과도한 갈등 준비태세 ·· 125
  IV. 위협받는 존재가 가지는 심적상태의 조형 가능성 ·············· 128

5. 권위적 속박 ··· 136
  권위에 의한 속박이 가지는 특수한 성격 ································ 136
  I. 권위의 효과 ··· 142
  II. 사회적 인정 추구에의 심적 고착으로서 권위적 인정 ·········· 152
   인류학적 기초 ·· 155
  III. 누가 권위를 획득하는가 ·· 158
  IV. 상상력의 중요성 ··· 166
  V. 권위적 권력 ·· 172

6. 권위의 필요성: 사회적 주관성의 변화 ... 175
I. 제도적 권위: 신성한 권위와 태생적 권위 ... 177
II. 인정에의 필요성: 사회적 주관성 ... 182
1) 소속의 인정 ... 188
2) 역할에 대한 인정: 부여된, 성취한 그리고 공적인 역할 ... 190
3) 개별성에 대한 인정 ... 196
III. 상호성에 의거한 권위 관계 ... 200
이 장의 정리 ... 210

7. 기술적 행동 ... 213
I. 사용과 사용권 (소유권) ... 214
II. 변형 (데이터설정 권력) ... 220
III. 제작: 조직화된 제작(노동분업), 지식 기반적 제작 ... 222
IV. 기술적 객체화의 유형 ... 228
V. 기술적 진보를 통한 사회적 권력 잠재력의 성장 ... 233
이 장의 정리 ... 236

제3부. 권력의 안정화의 형태 ... 239
8. 권력 형성의 과정 ... 241
I. 선상에서의 권력 형성 ... 243
1) 기득권자가 가진 우월한 조직화 기량 ... 247
2) 상호성의 원칙으로부터의 정당성의 타당성의 탄생 ... 256
II. 포로수용소에서의 권력 형성 ... 260
1) 연대의 중심이 가지는 생산적 우위성 ... 263
2) 차등화 과정으로서의 권력 획득 ... 270
II. 청소년 교화소 기숙사에서의 권력 형성 ... 279
1) 재분배 체제에서의 권력의 재생산 ... 281

         2) 기본적 정당성으로서 질서의 질서적 가치 ·················· 286
         세 가지 사례에 대한 정리 ······································ 298

9. 권력과 지배 ··· 304
    권력의 제도화 단계 ··· 304
    I. 제도화 ··· 307
    II. 산발적 권력과 규범화의 권력 ··· 310
        1) 산발적 권력 ·· 310
        2) 규범화의 권력 ·· 313
    III. 권력에의 지위 부여: 지배 ··· 319
        신석기 시대 문명에서의 지배의 발생 ···························· 323
    IV. 지배의 장치 ·· 331
        국가의 지배: 중앙 집중적 지배의 일상화 ······················ 334

역자 해제 ·· 339
    1. 하인리히 포피츠의 약력 ··· 341
        가계 ·· 341
        학문적 경력 ·· 341

    2. 학문적 지향성 ·· 343
        초기 연구의 방향 ·· 343
        철학적 인류학의 탐구 ·· 343

    3. 본서에 관하여 ·· 346
        본서의 출판 ·· 346
        본서의 지명도 ·· 346
        본서의 제목인 '권력의 현상'의 의미 ······························ 347

    4. 본서 각 장의 요약 ·· 348
        권력의 개념 ·· 348

권력의 기본적 인류학적 형태 ········· 348
　　무력 ········· 350
　　위협함과 위협받음—도구적 권력 ········· 352
　　권위적 속박 ········· 353
　　권위의 필요성: 사회적 주관성의 변화 ········· 355
　　기술적 행동 ········· 357
　　권력 형성의 과정 ········· 358
　　권력과 지배 ········· 363

5. 본서의 주요 논점 ········· 367
　　권력은 불가피한 인간 조건: 철학적 인류학의 시각 ········· 367
　　권력의 정형화 ········· 368
　　인정의 메커니즘 ········· 372
　　현실적 상황으로의 구체화: 세 가지 에피소드 ········· 373
　　권력의 제도화: 비인격화, 형식화, 통합화 ········· 373
　　본서의 입장 ········· 374
　　본서의 확장성 ········· 375

역자 용어 해설 ········· 377
　　I. 권력(능력), 힘(에너르기), 무력(폭력, 강권, 위력) ········· 379
　　II. 능력, 본원적 역량, 기량, 가능성, 잠재력, 잠재역량, 증강역량 ········· 379
　　III. 관념, 개념, 표상 ········· 381
　　IV. 분리, 분할, 구별 ········· 381
　　V. 사용, 씀, 이용, 유용함, 활용 ········· 381
　　VI. 소유, 소유권, 재산권 ········· 382
　　VII. 조형 가능성, 가소성, 성형성, 반응성 ········· 383
　　VIII. 자기존중감, 자기감, 자기의식 ········· 383
　　IX. 정당, 정당성, 정당함, 정당화, 정당화 과정, 합당 ········· 383

X. 존재, 존재양태, 현존재 ……………………………………… 384

XI. 지배, 강압적 지배, 통제, 통제처분 ……………………… 384

XII. 행동과 행위 ………………………………………………… 386

소포클레스 안티고네 인용문 전문 ………………………………… 387
참고문헌 …………………………………………………………………… 393
독일어 원문, 영어 번역본 쪽수 대조표 …………………………… 403
색인 ………………………………………………………………………… 405

일러두기

1. **부호**: 본서의 【 】 표시는 원문의 쪽수를 표시한 것이다. **볼드체 강조**는 원저자의 강조이며, 역자의 강조는 **방점**으로 표시되어 있다. **큰 따옴표**(" ")는 인용이거나, 원저자에 의하여 삽입된 것이며, **작은 따옴표** (' ')는 수식관계를 분명히 하거나, 그 안의 내용이 원문에는 한 단어로 표시된 것을 명확히 하기 위하여서, 혹은 구절을 구분하거나 그 안의 내용의 강조를 위하여 역자가 삽입한 것이다. 또한 본서에 등장하는 중요한 개념어나 복합어는 다른 단어들과 혼동되지 않도록 하기 위하여 **꺾쇠**를 사용하여 표시하였다. 이로 인하여 가독성이 떨어질 수밖에 없는 단점은, 정확히 저자의 의도를 파악할 수 있다는 장점에 의하여 충분히 보완될 수 있다고 생각한다.

2. **의미의 명료화**: 본서 저자의 문제는 매우 간결하고 압축적이기에, 그대로 번역하는 경우 독자들의 이해가 쉽지 않다. 따라서, 문장의 의미를 명확히 하거나 혹은 문장 간의 연결을 쉽게하기 위하여서는 역자가 **중괄호 [ ]**를 이용하여 첨언을 하였다.

    본서에 나오는 **지시 대명사**의 경우, 지시 대명사를 사용하는 대신, 가급적 그 지시하는 대상을 다시 반복하여 표기하여 그 지시 대상이 무엇인지를 명확히 표현하였다.

    수식관계를 명확히 하기 위하여 **쉼표**를 사용하였다. 예를 들자면, "강력하고 무시무시한 제도의 힘"이라는 문구에서는 수식되는 대상이 제도인지 힘인지 구분이 되지 않는데, 만일 후자의 경우라면, "강력하고 무시무시한, 제도의 힘" 등으로 중간에 쉼표를 삽입하였고, 그렇지 않은 경우 수식어의 바로 뒤의 단어가 수식의 대상이 된다.

3. **본서와 독일어 원본, 그리고 영역본의 대조**: 본서의 영역판은 2017년에

서야 비로소 폿지 교수(Gianfranco Poggi)의 번역에 의하여 뒤늦게 출판되었으며, 그 이후 이 영역본이 영미권에 있어서 본서를 인용하는 기초가 되었다. 독일어에 익숙하지 않은 독자들은 본 한국어 번역판을 읽으면서 그 영문판을 참고할 수 있고, 그를 위하여 본서의 부록에는 독일어판의 페이지 수와 영문판의 페이지 수를 대조하여 놓았다.

4. **직역이냐 의역이냐**: 독일어의 사회과학 내지는 사회철학 서적을 번역할 때 당면하는 문제는 직역을 할 것인가, 혹은 의역을 할 것인지에 대한 결정이다. 전자의 경우에는 당연히 독자들에게 생소한 개념어가(특히 복합적 개념어가) 자주 등장하기 마련이기에 가독성이 떨어지고, 반면 의역을 하는 경우에는 가독성은 향상되지만, 반면 원문에 자주 등장하는 개념들이 희석화될 위험이 존재한다. 폿지 교수의 영어판 번역은 후자를 선택하였기에 가독성이 뛰어나지만 사실 많은 부분을 놓치게 된다. 역자는 가급적 독일어 원문의 직역에 기초하였고, 따라서 폿지 교수의 영문판 번역과는 다소의 차이가 존재한다.

5. **색인**: 본서에 포함된 색인은 통상적으로 색인항목에 포함되는 **중요한 주제어** 이외에, 한국어로 번역된 단어의 원어를 표기한 일종의 **단어장**과도 유사한 역할도 하도록 구성하였으며, 독자들이 번역어와 원어를 쉽게 대조하기 쉽도록 하였다(색인 항목 중 쪽수가 표시되어 있지 않은 것들이 이러한 단어장에 해당한다). 또한 독일어에 익숙하지 않는 독자들을 위하여 별도로 해당 영어단어도 색인에 표기하였다.

레슬리에게

저자에 대하여

하인리히 포피츠

저자 하인리히 포피츠(1925-2002)는 1925년에 독일 베를린에서 바이마르 공화국의 마지막 재무장관이며, 후에 히틀러 암살 음모에 가담하여 처형당한 요하네스 포피츠의 장남으로 태어났다. 그는 스위스 바젤대학에서 저명한 실존주의 철학자이자 심리학자인 칼 야스퍼스의 지도하에 청년 마르크스의 소외론과 역사철학에 관한 논문으로 박사학위를 받았고, 이후 주로 프라이부르크대학에서 사회학과 사회철학의 교수를 역임하였으며 2002년 영면하였다.

그는 산업사회학과 사회철학 등의 분야에 있어서 전후 독일의 가장 독창적인 학자로 정평이 높다. 특히 그는 서독의 철강 노동자들의 삶에 관한 두 권의 기념비적인 산업사회학 저술의 공저자 및, 권력에 관한 논문과 저술로 유명하다. 본서는 권력에 대한 '철학적 인류학'(philosophische Anthropologie)의 백미(白眉)로 알려져 있으며, 전후 독일에서의 권력론에 있어서 루만(Luhmann)의 권력론과 함께 가장 중요한 두 권의 저서로 손꼽힌다. 그리하여 본서는 독일의 정치학 및 사회학 분야에서 오랫동안 핵심 텍스트로 사용되어 왔으며, 유럽에서의 민족지학적이며, 인문학적인 전통과 역사적 접근법에 기반함과 동시에 영미권 연구 전통의 특징으로 여겨지는 분석적 시각을 겸비한 명저이다. 본서에 대하여 많은 학자들은 권력을 분석함에 있어서 "통찰력의 진정한 보고"라고 평가하여 왔다. 저자는 또한 이미 국내에 번역 출판된 『청년 마르크스의 휴머니즘』 및 『소외된 인간―청년 맑스의 시대적 비판과 역사 철학』의 저자이기도 하다.

보다 자세한 내용은 역자 해제를 참고하기 바란다.

역자에 대하여

현동균

역자는 서울대학교 경제학과를 졸업한 후 영국 런던정치경제대학 및 케임브리지대학을 졸업하였으며, 포스트 케인지언 및 제도학파의 시각에서 투자이론, 화폐 및 금융이론 등에 관한 다수의 논문을 해외의 저명한 저널에 영문으로 발표하였다.

한국어 역서로는 『케인즈 경제학을 찾아서』(마크 헤이스 저), 『포스트 케인지언 경제학에의 초대』(존 킹 저), 『권력의 법칙』(프리드리히 폰 비저 저), 『화폐, 계급, 사회』(빌헬름 게를로프 저), 『자본주의와 자발적 예속』(프레데리크 로르동 저), 『권력이란 무엇인가』(스티븐 룩스), 그리고 저술로는 『앨리스의 이상한 나라 경제학 퇴치 가이드 - 정치인과 대중을 위한 새경제학 여행』이 있으며, 영문 역서로는 『Sacred Money』(신성화폐, Bernhard Laum), 『The State Theory of Money』(국정화폐론, G.F. Knapp 저), 그리고 『The Theory of Money』(화폐론, Friedrich von Wieser)가 있다.

역자는 또한 현재 일본, 홍콩, 태국, 인도네시아 등에서 사무소를 운영하는 금융 자문회사 이머징 아시아 캐피털 파트너스(Emerging Asia Capital Partners)의 파트너로 근무하고 있으며, 과거 약 30년간 해외 대형 투자은행에서 인프라, 에너지, 전력 및 자원 사업의 사업개발 및 금융자문에 종사하였다. 최근에는 러시아 및 동구권 최대 투자은행인 러시아 국영 대외무역은행(VTB Capital)의 싱가포르 지점에서 아시아 지역 투자은행 부문 대표를 역임하면서 아시아와 러시아·CIS(독립국가연합) 지역 간 인프라, 에너지 등의 합작 대형 사업의 개발 금융, 프로젝트 금융 및 직접투자 등을 자문하였고, 그 이전에는 ABN AMRO 은행 홍콩 지점에서 동북아시아 에너지 및 광물자원 분야 대표 및 씨티그룹(Citigroup-Salomon Smith Barney) 홍콩의 아시아 지역 본부에서 투자은행 부문 부사장을 역임하며, 프로젝트 금융, 개발 금융, 기업인수합병, 직접투자 및 장기 자본조달 분야를 자문하였다. 또한 러시아 정부 소유 극동개발펀드의 고문과, 금융 분야 외의 실물 분야에서는 세계 최대의 철도 회사인 러시아국영철도(RZD)의 아시아 지역 철도 및 항만 개발 사업의 고문을 역임한 바 있다.

역자는 상아탑 내의 학자들과는 달리, 현재 글로벌 금융시장에서의 과거 30년간의 경험, 경제학 지식, 그리고 사회철학적 지식을 결합하여 여러 저술 및 연구활동을 하고 있다.

역자 서문

본서는 독일어권에서 사회학, 정치학에 있어서 필수 도서라고 간주되는 하인리히 포피츠가 저술한 Phenomene der Macht (1992, 제2판)의 완역이다. 저자는 스위스 바젤 대학에서, 실존주의 철학자로 유명한 칼 야스퍼스 문하에서 청년 마르크스의 소외론과 역사 철학에 관한 주제로 박사 학위를 취득하였으며, 이후 독일의 프라이부르크대학 등에서 사회학과 사회철학 분야의 교수직을 역임하였는데, 산업사회학과 사회철학 등의 분야에 있어서 전후 독일의 가장 독창적인 학자로 정평이 높다. 그는 또한 한나 아렌트의 아주 친밀한 친구로도 알려져 있다.

본서는 그간 독일어권에서는 정치학 및 사회학 분야에서 오랫동안 핵심 필독서로 사용되어 왔는데, 권력을 분석함에 있어서 "통찰력의 진정한 보고"(Harrington 2018)라고 하여도 절대 과언은 아니다. 그리고, 독창적인 통찰로 가득차 있는 본서의 각 문장은, 마치 영미권 철학에서 볼 수 있는 것과 같은 분석의 엄밀함과 정교한 논리도 동시에 수반하여 많은 학자들을 경탄하게 만들었다. 본서는 유럽에서의 민족지학적이며 인문학적인 전통과 역사적 접근법에 기반함과 동시에, 영미권 연구 전통의 특징으로 여겨지는, 분석적 시각을 겸비한 명저이다(Harrington 2018)

그리고 본서는 권력에 대한 '철학적 인류학'(philosophische Anthropologie)의 백미(白眉)로 알려져 있으며, 전후 독일에서의 권력론에 있어서 루만(Luhmann)의 권력론과 함께 가장 중요한 두 권의 저서로 손꼽힌다. 이때, '철학적 인류학'이란 영미권에서는 다소 생소한 분야로서, 다양한 인류학적 현상들의 배후에 존재하는 보편적인 인간 존재의 구조와 조건을 탐구하는 분야이다. 이는 칸트로 거슬러 올라갈 수 있으며, 후에 막스 쉘러(Max Scheler), 헬무트 플레스너(Helmuth Plessner), 아놀드 겔렌(Arnold Gehlen), 그리고 본서의 저자인 포피츠에게 계승되어 왔다.

본서는 권력이라는 것은 피할 수 없는 인간 조건이라는 인류학적 전제하에, 막스 베버의 전통, 권력과 지배에 관한 마르크스적 통찰, 개인성에 대한 짐멜의 통찰 및 실존주의적 요소를 반영하여, '사회적 삶의 핵심적 단면으로서 보이는 권력 현상'을 분석한다. 동시에, 구조 내지는 거시적 관점에서 권력을 분석할 때 자칫 간과하기 쉬운, 인간의 심리를 통한 권력의 미시적 작동에 대한 분석과 실존주의적 관점을 그의 권력 이론 체계에 도입하고 있다.

그리고, 일찍이 막스 베버가 '권력'은 '무정형적'이라고 말하면서 더 이상의 구체적 분석을 멈추고, 동시에 '지배'(Herrschaft)를 좁은 범위의 유형으로만 한정시킨 것을 극복하고, 권력이 '관철되는 방식', 즉 상대에게 권력이 어떠한 방식으로 실행되는가에 따라 권력을 구분하여 정형화시키고 있다. 이는 권력론에 있어서의 또 다른 고전이며 본 역자가 2024년에 번역 출판한 바 있는 스티븐 룩스의 『권력이란 무엇인가』가 권력을 의식으로부터 은폐되는 정도에 따라 1차원, 2차원, 그리고 3차원적 권력으로 분류를 하고 있다는 점과 대비된다. 하지만 양자는 동일한 현상에 대하여 서로 다른 방향으로 케이크 자르기를 하고 있다는 점에서 상호 크게 보완적이라고도 할 수 있다.

세간의 권력에 대한 서적들은 권력의 본질에 대한 깊은 성찰은 외면한 채, 정의(定義)가 결여된 단지 모호하고 피상적인 권력에 대한 이해에 기반하고 있는 경우가 많은데, 이에는 통속적인 '처세술' 서적뿐만 아니라 『권력과 진보』(대런 아세모글루 저)와도 같은 소위 노벨상 수상자의 저서들도 예외는 아닐 듯하여 개탄스러운 것이 현실이다. 본서에는 그러한 소위 '유명한' 저술들의 오류와 한계를 직시하고 극복할 수 있는 통찰이 담겨져 있다.

특히 '무력'과, '인정'에 의한 '권위적 권력'의 발생과 유지에 대한 그의 통찰은 무력과 권위에 대한 후대의 각종 논문과 저술에서 빠짐없이 인용되는 부분이기도 하다. 그리고, 본서에서 등장하는 세 개의 에피소드(제8장)도 독일의 교과 과정 및 논문에서 아주 빈번히 인용되고 있다. 또한, 그의 「데이터설정 권력」에 대한 분석은, 쇼샤나 주보프$^{(Zuboff, S)}$의 저술과 더불어, 현대 디지털-인공지능 시대의 권력을 분석하기 위한 유용한 관점을 제공하고 있다.

본서는 영미권에서는 뒤늦게 알려지게 되었는데, 이는 본서의 영문 번역이 2017년에서야 이루어졌기 때문이었다. 하지만 본서의 영문 번역본이 출판된 2017년 이후에는 영미권에서 수많은 서평이 유수 저널에 게재되었고, 향후 영미권에서 본서에 대한 연구가 활발히 지속될 것으로 사료된다.

하지만 본서는 한국의 학계 및 독자들에게는 아직까지는 지명도가 높지 않은 것도 사실이다. 단, 서울대학교 박상섭 교수는, 포피츠에 의하여 지대한 영향을 받은 폿지$^{(Gianfranco\ Poggi)}$에 대한 논문에서, 본서에서의 포피츠의 권위에 대한 분석은 "권력의 개념이 대단히 명료하게 제시된 글이라는 점에서 권력의 사회학적 논의에 관심 있는 학도들에게는 필독의 글로 여겨진다"고 언급하고 있다(박상섭 2015: 223). 반면, 다수의 독자들의 경우, 하인리히 포피츠라는 저자의 이름 자체는 이미 황태연 교수에 의하여 번역된 저자의 또 다른 명저인, 청년 마르크스의 철학에 대한 저서(포피츠 2009; 2023)를 통하여 이미 친숙할 것으로 생각된다.

*＊＊

그런데, 권력과 지배라는 개념이 우리에게 왜 중요한가. 이는 '자유'라는 개념이 가진 그 한계를 정확히 이해하고 그것의 남용을 경계하며, 진정한 '자유'를 쟁취하기 위하여서는 권력과 지배라는 개념을 먼저 이해하는 것이 핵심적이기 때문이다.

나의 자유는 타인에 대한 지배를 의미할 수 있기에, 나의 그러한 자유는 타인의 입장에서는 그 타인에 대한 속박이 될 수 있다. 나의 자유와 타인의 자유는 의식적으로, 무의식적으로, 혹은 사회 구조적으로 상충할 수 밖에 없는데, 따라서 각자의 무제한적인 자유의 추구와 그에 따르는 만인의 만인에 대한 투쟁을 제약하기 위하여서는 결국 각자가 가진 자유에 대한 견제와 그 자유들 간의 어떤 형태의 '균형'이 필요할 수 밖에 없다. 단, 역자의 견해로는, 이때의 '균형'이란, '공평'하다는 도덕적인 의미가 아니라, 주인과 노예 간의 관계에서 볼 수 있듯이, 한쪽은 일방적인 자유를 추구하고 다른 쪽은 아주 경미한 자유를 누릴 수 있더라도 어떠한 안정적인 '자유의 배분상태'를 의미한다. 이러한 균형은, 단순히 칸트가 말하는 각자의 도덕적 자제나, 사회 계약설에서 말하는 가상적 사회적 합의에 의존하는 등의 유토피아적인 발상을 논외로 한다면, 결국 각자가 가진 권력의 크기에 의하여 불평등하더라도 달성되기 마련이며, 이는 결국 약자의 자유를 제약하는 권력과 지배의 문제로 귀착될 수 밖에 없다. 그리고, 인류 역사가 시작된 이래, 인간 사회가 존재하고 사회적 분업이 존재하는 여하의 장소에서는 필히 이러한 자유와 지배 간의 상충이 존재할 수 밖에 없었다.

자유라는 개념은 홀로 사용될 때는 공허한 것이며, 주인과 노예 간에 존재하는 바와도 같은 자유의 '불평등한 배분'을 간과하게끔 하는데, 그럼으로써 오히려 지배와 압제를 정당화하는 수사로 악용될 수 있다. 그렇기에 역사상 모든 독재자들은 '자유'라는 단어를 애용하였고, 자유주의의 화신인 하이에크나 프리드먼은 피노체트와도 같은 독재자들을 미화한 바 있다. 그러한 의미에서, 자유라는 개념은 그것의 순수한 의미와는 달리 오히려 남용되기 쉬운 '비애'를 타고난 단어이다. 따라서 자유의 공허함을 매우기 위하여 그것과 필히 함께 생각하여야만 하는 개념이 바로 '권력'과 '지배'이며, 이것들이 오히려 인간사회를 이해하고 진정한 자유를 달성하기 위한 핵심적 개념이다.

일반적으로 말하자면, 자유를 보는 두가지 관점이 존재한다. 하나는 "자유에 대한 최소한의 관점"이라는 것인데, 쉽게 말하자면, "자유란 내가 하고 싶은 것을 방해받지 않는 것"이다. 이 관점은 (신)자유주의자 내지는 시장주의자들이 옹호하는 관점이다. 또 다른 관점은, 소위 "공화주의적" 관점인데, 이때의 자유란 "타인에 의하여 지배받지 않는 것" 혹은 스피노자식으로 말하자면, "내가 나의 본성에 따를 경우 내가 하기를 거부하는 것을, 하도록 강요받지 않는 것"이다.

물론 두 입장 모두 각자의 한계를 극복하기 위하여서는 일정한 제약 조건이 부과된다. 즉, 전자에 있어서는 "너의 자유를 침해하지 않는 한에서", 그리고 후자는 "너의 '의무'를 지키는 한에서" 등의 조건이 부과된다. 물론 이 두 가지 조건 모두 문제점을 가지고 있다. 전자에 있어서는 나의 자유가 타인의 자유를 침해하고 있는지를 파악하는 기준이 무엇인가, 그리고 후자에 있어서는 과연 어떠한 경우가 나의 의무이고 어떠한 경우가 나에 대한 지배라고 간주될 있는가의 문제이다. 예를 들어, 중국집에서 주문을 할 때, 직장 상사가 "짜장면과 짬뽕 중에서만" 선택하라고 명시적으로 말하던지, 아니면 그 상사가 자신은 짜장면을 주문할 것이라고 먼저 선언함으로써, 부하들이 다른 것을 선택하지 못하도록 암묵적으로 강요하였다면, 혹은 가스라이팅을 통하여 부하들을 세뇌시킴으로써, 마치 부하들이 자신들이 자발적으로 선택을 하는 것으로 느끼게 하였다면, 이러한 상황들에서도 과연 부하들은 어찌되었건 선택의 자유를 가지는 것인지 (자유주의자들의 관점에서는 그 배경과는 상관없이 보여지는 상황만 문제삼기에 "그렇다"라고 대답한다), 아니면 그 자유가 침해되는 것인가라는 질문이 제기될 수 있다. 이러한 자유의 제약에 대한 질문은 결국 위의 예에서의 상사와도 같은 어떤 타인의 권력의 행사 여부에 대한 질문으로 변화시킬 수 있고, 오히려 권력과 지배의 관점에서 볼 때 자유의 제약 문제가 보다 명확히 보일 수도 있다. 반면 공화주의자들의 관점은 지배를 명시적으로 자유의 개념에 도입하는 장점이 있다. 후자의 경우 문제시되는 점은 지배와 의무의 경계선을 어떻게 확정하는가라는 질문이다.

이러한 세부적인 논쟁들을 차치한다면, 어떠한 자유의 관점을 택하는 지는 그 자유를 바라보는 "시선"의 주체가 가진 사회적 입장에 따라서 달라질 수 있다. '자유에 대한 최소한의 관점'은 다분히 권력을 가진 자들에게 유리한 관점이다. 왜냐하면, 권력자들은 (위의 중국 음식점에서의 예에서 볼 수 있듯이) 다양한 방법들을 동원하여 자신들의 자유는 최대화하고 피지배자들의 자유는 최소화하도록, 물리적이거나, 선택지를 제약하는 프레임 내지 의제를 설정하거나, 혹은 가스 라이팅을 통하는 방법 등을 통하여 자유의 분배상태를 결정할 수 있는 권력을 가지고 있고, 더욱이 그러한 자신이 설정한 상태에서는 모두가 자유롭다고 (허위로) 선언할 수 있는 권력 또한 가지고 있기 때문이다. 반면, 공화주의적 관점은 다분히 피지배자들에 유리한 관점이다.

이렇듯, 인간 세상은 권력자들에 의하여 움직여지기에 권력자들의 해석에 따라 '자유'가 정의될 수 있다. 즉, 권력자들은 '자유'를 정의하는 '자유' 내지는 권력을 가지고 있다. 절대왕정시대에서는 권력자들이 자유의 불평등한 분배가 신의 섭리라고 정당화하였다면, 자본주의시대에서의 가진 자의 자유는 신성한 시장의 원칙에 의하여 정당화되는데, 막스 베버는 일찍이 시장에 의한 지배는 명시적인 지배보다도 더 강력하다고 언급한 바 있다. 즉, 각 시대별로는 단지 권력자가 정한 자유를 정당화하는 방법에 있어서의 차이만 존재할 뿐이다. 그리하여 진정한 자유를 추구하기 위하여서는 각 시대에서 당연한 것으로 받아들여지는, 권력에 의하여 정의된 자유의 허상을 직시할 필요가 있다. 그리고, 그를 위하여 필요한 개념이 바로 권력과 지배이다. 이러한 권력과 지배의 문제를 간과하는 사회과학은, 자칫 독재자의 자유를 정당화하고, 특히 현대 자본주의 체제에서는 시장의 자유에 대한 맹목적인 믿음과 수렴할 수 있는 위험을 항시 내포하고 있다.

세간에 출판된 신자유주의에 대한 다양한 비판서들은 그 자체로 중요한 의미를 가짐에는 틀림없지만, 본인의 관점에서 볼 때는 이러한 권력과 지배에 대한 근본적인 물음에서 시작하여 신자유주의 이데올로기를 해부하는 경우는 흔하지 않다. 이에 본서와 같은, 권력과 지배에 대한 근본적인 물음을 제기하는 고전의 소개가 절실한 것이며, 이것이 역자로 하여금 본서를 번역하게끔한 중요한 계기가 되었다.

***

참고로 본서는 역자가 기획한 권력과 지배 시리즈의 네 번째 출판물이기도 하다. 시리즈의 첫 번째인 프리드리히 폰 피저의 『권력의 법칙』은 역사를 권력의 형성과 운행으로 설명하는 통시적 대서사시이다. 시리즈의 두 번째 번역인, 프레데리크 로르동의 『자본주의와 자발적 예속』은 마르크스와 스피노자를 결합하여 자본주의하에서의 임노동 관계를 분석하면서 자발적 예속을 가능하게 한 미시적 메커니즘을 파헤친다. 세 번째는 권력론의 불후의 현대적 고전으로 알려진 스티븐 룩스의 『권력이란 무엇인가』로서, 그간의 권력에 대한 논의를 집대성하고 있는데, 권력을 그것이 은폐되어 있는 정도에 따라서 분류하고 있다. 마지막으로 본서는 권력을 그것이 관철되는 방식에 따라 분류하고 미시적으로 분석을 시도하고 있다. 이 네 권의 저술들은 물론 그 통찰에 있어서 많은 부분 중복이 존재하지만, 그 분석 방법과 대상에 있어서는 상호 보완적이기에, 독자들에게는 권력 현상을 이해함에 있어 풍부한 내용과 통찰을 제공한다. 따라서 그 네 권의 저술을 통하여 얻은 지식을 인문 사회과학의 다양한 분야에서 응용할 때, 현실에서 감추어있는 권력과 지배관계를 파악하고 극복함으로써, 신자유주의자들의, 지배를 은폐하고 정당화하는 허상으로서의 자유가 아닌, 지배로부터의 '진정한' 자유를 쟁취하는 길로 향할 수 있다고 역자는 믿는다.

기타 본서에 대한 자세한 설명 및 요약은 역자의 해제로 갈음하려 한다.

※※※

   본 역자는 본서에서 보이는 저자의 권력에 대한 날카로운 통찰이, 현재 첨예하게 드러났던 대한민국의 정치적 불안정과 '정당하지 못한 권력'의 지배를 극복하고 진정한 자유로 향하는 길을 회복할 수 있는 지혜를 제공할 수 있기를 바란다.

   마지막으로, 지난 추운 겨울, 무도(無道)한 권력에 항거하여 결국 자유를 수호한 시민들을 치하하며, 본서의 출판에 힘써주신 진인진 출판사의 김태진 대표님 및 편집부 직원들에게 감사의 말씀을 전하면서 본 서문을 마치고자 한다.

2025년 4월,
고난의 겨울이 끝난 어느 날,
서재에 앉아 이제는 완연한 봄날을 완상하며,
역자

저자 서문 (제2판)

【3】 본서 초판에 실린 네 편의 논고(論考)에 추가하여, 금번 제2판에서는 네 편의 새로운 논고가 보완되었다. 이를 통하여 주제 범위가 확장되었으며, 바라건대 논리적 연결성도 더 명료하여졌기를 기대한다.[1] 이번 제2판에 새로 추가된, 서론에 해당하는 논고인 '권력의 개념'(제1장, 그간 미출간 원고)은 현대에서의 권력에[2] 대한 사안화(Problematisierung)가 가지고 있는 역사적 전제(Prämisse)들을 우선적으로 탐구한다. 그러한 전제들에는 하나의 공통된 요건(Voraussetzung)이 보인다: 즉, 그것은 권력을 인간의 사회화 과정에서의 보편적 요소로서 이해하여야만 한다는, 어쩌면 당연시되는 추정(Unterstellung)이다. 이와 같이, 권력 개념을 암묵적으로 「인류학적 개념화」(Anthropologisierung)하는[3] 측면은 "어떠한 「행동의 본원적 역량」(Handlungsvermögen)이[4] '인간의 인간에 대한 권력'을 구성하는가"라는 질문을 통하여 명확히 드러난다.[5] 이 질문은 다음과 같은, 권력의 네 가지 종

---

[1] [역주] 아래의 짧은 개요는 너무 함축적이며, 사용하는 개념들의 추상성 때문에, 이후 본문을 읽기 전에는 이해하기는 쉽지 않다. 독자들은 그 자세한 의미에 대하여서는 지금 시점에서는 유념할 필요가 없고 본서를 완독한 이후에 다시 읽기를 바란다.

[2] [역주] '권력'과 '지배'에 대하여서는 용어 해설 I, XI 참고.

[3] [역주] 본서는 철학적 인류학의 영역으로 분류되는데, 이에 관하여서는 각주 10 참고.

[4] [역주] 「본원적 역량」(Vermögen), 그리고 유사한 어휘의 의미에 관하여서는 용어 해설 II 참고.

[5] [역주] 이 문장 자체로서는 이해하기 쉽지 않다. 이 문장을 보다 쉽게 풀어쓰자면 다음과 같다: 즉, 인간이 인간에 대하여 행사하는 권력이라는 인류학적 측면에서 보편적으로 보이는 주제를, 인간의 행동을 야기하는

류의 인류학적 기본 형태(권력 관철의 형태)의 규명으로 이어진다 (제2
장):「행동 권력」^(Aktionsmacht),「도구적 권력」^(instrumentelle Macht),「권위적 권
력」^(autoritative Macht),「데이터설정 권력」^(datensetzende Macht)이 그것들이다. 제
2부에 수록된 다음 다섯 편의 논고들은 이들 각각의 권력의 기본 형태들
과 연관된 핵심 주제들을 다룬다.

- 「행동 권력」: 무력^(Gewalt) (제3장).
- 「도구적 권력」: 위협함과 위협받음^(Drohen und Bedrohtsein) (제4장. 신규 수록. 기존 미출간)
- 【4】「권위적 권력」:「권위적 속박」^(Autoritätsbindung) (제5장) 및「권위의 필요성」^(Autoritätsbedürfnisse) —「사회적 주관성」의 변화^(Der Wandel der sozialen Subjektivität) (제6장, 신규 수록) (Popitz, 1987).
- 「데이터설정 권력」: 기술적 행동 ^(Technisches Handeln) (제7장).

권력의 관철 과정은 전형적인 공고화, 즉, 성취된 '권력 우위성'의 특
정한 안정화 단계로 이어진다. 이와 같은 권력의 안정화 형태가 본서 제3
부의 주제이다.

이러한 안정화는 안정적인 '이해관심의 상황'^(Interessenlage)을 창출함을
통하여 달성될 수 있다. 이에 관하여서는 본서에 새로이 추가된 '권력 형
성의 과정' (제8장)에서 다루고 있다. (이 논고는 동 주제에 관한 필자의
최초의 출판물이었는데, 원래 1968년 튀빙겐에서 출판된 바 있다.) 이
논고에서는 [가상적 사례에 등장하는] 세 가지 유형의 그룹을 통하여 조망
된, 세 가지 유형의 권력 형성에 관하여 논의하고 있다. 첫 번째 사례에
서의 그룹은 획득한 소유상의 우위를 바탕으로「권력 수단」을 장악한 후,

(내재적인)「본원적 역량」으로 환원시켜 철학적으로 분석하려고 한다.
이때, 분석의 대상이 되는 인류학적 측면에서의 권력의 양태는 다음 문
장에서 기술하고 있는 크게 네 가지로 나뉜다.

자신들에게 봉사하는 계급을 창출함을 통하여 권력을 안정화한다. 두 번째 사례에서의 그룹은 외부자들과의 관계를 권력 중심에 대한 상이한 이해관심의 상황으로「차등화」함에 성공한다. 세 번째 사례에서의 그룹은 재분배 체제를 통하여 이「차등화」를 확실히 한다.

이러한 안정적인 이해관심의 상황은「권력의 제도화」와「정당화」를 통하여 더욱 견고하여질 수 있다.

제도화는 권력에 '준 객관적'인 의미를 부여한다: [권력의] 현 보유자가 누구인지의 여부와는 독립적으로 존속되는「권력의 지위」$^{(Machtposition)}$가 형성되며, 권력 행사를 기대의 틀에 맞추는 "절차 규칙"$^{(Verfahrensregeln)}$도 확립된다. 또한 권력 중심을 포괄적 질서 내로 통합하는, 다양한 사회적 구성과의 관계도 생성된다.【5】이러한 제도화의 과정은 본서에서는「단계적 모델」을 통하여 분석된다(제9장. 권력과 지배,[6]「권력의 제도화」단계)

마지막으로, 권력이「정당화」$^{(Legitimierung)}$를 통하여, 즉, 주어진「권력의 기울기」$^{(Machtgefälle)}$를[7] 구속력 있는 질서로서 인정함을 통하여, 안정화를 획득하는 단계가 있다. 본서에는 정당성$^{(Legitimitat)}$에[8] 대한 독립된 논고가 포함되지는 않았으나, 정당성의 발생에 대한 부분은 '권력 형성의 과정'(제8장)에서 다루어지고 있다. (특히,「상호성의 원칙」으로부터의「정당성의 타당성」의 탄생, (제8장 I),「기본적 정당성」으로서의 질서의「질서적 가치」(제8장 III)를 참고할 것)

이상이 아주 대략적인 개요이다. 본서에서 제시된 여덟 편의 논고는[9]

---

6 [역주] [역주] 용어 해설 I, XI 참고.
7 [역주] 각주 128 참고.
8 [역주] 용어 해설 IX 참고.
9 [역주] 서문을 포함하여 총 9장이다.

권력의 근본적 관철 형태 및 안정화 형태에 대한 연구이다. 이 논고들을 함께 읽었을 때, 권력 현상이라는 미로를 헤치고 나갈 수 있는 일종의 길잡이 네트워크를 제공할 것이다. 그러나 각 논고는 [개별 주제에 대한] 독립적인 탐구를 위하여서도 적합하게 기획되었으며, 따라서 다른 논고에 대한 사전 지식을 전제하지 않더라도 읽을 수 있다.

제1부. 권력의 개념

【11】 아래의 고찰에서는 권력 현상을 분석하기 위하여 필요한 일반적 준거의 틀을 모색하기로 한다.

권력 문제를 고찰함에 있어서 필요한 역사적 전제를 규명하기 위하여 본인은 우선 다음과 같은 질문을 하고자 한다: 권력에 대하여 우리가 가지고 있는 이해를 지금이나 아마도 가까운 미래에 있어서 결정짓는 전제는 무엇인가?

다음과 같은 사실은 보다 자명하게 여겨진다: 우리는 권력은 「인간 조건」$^{(conditio\ humana)}$을 구성하는 보편적 요소이며, 권력이 인간의 사회화$^{(Vergesellschaftung)}$에 내포되어 있는 바로 그 본질을 근본적으로 결정한다고 전제한다. 이러한 전제에 입각하였을 때, 우리는 또한 다음과 같은 근본적 질문을 제기하게 된다: 인간의 권력은 무엇에 기초하는가? 즉, 권력의 기반은 어떤 행동기량들$^{(Handlungsfähigkeit)}$이며, 권력을 제한하는 핵심적 제약들$^{(vitale\ Bedingtheit)}$은 무엇인가? 이 질문에 대답하기 위하여서는 권력에 관한 [향후 설명할] 네 가지 유형의 '인류학적'$^{(anthropologisch)}$[10] 기본 형태를

---

[10] [역주] 이때의 '인류학적'이라 함은, 인류학적 사실에 경험적으로 기반한다는, 통상적으로 '인류학'에 내포된 의미를 지시하는 것이 아니라, 인간 사회를 구성하는, 권력을 포함하는 인류학적 현상의 기저에 있으면서 그것을 만들어 내는, 핵심적이면서 보편적인 인간의 특성을 분석하겠다는 의미이다. 저자의 입장을 일반적으로 「철학적 인류학」$^{(philosophische\ Anthropologie)}$이라고 일컫는데, 이는 인간과 사회의 본성을 연구하기 위한 철학의 한 영역으로서, 칸트를 포함하여 19세기 및 20세기에는 막스 쉘러, 헬무트 플레스너, 아놀드 겔렌 등에 의하여 표방되었다. 반면, 「인류학적 철학」$^{(anthropological\ philosophy)}$은 위와 같은 보편적 본성을 연구하는 것이 아니라, 인류학적 데이터를 이용하여 철학적 주제(윤리, 정치, 형이상학 등)를 해석하는 분과로서, 푸코$^{(Michel\ Foucault)}$나 부르디외$^{(Pierre\ Bourdieu)}$에서 볼 수 있듯이 역사적, 사회적 그리고 문화적 맥락이 어떻게 인간의 사고와 행위에 영향을 미치는가에 대한 연구를 포함한다. 더욱

구분할 필요가 있다. 이러한 기본 유형들은 아래와 같은 몇 가지 설명들이 추가된다면 본서에서 앞으로 우리가 살필 논의에 필요되는 분석적 지침으로서 역할을 할 수 있다.

자세한 사항은 본서 역자 해제 343쪽과 Williams(2018)를 참고할 것.

1. 인간적 소산으로서의 권력에 기반한 질서들

【12】우리는 권력을 어떠한 방식으로 의제화하는가 – 즉, 권력의 어떠한 측면을 당연스럽게 여기며 반면 어떠한 측면을 의문시하는가. 역사적으로 밝힐 수 있는 한에 있어서 이러한 질문에 역사적으로 대답하기 위하여서는 '문제의 역사'(Problemgeschichte)[11] 와 '개념의 역사'(Begriffsgeschichte)에[12] 대한 어떠한 포괄적인 지식이 필요하기 마련이다. 그러나 [그렇듯 포괄적이지는 않더라도] 우리가 권력 현상을 인지하는 방식에 특히 중요한 영향을 미치는, 거의 일반적으로 받아들여지는 몇 가지 전제들을 간략한 형태일지라도 [다음과 같이] 기술하는 것은 가능하다.

I. 권력에 대한 문제를 제기함에 있어서의 역사적 전제: 권력에 기반한 질서들은 인간적 소산

이러한 전제들 중 첫 번째이자 근본적인 전제는, 「권력에 기반한 질서」들(Machtordnung)은[13] 바로 「**인간적 소산**」(Machbarkeit)[14] 이라고 간주하는 믿음이라고 할 수 있다. 「권력에 기반한 질서」들은 신이 내려준 것이나 신화와 연결된 것이 아니며, 자연적 필요에 의한[15] 것도 아니고, 어떠한 불가침

---

11 [역주] 즉, 어떠한 문제들이 역사적으로 제기되어 왔는가에 대한 고찰.
12 [역주] '개념'에 대하여서는 용어 해설 III 참고.
13 [역주] Machtordnung이라는 단어는 통상적으로는 '권력 질서'로 번역되나, 그 뜻이 모호하다. 폿지(Gianfranco Poggi) 교수의 영문판 번역에 따르면 본서에서의 의미는 「권력에 기반한 질서」이다.
14 [역주] 'Machbarkeit'의 원래적 의미는 '실현 가능성' 혹은 '성립 가능성'을 의미하나, 폿지 교수의 영문판 번역에 따르면 본문에서의 의미는 '인간에 의하여 성립된 것'을 의미하기에 「인간적 소산」으로 번역하였다.
15 [역주] 이때의 자연적 필요란, '생물학적 필요성'을 의미하는 것으로 여

적 전통에 의하여 신성화된 것도 아니다. 그것들은 바로 인간이 만들어 낸 것일 뿐이다. 그렇듯 인간에 의하여 성립되어 온 것이기에, 그것들은 인간에 의하여 다시 새롭게 만들어질 수 있는 그러한 것들이다.

사회적 질서는 바로 인간이 구성한 것이라는 관념(Idee)은[16] 그리스 폴리스에서 보이는바, 그들의 이같은 생각은 불가해할 정도로 급작스럽고도 급진적인 발견 중 하나에 속한다. 아마도 이는 그 어떤 생각보다도 「정치적인 것의 이데아」(Idee des Politischen)[17]라는 표현에 걸맞은데, 이러한 관념을 통하여 볼 때[18] 인간의 「공동체적 삶」에 있어서의 포괄적이고도 정치적인 질서는 [인위적으로] 구성 가능하며 또한 변화 가능한 어떠한 것으로 여겨지게 된다. 따라서 '기존의 것'(das Bestehende)[19]은 이렇듯 다르게 생각될 가능성으로부터 거리를 두고 있는 것으로 경험되며, 그 기존의

      여지는데, 본서의 후반부에 등장하는 분석과는 다소 상충이 존재한다. 이러한 상충에 관하여서는 Williams(2018)을 참고할 것.

[16] [역주] 관념, 개념, 표상의 차이에 대하여서는 용어 해설 III 참고.

[17] [역주] 독일어에서의 'das Politische'는 단지 통치나 정책 결정 등과도 같은, 구체적이면서 실질적인 정치(die Politik)를 의미하는 것이 아니라, 정치적인 것을 규정하는 보다 근본적인 개념이자 철학적 추상적 범주를 말하는데, 이는 권력, 갈등, 질서, 정당성, 권위 등을 포괄한다. 따라서, 본문의 표현인 'Idee des Politischen'를 '정치 이데아'(Idee der Politik) 내지는 '정치적 이데아'로 번역하는 경우 그 뜻을 협소화시키는 오역의 가능성이 있기에, 「정치적인 것의 이데아」로 번역하였다.

[18] [역주] 본문에서 말하고자 하는 바는, 정치적이라는 것은 비단 타인을 '통치'하는 문제가 아니며, 신이나 자연에 의하여 결과된 것도 아닌, 인간 스스로 만든 정치적 질서하에서 집단적 결정을 내리고 '스스로 통치'하는 문제라는, 고대 그리스에서의 정치적 이데아를 의미한다.

[19] [역주] 즉 '현상적 질서'(status quo).

것 또한 단지 「인간적 소산」으로만 인식된다.

그리하여 '기존의 것들'은, 생각 가능한 그보다 더 나은 어떤 것과 대치되는 경우에는 다른 방식으로 생각될 수 있게 된다. 「정치적인 것의 이데아」에는 "좋은 삶을 위하는"[20] 좋은 질서를 설계할 수 있다는 신념이 포함되어 있다.【13】그리고 만일 최상의 정체(정치체제 政體, Verfassung)를 실현하는 것이 불가능하더라도, "훌륭한 입법가와 진정한 정치가는 '절대적'으로 최선의 것과[즉, 절대적으로 최선의 정치 체제와] '주어진 조건하'에서 가능한 최상의 것 모두를 간과하여서는 안 된다."[21]

완전하게 최선이거나 가능한 한 최상의 정체를 모색하는 과정을 돌이켜 보자면, 「정치적인 것의 이데아」가 역사적으로 새로운 모습으로 부활될 때마다 [다음과도 같은] 명제들이 수반되어 그 「정치적인 것의 이데아」가 정식화되었음을 알 수 있다: 정의(正義 Gerechtigkeit)라는 명제, "인간

---

[20] Aristotle(2000: book. 1, chap. 2, 1252b).

[역주] 원문은 다음과 같다(역자 강조):

하지만 여러 마을로 이루어진 완전한 공동체는 폴리스[도시국가](polis; πόλις)이며, 이는 이미 자급자족(autarkeias; αὐταρκείας)으로 지탱할 수 있는 한계에 도달하였다고 할 수 있다. 폴리스는 [단순히] 삶을 위하여(tou zēn; τοῦ ζῆν) 생겨나지만, [궁극적으로는] 좋은 삶을 위하여(tou eu zēn; τοῦ εὖ ζῆν) 존재한다. 따라서 모든 폴리스는 '본성'(physis; φύσις)에 의하여 존재하며, 이전의 공동체들도 마찬가지이다. 폴리스는 그 이전의 것들의 '목적'(telos; τέλος)이기 때문이다. 그리고 어떤 것의 본성은 그것의 목적에 있다. 각 사물이 완전하게 성장하였을 때 그것이 무엇인지를 우리는 그것의 본성이라고 부르며, 이는 인간이든, 말이든, 가정이든 마찬가지이다. 또한, 어떤 것의 '최종 목표'(kai to telos; καὶ τὸ τέλος)는 '가장 좋은 것'(beltiston; βέλτιστον)이다.

[21] Aristotle(1995: book. 4, chap. 1, 1288b).

[역주] 본 번역은 그리스어 원문을 따랐다.

의 지배자이자 왕이 된 것은 바로 법이고 인간이 법 위에 군림하는 폭군이 아니기 때문에",[22] 법이 지배하여야 하며 법 앞에서는 평등하다는 명제, 또한 폴리스를 "자유인들의 공동체"(Gemeinschaft)로서,[23] 즉, "자유 속에서 행복을 찾는"[24] 시민들의 결합체(Zusammenschluß)로서 이해하여야 한다는 명제가 그것들이다.

고대 그리스 도시국가들에 있어서는 서로 상이한 정치적 질서들이 서로 근접하여 공존하였던 점, 그들 각각의 정체는 각자의 「약체성」(Gebrechlichkeit)을 가지고 있었으며 그들 국가들은 전쟁과 내전, 참주정의 등장과 반란 등의 그토록 다양한 경험을 겪었다는 점에 있어서 [그 국가들의 정체에 대한] 비교 분석은 불가피한 것이었다. [이 과정에서] 정치 질서는 [인위적으로] 설계 가능하다는 인식과 그것은 더 나은 방향으로의 조종이 가능하다는 인식이 형성되었지만, 그와 동시에 (존재하는 모든 것은 결국은 쇠망할 수밖에 없기에[25]) [그 정치 질서들을] 상대적으로 바라보는 회의주의 또한 나타나게 되었다. 그리하여 플라톤과 아리스토텔레스에서 볼 수 있는 바와 같이, 정치적 「권력 체제」(Machtsystem)에 대한 최초의 포괄적인 이론들은 **정체 형태들에 관한 비교 이론**으로서 등장하였으며, 그 이론들이 가진 깊이는 훗날 몽테스키외(Montesquieu)에 이르러서야 비견될 수 있을 정도였다.

「권력관계」(Machtverhältniss)가[26] 「인간적 소산」이라는 믿음이 시작된 두

---

22 Plato(1997: Letters, VIII 354c).

23 Aristotle(1995: book. 3, chap. 6, 1279a).

24 Thucydides(2013: 115).

25 Plato(1997: book. 8, 546).

26 [역주] 통상 모두 '권력관계'로 번역되는 Machtverhältniss와 Machtbeziehung의 양자의 차이는 미묘하게 존재한다. 전자는 주로 권력의 구조나 배분 등의 사회에서의 구조적, 체계적 측면을 강조함에 반하여 후자

번째로 중요한 역사적 시기는 근대 시민혁명들과 함께 시작되었다. 그리스 폴리스 문화의 전성기와도 마찬가지로 이때에도 이러한 믿음은, '체계적 행동'(methodisches Handeln)을 통하여 현실을 변화시키고 개선하는 힘을 얻을 수 있다는 보편적 믿음의 한 측면이라고 할 수 있으며,【14】이는 또한 포괄적인 [인간] "능력의 자각"(Könnens-Bewußtsein)²⁷의 측면이기도 하였다. 특징적으로 볼 때, 이 시기에 있어서 이러한 창조적 확신이 결실을 맺은 주요 활동 영역(Handlungsfelder)은 고대와 동일하였다. 정치적 질서 이외에도 자연에 대한 지식, 형이상학, 항해술, 건축술, 군사학, 교육 등이 그 영역에 포함되었다. 여기에서도 정치 및 제도적 변화에 대한 생각들은 결국 민주적 정체의 구상으로 귀결되었다.

새로운 환경하에서 형성된 「정치적인 것의 이데아」를 특징짓기 위하여서는 다음과 같은 하나의 예를 제시함으로써 충분할 것이다.

뉴욕 유권자들에게 미국 연방국가 헌법 초안을 채택할 것을 권고한 『페더럴리스트 페이퍼』(Federalist Papers) 제1장에서 알렉산더 해밀턴(Alexander Hamilton)은 1787년에 다음과 같이 기술하고 있다:

> 자주 언급되었듯이, 인간 사회가 숙고와 선택(reflection and choice)을 통하여 좋은 정부를 수립할 수 있는지, 혹은 정치 체제를 [수립하는 바를] 영원히 우연과 무력(accident and force)에 맡겨야만 하는지를 스스로의 행동과 본보기를 통하여 결정하는 것은 이 나라 국민들에게 맡겨져 왔다.

우리가 올바른 결정을 내리지 못한다면, "그것은 전 인류에게 불행한 일이 되기에 충분할 것이다".²⁸ 이제 결정의 순간이 도래하였고, 그 결정

는 개인들 간의 관계적인 모습을 표현한다. 본서에서는 전자를 「권력관계」로, 후자를 「권력적 관계」로 번역하였하여 차이를 드러 내었다.

27 Meier(1990: 210).

28 Hamilton et al.(2014: 3).

은 **모두를** 위한 것이다. 동시에, 프랑스에서도 국가의 경계를 넘어서는, 시대적인 인류적 열정(epochales Menschheitspathos)이 표출되고 있었다. 이러한 열정을 불러일으킨 이성의 힘에 대한 신념은 결코 순진한 것은 아니었다─ 사실 수많은 위험이 감지되었고 검토되었으며 그럼에도 불구하고, 그 신념은 결국 흔들리지 않았다. 우연과 무력은 우리가 올바른 원칙(Konzept)을 찾는다면 극복될 수 있다.【15】 자유 시민들의 정체(政體)는 충분히 설계될 수 있으며, 그 설계는 또한 실현 가능하다: 즉, 우리는 할 수 있다.

오늘날의 우리는 미국 건국의 아버지들이 가졌던 확신과 열정을 공유하지 않을지도 모른다. 우리는 가능한 것들의 범위와 새로운 제도가 긴급히 필요하다는 점에 있어서 이견을 제시할 수도 있다. 그러나 우리가 가진 [사태를] **'다르게 만들 수 있는 능력'**(Anders-machen-Könnens) 그리고 **'더 개선할 수 있는 능력'**(Besser-machen-Können)에 대한 우리의 확신은 흔들리지 않는다. 우리가 권력을 이해하는 바에 있어서 당연하게 간주하는 전제 중 하나는, 권력은 [인간에 의하여] "만들어지는"(gemacht) 것이며, 그것은 현재에 보이는 바와는 다르게 만들어질 수도 있다는 신념이다.

II. 권력의 편재성

우리가 역사적으로 권력을 이해함에 있어서의 두 번째 전제는 권력의 편재성(遍在性 Omnipräsenz von Macht)이다.

이러한 의식도 역시 시민혁명과 함께 형성되었다. (절대주의 체제하에서의) 근대 국가 제도에 모든 권력 사안이 집중되었던, 이른바 「권력의 국가화」"(Verstaatlichung von Macht)는 [29] 붕괴되었고, 권력은 이제 "사회화"(vergesellschaftet) 되었다. [30] 그리하여 신흥 계급들은 각기 자신

---

29 [역주] 즉, 국가가 모든 권력을 가지고 있었음을 의미.

30 Faber(1990: Bd3. 818). Cf. Plessner(1964: 155-174).

의 고유한「권력 잠재력」(Machtpotential)을 형성하게끔 된다. '교양 시민층'(Bildungsbürgertum)은 이제 여론의 권력에 의존하며,「이성의 권력」(Macht der Vernunft)과「사상의 권력」(Macht der Ideen)을 주장하였다.[31] 그리고 '유산 시민층'(有産市民層 Besitzbürgertum)은 "「유동자산의 권력」"(Macht des beweglichen Eigentums)[32], 화폐의 권력, "은행가의 지배", 그리고「소유의 폭력」"(Gewalt des Eigentums)(마르크스)을[33] 확립하게 되었다. 한편, "프롤레타리아트 계층"에서는 "「대중의 원초적 힘」"(elementaren Gewalt der Volksmassen)(엥겔스)이라는[34]「대항 권력」(Gegenmacht)이 형성되었다. 그리고 이러한 새로운 권력들은 기존의 권력인 귀족, 지주 그리고 가톨릭교회와 대립하게 되었다.

[그러나 이러한] 부르주아지에 의한 사회 권력의 형성은 결코 국가의 권력 상실로 이어지지는 않는다. 국민국가는 대외적으로 새로운 팽창적 이해관심을, 그리고 대내적으로 개입할 권리를 새롭게 관철하여 나간다. 【16】하지만 바로 "그" 권력은 더 이상 정치적 제도들 내로만 집중되지 않으며, 권력 갈등으로부터 야기된 긴장 상황은 이제 사회 전체를 관통하여 나타나게 되었다.

남녀 관계와 부모-자식 관계라는 두 가지 근원적인 인간관계 역시도 점점 더「권력적 관계」로 이해되게 된다. 성별 간, 세대 간의 모든 긴장 뒤에는 권력의 문제가 숨어 있는 것처럼 보이며, 그에 대한 잘못된 대답

---

[31] Faber(1990: Bd3. 900).

[32] [역주] 예를 들자면 화폐, 자본, 혹은 금융자산 등의 유동성이 있는 자산의 형태. 이는 마르크스가 비판한바, 자본주의하에서는 자본이 사회와 정치적 구조를 조형하는 지배적 힘을 가지고 있다는 생각과 맥을 같이한다.

[33] Marx(1909: 795). Harris(1983: 178ff.).

[34] Engels(1887: 26: 479).

은 [인간 상호 간의] '단절의 이유'(Kündigungsgrund)가 된다.³⁵ 이 경우 도전받게 되는 권력은 원칙적으로 정치적 결정권, 혹은 경제적 「통제처분권력」(Verfügungsmacht)과도³⁶ 동일한 종류의 것일 수도 있다는 생각은 당연한 것으로 여겨진다.

경쟁 사회에서는 권력 갈등이 지속적인 개인적 경험이 된다. 개인의 삶이 상승할 기회와 추락할 위험에 의하여, 그리고 타인과의 경쟁에서의 성공과 실패에 의하여 통제될 때, 자신의 생애는 그것이 자발적이든 비자발적이든, 승리한 것이든 패배한 것이든, 일련의 권력투쟁들(Machtkampf)로서 인식될 수밖에 없다. 사회가 수직적 이동 가능성에 대하여 개방적일수록 「권력 경험」들(Machterfahrung)은 더욱 개인화되고, 개인적인 경험은 더욱더 「권력 경험」으로 해석될 가능성이 커지게 된다.

권력 비판을 [이제는] '개인적 영역으로의 돌림'(Intimisierung)에 의하여³⁷

---

35 [역주] '잘못된 대답'이라 함은 기대되는 요구 혹은 규준에 부합하지 못함을 의미하고, 여기서 '단절'이라 함은 이혼, 분가 등의 인간 간의 그리고 가족구성원 간의 단절을 뜻한다. 참고로 Kündigungsgrund의 원래적 의미는 고용 관계 등에서의 해고인데, 이 문구에서는 은유적으로 사용되었다.

36 [역주] 본서에 자주 등장하는 Verfügung(통제처분)이라는 단어의 용법에 대한 Tribe교수의 해설에 따르면, 그것은 '욕구를 실제로 만족시키기 위하여 이용 가능한 사물을 처분할 수 있는' 능력(Weber 2019: 482)을 의미한다. 이 단어는 라틴어 'dispone'에서의 의미와도 같다(Weber 2019: 210n53, Tribe교수의 해설 참고). 그런데 이 단어의 사용법은 칼 멩거(Carl Menger)에게서 영향을 받은 것으로 보인다(Menger 1871: 70n, Weber 2019: 482에서의 Tribe교수 해설 참고). 이 단어에 대하여서는 Swedberg(2005: 72)도 참고하기 바란다.

37 [역주] 과거에는 통상적으로 정치나 경제 제도와 같은 거시적 대상이 가진 권력에 대한 비판이 집중되었던 반면 이제는 그 대상이 주체와 근접한 미시적 대상으로 옮아감을 의미하는데, 예를 들자면 가족, 친구 내

「권력에 대한 의심의 일반화」(Generalisierung des Machtverdachts)[38]라고 부를 수 있는 과정이 완결되었다. 우리는 모든 사회적 결사체(Assoziation)와 개인적 유대가 이제 전통적인 권력 불평등을 영속시키거나 그것들을 새롭게 생성할 수 있다는 의심을 하게 된다. 【17】[즉,] 권력은 모든 것들의 뒤에 숨어 있기에, 그것을 직시할 필요가 있다. 이러한 주장이 이론적으로 제기되든, 혹은 단순히 감정적으로만 일반적인 「권력에 대한 의심」(Machtverdacht)으로서 전제되든, 권력은 모든 사회화의 요소로 간주된다. 그리하여 권력은 편재한다. 「권력으로부터 자유로운 공간」이나 지배로부터 자유로운 '담론'(談論 Kommunikation)을 찾는 것은 단지 사변적으로만 고민할 필요가 있는 하나의 난제에 불과하게 된다.[39] 물론, 「권력으로부터 자유로운

지는 사회적 관계내에서 일상적으로 마주치는 성(性)의 문제, 세대의 문제 등의 문제로 돌리는 것을 의미한다. 이는 「권력관계」가 이제는 사회의 모든 차원에서 편재되어 있음을 보여준다.

[38] [역주] 「권력에 대한 의심의 일반화」라 함은, 권력은 비록 즉각적으로 가시적이지 않더라도 은폐되거나 조작되거나, 그리고 억압적인 방식으로 항상 행사되고 있다는 의심이 일상화됨을 의미한다.

[39] [역주] 이때, 지배로부터 자유로운 담론은 존재하지 않는다는 언급은 하버마스의 이론을 비판한 것이다. 하버마스에 의하면, 언어 자체에는 합리성이 내재되어 있으며, 따라서 모든 구성원들이 어떤 강제나, 권력에 있어서의 불균형의 부재, 비판적 개방성, 공적인 포용성, 그리고 진정성이 존재하는 한, 자신들의 의사를 개진할 수 있는 담론의 공간이 존재하는 경우 구성원들은 어떠한 진리의 통찰에 도달할 수 있다고 생각하였다. 따라서 이러한 지배 없는 담론을 규범적 이상으로 제시하였다. 참고로, 원문의 Kommunikation은 단순히 일반적인 소통이 아니라 '공적인 소통'이라는 의미에서 '담론(談論)'으로 번역하였다. 원래의 하버마스의 표현은 Kommunikation(소통)이라는 단어 대신, Diskurs(담론)를 사용하였다. 즉, 정확한 그의 표현은 '지배에서 자유로운 담

공간」은 분명 어딘가에 있을 수도 있다—하지만 과연 어디에 있을까. 지배 없는 [인간 간의] 소통이 가능할 수도 있다—하지만 과연 어떻게 가능한 것일까.

이제 막스 베버가 내린 "**권력**"의 정의를 상기하여 보자:[40]

> 권력이라는 것은, 어떠한 사회관계 내에서, 그 권력의 행사에 있어서 [상대방의] 저항에도 불구하고(auch gegen Widerstreben) [상대방에 대하여] 자신의 의지를 관철(durchzusetzen)시킬 수 있는 여하한 원천의 '기회'(Chance)들을 의미한다. 그 기회가 무엇에 근거하고 있더라도 그러하다.[41]

즉, 어떠한 관계 속에서든, 어떠한 이유로든 그러하다는 이야기이다.

론'(herrschaftsfreier Diskurs)이다.

[40] [역주] 용어 해설 I에서 설명한 것처럼, 저자는 독일어 'Macht'라는 단어를 사용할 때, 사회적 관계 내에서 행사되는 '권력'과 인간의 '능력'을 모두 포괄하는 의미로 사용하고 있다. 그런데 저자는 '능력'으로서의 Macht에 대한 정의를 본서 22쪽에서 (각주 62도 참고) 제시하고 있음에 반하여, 사회적 관계내에서 행사되는 '권력'에 대하여서는 별도의 정의를 내리지는 않고 있는데, 대체로 위와 같은 막스 베버의 정의를 논의의 시작점으로서 준용하고 있다.

참고로, 막스 베버의 권력의 정의의 해석과 관련된 문제점은 Wilimann et al(1977), 그리고 막스 베버의 권력과 저항의 문제는 Barbalet(1985)를 참고할 것. 마지막으로 막스 베버의 정의는 일반적으로 1차원적인 권력의 정의에만 해당하며, 2차원적 권력 (즉, 기울어진 운동장을 만드는 권력 내지는 의제 설정 권력) 및 3차원적(소위 가스라이팅하는 권력)에 대한 정의를 포괄하지 못하고 있다. (이에 대한 비판은 룩스(2024)를 참고할 것.) 그럼에도 불구하고 저자는 본서에서 룩스의 2차원적 권력과 3차원적 권력과 유사한 권력에 대한 논의를 포함시키고 있다.

[41] Weber(1922: 13f; 1978: 53; 2019: 134).

이에 대한, 다음의 주석은[42] 이같은 점을 더욱 강조하고 있다.

> 모든 생각 가능한(denkbar) 어떤 한 인간의 특질(Qualitäten eines Menschen)과 모든 생각 가능한 상황들(Konstellation)도 어떤 사람을 그 주어진 상황에서 자신의 의지를 관철할 수 있는 위치에 놓이게(versetzen) 할 수 있다.[43]

[물론] 이 구절에는 권력의 편재성에 대한 직접적인 언급은 없다. 그러나 권력은 그 [행사되는] 맥락에 구애받지 않는다는 점이 강하게 강조된다. 권력은 특정한 '관계의 내용'(Beziehungsgehalt)에 한정되지 않으며, 모든 관계와도 결합할 수 있고 어디든 개입한다. 이같은 베버의 정의는 겉보기에는 초연하게도 수면과의 접촉 없이 물 위에 떠 있는 것처럼 보일지 몰라도,[44] 사실 「권력에 대한 의심」의 확산을 초래한 역사적 과정을 반영하고 있다.[45]

---

[42] [역주] 아래의 주석은 위 인용 문구의 바로 뒤에 나오는 대한 주석이 아니라, 베버의 『경제와 사회』의 한참 뒤에 등장하는 주석이다.

[43] [역주] 이 각주에 나오는 내용의 전문은 다음과 같다:
1. '권력'이라는 개념은 사회학적으로 보았을 때 무정형적(amorph)이다. 모든 생각 가능한(denkbar) 어떤 한 인간의 특질(Qualitäten eines Menschen)과 모든 생각 가능한 상황들(Konstellation)도 어떤 사람을 그 주어진 상황에서 자신의 의지를 관철할 수 있는 위치에 놓이게(versetzen) 할 수 있다.
2. 따라서 그에 비하여 사회학적으로 볼 때 지배(Herrschaft)라는 개념은 더 정확하며, 어떤 명령에 대한 순응(Fügsamkeit)을 찾을 수 있는 기회만을 의미할 수 있다(Weber 1922: 603; 1978: 942).

[44] [역주] 즉, 세상을 초월한 듯하게 보인다는 의미.

[45] [역주] 역사적으로 볼 때, 권력은 법, 전통, 신권 등에 의하여 규정되었고 권력은 군주, 성직자, 그리고 판사 등이 독점하였다. 하지만 근대에

III. 권력에 의한 자유의 제약

권력을 이해하기 위한 세 번째 전제는 권력과 자유는 대립한다는 주장에 근거한다. [그 주장에 따르자면] **모든 권력 행사**(Machtanwendung)**는 자유의 제한**(Freiheitsbegrenzung)**이다**. 따라서 모든 권력은 「**합당화**」**될**[46] **필요가 있다** (rechtfertigungsbedürftig.)[47]

【18】「자유에 대한 각성」(Freiheitsbewußtsein)이 새로이, 그리고 가장 민감하게 표출되는 곳에서는 「권력관계」(Machtverhältnisse)에 대한 문제의식도 또한 부상하게 된다. 그리하여 「자유에 대한 각성」이 강렬하였던 시대는 동시에 위대한 권력 이론들이 등장하였던 시대이기도 하였다. 고대 그리

들어서면서, 권력은 세속화되었고, 그 권력의 소유는 더 넓게 확산되었고, 권력에 대한 비판이 일어나게 되었다. 막스 베버의 권력에 대한 정의는 이같은 시대적 상황을 반영한다. 그의 정의에 의하면 권력은 어느 곳에서나 편재하며, 어떠한 사회적 관계에서도 발생 가능하다.

[46] [역주] '합당'과 '정당'의 차이에 대하여서는 역자 용어 해설 IX 참조.

[47] [역주] 이 점에 있어서 포피츠 교수의 견해는 「신공화주의자」의 (neo-republican) 권력 개념과 일맥상통한다. 공화주의적 전통은 일반적으로 "자유란 타인의 의지에 의존하지 않는 것", 혹은 역자의 생각에는 "자신이 원하지 않는 것을 타인의 의지에 의하여 강요받지 않는 것"을 의미한다. 이는 다분히 노예, 즉 피지배자의 입장에서 "자유"를 천명한 것이다. 반면 (신)자유주의자들의 관점인 소위 '자유에 대한 최소한의 관점'(minimal view of freedom)은 "자신의 선호에 따라 행동할 수 있어야 한다"는 명제인데, 다시 말하자면, "내가 하고 싶은 바를 방해받지 않는다"는 주장이다. 이는 다분히 강자 내지는 기득권자에 유리한 관점이라고 할 수 있으며, 하이에크 부류의 자유주의가 지지하는 입장이다. 자유에 대한 최소한의 관점과 신공화주의적 견해에 대한 비교 및 후자적 견해에 대한 비판은 룩스(2024: 317-328)를 참고할 것. 본서의 역자 서문에도 이에 관하여 자세히 언급하였다.

스의 폴리스와 근대 시민혁명은 이에 관한 가장 훌륭한 사례로 다시금 꼽힐 수 있다.

청년 헤겔은 1802년 출판된 『독일헌법론』(Verfassung Deutschlands)에서 다음과 같이 기술하고 있다:

> 지난 10년 동안 유럽 전체가 어느 한 민족(Volk)의 [즉, 프랑스의] 자유를 쟁취하기 위한 처절한 투쟁에 주목하였고, 그로 인하여 유럽 전체가 격변을 겪었으므로, 자유에 대한 개념 또한 변화되었고, 따라서 이전에 그 개념이 가지고 있던 공허함과 불명확성으로부터 정화되었음은 당연한 일이다.[48]

그런데 [그렇게 획득된] 새로운 내용과 새로운 명확성은 과연 무엇이었는가? 그것은 우선 「자기 자유화」(Selbstbefreiung)을 향한 의지를 명확히 표현함에서 찾아볼 수 있다. 새로운 '자유의 추구'(Freiheitsstreben)를 향한 그 시발점은 바로 의식의 해방(Emanzipation des Bewußtseins)이다. 독일에서 칸트는 이를 "인간 자신 스스로 초래한 미성숙의 상태에서 탈피하는 것(Ausgang des Menschen aus seiner selbstverschuldeten Unmündigkeit)"이라는 위대한 공식으로 표현한 바 있고,[49] 마르크스는 이를 이어받아 "타인을 해방시킬 수 있기 전에 우리 자신 먼저 스스로 해방되어야 한다"라고 말한 바 있다.[50]

이것이 한 측면이다. "자유라는 개념"을 "그것이 가지고 있던 이전의 공허함과 불명확성으로부터 정화하는 것"은 곧 「자기해방」(Selbst-Emanzipation)에 대한 요구이자 성숙됨에 대한 요청을 의미한다. 계몽주의에 의하여 영감을 받은 「자유화운동」(Befreiungsbewegung)은 바로 이렇듯 「각성을 위한 운동」(Erweckungsbewegung)이었다.

---

[48] Hegel(1981: 137; 1966: 129). Cf. Guenther(1990: Bd. 2, 469).

[49] Kant(1969/1784: 1).

[50] Marx(2000: 48).

[나머지] 다른 측면에서 보자면, 새로운 자유화 과정은 기존 권력 구조를 전복하는 것을 목표로 하는 권력투쟁으로서 명확히 이해된다.【19】 헤겔에 의하면,

> 이 사고는 현실과 맞닿아 있으며, 기존 질서에 대항하는 하나의 세력(Gewalt)이 되었고, 이 세력이야말로 바로 혁명이다.[51]

지난 200년의 역사는 자유화 투쟁으로서의 권력투쟁으로 점철되어 왔다: 봉건 질서의 전복, 북아메리카와 유럽에서의 민족 자유화 투쟁, 비유럽 민족들의 식민 억압으로부터의 자유화, 소수자들의 해방을 위한 수많은 운동들, 여성 해방의 시작 등이 그것들이었으며, 무엇보다 이러한 권력 투쟁들에는 계급 갈등이 깊이 스며들어 있었다. 바로 이러한 환경, 즉 프롤레타리아트의 해방을 위한 투쟁 속에서 결국 새로운「자유화 운동」을 위한 가장 급진적인 사유가 형성된다: 프롤레타리아트와 철학의 결합이라는 독일적 특수성을 지닌 결합을 통하여, 프롤레타리아트 투쟁은 **인간의** 해방[투쟁]으로 이어진다―인간해방이란 **모든** 형태의 예속을 철폐하는 것이며, "인간이 천대받고, 예속되고, 버려지고, 멸시받는 존재로 머물러야 하는"[52] 그 모든 조건을 철폐하는 것을 의미한다.

근대 유럽-미국의 자유화 운동이 개인의「자기해방」을 호소하면서「각성을 위한 운동」의 성격을 가지고 있었다면, 그것이 촉발한 '권력투쟁'은「구원운동」(Erlösungsbewegung)'의 성격을 가진다.

이러한 권력과 자유의 대립에서는 물론 아주 상이한 결론이 도출될 수도 있다. 그러나 모든 권력 행사는「자기결정」(Selbstbestimmung)에 대한 침해라는 근본적 문제 제기를 더 이상 우회하여 비껴갈 수는 없다. 물론 이것이 곧 모든 권력을 무조건적으로 악마화하는 것을 의미하는 것

---

[51] Hegel(1920: Bd. 4: 924).

[52] Marx(2000: 77).

은 아니다. 권력은 어떤 경우에는 불가피하기에, 충분한 근거가 있을 수도 있다.[53] 【20】 예를 들자면, 아동에 대한 보호 및 교육을 위하여 행사되는 권력, 대규모 조직에서의 「조직화 필요성」(Organisationsbedarf)을 위하여 필요한 권력, 법과 평화를 수호하기 위한 권력 집중의 필요성 등이 그러한 [긍정적 근거가 존재하는 권력의] 경우들이다.[54] 그러나 현대 사회에서 보이는 모든 권력과 모든 종류의 자유에 대한 제한은 그에 대한 충분한 근거가 요구된다. 더 이상 국가에서도, 그리고 가족에서조차도 의심의 여지가 없이 '확실히 정당하기에'(legitimitätsgesichert) 더 이상 별도의 「합당화」(Rechtfertigung)가 필요하지 않는 권력이란 존재하지 않는다. 모든 「타율적 결정」(Fremdbestimmung)은 「자기결정권」에 대한 요구와 충돌하며, 모든 「권력 주장」(Machtanspruch)은 「자유의식이 가지는 감수성」(Sensibilisierung des Freiheitsbewußtseins)과 맞닥뜨리게 된다.[55] 그리고 이 모든 맥락에 있어서, 여

---

[53] [역주] 통상적으로 권력을 「탈취적 권력」(power-over)과 「개선적 권력」(power-to)으로 대분류하는데, 대략적으로 말하자면 전자는 타인의 것을 탈취함으로써 자신의 이득을 증가시키면서 동시에 타인의 그것을 감소시키는 형태의 권력을 지칭하며, 후자는 공동의 이익을 위하여 전체 파이의 규모를 늘리기 위하여 행사되는 권력을 의미한다. 저자가 아래의 예시로 든 것들은 「개선적 권력」의 예들이다. 참고로, 많이 인용되는 아렌트의 '권력'은 「개선적 권력」이다(그녀는 「탈취적 권력」은 권력이 아니라는 식으로 언급하였는데, 이는 다분히 '권력'이라는 단어를 어떻게 사용할것인가 하는, 단순한 정의(定義)의 문제로 귀착된다고 역자는 생각한다.)

[54] 야콥 부르크하르트(Jakob Burckhardt)가 "권력 그 자체가 악이다"라고 말하였을 때, 그는 "모든 권력이 악하다"고 주장한 것은 아니다. 문맥을 자세히 살피자면, 그는 "모든 자의적 권력"(willkürliche Macht)에 대한 비판에 집중하고 있었다(Burckhardt 1978: 25).

[55] [역주] 즉, 사람들에게 있어서는 중요하고 민감하게 간주되는 '자유를

하한 형태의 권력이라도 결국은 "왜?"라는 질문과 분리될 수는 없으며, 이 질문에 대한 절대적 최종 해답을 제시하는 것은 더 이상 가능하지 않게 되었다.

IV. 이 장의 정리

권력은 실행 가능하고,「권력에 기반한 질서」들은 변화할 수 있으며, 좋은 질서는 설계될 수 있다: 그것은 가능하도록 될 수 있다. 권력은 어디에나 편재하며, 모든 종류의 사회적 관계에도 침투한다: 그것은 어디에나 존재한다. 권력은 자유를 제한하며, 타인의「자기결정」에 대한 침해이기에 그 근거를 필요로 한다: 모든 권력은 의심스러운 것이다.

이러한 전제들 중 첫 번째, 즉,「권력관계」들은 [인간에 의하여] '만들어지는 것'(Konstruierbarkeit)이라는 생각은 우리가 살고 있는 세계가「인간적 소산」이라는 현대적 각성의 일부이다. 신성하거나 자연적으로 필연적인 성질을[56] 가지는「권력에 기반한 질서」들이란 존재하지 않는다. 권력에 대하여 생각한다는 것은 기본적으로 인간이 계획적으로 개입함으로써 가능하게 되는 것에 대하여 생각하는 것이다.

이 첫 번째 전제는 근본적으로 [다음과 같은] 두 번째와 세 번째 전제들의 기반으로서 위치되어 있다: 즉, 권력에 대한 의구심의 확산과[57]「자기결정」에 대한 주장이 더욱 감수적으로 요구됨.[58] 그리고 이 모든 것으로 인하여【21】'권력에 대한 문제 제기'(Machtproblematik)가 광범위화되고 심

향한 의식'과 충돌하게 된다.

56 [역주] 예를 들자면 생물학적 속성.
57 [역주] 즉, 어느 곳에서나 권력이 숨어 있을 수 있다고 의심하게 된다는 의미. 즉, 위에서 말한 두 번째 전제인 권력의 편재성.
58 [역주] 위의 세 번째 명제인 권력에 의한 자유의 제약.

화된다.

이 전제들은 역사적 과정의 결과이지만, 비단 특정한 역사적 상황에만 국한되는 것들은 아니다. 그 전제들에 내재된 주장이 가지는 보편성은 분명히 보인다. 즉, 권력은 인간 사회화의 보편적인 요소로 이해된다. 권력이 「인간적 소산」이라는 사실은 보편적이며, 권력의 영향력(Wirksamkeit)도 또한 보편적이다―단, 그 영향력은 특정 사회적 맥락과 연결되어 있다. 따라서 [권력으로 인하여 야기되는] 「자기결정」을 제약하는 위험도 보편적이다.

이러한 전제들을 받아들인다면 (본인은 그 전제들이 지적으로 그리고 도덕적으로 타당한 것들임을 보여주는 증거들을 어떻게 부정할 수 있을지 모른다) 그러한 전제들로부터 도출되는 이론적 결론 또한 자명하다. 권력 개념에 암묵적으로 포함된 「인류학적 개념화」는[59] 이론적으로 명확히 밝혀져야 한다. 그리고 이렇듯 상정된 권력에 내재된 보편성도 [다음과 같은 질문에 답함으로써] 정초 되어야만 한다: 즉, 인간이 인간에 대하여 가지는 권력은 무엇에 기반하는가? 어떠한 「행동의 본원적 역량」과 "능력"(Können)이[60] 타인을 압도(überwältigen)하기 위하여 우리에게 처분가능(verfügbar)한가? 왜 「권력관계」는 구성 가능하고(konstruierbar)[61] 또한 재구성 가능한가? 권력이라는 병균이 모든 인간관계에 배어들어 있다는 의심은 왜 충분한 근거가 있는가? 이러한 질문들과 함께 비자유(Unfreiheit)의 뿌리도 또한 고찰되어야 한다. 그리고 특히 권력과 관련하여, 무엇에 의하여 인간은 취약하며 권력에 의하여 고통받을 수밖에 없게 되는

---

59 [역주] Anthropologisierung에 대한 정확한 번역어는 없어서, 자구의 의미대로 「인류학적 개념화」로 번역하였다. 각주 10 참고.

60 [역주] 용어 해설 II 참고.

61 [역주] 즉, 인간에 의하여 만들어질 수 있다는 것.

가라는 질문도 추가된다. [행사하는 자에게는] '능력'으로서의 권력과 [영향 받는 자에게는] '시련'(Erleiden)으로서의 권력—우리가 이에 대한 질문을 보편적으로 제기할 때에서야 비로소 우리가 가지고 있는 역사적 '권력의 식'(Machtbewußtsein)의 기저에 존재하는 전제들과 부합되는, 그러한 성찰의 폭에 도달할 수 있으리라는 희망을 품게 된다.

2. 권력의 기본적 인류학적 형태

【22】 일반적인 인류학적 의미에 있어서의 "마흐트"(권력 혹은 능력, Macht)란[62] 인간이 할 수 있는(vermag) 어떤 것을 의미한다. 즉, 이는 외부의 힘들(Kraft)에 맞서 자신을 관철(durchzusetzen)시킬 수 있는 「본원적 역량」이다.[63]

[이 단어의] 개념사를 살펴보건대, 여러 의미들을 오고 가며 '모호'하게 권력현상(Machtphänomen)의 어떤 특정 측면만을 지칭하는 수많은 용어가 등장한다. 그러나 이러한 다양성 속에서도 「관철의 본원적 역량」(Durchsetzungsvermögen)이라는, 보편적인 인류학적[64] 「잠재역량」(Potenz)을 나타내는 개념은 지속적으로 형성되어 왔다. 고대 그리스어 크라토스(Krátos)는[65] 일반적인 우위성(Überlegenheit), '제압의 능력'(Bezwingen-Können), 외부의 힘(Kraft)

---

62 [역주] 문맥상 이때의 마흐트(Macht)는 사회적인 '권력'만을 뜻하는 것이 아니라 '일반적 힘, 능력 내지 「역량」도 포함하는 포괄적 개념이다. 다음 문단의 마지막에 나오는 칸트의 언급에서도 이같은 의미로 사용된 것으로 여겨진다. 앞에서 인용된 막스 베버의 정의와 대비할 때 이러한 정의는 '사회적 맥락과 타인의 관계'가 언급되지 않는데, 반면 본 장의 뒷부분(32쪽) 저자는 별도로 「사회적 권력」(soziale Macht)를 구분하고 있다.

63 [역주] 「본원적 역량」에 대하여서는 용어 해설 II 참고.

64 [역주] '인류학적'의 의미에 대하여서는 각주 10 참고.

65 [역주] '크라토스'(Krátos, κράτος)는 고대 그리스어로서, 권력, 힘, 지배 등을 의미하는데, 특히 자신의 의지를 관철하는 통제, 권위, 능력 등을 지칭한다. 이는 고대 그리스어 '디나미스'(dynamis; δύναμις)가 주로 잠재력으로서의 힘을 의미하는 바와 대비된다. 현대에서는 민주주의, 즉 인민에 의한 통치를 뜻하는 민주주의, 즉. democracy(dēmokratía; δημοκρατία)에서 그 흔적이 보인다.

을 압도하는 힘을 의미한다.[66] 라틴어 「포텐시아」^(potentia)는[67] 모든 형태의 우월한 힘^(Kraft)을 지칭하는데, 로마와 라틴 중세에서는 특정되지 않은 개념으로 역시 남아 있었으며,[68] 이러한 전통은 영어 power와 프랑스어 푸부와^(pouvoir),[69] 그리고 중세 및 근대 독일어에서 마흐트^(권력 혹은 능력, Macht)로 이어진다.[70][71] (예를 들자면, 칸트는 "마흐트^(Macht)란[72] 커다란 장애를 극복할 수 있는 「본원적 역량」[73]이다"라고 언급한 바 있다[74].)

분명히 "크라토스^(Krátos) - 포텐시아^(Potentia) - 마흐트^(Macht)"라는 개념은 단순히 일반적인 것이 아닌, 가장 일반적인 추이를 나타낸다.[75] 이

---

66 Meier(1990a: Bd. 3:821).

67 [역주] 「포텐시아」^(potentia)는 「역량」, 능력, 잠재력 등을 뜻하는 라틴어인데, 이는 정치적, 물리적, 그리고 추상적인 의미를 모두 내포하며, 특히 아리스토텔레스 철학에 있어서는 '가능태'로 번역되기도 한다. (아리스토텔레스적 용법상 반대되는 개념은 '현실태'^(actus)이다.) 또한 권위적인 능력('권능')을 뜻하는 라틴어인 「포테스타스」^(권능, potestas)과 대비하여 보다 일반적 능력 내지는 자연적인 힘을 지칭한다.

68 Meier(1990a: Bd. 3: 830, 833).

69 [역주] 프랑스어 푸부와^(pouvoir)는 퓌상스^(puissance)와 구분되는데, 전자는 주로 능력 혹은 사회적 관계 내에서의 권력이나 권능을 지칭하며, 후자는 내재적 에네르기나 "힘"을 의미한다.

70 Meier(1990a: Bd. 3: 836-837).

71 [역주] 독일어에서의 Macht^(권력, 능력)와 Kraft^(힘)의 구분은 프랑스어의 푸부와^(pouvoir)는 퓌상스^(puissance) 간의 구분과 유사하다. 용어 해설 I 참고.

72 [역주] 앞의 각주 62 참고.

73 [역주] 「본원적 역량」에 대하여서는 용어 해설 II 참고.

74 Kant(1948/1790: 105).

75 [역주] 즉, 이러한 개념들은 단순히 특정 힘의 발휘를 넘어서, 주어진

는 인간이 세계에서 차지하는 전체적인 위상, 즉 사회적으로 '주어진 구성'(Verfaßtheit)의 상태(Bestand)와 변화까지도 포함할 수 있다. 이러한 경향은 개념적으로도 재구성할 수 있다. 권력 개념의 토대를 이루는 가장 보편적인 범주(Kategorie)는, 모든 인간 행위를 구성하는(konstitutiv) '변화의 능력'(Fähigkeit des Veränderns), 즉 우리 행위가 세계를 다르게 만드는 성향(Disposition)이다. 정착 생활이 시작된 이래, 인간은 자신의 생존 수단을 위한 생산 활동에 종사하면서 자연을 점점 더 효율적인 방식으로 개조하여 왔으며, 자연과 함께 사회적 존재 방식 또한 변화시켜 왔다. 【23】 인간의 행위는 점점 자신의 상황을 새롭게 정의할 수 있는 능력이 되어 왔다. 이러한 '변화시키는 능력'(Verändern-Können)이라는 넓은 의미에 있어서, 인간 능력(Macht)의 역사는 곧 인간 행동의 역사이다.

그러나 권력 개념의 이러한 확대적인 해석은 우리의 논의에서 필수적인 것은 아니다.[76] 우리가 다음과 같은 질문에만 충실하다면, 즉, "왜, 그리고 어떤 기량을 바탕으로 인간은 권력을 행사할 수 있는가", 그리고 보완적으로 "왜 인간은 권력을 감수하여야만 하는가"라는 질문들에만 국한하여 고려하는 경우, 외부의 힘에 맞서 자신을 관철할 수 있는, 인간의 「본원적 역량」이 가지고 있는 차별성을 발견할 수 있다.[77] 그리고 이 「관

자연과 사회의 조건을 변경시키는, 보다 보편적인 의미의 인간 능력을 시사한다.

[76] [역주] 즉, 바로 위에서 언급한 자연과 사회를 변경하는 힘으로서의 권력이라는 광의적인 정의는 저자가 본서에서 탐구하고자 하는 실용적 목적에는 적합하지 않고, 따라서 저자는 그 범위를 좁혀서 아래의 두 가지 질문을 중심으로, 보다 구체적인 탐구를 하고자 한다.

[77] [역주] 인간이 어떠한 특정한 기량을 가졌고, (권력을 감수할 수밖에 없는) 어떠한 취약성을 가지고 있는가에 대한 물음에만 국한하여 생각한다면, 위에서 언급된 과도한 일반화에 의거한, '세상을 바꾼다는' 추

철의 본원적 역량」은 여러 가지 명확히 규정할 수 있는 「행동 기량」 및 여러 가지 명확히 규정할 수 있는 「필수적 의존성」^(vitale Abhängigkeit)과 연결되어 있음도 보일 수 있다. 이러한 능력과 의존성을 보다 정밀하게 규명하려는 과정에서, 본 저자는 인류학적으로 분석하였을 때 더 이상 환원 불가능한 네 가지 조건^(Bedingung)을 발견하게 되었다. 따라서 본인은 권력의 네 가지 근본적 형태를 구별하려 한다.

이러한 구별을 설명하기 위하여, 본인은 소포클레스^(Sophocles)의 『안티고네』^(Antigone)에 등장하는 합창 중 한 구절을 인용하려 한다. 이는 인간의 권력을 가장 장엄하게 찬미하면서도, 동시에 권력에 대하여 우리가 알고 있는 한 가장 정밀한 묘사 중 하나라고 단언한다. "세상에는 막강한 [혹은 놀라운, 무서운] 것들^(tà deinà)이 많지만, 인간보다 막강한 [혹은 놀라운, 무서운] 것은 없다."⁷⁹ 그렇다면 이 '강력함'^(Mächtigkeit)은 무엇을 기반으로 하는가?

상적 개념(krátos-potentia-Macht라는 개념)과는 차별화되는, 보다 구체적이며 다양한 권력의 모습을 탐구할 수 있다.

78 [역주] Sophocles, Antigone(331-332행). 그런데, 참고로 영어판 번역은 '강력한'이라는 표현 대신 '놀라운'^(wonderful)으로 번역되어 있다. 문제시되는 단어는 위에서 나온 *tà deinà*(τὰ δεινά)에서의 *deinà*(δεινά)인데—형용사는 *deinós*(δεινός) —이 단어는 호머 등의 그리스 고전에서는 전쟁터 혹은 자연에서 느껴지는 '공포스러운 것', '강력한 것', '막강한 것' 등의 의미로 사용되었으나 후에 '무시무시한, 경이로운, 뛰어난 것' 등으로 의미가 추가되어 다중적인 의미를 가지는 단어가 되었다. 전체 원문은 본서 389쪽 참고.

79 Sophocles(1962: 331-375). 전문은 본서 389쪽 참고.

I. 행동 권력

(1) 소포클레스는 다음과 같이 사냥꾼이 황야와 바다의 동물을 포획하고 죽이는 힘을 묘사하고 있다:[80]

> 가벼운 정신[혹은 깃털]을 가진 새들 무리를,
>
> 그물로 감싸 붙잡고,
>
> 야생 야수들의 무리와
>
> 바다의 해양 종류들을,
>
> 정교하게 짜인 그물로 [붙잡는]
>
> 【24】 영리한(periphradês) 인간.
>
> [그는] 또한 기술[혹은 도구](mēkhanâis)로써
>
> 야생을 조종[혹은 정복]한다(krateî),
>
> 산을 떠도는 무성한 갈기를 가진 야수들을.

사냥꾼은 영리함과 무력을 이용하여 외부의 힘들(Kraft)과 대항하여 [자신의 의지를] 관철하여 나간다(durchsetzen). 그는 자신이 더 강력하다는(mächtig) 것을 증명한다. 약자는 그가 가하는 것을 감내하여야만 한다.

인간은 모든 생명체, 그리고 다른 인간에 대하여서도 '가해적인 힘'(Verletzungskraft), 즉 해를 가하는(verletzend) 「행동 권력」을[81] 가지고 있다. 사냥꾼이 동물을 포획하듯, 인간도 다른 인간을 사로잡고 죽일 수 있다.

---

[80] Sophocles, Antigone(342~350행). 위의 번역은 원래의 희랍어 원전을 따랐다. 전문은 본서 389쪽 참고.

[81] [역주] 일반적으로 한국어의 '권력'이라는 단어는 인간에만 적용시키는 개념이나, 독일어 원문의 Macht는 '능력'이라는 의미도 가지고 있어 비인간에게도 적용시킬 수가 있다. 하지만 본서의 목적상 이 개념이 주로 적용되는 대상은 인간이기에, 위의 문장에서는 '모든 생명체'도 포함되어 있음에도 불구하고 계속 '권력'이라는 번역어를 사용하였다.

이러한 힘은 일반적으로 [인간 간에] 불평등하게 배분되어 있다. [인간은] 선천적인 소질, 근력, 기민함, 신속함, 영리함의 차이로 인하여 서로 불평등하며, 또한 「숙달의 이익」$^{(Übungsgewinn)}$의 정도 차이로 인하여서도 불평등하고,[82] 무엇보다도 상해를 가하는 효율성을 증강시키는 인위적 수단―무기와 군사 조직―에 대한 불평등한 통제처분 가능성으로 인하여 또한 불평등하다. 이러한 인위적인 [가해의] 효율성의 향상에는 그 한계가 없어 보이기에, 인간이 타인에게 가할 수 있는 잠재적 위험 또한 그 한계를 모른다.

동시에 인간은 다양하고도 미묘한 방식으로 해를 입기 쉬운 존재다. 살아 있는 모든 것은 생명을 빼앗길 수 있다. 특히 인간의 노출된 신체는 [그러한 「취약성」이] 더욱 두드러진다. 인간은 특히 직립하고 있으므로, 신체를 보호할 모피를 두르거나 갑옷이 없다면 그의 주요 장기$^{(臟器)}$는 외부의 공격에 무방비로 노출되어 있다. (이렇듯 특별한 「취약성」 때문에 다양한 방법으로 인간에게 해를 입힐 방법을 상상할 수 있다. 사형 방법으로 고안된 수많은 방식들을 나열하는 것만으로도 족히 수많은 페이지를 채울 수 있을 듯하다.) 이러한 피조물로서의 인간이 가진 생물학적 「취약성」에 더하여 경제적 「취약성」도 존재한다. 생존 수단을 빼앗길 가능성, 약탈과 파괴, 자원에의 접근 제한, 특히 경작 가능한 토지에 대한 접근 제한 등의 방식으로 인간은 위협받을 수 있다. 【25】 마지막으로, 사회 교류상 '참여자격'$^{(Teilhabe)}$이 박탈됨에서 기인하는 「취약성」이 존재한다. 소포클레스는 다음과 말한다:

그는 '국가가 없는' [혹은 도시가 없는, 시민이 아닌]$^{(ápolis)}$ 자이다.
비천함과 함께하는 자,

---

[82] [역주] 단지 타고난 재능뿐만 아니라, 숙련, 숙달 등의 경험의 차이로 인하여 이점을 누리게 될 수 있다.

무모한 짓을 위하여

악한 자와 서슴없이 어울리는 자는,

그러한 자는, 나와 함께 같은 난롯불$^{(hestía)}$을 쬐지도,

같은 생각을 가지도록 허락되지도 못할 것이다.[83]

소속감의 상실은 [그 개인에 대한] 끝없는 배척$^{(Ausgrenzung)}$과 비하$^{(Herabsetzung)}$를 야기하기에 개인의 바로 그 존재를 위협할 수 있다.

이것이 권력의 첫 번째 뿌리라고 할 수 있다. 인간은 타인에게 위해를 가할 수 있기 때문에 그 타인들에 대한 권력을 행사할 수 있다. 역사적으로도 이것은 아마 '압도함'$^{(Übermächtigung)}$의 시작일 것이다. '가해적 행동'$^{(Verletzungsaktion)}$은 지속적인 통제의 방법이나 조직화된 수탈$^{(Ausbeutung)}$을 전제하지 않으며, 말 그대로 손목만을 움직여도 실행될 수 있다.

II. 도구적 권력

(2) 가해하는 권력은 종종 단발적 행동으로 나타난다. 그것은 사냥꾼이 [매일] 사냥감을 포획하는 것처럼 반복될 수도 있지만, 각 개별적 행동은 그 상황에 따르는 특정한 힘을 과시함에만 한정되며, 매번 새롭게 시작되고 새롭게 결정되는 단일한 행동으로 남아있다. 이러한 사실에 의하여 사냥꾼의 가해적 「행동 권력」과 소포클레스가 같은 문맥에서 언급한 또 다른 형태의 권력이 구별된다. 인간은 "말의 거친 갈기"와 "산에 사는 야생 황소의 힘"을 "출렁거리는 멍에"에 길들이는 바에 성공한다.[84] 이로써 이제 「지속적 권력」$^{(Macht\ auf\ Dauer)}$이 확립된다. 즉, 그것은 열등한 자의 행위$^{(Verhalten)}$를 계속 조종할 수 있게 된다. 그리하여 사로잡힌 동물은 이제 순종하는 법을 배우게 된다. 여기에서도 다시금 가해적 「행동 권력」

---

[83] [역주] Sophocles, Antigone(370~375행). 전체 원문은 본서 389쪽 참고.

[84] [역주] Sophocles, Antigone(347~353행). 원문은 본서 389쪽 참고.

은 작용한다. 동물은 채찍을 맞을까 두렵기에 순종하는 것이다. 그리고 물론 추가적으로 아마도 [먹이 등의] 보상을 기대하기 때문에 순종할 수도 있다.【26】이제 권력은 지속성을 갖게 되는데, 그것은 처벌$^{(Strafe)}$과 보상$^{(Belohnen)}$이라는 행동들이 위협$^{(Drohung)}$과 약속$^{(Versprechung)}$으로 전환될 수 있기 때문이다.[85] 위협과 약속의 효과는 시간과 공간을 초월하여 확장 가능할 수 있다. '항상 가능한 것'은 항상 행위를 조종할 수 있다. '신빙할 만한'$^{(glaubhaft)}$ 위협과 신빙할 만한 기회는 영구적 예속$^{(Unterwerfung)}$을 정초하는 수단으로써 '도구화될'$^{(instrumentalisiert)}$ 수 있다.

이 「도구적 권력」의 기반은 '주고받을 수 있는 능력'$^{(Geben-\ und\ Nehmen-Können)}$, 즉 보상과 처벌에 대한 통제처분$^{(Verfügung)}$ 능력이다. 더 정확히 말하자면, 이는 그에 영향받는 자들에게 '신빙할 만한' 처벌과 보상의 통제처분을 의미한다. 「도구적 권력」 행사를 위한 전략은 이러한 「신빙성」을 구축하고 유지하는 바에 있다.

이러한 「도구적 권력」을 행사하는 방법은 양자택일적 대안을 설정하는 것이다. 대안을 설정하는 자는 그에 영향받는 자의 행위를 「순종」$^{(Fügsamkeit)}$과 「불복종」$^{(Unbotmäßigkeit)}$이라는 두 가지 범주로만 나눈다. 그는 그 영향받는 당사자가 할 수 있는 모든 바를 단지 '네'와 '아니오'의 이분법

---

[85] [역주] 제제$^{(Sanktion)}$의 위협과 보상의 약속(혹은 희망), 그리고 「권력관계」의 안정화에 있어서 「신빙성」의 중요성, 「권력관계」의 불안정과 그를 위한 끊임없는 안정화 작용의 필요성 등의 '감성적' 요소는 루만의, 소통에 기반한 권력론(Luhmann 2012)에 있어서도 중요한 모티브이다. 특히 지금 논의하고 있는 포피츠의 「도구적 권력」에 대한 분석에서는 루만과의 유사성이 발견된다. 물론 포피츠와 루만의 권력론의 기반은 상이하다(전자는 보다 고전적인 권력론에 기반한 반면, 후자는 고전적 권력론을 부정하고 자신의 독특한 체제이론을 기반으로 소통에 의거한 권력론을 발전시켰다). 하지만 양자는 상호 보완 가능할 것으로 여겨진다.

적 행동(Handlung)으로 구분한다.[86] 그 영향받는 당사자가 무엇을 하든 간에, 그것은 그 당사자 자신이 직접 설정하지 않은 질문에 대한 답변으로 한정될 수밖에 없다. 그는 답하지 않을 수 없다. 그리하여 영향받는 당사자가 처한 상황에 대한 정의(定義)는 [권력자에 의하여] 단지 부과된 것이다(oktroyiert)[87]

위협의 경우, 그에 대한 대안은 강요(Erpressung)의 성격을 띤다. 반면 약속의 경우 그 대안은 뇌물(Bestechung)의 성격을 가진다. 순응(Konformität)을 유발하는 동기는 바로 불안(Angst)과 희망(Hoffnung)이다.

이러한 대안이 작동할 수 있는 이유는, 우리가 사회 교류적으로(soziale) 행동한다는 것은 타인이 미래에 행동하는 바를 지향하여 [즉, 예상하여] 이루어지기 때문이다. 즉, 상호작용이란 「미래 지향성」(Zukunftsorientiertheit)에 기반하여 구성되기(konstitutiv) 때문이다.[88] 행위를 조종하는 역할을 하는 것은 우리가 예상할(vorauszusehen) 수 있다고 믿는 것, 혹은 무의식적으로 예기하는(豫期 antizipieren)[89] 것이다.【27】따라서, [상대방이] 신빙할 수 있

---

[86] [역주] 포피츠가 제시한 이같은 양자택일적 선택구조는 「도구적 권력」의 행사뿐만 아니라, 이후에 본서에서 소개될 「권위적 권력」에서도 보인다. 참고로, 이러한 구조는 루만이 권력론(Luhmann 2012)에서 소위 '권력 코드'(Macht-Code)는 '이분법적'으로(binär) 구성되었다고 주장한 바와 일견 유사하게 보인다. Cf. 루만의 권력론의 초판은 1975년에 출판되었고, 본서의 초판은 1986년에 출판되었다. 양자 사이에 어떠한 상호 영향이 있었는지는 불명확하다.

[87] [역주] 이는, 룩스(2024)가 말하는 소위 '2차원적 권력', 즉, '의제설정 권력'(agenda-setting power) 내지는 '기울어진 운동장의 권력'과 유사하다. 그렇게 설정된 의제 밖의 사안은 권력에 의하여 '배제'된다.(organized-out)

[88] [역주] 즉, 미래에 상대방이 어떻게 반응하는가를 예상하고 그에 대응하여 나의 행동을 결정하는 바에 기반하는 것이다.

[89] [역주] '예상함'(vorauszusehen)은 비교적 객관적으로 예측하는 것이고, '예

는, 「권력에 의한 선택지」^(Machtalternativ)를⁹⁰ 제시하는 자는 일반적으로, 모든 미래 가능성에 있어서의 불확실성^(Ungewißheit)과, 모든 미래 가능성에의 지향성^(Orientierung) 자체가 가지는 불확실성도 [자신에게 유리한 방향으로] 활용할 수 있다.⁹¹ 그리고 이를 통하여, 예기적으로 [미래 가능성을] 상상함 자체가 가진 그 변덕스러운 성격 또한 유용할 수 있는 것이다.⁹² 희망 또한 장기적으로 조작될 수 있고,⁹³ 위협은 「불안을 야기하는 권력」^(Macht des Angstmachens)으로 확장될 수 있으며,⁹⁴ 이는 모든 종류의 [합리적] 계산^(Kalkül)

    기함'^(antizipieren)은 보다 감에 의존한다는 면에서 주관적, 심리적인 과정이다.

90 [역주] 권력자가 제시하는 선택지를 의미하는데, 권력자는 그 선택지 중 어느 하나를 상대가 선택하도록 유도하는 권력을 가지고 있다(예: 순응하지 않으면 처벌하겠다라고 말하였을 때는 상대가 자유롭게 순응 또는 비순응을 선택할 수 있음을 의미하는 것이 아니라, 선택지를 제시하는 형식을 빌려서 상대방을 강제하는 것이다). 참고로, 하이에크 등의 신자유주의자들의 '자유'는 그 선택지가 이미 권력에 의하여 '프레임'화 되어 있는지의 여부를 문제삼지 않기 때문에 룩스가 말하는 '1차원적 권력'(명시적이고 직접적인 권력)이 존재하지 않는다면 인간은 자유롭다고 간주한다.

91 [역주] 같은 맥락에서 포스트 케인지언 경제학자인 딕슨은, 권력은 결국 사태를 통제함으로써 불확실성을 줄이는 수단이라고 논한 바 있다 (Dixon 1986)

92 [역주] 이 또한 권력이란 결국(「제재의 위협」 등의) 소통을 통하여 (자유로운 행동의 주체로서의 상대방의 불확실한 행동에서 야기되는) 미래의 불확실성을 감소시키는 작용이라는, 루만의 권력론과 그 결론에 있어서 일치하는 부분이다.

93 [역주] 이는 스티븐 룩스(2024)가 명명한 소위 3차원적 권력에 해당한다.

94 [역주] 이는 명시적 강압을 회피하면서 보다 효율적으로 상대방을 통

을 압도한다.[95]

가해적 「행동 권력」의 경우, 인간은 타인들이 자신에게 [해를] 가하는 것에 대하여 성공적으로 저항할 수 없다. 하지만 [타인의] 행위의 조정에 기초한 「도구적 권력」의 경우, 인간들은 영구히 타인의 의지의 도구(Werkzeug)로 변하게 된다. 동물, 말, 산속의 황소에 대하여 행사되는 힘과는 달리 「사회적 권력」(soziale Macht)은 권력의 행사 주체와 동일한 능력을 갖춘 주체들에게 행사된다는 측면을 주목할 필요가 있다. 그 타인들 또한 말하고 생각하는 능력을 갖추고 있다.

예속자들의 이렇듯 특징적인 인간적 「행동 기량」은 그들 자신을 특별한 방식으로 수탈 가능하게(ausbeutbar) 만든다. 그들은 「권력 체제」에서 봉사하기 위하여 생각하고(umsichtig) 계획하면서 행동할 수 있다. 그들은 [권력의] 시녀이자 공범으로서, 단순히 도구일 뿐만 아니라 지능을 소유한, 권력의 증폭기로 봉사하는 것이다.

위협과 약속을 제공하는 「도구적 권력」은 전형적인 「일상적 권력」(Alltagsmacht), 즉 [반대적] 외부적 힘에 대하여 관철되는 통상적(konventionell) 형태의 권력이다. 동시에 그것은 모든 「지속적 권력 행사」(dauerhafte Machtausübung)에 있어서 필수적인 요소이다. 모든 「지속적 권력관계」(dauer-

---

제하는 방법인데, 프리드리히(C. Friedrich)가 「예기된 반응의 법칙」(the rule of anticipated reactions)이라고 명명한 바이다. 이에 관하여서는 룩스(2024: 161-2), Friedrich(1941: 589-91)을 참고할 것.

95 [역주] 이는 20세기 초반 확률 철학에 있어서 세계적 권위자였던 경제학자 케인즈의 다음과 같은 문구와 동일한 맥락이다.
> 계산 가능한 미래라는 가설은, 우리가 행동하여야 할 필요성 때문에 어쩔 수 없이 채택할 수밖에 없는 행동 원칙들을 잘못 해석하게 만들며, 근본적인 의심, 불확실성, 희망, 그리고 두려움과 같은 숨겨진 요소들을 과소평가하게 한다(Keynes 1937: 222).

hafte Machtverhältniss)도 **또한**「도구적 권력」에 기반한다.

III. 권위적 권력

특히 명확한 권력 현상의 구분은 "「외적 권력」"(äußerer Macht)(위협과 약속의 권력 등)과 "「내적 권력」"(innere Macht) 간의 대비를 통하여 볼 수 있다. 【28】「내적 권력」이란 외부적인 이익과 불이익을 이용하여 작동될 필요가 없는 권력, 그리고 자발적이고 동의하는「추종 준비태세」(Folgebereitschaft)을 만들어내는 권력이다.[96]

행동을 통제할 수 없는 경우에 있어서도 순응을 만들어낸다는 점에 있어서 이러한 권력이 가지는 효율성을 엿볼 수 있다. 그리고 이러한 권력은 일반적으로 통제 가능한 범위 내의 것들의 밖으로도 확장된다.「내적 권력」은 내면화된 자기 통제로서도 작동하며, 심지어는 어둠 속에서도 작동한다.

이「내적 권력」은 단순히 행위를 조종하는 힘으로만 작용하는 것이 아니다. 그것은 영향을 받는 인간들의 마음자세(Einstellung), 관점, 범주(Kriterium)—즉, 어떤 것을 인식하는 방식과 평가하는 방식을 형성한다.

이러한 유형의 권력은 무엇에 기반하는가? 그것의 일반적인 인류학

---

[96] [역주] 이「내적 권력」에 대한 깊은 통찰은 폰 비저의 저술『권력의 법칙』에서 찾아볼 수 있다(비저 2023: 43-53). 그는 스피노자를 인용하면서 이「내적 권력」에 대하여 정의를 내리고 있다:

> 우리의 언어 용법상 보이는 모든 권력현상에 대하여서는 스피노자가 부여한 해석이 어떤 예외도 없이 가장 정확히 적용된다. 그는 권력을 인간의 정서(Gemut)에 대한 지배(Herrschaft)로 정의하였다(전게서: 49).「외적 권력」의 최종적 담지자는 항상「외적 권력」의 소유에 대한 확실한 접근을 가능하게 하는 몇 가지 핵심적인「내적 권력」들이다(전게서: 52).

적 기초는, 인간에게 있어서의 지향성의 필요성과 [행동] 「기준에 대한 필요성」(Maßstab-Bedürftigkeit)이다. "고정되지 않은"(nicht festgestellte)[97] 인간 존재는 자신의 행동을 이끄는 구속력을 스스로부터 만들어내야 한다. 이는 규범적 질서들(normative Ordnung)을 「객체화」(Objektivation)하는 거대한 과정을 통하여 이루어진다. (안티고네에서의 합창 중, "대지의 법(nomos: νόμος)과 신들에게 맹세 된 정의(dikē: δίκη)"가 이에 해당한다.[98]) 사제, 왕, 가부장 등의, 이러한 질서를 매개하는 자들이 바로 그 「기준설정 권력」(Maßsetzende Macht)을 획득하게 된다.

이제 우리가 알다시피, 이 기준을 부여하는 권위 있는 권력은 [원래의] 그 초월적 「정당함」(Legitimation)을[99] 상실할 수도 있다. 그 권력이 근거하고 있는 「기준에 대한 필요성」은 평범한 것들에 대하여[즉, 평범한 것들을 거부하는] 강력한 면역성을 가지고 있다. [그러나] 세속화되고 평범하여진 「기준설정 권력」은 오늘날 어디에서나 흔히 찾아볼 수 있다.[100]

그러나 "「내적 권력」"의 효율성을 이해하려면 또 다른 맥락을 고려하여야 한다. 【29】「기준에 대한 필요성」이 있다고 함은 곧 우리 자신이 그러한 기준의 올바름에 대한 확인을 통하여 비로소 우리 자신의 「자기존중감」(Selbstwertgefühl)이[101] 유지된다는 것을 의미한다. 그리하여 기준을 필요로 하는 사람은 어떠한 확신(Gewißheit), 즉, 입증(Bewährung)의 신호를 찾기 마련이다. 이러한 입증의 신호는 다양한 형태의 성공(Erfolg)을 통하여 발

---

97 [역주] 인간에게는 이미 결정되어서 내재되어 있는 방향성이 없다는 의미.
98 [역주] Antigone(368-9행). 전체 원문은 본서 389쪽 참고.
99 [역주] 「정당함」의 의미에 대하여서는 용어 해설 IX 참고.
100 [역주] 그 「기준에 대한 필요성」 자체는 불변하는 것임에도 불구하고, 현실에서는 세속된 「기준설정 권력」이 만연하여 있다는 의미이다.
101 [역주] 「자기 존중감」에 대하여서는 용어 해설 VIII 참고.

견될 수 있다.[102] 사회적으로 권위 있다고 여겨지는 개인이나 그룹과의 관계에 있어서는, 이들로부터 받는 인정(Anerkennung)은 그러한 입증을 위한 결정적 신호가 된다. 바로 이러한 [인정에 대한] 의존성 때문에, 우리가 엄밀한 의미에서 권위(Autorität)라고 부르는 것이 형성된다. 이러한 「권위 관계」는 이중적인 인정의 과정에 기반한다: 즉, [한편으로는,] 기준 설정자로서, 권위 있는 자로서의 타인이 가지고 있는 우월성, 그리고 [다른 한편으로는,] 입증의 신호를 얻기 위하여 이러한 권위 있는 존재들로부터 인정받기를 열망함이라는 이중적 인정의 과정이 그것이다. 사회 교류상에 있어서의 [자신의] 지향성(Orientierung)은 「자기존중감」에 대한 '안정적 감정'(Sicherheit)이 그러한 것과도 같이 이러한 권위적 속박하에 얻어지거나 혹은 상실된다.

---

102   [역주] 포피츠와 폰 비저(2024)에 있어서의 '성공에 대한 인정' 과정을 비교하는 것은 양자의 상호 보완성을 밝힐 수 있기 때문에 매우 흥미로운 주제임이 틀림없다. 폰 비저의 권력론에 있어서도 '성공에 대한 인정'은 핵심적이다. 그런데 폰 비저와 포피츠와의 차이점은 그 인정을 받는 주체와 객체가 전도되어 있다는 점이다. 포피츠에 있어서는 약자(즉, 대중)가 권위력이 있는 강자에 의하여 인정을 받는 구조이다. 반면 폰 비저는 '지도자'가 현시한 성공을 대중이 인정하는 구조를 설명함으로써 그 지도자의 권력이 탄생하고 더욱 공고히 됨을 말하고 있다. 즉, 포피츠에 있어서는 이미 기존에 존재하고 있는 권위에 의하여 약자들이 인정받기를 원하기에 기존의 권위에 순응하는 모습을, 폰 비저는 성공을 통하여 권위가 탄생하여 대중이 그 권위를 추종하는 모습을 묘사하고 있다. 이러한 면에 있어서 양자는 지극히 상호 보완적이다. 포피츠에 있어서는 권위의 탄생에 대한 분석이 결여되어 있고, 폰 비저에 있어서는 그러한 권위를 대중이 왜 추종하는가에 대한 미시적 분석이 결여되어 있는데, 양자를 결합함으로써 양자 모두에 존재하는 공백을 메울 수 있다고 생각된다.

이는 우리가 이미 도구적인「권력적 관계」에서 발견한 바 있던 양자택일적 [선택] 구조에 대한 논의로 다시 이끌게 된다.[103] [이전과 다른 점은] 여기에서의 양자택일 선택지는 '인정에 대한 갈구'와 '인정 철회로부터의 우려'로[104] 나타난다. 이러한 택일적 대안을 채용할 수 있고, 또한 의식적으로 채용하여 타인의 행위와 마음자세를 조종할 수 있는 사람이 바로「**권위적 권력**」을 행사하는 자이다.

IV. 데이터설정 권력

(4) 본서에서 우리는 사냥하고 길들인 동물에 대하여 인간이 행사한 권력[힘]에서 출발하였다. 그러나 자연에 대한 권력[힘]은 다른 생명체에만 국한되지 않는다. 인간은 무생물인 자연이라는 외부적 힘$^{(Kraft)}$도 정복할 수 있다. 그러한 대상에 대하여서도 인간은 자신에게 적대적으로 놓인 것들을 극복한다: 나무는 베어지고, 광석은 녹여지고, 점토는 구워지며, 돌은 다듬어진다.【30】소포클레스는 [인간이] 자연을 체계적으로 압도하기 시작하였던 그 중요한 업적$^{(Schlüsselleistung)}$을 다음과 같이 묘사한다:

---

103   [역주]「도구적 권력」을 논함에 있어서 양자택일적 선택구조에 대하여서는 본서 29쪽과 각주 86 참고.

104   [역주] 본서에서는 불안안 심적 정서를 나타내는 단어들을 가급적 구분하여 번역하였는데, 물론 번역어로 선택된 한글과 정확히 일치하는 것은 아니지만 가급적 유사한 단어를 선정하였다: Befürchtungen(**우려**; fear)는 미래의 결과에 대한 구체적 가능성을 염두에 둔 경우이다. Sorge(**걱정**; anxiety)은 그러한 구체성이 결여된, 매일 매일의 근심 혹은 중립적으로 사용되는 경우 '배려'이다. Furcht(**두려움**; fear)은 어떠 특정한 대상이나 상황에 관련된 것이다. Angst(**불안**; anxiety)은 종종 모호한 심리적 상태이다. Schrecken(**공포**; horror)는 갑작스럽게 발생되는 것이다.

> 그리고 모든 신들 중 가장 높으며,
>
> 영원하고 결코 지치지 않는 대지$^{(Gân)}$
>
> 회전하는 쟁기와 길들여진 말을 이용하여,
>
> 해마다 그녀를 일군다$^{(apotrýetai)105}$

이 대지를 갈고 닦는 것, 즉, 자연을 인간의 목적을 위하여 조성하는 것이 인간 능력[권력]의 근본적인 표출 중 하나라는 것은 소포클레스에게는 분명히 자명한 사실이었다. 그리고 자연의 파괴가 인간 생명을 위협하는 처사임이 밝혀진 이후 이같은 사실은 다시 명백하여졌다. 동시에 우리는 현재 우리가 외부의 독립적인 **힘들**과 실제로 갈등 관계에 처하여 있다는 사실을 깨닫게 된다.

자연적으로 주어진 것을 우리가 유용하기 위하여 변화시키는 경우, 우리는 자연에 대한 힘[권력]을 행사하는 것이다. 하지만 이는 단지 자연에 대한 힘[권력]만을 행사하는 것이 아니라 동시에 타인들에 대한 권력도 행사하는 것이다. 우리가 만든 '인위적 창조물들'$^{(Artefakt)}$은^{106} 그 제작자에게 어떤 봉사 제공을 다소 수행하는 등을 통하여 일반적으로 그 제작자에게만 영향을 미치는 것은 아니며, 동시에 타인에게도 영향을 미친다: 도로는 많은 사람들에게 길을 열어주고, 벽은 길을 막으며, 경작된 농지는 많은 이들에게 식량을 제공하고, 반면 황폐된 대지는 많은 이들을 굶주리게 만든다. 새로운 정착지의 계획자와 설계자들은 생활 조건, 자유로운 삶의 공간, 그리고 많은 사람들에 대한 [즉, 그들의 삶에 부과될] 강압들$^{(Zwang)}$을 결정한다. 그들은 타인들을 위한 세상을 건설한다.

모든 기술적 행동들이 모두 그렇게 광범위한 결과를 초래하는 것은

---

105 [역주] Sophocles(Antigone: 336-341행). 전체 원문은 본서 389쪽 참고.

106 [역주] 본서에 말하는 Artefakt(영어 artifact)란 인간이 창조한 모든 유형, 무형의 것들(이에는 규범, 법률 등도 포함됨)을 의미하는데, 이를 '인위적 창조물'로 번역하였다.

아니다. 그러나 모든 인위적 창조물들은 세상의 현실에 새로운 사실, 새로운 **데이터**$^{(Datum)}$를^{107} 추가한다. 이러한 새로운 데이터에 책임이 있는 $^{(verantwortlich)}$ 사람은 「데이터 설정자」$^{(Datensetzer)}$로서, 그들은 타인들, 즉 그 "데이터에 의하여 영향을 받는 인간들"$^{(Datenbetroffenen)}$에 대하여 특별한 종류의 권력을 행사하게 된다. 【31】「**데이터설정 권력**」$^{(Macht\ des\ Datensetzens)}$이란 [이렇듯] '사물을 매개로 한 권력'$^{(objektvermittelte\ Macht)}$이다.^{108} 그것은 영향을 받는 사람들에게 '물질화된'$^{(materialisiert)}$ 형태로 전달된다. 이것이 의미하는 바는, 그러한 권력은 (비록 그것이 "물화된"$^{(verdinglicht)}$ 권력이라는 이데올로기적 입장을 시사할지라도) 결코 사물$^{(Ding)}$이 인간에 대하여 행사하는 권력은 아니라는 것이다. 오히려 그것은 제작행동, 그리고 결국 제작자$^{(Hersteller)}$에 의하여 행사되는 권력이다. 즉, 그것은 제작자가 [대상으로서의] 객체에 체화시킨 권력으로서, 종종 오랜 시간 동안 잠재화 되어있지만$^{(latent)}$ 어느 순간이라도 발현될 수 있는 권력이다. 이러한 류의, 소위「권력의 광산」$^{(Macht-Mine)}$은 현재의 시점에서 볼 때는 후세를 위하여 수만 년 동안 묻혀 있을 수도 있다. 따라서 기술적 행동이 가진 권력의 이중적인 성격, 즉 자연의 힘들에 대하여 행사되는 권력과, 사물을 매개하여 결정을 내리는, 타인들의 삶의 조건에 대하여 행사되는 권력의 양면 모

---

107 [역주] 저자가 사용한 의미의 '데이터'$^{(data)}$는 라틴어의 *datum*에서 유래하였는데, 특히 '인위적으로 세상에 주어진 어떤 것 내지는 사실'을 의미한다(이는 유형무형의 것들 모두를 포괄하는데, 예를 들면, 기술, 인프라, 혹은 법률 등이 그것이다). 따라서 현대의 정보 통신에서 사용하는 의미의 데이터와는 거리가 멀다. 그런데 저자는 이렇듯 인위적으로 주어진 것들이 인간에게 다시 '권력을 가하는 수단'이 된다는 점을 강조하고 있다.

108 [역주] 독일어 Objekt는 영어에서와도 마찬가지로 일률적으로 번역하기가 쉽지 않다. 본 번역에서는 문맥에 따라, 객체, 사물, 대상, 객관 등으로 번역하였다.

두를 충분히 고려하여야만 할 이유가 분명히 존재하는 것이다.

인간은 이러한 기술적 행동을 통하여, (자체의 독자적 법칙을 따르는) 자연이 가진 지향하는 힘에 대하여 맞서고, 자연을 인위적 창조물로 바꾸며, 그로 인하여, 인위적 창조물의 세계에 자신을 끼워 넣어야만 하는 모든 인간들의 삶의 조건도 또한 수정하게 된다.

네 가지 유형의 권력에 대한 요약

「**행동 권력**」: 인간들은 타인에 대한 권력을 가지고 있는데, 그 이유는 한 인간이 타인의 반대하는 힘들을 제압하고 그들에게 해를 가할 수 있기 때문이다. 한 개인은 타인에 대하여 "어떤 무엇의 영향을 줄 수 있다". 즉, 신체적 완전성, 경제적 생존, 그 타인들의 사회적 참여자격에 개입하여 영향을 줄 수 있다. 그리고 모든 개인들 및 모든 그룹들은 그로 인하여 해를 입거나 혹은 해를 입을 위험에 처하여 있다.

「**도구적 권력**」: 인간들은 타인들로부터 빼앗고 또한 그들에게 [어떤 것을] 줄 수도 있는데, 이러한 [직접적인] 행동을, [타인의] 행위를 조종하는 위협과 약속이라는 형태로 변환할 수 있기 때문에 인간은 권력을 가지게 된다. 【32】 이러한 권력의 기초는 어떤 무엇을, 즉 (적어도 표면적으로) 처벌과 보상을 통제처분할 수 있는 능력을 '가지고 있음'$^{(Haben)}$에 근거한다. 그러나 이러한 '가짐'이 실제로 권력을 생산하려면$^{(Machtproduktiv)}$, 인간 행동이 미래 지향적이라는 점을 활용하고, 그들이 미래에 대한 걱정을 하고 있음을 활용하여야 한다. 그들이 느끼는 미래에 대한 걱정 중에는 타인에 대하여 불안해 하거나 혹은 타인들로부터 무엇인가를 기대하는 것이 포함된다. 그리고 그들의 행동은 불안과 희망에 의하여 결정된다.

「**권위적 권력**」: 인간의 행위를 조종하는 또 다른 형태의 권력, 즉, 「권위적 권력」은 인간이 느끼는 「기준에 대한 필요성」$^{(Maßstab-Bedürftigkeit)}$과, 그들이 권위 있다고 이미 인정한 개인과 그룹으로부터 자신이 인정받고

자 하는 필요성에 기반을 둔다. 우리 자신이 느끼는 「자기존중감」은 이러한 확인에 달려 있다. 이렇듯 「기준에 대한 필요성」과 「인정에의 필요성」이 [권위자에 대한] 심리적 의존감을 형성하기 때문에 인간은 타인에게 「권위적 권력」을 행사할 수 있다.

「데이터설정 권력」: 사람들은 기술적 「행동 기량」과 생산적 지능을 통하여 타인들에 대하여 권력을 가진다. 우리는 그러한 기술적 행동에 의한 권력의 영향을 받는데, 그것은 우리가 항상 타인들이 최소한 어느 정도 만들어 놓은, 인위적으로 변화된 '사물의 세계'(Objektwelt)에 묶여 있기 때문이다. "도구를 만드는 동물"이 자신의 존재 조건을 인위적으로 창조하는 것이 필연적이듯, 그 인간이 '권력에 의한 결정'(Machtentscheidung)을 사물 내로 체화시키게 되는 것 또한 필연적이다.[109]

「사회적 권력」의 뿌리는, 다음과도 같은, 인간에게 필수적으로 존재할 수밖에 없는 「필수적 의존성」과, 동시에 인간의 「구성적 행동기량」(konstitutive Handlungsfähigkeit) 간의 상호 관계에 있다.【33】「필수적 의존성」이란 인간의 「취약성」, 미래에 대한 걱정, 기준과 인정에 대한 필요성, 그리고 그들의 인위적 창조물에 대한 의존성에 기인하며, 「구성적 행동기량」은 [타인에게] 해를 가할 수 있는 기량(Fähigkeit), 불안과 희망을 만들어낼 수 있는 기량, 기준을 설정할 수 있는 기량, 그리고 기술적 행동을 수행할 수 있는 기량이다.

「권력적 관계」는 인간관계가 (i) 해를 입힐 수 있는 힘과 해를 입을 「취약 용이성」(Verletzungsoffenheit), (ii) 영향을 받을 수 있는 희망과 걱정, (iii) 기준을 설정하여야 하는 강압(Zwang)과 힘, 그리고 (iv) 사물의 세계

---

[109] 「권력의 제도화」, (즉 권력을 특정 지위에 결속시킴을 통한) "지배"의 발생과 함께, 권력은 안정성과 사회적 지속성을 획득한다. 그러나 여기서 논의된 것들을 넘어서는 새로운, 독자적인 형태의 권력 행사의 유형은 생겨나지는 않는다.

를 변화시키는 강압과 힘 등에 의하여 결정되기 때문에 발생한다. 가장 간략하게 표현하자면: 인간은 타인들에게 **직접적인 영향을 미칠 수 있으며**, 나아가 그러한 직접적 영향 이외에도 타인들의 **기대**(Erwartung), **기준을, 그리고** 타인들을 위한 **인위적 창조물**을 결정적으로 변화시킬 수 있다.

우리는 인위적 창조물에 의존하며, 미래를 지향하고 있으므로, 우리의 행위는 '근거를 필요로 하는'(begründungsbedürftig),[110] 그러한 취약한 존재로 살아간다. 따라서 우리는 권력을 겪게끔 되어 있다.

많은 문헌에서 제시된 대부분의 권력 개념은 이러한 네 가지 권력의 근원으로부터 도출될 수 있다고 본 저자는 생각한다.[111]

---

[110] [역주] 인간은 자신의 행위에 대한 정당화, 즉 '근거'를 필요로 하는데, 그러한 정당화의 기준은 결국 타인의 인정 등에 의하여 제공되기 때문에, 그러한 인정을 제공하는 자에 대하여 인간은 취약할 수밖에 없다.

[111] 하지만 이는 그러한 개념을 형성함에 [모두가] 동의함을 의미하지 않는다. 권력이라는 개념을 모든 다양한 종류의 "영향"(Einfluß)으로[i] 끝없이 확장하려는 시도가 타당한지의 여부는 어쨌든 별도로 논의되어야만 할 주제이다. (이는 「도구적 권력」과 「권위적 권력」이라는 특수한 맥락에서 가장 잘 이루어질 수 있다.) 이렇듯 확장을 하려는 시도들은 궁극적으로 한 사람이 다른 사람에게 미치는 모든 작용을 포착하려고 하는데, [반면] 이는 [즉, 이렇게 확장하려는 시도는] 마치 일견 일관성 있는 것처럼 보이려는 「형식화」가 오히려 문제 자체를 희석시키게끔 하는 사례를 보여준다고 하겠다.

그러나 그 외에도, 여러 제안된 구분들은 서로 간에 상당히 차이가 있다. 예를 들어, 위협과 약속이라는 「도구적 권력」은 "「강압적 권력」"(coercive power)과 "「보상적 권력」"(reward power)으로 나눌 수도 있다 (French et al. 1959: 150-167) 본서에서 설명된 「권위적 속박」(Autoritäts-Bindung)의 한 가지 변형으로서 "「내적 권력」"(innere Macht)을 구상할

V. 권력 형태들의 보편성과 그들 간의 관계

「도구적 권력」과 「권위적 권력」은 모두 피권력자의 행위를 조종한다는 공통점을 가진다. 「도구적 권력」은 "외적" 이익과 불이익의 선택지를 통하여 작동하며, 「권위적 권력」은 인정과 그 인정의 철회를 통하여 작동

수도 있고 (예를 들자면, "「준거적 권력」"(referend power), 전게서), 혹은 흔히 그렇게들 하듯이 '권위의 현상'(Autoritäts-Phänomene)을 「명성」과 '인정'의 사안으로 축소시킬 수도 있다. 또한 제도적 권력(즉, 지배)은 때로는 독자적인 「권력 형태」로 구분되기도 하지만, 본서에서는 [독자적 형태가 아니라] 그것을 (개별적 또는 결합된 형태의) 「권력 형태」가, 「견고화」 혹은 안정화되는 것으로서 이해하고 있다(각주 109 참조). 마찬가지로, 본인에게는 권력의 「정당화」[그 자체]에서는 어떠한 독자적인 「권력 형태」도 찾아볼 수 없다. 본인의 견해는, 「정당화」 역시 여기서 구분된 (개별적 또는 결합된 형태의) 「권력 형태」들이 획득할 수 있는, 안정화를 위한 추가적 특성으로 이해되어야 한다고 생각한다. 마지막으로, "「데이터설정 권력」"의 독자성에 대한 통찰은 아직 정립되지 않은 상태이다.

[그러한 독자성에 관한] 다양한 제안들은 단순히 그 피상적 차이에서 비롯된 경우가 많은데, 본서에서 설명된 네 가지 근본적 조건에서 출발하는 경우, 그러한 차이가 가지는 위상의 중요도는 상대적으로 쉽게 무시하여도 좋다.

[역주] (i) 「영향」과 권력의 외연이 일치함의 여부에 대하여서는 논란이 존재한다. 저자도 이같은 점에 대하여 언급하고 있다(본서 109쪽). 또한, 룩스에 의하면, 영향은 유인, 이성적 설득, 독려 등을 포함하는데, 권력의 한 형태가 될 수도 있고 그렇지 않을 수도 있다. 예들 들자면, 내가 열심히 공부하는 모습에 자극(영향)을 받아 친구도 열심히 공부하게 되었다면, 나는 친구에게 권력을 행사하는 것인가? 이에 대하여서는 룩스(2024: 41, 그림 1.1: 권력의 개념적 지도)와 설명을 참고할 것.

한다.[112] 「도구적 권력」은 단순히 행위를 유도하는 바에 그치지만, 「권위적 권력」은 행위뿐만 아니라 마음자세(Einstellung)까지에도 영향을 미친다.

「행동 권력」과 「데이터설정 권력」은 피권력자의 상황과, 그로 인하여 가능한 행위의 범위를 변화시킨다는 면에서 공통적이라고 할 수 있다. 【34】「행동 권력」은 개인에게 직접적으로 영향을 미치는 반면, 「데이터설정 권력」은 물질적이며 인위적인 삶의 조건을 결정한다. [그럼으로써 간접적으로 영향을 미친다.].

이러한 「권력 형태」들(Machtform)이 언제든지 사회화의 모든 형태를 조형할 수 있음은 명백하다. 이는 우리가 만일 (이는 의심할 여지 없이 충분한 의미가 있는데) 권력 개념의 적용 범위를, 권력을 행사하려는 **의도**(Intention)가 추정될 수 있는 경우로만 제한하더라도 마찬가지로 성립한다—이는 즉, 타인을 가해하려는 고의적(Absicht)[113] 행위와 마음자세를 조종하려는 고의, 혹은 삶의 조건을 변화시키려는 고의가 포함된 경우를 말한다. 그리고 우리가 명백한 권력 행사의 사례에만 주목하더라도 이같은 원칙은 여전히 유효하다.[114]

---

112   [역주] 즉, 「도구적 권력」과 「권위적 권력」 모두 이같은 이분법적인 양자 선택 구조를 통하여 작동한다. 각주 86 참고.

113   [역주] '고의'(Absicht)는 '의도'(Intention)에 비하여 보다 구체적이고 직접적인 의도이다.

114   [역주] 즉, 그 권력 행사의 주체성이 명확하고, 또한 아주 명백하게 보이는 권력 행사에만 주목하더라도 (그리하여 푸코 등의 분석에서 보이는, 무의식적이고 분산되어 있는 형태의 권력을 포함시키는 등의 권력 개념의 확장을 피하더라도), 권력이 사회화의 모든 측면에 영향을 준다는 원칙은 보편적으로 적용된다. 이같은 저자의 논지는, '권력 행사를 푸코와 같이 무의식적, 비가시적인 것을 포함하는 광범위한 범위로 확장시키기 때문에 권력 현상이 편재하는 것'이라는, 일종의 가능

타인에게 영향을 미치는 어떤 것을 행하는 사람은 일반적으로 상대방에게 '마음 깊이'(empfindlich)[115] 해를 가할 수도 있다. 예상 가능한 '네-아니오'라는 대응의 선택지를 통하여 타인의 행동에 영향을 줄 수 있는 사람은 뇌물을 주거나 [혹은 보상을 주거나] 공갈 협박을 할 수 있는 수많은 호기(Gelegenheit)를 자신을 위하여 유용할 수 있다. 우리의 작위(Tun)와 부작위(Lassen)는 다양한 맥락에서 「기준에 대한 필요성」과 「인정에의 필요성」, 그리하여 그에 따른 심리적 의존성에 의하여 결정되며, 그러한 심리적 의존성은 타인에 의하여 쉽게 활용될 수 있다. 결국, 우리가 참여하는 모든 사회적 드라마는 그러한 모든 무대배경(Kulisse)을 이동(Verschiebung)시킴을 통하여 조작될 수 있다.[116]

권력 행사의 **기회**는 일상적인 사회 교류상의 상호작용에 내재하여 있다. 이러한 기회는 수많은 상황에서 의도적으로 그리고 명백하게 이용될 수 있다.

권력은 사회화 과정(Prozeß der Sozialisation)에서 항상 사용되며, 반드시 사용될 수밖에 없다. 모든 아이는 권력의 작동에 대하여 배우게 된다. 아이는 자신의 「취약 용이성」을 경험하는데, 이는 단순히 부모가 그 아이 자

한 반론을 염두에 두고, '권력 행사를 의식적, 가시적인 것만으로 한정을 하더라도 권력 현상은 편재한다'고 주장하고 있는 것이다.

[115] [역주] 이때 empfindlich는 대단히, 혹은 '마음 깊이'의 두 가지 의미로 모두 해석 가능하다.

[116] [역주] 이 문단을 다시 쓰자면 다음과 같다: 권력자는 보상과 처벌, 희망과 공포, 그리고 인정을 갈구하는 인간의 심리적 취약성과 의존성을 이용하여 인정 부여와 인정 철회를 제공하는 등의 다양한 선택지를 제시할 수 있기에, 그러한 기회를 활용하고, 그럼으로써 피권력자에게 지대한 영향을 끼칠 수 있다. 결국 권력자는 그렇듯 상대에 영향을 미치는 다양한 무대장치를 활용하여 상대방을 조작할 수 있다.

신을 보호하기 위하여 무엇을 강제로 빼앗는 경험을 그 아이가 하는 것만으로도 가능하다. 【35】 또한 아이는 자신의 행동이 선한 결과와 악한 결과를 초래할 수도 있으며, 타인도 그러한 결과를 만들어낸다는 점을 깨닫게 된다(즉, 불안과 희망을 지배하는 자들의 존재를 깨닫게 된다) 아이들은 어른들의 돌봄과 그들로부터의 인정에 의존하게 되고, 결국 타인들에 의하여 만들어진 세계 속에 적응하게 된다. 그러한 경험이 문화적으로 얼마나 잘 포장되든 간에, 자신이 열등하다는 지각은 모든 아이들이 공유하는, 사회 교류상 필요한 지식의 일부이다. 사람들이 아이를 돌보고 양육하는 모든 상황에서, 그들은 의도적으로 그리고 압도적인 우위성 속에서 권력을 행사한다. 그 권력은 「행동 권력」, 「도구적 권력」, 「권위적 권력」, 혹은 「데이터설정 권력」으로 나타난다.

※ ※ ※

「권력 형태」의 이러한 구분은 [다음과 같은] 세 가지 측면을 보여주기에 분석적으로 유용하다.

(1) 위와 같은 네 가지 「권력 형태」의 각각은 독자적으로 어떠한 「권력관계」를 형성할 수 있다: 순수한 무력, 노골적 협박, 의심의 여지 없는 위세^{Würde}, 기술적 행동의 순수한 효율성. 이러한 사례들에서 특정 「권력 형태」의 작동 방식을 포착할 수 있는 법을 배운다면, 그 사례들을 더욱 잘 이해할 수 있을 것이다.

(2) 하지만 많은 양상들의 경우에 있어서는, 여러 「권력 형태」가 결합하여 작용하는 경우 파악하기가 더 어려워진다. 그러한 조합은 어떻게 발생하는가? 이는 다음과 같은 예에서 쉽게 찾을 수 있다. 예를 들어, 「행동 권력」은 타국을 정복하는 형태로 나타날 수 있으며, 이러한 정복은 수탈을 위한 「도구적 권력」으로 발전할 수 있다. 지속적인 억압은 「권위적 권력」으로 격상될 수 있으며, 이 모든 것은 성벽과 요새를 [즉 「데이

터설정 권력」을] 통하여 굳건히 고착될 수도 있다. 또는: 어떤 사람이 위협에 굴복하여 금품을 내주는 것은 결과적으로「행동 권력」이 가진 잠재력이 실제로 현실화될 수 있도록 금융을 제공하는 것이 될 수도 있다―그리하여 결국 그 위협이 현실적으로 실행 가능하여지는 것이다.

【36】「도구적 권력」과「권위적 권력」간의 결합은 흔히 나타난다.「권위적 권력」은「도구적 권력」으로 전환될 수 있다: 예를 들어, [사이비] 종교 지도자는 자신의 추종자들에게 모든 재산을 헌납하도록 설득할 수 있으며, 그 결과 그는 그들을 '가죽과 털' 모두에 있어서 [즉, 완전히 정신과 물질 모두에 있어서] 장악하게 된다. 반대로,「도구적 권력」은「권위적 권력」으로 변환될 수도 있다―가장 잔인한 지배자조차도 신성한 아우라를 [즉, 권위를] 얻을 수 있다. 이러한 결합을 통하여 양극적(bipolar)[117]「권력 효과」(Machtwirkung)가 생성되며, "외적" 및 "내적"이라는[118] 또 다른 선택지들과 결합되어 종종 이해하기 어려운 복합적 형태로 나타난다. 하지만 이러한「권력 효과」의 양극성(Bipolarität)을 이해하는 것만으로도 중요한 통찰을 얻을 수 있다.

각「권력 형태」의 구조에는 다른「권력 형태」를 획득하기 위하여 이용될 수 있는 요소들이 포함되어 있다. 이에 따라 두 가지 유형의「권력 축적」(Machtakkumulation)을 구별할 수 있다. (i) 특정한 어느 한「권력 형태」

---

[117] [역주] 문맥 상, 위에서 언급된「도구적 권력」(즉, 물질적 권력)과「권위적 권력」(즉, 상징적 권력)이라는 양극단의 두 가지 상이한 종류의「권력 형태」가 서로 간에 영향을 주면서(즉, 한쪽에서 다른 쪽으로 이행하는 등) 작용하는 것을 의미한다.

[118] [역주] 즉,「도구적 권력」,「권위적 권력」은 각자 내적, 외적인 측면이 있기에, 결국 4가지 선택지가 있는 셈이다. 각각의 내적인 측면은 희망과 공포, 인정과 인정 철회 등이며, 외적인 측면은 그러한 내적인 것들을 야기하기 위한 외적인 것들(예를 들자면 무기 등의 각종 물질적 수단들을 보이는 것, 예식과 의례 행위 등)을 의미한다.

의 내부적 확장 (예: 어떤「행동 권력」이 더 큰「행동 권력」으로서 확대되거나,「권위적 권력」이 더욱 심화되는 경우) (ii) 각「권력 형태」가 제공하는 기회를 이용하여 기존 권력을 새로운 추가적인「권력 형태」로 전환하는 것. 이를 "「권력 형태의 상호끌림 경향」"(Tendenz zur wechselseitigen Attraktion der Machtformen)이라고 부를 수도 있다.

새로운「권력 형태」를 획득하는 방식으로 이루어지는「권력 축적」은, 특히「권력 경험」들을 일반화하려는 성향에 의하여 촉진된다. 이미 [한 영역에서] 입증된 우위성과 감수된 열등감은 [모든 영역에 있어서도] 일반화되는 경향이 있다: 어느 한 곳에서 우월하거나 열등하였던 사람은 다른 곳에서도 그렇게 된다.[119] 마찬가지로, 특정한 형태의 권력에서 우위를 점한 사람은 다른 형태의 권력에서도 그러할 것이라 여겨진다.[120]

(3)「권력 형태」들의 결합이 이루어지는 방식뿐만 아니라, 그들이 상호작용 하는 특정한 방식 또한 흥미롭다.【37】이러한 상호작용은 '긴밀하게 서로 연결된'(verbündet)「관철력」들(Durchsetzungskraft)이 연합(Koalition)을 형성하여 작용할 수 있다. 즉, 다양한「권력 형태」들은 서로를 보완하고 강화하며, 영향을 받는 사람들에게 주어져 있는 모든 출구를 마치 동시에 차단하려는 것처럼 작용한다.

본 장을 마무리하면서 좀 더 자세히 설명하기 위하여, 피터 바이스(Peter Weiss)가[121] 기술한 자신의 어린 시절 기억을 하나 소개하겠다.

---

[119] 이렇듯 일반화하는 가정은 소위 "「강제 조건화 모델」"(force-conditioning model)에 해당한다. 이에 관련된 요약은 March 1966: 39-70)를 참고할 것.

[120] [역주] 이같은 설명은 부르디외가 말한 네 가지 형태의 자본(경제적, 문화적, 사회적, 상징적) 간의 상호 강화 현상을 상기시킨다. 그에 따르면 한 가지 형태의 자본의 우위는 다른 자본에 있어서의 우위를 강화하기 쉽다(예를 들어, 사회적 자본, 즉 사회적 교류 관계의 강화는 경제적 자본을 강화시키고, 반대로 경제적 자본은 사회적 자본을 강화시킨다)

[121] (1916-1982). 독일의 작가, 예술가, 정치인으로서, 권력, 억압 등에

그날 프리더를레(Friederle)는 이웃 정원의 울타리 앞에 서 있었다. 우리가 이사 오던 날이었다. 그는 팔짱을 낀 채로 나를 거만하게 쳐다보며 내 이름을 물었다. "너 여기 살 거니?"하고 그가 물었다. 나는 고개를 끄덕였고, 남자들이 이삿짐 트럭에서 우리 가구를 집 안으로 옮기는 모습을 바라보았다. 프리더를레가 말하였다. "이 집은 우리 아버지 거야. 너희는 그냥 세들어 사는 거야". 그가 덧붙였다: "우리 아버지는 사장이야. 네 아버지는 뭐 하시는데?" 나는 몰랐다. 그가 다시 말한다: "뭐? 네 아버지가 뭐 하는지도 모른다고?" 나는 그를 압도할 수 있는 대답이나 그의 호감을 얻을 수 있는 말을 찾으려 하였지만, 아무것도 떠오르지 않았다. 그때 그가 다시 물었다. "네 모자에 뭐라고 쓰여 있어?" 나는 모자를 벗었다. 그것은 앞머리에 금색 글씨가 새겨진 선원 모자였다. 그가 다시 물었다: "뭐라고 쓰여 있어?" 나는 몰랐다. 그가 말하였다. "너는 네 모자에 뭐라고 쓰여 있는지도 못 읽어?" 그는 계속 말한다: "거기엔 이렇게 쓰여 있어: 나는 멍청하다". 그러더니 그는 내 손에서 모자를 빼앗아 높이 던졌고, 모자는 나뭇가지 사이에 걸렸다. 긴 파란 리본이 바람에 펄럭였다. 그때 집 테라스에서 어머니가 우리가 함께 서 있는 모습을 보았다. 어머니가 외쳤다: "새 친구를 벌써 사귀었니? 잘 놀고 있니?" 나는 소리쳤다. "응, 정말 재미있게 놀고 있어".[122]

【38】그 아이는 새로운 환경으로 옮겨진다: 고급 주택가, 정원, 이웃이 거의 없는 곳, 아이들도 거의 없는 곳. 여기서 부모가 「데이터 설정

관한 주제에 대한 저술을 남김.

[122] Weiss(1962: 27-28).

자」 또는 '데이터 중개자' 역할을 하였는지는 그다지 중요하지 않다.[123] ─ 특히 아이에게는 더욱 그렇다. 이웃집 아들 프리더를레는 먼저 과시적인 태도를 보인다("이 집은 우리 아버지 거야─우리 아버지는 사장이야") 그리고 곧바로 공격적으로 변한다("거기엔 이렇게 쓰여 있어: 나는 멍청하다"). 마지막으로, 그는 「행동 권력」을 행사하며, '멍청한' 아이의 모자를 빼앗아 던져버린다.

지금 막 이사 온, 공격받은 아이, 게다가 나이도 더 어린아이는 두려움을 느낀다. 프리더를레는 그를 성공적으로 위협하기 마련인 것이고, 아이는 단지 "그의 호의를 얻으려는" 시도만 할 수 있을 뿐이다. 따라서 「도구적 권력」의 확충이 준비된다.

하지만 아이는 도망칠 수도 있었고, 어머니에게 불평할 수도 있으며, [다른 방식으로 프리더를레와] 새롭게 시작을 시도할 수도 있다. 그러나 어머니가 등장하면서 그녀의 「권위적 권력」이 아이의 모든 탈출구를 차단한다. "새 친구를 사귀었니?" 그녀가 묻는다. "잘 놀고 있니?"

이 [어머니의] 대화에는 [아이의 반응을 사전적으로 조형하는] 놀라울 만큼 「상투적 기대」(Erwartungs-Klische)가 압축적으로 담겨 있다. (i) 우정에 관한 「상투적 기대」: 어린아이들이 만나면 금방 친구가 된다. 아이들은 원래 그러한 존재다. (ii) 적응에 관한 「상투적 기대」: 아이들은 새로운 환경에 빠르게 적응한다. (iii) 놀이에 관한 「상투적 기대」: 아이들이 함께 있으면 잘 논다.

어머니의 말에 대한 아이의 반응은 쉽게 이해할 수 있다. 그는 어머니를 "실망하게 하고 싶지 않다" (전통적인 「권위 관계」에서 핵심이 되는

---

[123] [역주] 본 문장에서의 맥락에서는 「데이터 설정자」는 그러한 새로운 '인위적' 환경을 만든 사람, 그리고 '데이터 중개자'는 자신이 그러한 환경을 만들지는 않았더라도, 그러한 환경의 영향을 타인에게 중개하는 자이다. 이 용법에 대하여서는 「데이터설정 권력」을 논하고 있는 본서 38쪽 참고요.

개념) 그는 어머니가 자신을 보는 그대로 되고 싶고, 그녀의 인정을 필요로 하며, 따라서 그녀가 정의한 상황을 그대로 받아들인다.

　결국, 어머니로부터의 「권위적 속박」하에 그 아이는 이웃 소년의 권력에 넘겨진다.【39】그리하여 「권력 형태」들의 상호작용이 진정 시작되는 곳은 결국 아이의 머리 위에서부터이다. 그리고 어머니의 승인에, 따라서 그녀가 바라는 세계에 묶여있는 아이는 무력감에 빠진다. "응, 우리 정말 재미있게 놀고 있어".

제2부. 권력 관철의 형태

3. 무력

【43】 가장 직접적인 형태의 권력은 단순한 「행동 권력」이다. 즉, 타인을 대상으로 한 행동을 통하여 그들에게 해를 가하는, 그들에게 "무엇인가를 행할" 수 있는 권력이다.

이것은 지속적으로 우월한 「권력 수단」$^{(Machtmittel)}$을 필요로 하지 않는다. 약한 자도 적절한 순간을 포착하면 때때로 「행동 권력」을 얻을 위치에 있을 수 있다. 그러나 여기서는 의도적인 가해만을 가정하며, 모든 우발적 경우는 논의에서 배제하기로 하자. 또한 피해자들의 반응 여부에 대하여서도 논외로 하자. 그들의 저항 여부와는 상관없이, [그들의 힘은 열세이기에] 그들은 그 가해 행위를 막아내지 못한다고 상정하자.

「행동 권력」을 행사하는 자는 타인들에 대하여 이미 그들이 이미 면역되어 있지 않은 어떠한 것을 할 수 있다. 그는 타인들에게 고통을 감내하도록 하는 권력을 가진다. 은행 대출이 철회될 수도, 집을 불태울 수도, 타인을 감금하거나 추방할 수도, 신체를 훼손하거나 강간하거나 살해할 수도 있다. 「행동 권력」은 곧 「가해적 권력」$^{(Verletzungsmacht)}$이며, 「행동 권력자」는 「가해적 권력자」이다. 다른 「권력 형태」에 비하여 직접적인 가해 행동은, 인간이 타인에 대하여 얼마나 압도적인 우위성을 가질 수 있는지를 더욱 노골적으로 잘 보여준다. 【44】 동시에, 직접적인 가해 행동은, 인간이 타인의 행동에 대하여 영구적으로 취약하며, 가해에 대하여 노출되어 있고, 그의 신체와 그 '인간 주체'$^{(Person)}$가 얼마나 연약하고 무방비 상태인지를 상기시킨다.

「가해 가능성」$^{(Verletzungsmächtigkeit)}$과 「취약 용이성」은 우리가 근본적인 의미에서 "사회화"라고 부르는 것을 본질적으로 규정한다. 서로가 서로에 대하여 걱정$^{(Sorge)}$, 불안, 두려움을 느끼게 되는 것은 사회화된 존재의 존재양식$^{(Modus)}$에서 결코 완전히 사라질 수 없다. 「공동체적 삶」이라는 것은 언제나 [타인을] 두려워하는 동시에 자신을 보호하는 것을 의미한다.

인간이 다른 인간에게 취약하다는 사실은 결코 제거될 수 없다. 어떤 고통이나 '판결의 수락'(Unterwerfung)도 이를 보상할 수 없다.[124] 솔제니친(Aleksandr Solzhenitsyn)은 다음과 같이 말한다[125]:

> 피지배자에게 불리하고 지배자에게 유리하도록 인간은 필히 그렇게 되어 있기에, 인간이 살아 있는 한 언제든 더 많은 것들이 항상 인간에게 가하여질 수 있다.

I. 행동 권력

우선, 권력 행동의 내용과 의도를 개괄적으로 살펴보자.

만약 심리적 상처를 별도의 독립적인 범주로 보지 않고 외적으로 드러나는 상해와 연결된 것으로 본다면, 권력 행동은 세 가지 부류로 구분할 수 있다: (i) 사회 교류상 참여자격의 감소를 목표로 하는 행동, (ii) 물질적 피해를 초래하는 행동, 그리고 (iii) 신체적 상해를 가하는 행동. 물론 이러한 행동들 간에는 겹치는 부분이 존재한다. 예를 들어, [달군 쇠로] 낙인을 찍는 행동은 신체적 상해이면서 동시에 사회적 차별의 표시이기도 하다. 그러나 일반적으로 각 행동 유형에는 뚜렷한 중심[적 행동]이 존재한다. [그리고 단순히] 말로 하는 질책과 경고는 이러한 세 가지 각기 행동 유형에 선행되는 전조로서 이해될 수 있다.

【45】사회 교류상의 참여자격을 제한하는 행동들은 거리 두기, 고의

---

[124] [역주] 이 표현은 그 자체로는 이해하기 쉽지 않다. 저자는 아마도, 가해자에 대하여 피해자가 반대급부로 고통이나 혹은 '판결의 수락' 등의 처벌을 가할 수 있는 경우라도 최초의 그 가해 자체에 대한 충분한 보상은 될 수 없으며, 따라서 인간은 항상 타인의 가해에 대하여 취약하다는 의미를 강조하는 듯하다.

[125] [역주] 이 인용의 출처는 확인할 수 없었다.

적 무시, 그리고 접촉의 회피로부터 시작된다. 이러한 행동은 타인을 모욕하거나 조롱하는 것으로 이어진다(예를 들자면 가엾은 마르셀 프루스트(Marcel Proust)가 벌로 여자아이 옷을 입고 교회에 끌려갔던 사건). 그리고 이는 공식적인 [사회적] 위상의 강등으로 발전한다. 예를 들자면 망신주기, 당나귀 타기 형벌(Eselsritt), 혹은 이를테면, "소년들이 그녀의 화환을 찢어버리고, 우리는 그녀의 문 앞에 짚을 뿌릴 거야!"[126]에서 엿볼 수 있는 태도들이 있다. 현대에서는 컨트리클럽에의 가입 거부 같은 사례에서 이러한 경향이 보인다. 가장 극단적인 경우, 완전한 사회적 배제, 추방, 감금, 그리고 법적 금치산 상태로의 격하가 이루어진다.

이와 마찬가지로, 물질적 피해의 정도(단순히 물질자산의 감소부터 극단적인 경우 생계 수단의 상실까지)와 신체적 상해의 정도(단순한 고통 유발부터 신체 절단, 그리고 살해까지)를 구분할 수 있다.

신체적 상해는 강한 감정을 동반하기 마련인데, 행위주체[가해자]에게는 그러한 감정이 '자주' 발생함에 반하여 피해자에게는 '항상' 그러하다. 특히, 전투 중이 아니라 처벌의 형태로 이루어질 때 그러한 [더욱] 강한 감정이 유발된다. 신체적 처벌은 단순히 육체의 완전성(Integrität) 만에 대한 훼손이 아니라, [정신을 포함하는] 한 '인간 주체'(Person)의 완전성 또한 훼손한다. 한 인간 주체는 사회 교류상에 있어서의 소속감을 부정당할지언정 그러한 부정으로부터는 스스로 초연할 수도 있으며, 물질적 소

---

[126] [역주] 괴테의 『파우스트』 17막에서 리셴(Lieschen)이 하는 말. 바로 앞 대목은 "그녀(그레셴)가 그(파우스트)를 얻으면, 그녀에게 안 좋은 일이 생길 거야"이다. 이 대화에서, 리셴은 그레첸(Gretchen)과 파우스트의 관계가 스캔들적이라고 가십핑하며, 만일 그레첸이 파우스트를 차지한다면, 심각한 결과가 따를 것이라고 말한다. 그러한 경우, 소년들이 (순수와 순결의 상징인) 화환을 찢어버리고, 문 앞에 (무가치의 상징인) 짚을 뿌릴 것이라고 저주한다. 이 같은 말은 결국 여론이 가진 잔인함과 무자비함, 그리고 사회적 저주를 상징한다.

유를 빼앗겨도 그 소유와는 독립된 존재로 자신을 인식할 수 있다. 하지만 그는 자신의 신체로부터는 분리될 수는 없다. 물론, 신체적 고통은 대개 참을 수 있으며, 어느 정도는 극복할 수 있다. 그러나 타인이 가한 고통은 결코 단순한 육체적 문제는 아니다. [그런데] 다른 인간주체와의 관계를 고려하는 경우, 우리는 자신의 신체로부터 벗어날 수 없다."[127]【46】 그렇기 때문에 권력의 크기에 있어서 자신이 가진 열위에 기인하여 신체적 처벌을 받는 사람은 그것을 단순한 부분적 복종(Unterworfenheit)이 아니라, 일반적이며 또한 본질적인 복종으로 경험하게 된다.

「법적 제재」(Rechtssanktion) 및 「관습적 제재」(Sittensanktion)의 체제는 이같은 사실을 정확히 반영한다. 신체적 처벌은 일반적으로 특히 중범죄와도 같은 중대한 규범 위반자에게만 부과되거나 사회적 지위가 낮은 규범 위반자에 대한(일반 하층민, 농노, 노예, 어린이에 대한) 처벌로써 사용된다. 즉, 행동에 대한 강한 비난이 존재할 때, 혹은 위반자들의 [인간으로서의] 완전성(Integrität)에 대한 비하가 존재할 때 신체적 처벌이 주어진다. 가혹한 신체적 처벌은 '최종적 수단으로서'(ultima ratio) 모든 사람에게도 적용될 수 있다. 하지만 경미한 신체적 처벌은 오직 사회적으로 하찮은 자들에게만 가하여진다.

***

모든 권력 행동은 **지속적인** 「권력의 기울기」(Machtgefälle)를[128] 만들거

---

[127] [역주] 즉, 사회적 교류라는 것은 일단 신체적 접촉을 전제하는 것이며, 또한 처벌은 일단 신체적으로 가하여지기에 권력은 일단 신체로 체험된다. 특히 물질적 소유 등과는 달리 신체는 우리 자신과 분리될 수 없기에 권력이 행사되는 가장 우선적인 대상이 된다.

[128] [역주] 「권력의 기울기」란 권력의 위계가 마치 경사면(傾斜面)을 따르는 것처럼 점진적인 단계로 차이가 수립되어 있음에 비유한 표현이다(단

나 강화하는 것을 목표로 할 수 있다. [그 결과로서] 피해자는 자신의 [권력상의] 경쟁력(Konkurrenzfähigkeit)을 상실하게끔 되어 있다—그리하여, 더 이상 중요하지 않게 받아들여지지 않는 아웃사이더, 가난뱅이, 그리고 가장 눈에 띄는 방식으로는 [신체적 처벌을 받아서] 신체적 불구자로 전락하게 된다. 이러한 모든 경우에서 행위주체(Akteur)와 피해자 간의 '권력 간극'(Macht-Distanz)은 변화된다.

어떠한 권력 행동이 그 「행동 권력」을 가진 자와 그 희생자 간의 **관계**에 미치는 결과를 살펴보자면, 먼저 많은 종류의 권력 행동은 그것들 자체로서 만의 의미(Sinn)를 지니는 경우에 해당한다. 예를 들자면, 강도는 단지 약탈만을 원하고, 복수심에 불타는 자는 단지 복수만을 원한다. [그러한 경우에 있어서는] 행동이 완료되면 피해자는 더 이상 중요하지 않다. 즉, 그 피해자로부터는 더 이상 바라는 것은 없게 된다. 이러한 경우에서 보이는 바는 「**순수 행동 권력**」(bloße Aktionsmacht)이다.

「순수 행동 권력」은 인간의 권력 행사의 역사가 시작되는 순간부터 존재하였다. 이러한 권력은 수탈을 위한 경제적 기반이 형성되기 이전, 그리고 지속적인 통제의 전략이 개발되기 이전에도 가능하였다.【47】 이러한 권력의 특이성은, 한 인간이 타인에게 권력을 행사함에 있어서 그는 타인의 [대응적인] **행동** 자체에는 아무 관심도 두지 않는다는 점에 있다.[129] 또한, 「순수 행동 권력」은 기술적으로 더 효율적인 파괴 수단을

순히 급격한 차이를 보이는 '낙차'와는 다른 의미이다). 영어로 표현하자면 gradient, gradation이다.

[129] [역주] 즉, 권력을 행사하는 자는 피해자가 그러한 권력 행사에 대하여 어떠한 반응을 하는지에 대하여 유념하지 않는다는 뜻이다. 예를 들자면, 강도는 성공적으로 타인의 것을 강탈함에 족하다. 그러한 의미에서 볼 때, 그 이후의 피해자의 처지 등은 그가 걱정할 바가 아니다. 이러한 측면의 권력 행사는, 상대방을 궁극적으로 통제하거나 지도하는 측면

통하여 무한하게 강화될 수 있기 때문에, 인간의 권력 행사의 역사가 종언을 고하는 시점에도 존재할 가능성이 있다.

「지속적 권력적 관계」는 **구속적 행동 권력**(bindende Aktionsmacht)을 통하여 확립된다. 「행동 권력」을 통한 구속성은 그 「행동 권력」이 [실제] 집행(Vollzug)될 때, 혹은 [상대의] 충분히 신빙할 만한 집행 기량이 '위협'으로 전환될 수 있을 때 성공적일 수 있다. 예를 들어, 한 민족이 [성공적으로] 한 차례 이웃 부족을 침략하면, [그 이후] 반복되는 위협의 효과에 의하여 공물의 의무를 발생시킨다. 또는 불안정한 상태의 「권력관계」는 실제 권력 행동을 통하여 다시 새롭게 확립될 수도 있으며, 이로 인하여 위협이 가지는 「신빙성」도 다시 강화된다. 또한, 약자를 해치는 행동은 어떤 특별한 이유 없이도 "상황 통제적 기량의 상징적 과시"(symbolische Demonstration der Fähigkeit zur Kontrolle der Situation)로서 [즉, 그러한 과시의 수단으로 이용됨으로써] 「권력관계」를 안정화시킬 수 있다.[130] 예를 들어, 스파르타인들은 매년 특정한 날에 그들의 하층 헬로트(Helot)들을[131] 공격하고 괴롭혔다. 이는 그들의 우위성을 과시하기 위한 행동이었으며, 동시에 젊은 스파르타 전사들이 스스로를 [즉, 자신들의 능력을] 입증하는 효과도 가진 바 있었다. 이러한 모든 경우에서 권력 행동의 집행은 예방적인 성격을 지닌다. 동시에 이는 항상 미래의 「불복종」에 대한 경고의 역할도 한다. 우리가 강압이라고 부르는 것은 항상 또한—아무리 현재 그렇게 강압을 당하는 사람의 상황이 비참하고 절망적일지라도—[만일 자신이 타인에 명령 등에 순응하

을 고려하는, 보다 전략적이고 현명한 방식의 권력 행사는 아니다.

[130] Parsons(1967: 266).

[131] [역주] 헬롯(Hilotes; εἵλωτες)은 스파르타에서 노예적인 생활을 하는 하층민들인데, 이들은 주로 과거 스파르타에 의하여 정복된 지역에서 강제로 납치되왔다. 이들은 스파르타 시민들이 전쟁 활동을 전념할 수 있도록 주로 농업에 필요한 노동력을 제공하였다.

지 않으면 타인에 의하여] 미래에 위협적인 권력 행동이 발생할 수 있으리라는 [정신적] 압박 속에서 [비로소 작동이] 가능하게 되는 행동이다. (왜냐하면 인간은 생존하여 있는 한, 항상 다른 어떠한 것이 미래에 자신에게 가하여질 수 있기 때문이다.)

II. 인간 무력 관계의 탈 경계적 확장

【48】우리는 무력이라는 개념을 흔히 그러하듯 무리하게 확장하거나 왜곡하려 하지는 않겠다. 무력이란 타인에게 고의적으로 신체적 피해를 입히는 권력 행사를 의미하며, 행동하는 자에게 있어서 그 목적이 단순히 집행 그 자체에 있는 경우이던 (즉,「순수 행동 권력」), 아니면 그것이 위협의 형태로 전환되어 지속적인 예속을 만들어내는 경우(즉,「구속적 행동 권력」)인지의 여부는 중요하지 않다.

인간들이 무력을 통하여 타인에게 가하는 행위를 고찰하여 본다면, 가장 먼저 그리고 근본적으로 두드러지는 특징은 **「인간 무력 관계의 탈 경계적 확장」**(Entgrenzung des menschlichen Gewaltverhältnisses)이라는 점에 있다.[132]

이러한「탈 경계적 확장」의 [첫 번째] 인류학적 기반은 상대적으로「탈 본능 연계성」(Instinktentbundenheit)을 가진 인간의 특성에서 비롯된다. 즉, 인간은 어떠한 행동을 강박에 의하여[133] 하여야만 할 [본능적]「행동 강

---

[132] [역주] 독일어의 Entgrenzung은 entgrenzen의 명사형으로서 ent(탈) + grenz(경계)이며, 이는 주로 사회적, 문화적, 정치적 맥락의 부정적인 의미에 있어서 어떤 경계나 제약이 없어짐을 의미한다. 본서에서의 의미는, 무력을 행사하게 되는, 이미 확실히 주어진 어떠한 동기, 상황, 혹은 대상 등의 특징이 절대적으로 먼저 정하여져 있지 않으며 또한 인간이 가진 상상력에 의하여 무력은 어떤 제약이 없이 확장되어 감을 지칭하기에 이를「탈 경계적 확장」으로 번역하였다..

[133] [역주] 이때 '강박'(Zwang)이라는 표현은, 본능에 이끌려서 어쩔 수 없이 그렇게 한다는 의미이다.

박」(Handlungszwang)이나 혹은 어떠한 행동을 억제하여야만 할 [본능적] 「행동 억제」(Handlungshemmung)로부터 넓은 폭의 자유를 가진다.[134] 그렇기에 어떠한 상황에서 반드시 무력적으로 대응하여야만 할 강박[즉, 본능적 필요성]으로부터도 자유롭고, 또한 확실히 [무력을] 억제(Hemmung)하여야만 함으로부터도 자유롭다. 따라서 무력적 행동을 어떠한 특정한 동기, 특정한 「상황적 요인」혹은 희생자가 될 특정한 대상에게만 한정하는 것은 불가능하다. 즉, 우리에게는 무력을 강박적으로 [즉, 본능적으로] 자동적으로 행사하게 하는 필요한 동기도, 상황도 혹은 적(敵)도 존재하지 않는다.[135]

무력의 **동기**나 충동 중에서는 공격성(Aggression)이 —이는 종종 불안과 관련되어 있다[136]— 가장 자주 언급된다. 확실히 이 [무력과 공격성의] 양자 사이에는 중요한 연관성이 존재한다. 하지만 무력은 반드시 공격성을 전제로 하는 것이 아니며, 심지어 그와 유사한 감정(Stimmung)조차도 필요로 하지 않다. 무력 행위는 마치 명령을 규칙적으로 수행하는 것처럼 차분하고 그리고 어떠한 환상을 가지지 않고서도 수행될 수도 있다.【49】무력은 호기심 어린 장난과도 같이, 무심한 권태 속에서, 혹은 광적인 편집증하에서 일어날 수도 있다. 흔히들 "전쟁은 망상에 의하여 발생하는 경우가 많다"는 말을 한다. 그러나 이에 더하여, "전쟁은 공격성 때문에

---

[134] [역주] 독자들의 이해를 돕기 위하여 위의 문장에서는 본문에 나오는 Handlungszwäng과 Handlungshemmung의 의미를 풀어서 번역하였다.

[135] 이는 확률에 대한 이야기는 아니다. 모든 사회에서는, [대부분의] 기대라는 것은, 특정 상황에서 타인의 무력 행위를 예상할 필요가 없다는 가정에 기반하여 형성된다. 그러나 이러한 추정은 항상 다소 불안정한 상태로 남아 있다. 인류학적 근거에 의하면—사실 이것이 핵심 문제이다—무력으로부터의 완전한 안전을 보장하는 어떤 상황이란 존재하지 않는다.

[136] [역주] 두려움의 상황에서 벗어나기 위하여 더욱 공격적으로 될 수 있음을 의미.

발생하는 경우가 많다"는 믿음 또한 가장 큰 망상이다. 공격성에 관련된 이론에만 의존하는 평화에 대한 연구는 취약한 기반 위에 놓여있을 뿐이다. 이익에의 유혹, 명예에의 유혹, 혹은 이교도를 개종시키려는 유혹 등은 반드시 공격성에 의하여 결정되는 동기라고 간주될 수는 없다. 특히 가장 위험한 환상은 [무력에 수반되는]「목적 합리성」$^{(Zweckrationalität)}$을[137] 간과하여 배제하는 것이다. 희소성이라는 문제를 극복하기 위하여서는 무기를 생산하는 것이 실상 "생산도구를 생산하는 것보다 더 수익성이 높았던 사례들이 많았다".[138][139]

무력[폭력]이란 어떠한 특정한 **「상황적 요인」**$^{(Situationsmerkmal)}$에서 생기는 것이라고 생각하는 방식은 동물의 행동 연구에서는 성공적인 접근 방

---

[137] [역주] 포피츠는 막스 베버에게서 지대한 영향을 받았는데, 본서에서 말하는 「목적 합리성」이란 막스 베버적 용법을 차용한 것으로 보인다. 막스 베버는 '사회적 행동'$^{(soziales\ Handeln)}$을 크게 네 가지 범주로 구분하였는데(Weber 1922: 12; 2019: 101; 1978: 24), (1) 목적 합리적$^{(zweckrational)}$, (2) 가치 합리적$^{(wertrational)}$, (3) 정서적$^{(affektuell)}$ (4) 전통적$^{(traditional)}$ 행동들이 그것들이다. 이때 '목적 합리적'이라는 의미는 타인의 행위를 예상하여, 그러한 예상을 자신이 선택한 합리적인 목적을 달성하기 위한 하나의 조건이나 수단으로 사용하는 경우를 지칭한다. 반면 '가치 합리적'이란, 어떤 절대적 가치나 신념을 위하여 그 가치 자체의 추구만을 위하여 외적인 성공 여부와는 상관없이 행동함을 의미한다. '정서적'이라는 것은 감정에 의하여, 그리고 '전통적'인 것이라 함은 이미 고착화된 관습에 의거하여 행동함을 각각 지칭한다.

[138] [역주] 무기의 생산에 기반하여 무력을 증진하여 타국을 침범하는 것은 타국의 자원을 강탈함으로써 자국의 자원의 희소성을 해소하는 방안이며, 동시에 무기 생산은 다른 제조업에 비하여 수익성이 높았다는 의미. 따라서 무력 증진의 배후에는 어떠한 합리적 목적성이 존재함을 뜻한다.

[139] Albert (1978: 87).

법이었다. 인간 또한 자신의 영역에 침입자가 있을 때, "성적 대상에 대한 경쟁"에서, 혹은 전리품을 두고 벌어지는 싸움에서 무력[폭력]적으로 대응하는 경우가 많다. 그러나 그러한 대응은 특정 동물종에서처럼 단순히 연구자가 기록만 하면 되는 어떠한 객관적인 「상황적 요인」에서 도출될 수 있는 것은 아니다. 인간에게는 상황을 정의함에 있어서 상당한 자유가 있다. 우리가 언제 타인을 침입자나 혹은 경쟁자로 지각하는지, 무엇이 탐나는 전리품으로 간주되는지의 여부는 매우 가변적인 문화적 이해방식에 따라 달라지며, 특히 우리의 문화에서는 개인적 요소에 따라서 자유롭게 생각될 수 있다.

콘라드 로렌츠(Konrad Lorenz)는 많은 공격적 행동들이 "특정한 계기 없이"(Anlaßlosigkeit) 발생하는 것을 관찰한 바 있다. 그는 이를 자신의 「본능설」(Triebtheorie)을 뒷받침하는 증거로 보았다.【50】그러나 이렇듯 명백히 '계기가 없음'을 설명할 수 있는 훨씬 더 간단한 가설들도 존재한다. 즉, 무력 행위란 '특정한' 「상황적 요인」에 영향을 받지 않는, '장기적'으로 결과를 야기하는 어떤 동기의 결과일 수도 있다— 만일 이러한 사실이 실제가 아니라면 [즉 모든 행동이 순전히 순간적 충동에 의하여만 일어난다면], 우리는 어떤 계획적 행동도 할 수 없었을 것이다. 또한, 동기의 형성 자체가 장기간에 걸친 내적 과정일 수도 있으며, 이는 표면 아래에서 점진적으로 발전하여 '계기'(Anlaß)로 나타날 수도 있다. 즉, 이 경우, 어떤 특정한 상황이 필요하지 않은 하나의 새로운 '도발'(Herausforderung)로서 보일 수도 있다. 따라서 상황에 따른 어떠한 특정 계기가 발견되지 않는다는 사실은 「본능설」을 입증하는 것이 아니며, 촉발 매개체로서의 객관적인 「상황적 요인」을 찾는 것은 단지 제한적으로만 성공 가능하다는 점을 확인시켜 줄 뿐이다.[140]

---

[140] 이같은 설명은 로렌츠가 주장한 핵심적 논점은 다루고 있지만, 그가 언급한 "공격성의 누적"(Aggressionsstau)과 공격적 행위의 "역치 하

결국 무력의 희생자는 피해를 입은 개인들이다. 사람들은 낯선 자들,
그리고 가까운 자들에게도, 다른 그룹의 구성원과 자기 그룹의 구성원에
게도, 성인과 심지어 어린이에게도 무력을 행사할 수 있다. 물론 상대적
으로 [무력을] 제지할 수 있는 억제방법$^{(Hemmung)}$은 존재한다. 하지만 특정
사회적 관계에 있어서는 이러한 억제방법이 근친상간의 금기만큼 강력
히 작동할 수 있는지는 매우 의문스럽다. [사회가] 아노미$^{(Anomie)}$의 상태에
빠지는 순간에는 이러한 억제 방법들은 집단적으로 무너지기 마련이다.

> 죽음이란 모든 형태로 나타났다. 그러한 상황에서는 흔히 그
> 렇듯이. 발생가능한 모든 일들이 벌어졌다. 아버지가 자신의
> 아들을 죽이기까지도 하였다 (…)[141]

락"$^{(Schwellenerniedrigung)}$에$^{(i)}$ 대한 관찰은 다루지 않고 있다(Lorenz 2002: 52; 1963: 특히 87f.).

[역주] (i) '역치'$^{(閾値,\ Schwellen,\ threshold)}$, 혹은 '문턱값'이란 생물체가 자극에 대한 반응을 일으키기 위하여 필요한 최소한도 자극의 세기를 수치로 나타낸 것을 말한다. 그리고 '역치 하락'은 일반적으로 그러한 값이 하락하는 것을 의미한다. '공격성의 역치 하락'은 일반적으로 어떤 자극이 계속되는 경우 공격성을 유발하기 위한 최저 임계치가 지속적으로 낮아지는 것을 의미한다. 로렌츠의 주장은, 공격성을 만성적으로 억제하는 경우, 어느 순간에는 낮은 수준의 자극에서 갑자기 폭발적으로 공격적으로 표출됨을 의미한다.

[141] Thucydides(1996: 199; 1960: 249f.).

[역주] 투키디데스의 펠로폰네소스 전쟁사에 나오는 케르키라$^{(Korkyra,}$ $^{혹은\ Corcyra)}$의 내전(기원전 427)을 묘사한 구절. 아테네의 지지를 받던 민주정 지지자들과 스파르타의 지원을 받은 귀족정 지지자들 간의 살육적 내전에 대하여 묘사된 바에 의하면, 아버지들이 자식들을, 손님들이 주인들을 살육하였고, 처형은 어떠한 재판도 없이 자행되었다. 그로써 사회는 그 어떤 의미도 상실하게 되었는데, 투키디데스는 이를

우리는 위의 논의를 다음과 같이 정리하고자 한다: 인간은 결코 무력을 행사하여야만 하는 것은 아닐지언정, 언제든 무력을 행사할 수 있다. 인간은 결코 살인을 하여야만 하는 것은 아닐지언정, 언제든 살인을 자행할 수 있다—개별적으로 혹은 집단적으로, 함께 혹은 역할을 분담하여, 전쟁 속에서 혹은 [승전을] 자축하는 의미에서. 그리고 다양한 정서$^{(Ge-müt)}$의 상태에서, 즉 분노하며 혹은 분노 없이, [살육의] 쾌락을 즐기면서 혹은 쾌락을 즐기지 않으면서, 아우성을 지르며 혹은 (죽음의 정적이 가져오는) 침묵 속에서—그리고 그 모든 생각할 수 있는 목적을 위하여—그 대상이 누구든 간에.

【51】 무력 관계가 「탈 경계적 확장」되는 두 번째 인류학적 근거는 인간의 「상상의 기량」$^{(Vorstellungsfähigkeit), 142}$, 즉 우리의 「상상의 기량」이 지닌 '끝없는 가능성'$^{(Uferlosigkeit)}$이다. 인간에게 무력이란 단순히 실제로 발생하거나 혹은 기억 속에 남아 있는 사건 속에서만 "존재하고 있는" 것만을 의미하는 것이 아니다. 무력이란 또한 일어날 수도 있는 것에서도 존재한다. 그 일어날 수 있는 것에는 타인의 무력에 대한 걱정과 자신의 무력적 승리에 대한 열망까지도 포함된다. 우리가 알다시피, 이러한 가능성의 지평은 계산 가능한 범위를 훨씬 넘어선다. 상상 속의 무력은 다양한 형태의 백일몽과 악몽 속에서 반짝인다.

이러한 상상을 통한 '현실화됨'$^{(Tat-Sächlich)}$의^{143} 확장은^{144} 비단 무력이

  모든 종류의 내전에서 보이는 일반적 현상으로 생각하였다.
142 [역주] 이는 상상이 가진 기능적인 측면에서의 힘을 이야기하는데, 반면 뒤에 나오는 '상상력'$^{(Vorstellungskraft)}$은 상상이 가진 '잠재적 역량'을 의미하는 점에서 약간의 뉘앙스의 차이가 존재한다.
143 [역주] 이 'Tat-Sächlich'라는 단어는 '현실적인', '실질적인'$^{(tatsächlich)}$을 뜻하는 형용사를 이용한 언어유희로 여겨진다.
144 본서의 79쪽에서는 이를 「현실 초과성」$^{(Realitätsüberschuß)}$이라고 지칭하였다.

라는 주제에만 국한되지 않는다. 그러나 「무력의 상상」(Gewaltvorstellung)은 특히 강박적이며, 인간 의식 속 깊숙이 침투한다. 「무력의 상상」이 스며들 수 없는 자유로운 의식의 공간이란 존재하지 않는 듯 보인다.

'상상의 작동'(Vorstellungs-Tätigkeit)은 그를 통하여 「탈 경계적 확장」를 하는 작용을 한다. 첫째, 상상은 과거의 경험에 묶여있지 않으며, 단순히 상상되어지는 것은 우리의 실제 행위보다 더욱 억제되기 힘들다. '상상의 강권'(Vorstellungsgewalt)은[145] 어떤 것이라도 생각하여 낼 수 있다. 그로 인하여 이러한 무제약성(Ungebundenheit)은 더욱더 「탈 경계적 확장」하는(ent-grenzend) 효과로서 드러나며, 그리하여 「무력의 상상」은 외부로부터의 가시적인 자극이 없더라도 언제든지 우리의 의식 속으로 뚜렷하게 침투할 수 있다.

'의식의 주변'(Bewußtseinsränder) 어디인가에 무력은 지속적으로 존재하며, 굳이 호출되지는 않더라도 어느 순간에든 갑자기 우리의 '상상 속에 떠오를'(vorstellungsgegenwärtig) 수 있다. 궁극적으로, 자신의 무력에 대한 상상은 스스로 어떠한 위험도 없다고 여기기 때문에[146] 「탈 경계적 확장」되고, 그리고 더욱이 위험할 정도로까지 「탈 경계적 확장」이 된다. 우리는 저항, 위험, 그리고 자신의 힘의 한계를 거의 우리 마음대로 간과하여 버릴 수 있다. 상상 속에서 그려지는 자신의 무력은 거대할 정도로 강력하다.

【52】확실히, 상상 속의 무력은 [단지 상상에 그치는 한] 긴장을 해소하

---

[145] [역주] 이때, '상상의 강권'이란 '상상이 가지는 강력한 힘', 즉 이전의 문단에서 지속적으로 표현된 「상상의 기량」 혹은 「상상력」(Vorstellungskraft)에 비하여 그 강도가 강함을 표현한 것이다. (참고로, 폿지 교수는 영문판에서 이를 '상상되어진 무력'(imagined violence)라고 번역하였는데, 오역으로 생각된다.)

[146] [역주] 즉, 상상 속에서는 자신의 무력이 아무런 위험도 없이 이루어질 수 있다고 여기기 때문에.

고 [심리적으로] 보상하는 역할을 할 수도 있다. 하지만 상상이 가지는 창조력(Produktivität)은 의심의 여지 없이 '결과적 행동'(produktives Handeln)으로 전환될 수 있으며, 또한 끊임없이 그렇게 전환된다. 무력을 [머릿 속에서] 생각함으로써 무력은 현실적인 것이 되는 것이다. 그리하여 우리는, 우리가 억제와 도덕적 제한으로 느끼는, 그러한 행동상의 장벽을 뛰어넘게 되는데, 이는 우리가 언제든 장벽을 극복하는 것을 충분히 상상할 수 있기 때문이다.

인간 행동은 상대적으로 「본능으로부터의 탈 연계성」을 가지고 있으며, 우리가 가진 상상력은 「현실로부터의 탈 연계성」(Realitätsentbundenheit)을 보여준다. [우리가 구상하는] 그러한 종류의 인류학적 구도(Entwurf)에 있어서 보이는 특징으로서, 이러한 두 가지 측면은 반드시 함께 [연결하여] 생각될 수 있다. 인간의 무력 관계에 미치는 영향의 측면에서 볼 때, 이 두 가지는 이중적인 「탈 경계적 확장」의 작용으로서, 보완적이며 동시에 서로를 강화하는 역할을 한다.

이러한 행동 동기의 이중적 「탈 경계적 확장」, 즉, 넓은 의미에 있어서의 의지의 「탈 경계적 확장」은 결국 「능력의 탈 경계적 확장」(Entgrenzung des Könnens)과 궤를 같이하게 된다. 인간이 가진, 인위적 창조물을 제작하는 특수한 지능은 외견상 기술적 효율성을 사실상 무한히 증가시키는 방향으로 작용하며, 이는 점점 더 효과적으로 무력을 사용하는 기술적 수단을 개발하는 기량으로 이어지는데, 그 결과, 행사될 수 있는 무력의 규모도 또한 확대된다.

III. 살해의 권력

무력은 무한히 고조될 수 있는 것이 아니다. 그것에는 '살해함'(Tötung)이라는 궁극적인 한계가 있다. 그로써 모든 무력의 종착점이 존재하게 된다.

「가해적 권력」은 인간이 서로에게 가할 수 있는 다른 모든 것들과는 구분되는 형태의 권력이다. 【53】 "죽음의 의식"$^{(意識\ Bewußtsein)}$이란 단순히 자신은 죽을 수밖에 없음을 깨닫는 것이 의미하는 것뿐만 아니라, 「**살해 능력**」$^{(Töten-Könnens)}$을 의식함도 의미한다. 자살이든 타인을 살해하든—죽음이란 인간에게 있어서는 스스로 만들어낼 수 있는 것이다. 인간은 죽음에 내맡겨져 있지만, 동시에 인간은 이 [죽음이라는] '지상에서의 절대적인 것'$^{(Irdisch-Absolute)}$을 [자신 스스로에게] 실행할 수도 있다.

「탈 경계적 확장」이라는 현상과도 마찬가지로, 인간의 무력 관계$^{(Gewaltverhältnis)}$를 특징짓는 바는, 이러한 궁극적인 한계는 생각될 수 있고 또한 실제로 도달될 수 있다는 사실이다. 이러한 사실이 가능하기 때문에, [그리고] 더 이상 넘어설 수 없는 무력 행위, 즉 「절대적 무력」$^{(absolute\ Gewalt)}$이 존재하기 때문에, 비로소 '어떠한 「완전한 권력」$^{(vollkommene\ Macht)}$'이라는 관념이 형성될 수 있다.

(1) 「완전한 권력」—이것은 타인에 대한 「주인 됨」$^{(Herr-Sein)}$,[147] 즉 [타인의] 생사에 대한 「주인 됨」의 궁극적인 고양이다. 절대적 권력자는 피지배자의 생명을 문자 그대로 "손아귀에 쥐고 있다"—자신의 책상 위에서든 혹은 교수대에서든. 이렇게 엄밀하게 규정된 의미에서, 인간의 권력은 완전한 것으로 생각될 수 있다.

그에 따라 살해 행위는 완전한, 그리고 "철저한"$^{(restlos)}$ 승리의 상징이자 최고의 위엄을 입증하는 확실한 증거로 간주된다.[148] 절대적으로 '우

---

[147] [역주] 본서에서는 'Herr-Sein'이라는 용어는 '지배'$^{(Herrschaft)}$와 구분되어서 사용되고 있다. 전자의 자구적 의미는 '주인-존재'인데, 후자가 단지 지배를 행함이라는 의미를 가지는 반면, 전자는 어떤 '개인'이 타인에 대하여 주인으로서 행세함을 의미한다(보다 개인적 성격을 가진다) 따라서 「주인 됨」으로 번역하였다.

[148] Walter(1969), Canetti(1983: 23-38; 1978), Elias(2000: 161-172; 1977; 엘리아스 2002).

월적인 것'(Überragende)은 절대적 공포스러움을 통하여 스스로를 입증한다. 이러한 점은 다양한 맥락에서 반복된다.「절대적 무력」은 통치자의 개인적 혹은 제도적「정당함」을 위하여 봉사하고, 그 속에서 기사도와 숭고한 미덕을 증명하며, 그 무력은 그의 남성다움을 입증하고, 인간 제물을 통하여 축제일과 축제 장소의 신성함을 드러낸다. 모든 무력을 통한「정당함」위에는 신들의 표징으로서의 무력, 즉, 생사에 대하여 신이 내리는 통제처분이 자리 잡고 있다.[149]

살해 행동을 넘어서도 그 살해자의 승리는 지속될 수 있다—시신을 훼손하거나 장례를 거부함으로써 희생자의 사후 영혼에 대한 희망 자체를 절멸시키는 것이 바로 그러한 예이다.【54】치명상을 입은 헥토르(Hekto)는 다음과 같이 애원한다:

> 내가 너의 영혼에 애원하노니, 너의 무릎을 붙잡고,[150] 그리고 너의 부모를 걸고 간청하니, 나를 아카이아인들의[151] 배 근처에서 개들이 물어뜯어 먹게 하지 말고 (…) 내 시신을 집으로 돌려보내어, 트로이인들과 트로이의 아내들이 내가 죽은 후에 불로써 나에게 존경을 표할 수 있도록 하여다오.[152]

---

[149] [역주] 즉, 무력을 정당화시키기 위하여서는 그것을 마치 신에 의한 정당화로 간주한다는 의미.

[150] [역주] 고대 그리스에서 상대방의 무릎을 붙잡는 행위는 상대에 대한 항복 내지는 굴복의 표시였다.

[151] [역주] 그리스인.

[152] [역주] 일리아드(338~343행). 생략된 부분을 포함한 원문은 다음과 같다:
> 내가 너의 영혼에 애원하니, 너의 무릎을 붙잡고, 그리고 너의 부모를 걸고 간청하니, 나를 아케아인의 배 근처에서 개들이 물어뜯

아킬레스(Achilles)는 다음과 같이 답한다:

> 내가 너를 굴복시켰으니, 이제 개와 새들이 너를 끌고 다니며 더럽히리라. 한편 아카이아인들은 파트로클로스(Patroklos)의 시체를 매장할 것이다.[153]

어 먹게 하지 말고 단지 청동과 금을 많이 받아들여라―그것은 나의 아버지와 존귀한 내 어머니가 줄 선물들이다. 내 육체를 집으로 돌려보내어, 트로이인들과 트로이의 아내들이 내가 죽은 후에 불로써 나를 존경할 수 있도록 하여다오. (λίσσομ' ὑπὲρ ψυχῆς καὶ γούνων σῶν τε τοκήων, μή με ἔα παρὰ νηυσὶ κύνας καταδάψαι Ἀχαιῶν, ἀλλὰ σὺ μὲν χαλκόν τε ἅλις χρυσόν τε δέδεξο, δῶρα τά τοι δώσουσι πατὴρ καὶ πότνια μήτηρ, σῶμα δὲ οἴκαδ' ἐμὸν δόμεναι πάλιν, ὄφρα πυρός μεΤρῶες καὶ Τρώων ἄλοχοι λελάχωσι θανόντα.)

후속 구절은 다음과 같다 (일리아드: 345-350행):

아킬레우스는 '날숨'(=영혼, psychē; ψυχή)을 내뱉으며, 다음과 같이 답한다: 나의 무릎을 잡지도 말라, 이 개같은 놈아, 내 부모를 걸고 애원하지도 마라. 나의 정신과 분노가 허락한다면 너의 살을 찢어서 날것으로 먹고 싶다. 네가 저지른 일 때문에. 너의 머리 위에 개들이 다가오는 것을 막을 자는 없을 것이며, 비록 그들이 열 번, 스무 번 너의 몸값을 가져오며, 그 이상을 약속하더라도, 그것은 불가능하다... (μή με, κύον, γούνων γουνάζεο μηδὲ τοκήων. αἲ γάρ πως αὐτόν με μένος καὶ θυμὸς ἀνείη ὤμ' ἀποταμνόμενον κρέα ἔδμεναι, οἷα ἔοργας, ὡς οὐκ ἔσθ' ὃς σῆς γε κύνας κεφαλῆς ἀπαλάλκοι, οὐδ' εἴ κεν δεκάκις τε καὶ εἰκοσινήριτ' ἄποινα στήσωσ' ἐνθάδ' ἄγοντες, ὑπόσχωνται δὲ καὶ ἄλλα, οὐδ' εἴ κ ... .)

[153] Homer(1999: 267; 1979, 190-191).
[역주] 일리아드(335~347행). 참고로, 파트로클로스는 (동성애자인) 아킬레스의 (남성) 연인으로서, 헥토르에 의하여 살해되었다. 사실 이

이 일리아드의 장대한 영웅적 서사는 결국 패배자의 시신에 대한 「주인 됨」의 거부라는, "두 번째 살해"의 주제로 귀결되나, 끝내 아킬레우스를 자비로 이끄는 [헥토르의] 아버지의 간청 속에서 [시신을 반환하며] 끝을 맺는다. 여기에서도 다른 많은 경우에서와 마찬가지로, 희생자의 완전성에 대한 궁극적 파괴를 통한 두 번째 살해를 포기하는 것은 종종 복수의 마지막 승리를 포기하는 것을 의미한다.

(2) 「완전한 권력」은 완전한 무기력을 초래하며, 살해할 수 있는 권력은 [지배자에게] 죽임을 당할 수 있는 무기력한 불안을 만들어낸다. 역사적으로 볼 때, 이러한 방식으로 타인의 처분에 맡겨진 상태는 너무도 평범하고 일상적인 것이었다. 적어도 고등 문명의 시작 이후에는, 대부분의 사람들은 그들의 신체적 존재가 바로 지배하는 자의 의지에 달려 있는 조건 속에서 살아왔다. 불안, 그리고 죽음에 대한 불안은 항상 지배관계의 형성에 함께 역할을 하여 왔다. 세계 역사적으로 볼 때, 지배에 대한 저항은 일반적으로 생명의 위협을 동반하였다. 따라서 목숨을 위협하는 형태의 지배는 일반적으로 그 지배를 유지하기 위한 가장 확실한 보장이 되었다.

그러나 죽음에 대한 불안은 또한 지배에 대한 「정당화」의 원천이 되기도 한다. 【55】 죽음에 대한 불안은, 그 살해를 하는 자에 대한 경외심(Ehrfurcht), [그것도] '굴종적인 모습의'(demütig) 경외심을 불러일으킬 수 있다. 이 경외심은 생사의 투쟁에서 승리한 자, 그리고 항상 승리할 자가 가지고 있는 가늠할 수 없을 정도의 우위성에 대한 '인정'이다. 본질적으로 바로 이 살해자에 대한 경외심, 즉 생사에 대한 통치자가 가진 '명망(Ehre)에 대한 두려움'이야말로, 어떤 절대적으로 가장 우월한 인간 존재가 존

문장은 앞서 인용된 문장의 앞에 등장한다. 원문은 다음과 같다: ὅς τοι γούνατ' ἔλυσα. σὲ μὲν κύνες ἠδ' οἰωνοὶ/ ἑλκήσουσ' ἀικῶς, τὸν δὲ κτεριοῦσιν Ἀχαιοί.

재한다는 생각을, 그리고 어떤 인간이 모든 인간 위에 군림할 수 있도록 하는 마치 신만이 가진 우월성이란 것이 존재한다는 상상을 하게끔 한다. 권력의 완전성은, 그 권력이 보장하는 질서의 완전성과 더불어 그 지배자의 완전성을 입증하는 것이다.

타인을 철저히 무력하게 만듦이 초래하는 궁극적 결과가 의미하는 바는, 1933년 이후에 다하우$^{(Dachau)}$ 강제수용소[154]에서 내려진 명령에서 명확히 드러난다. 그 명령에 따르자면 자신 스스로 목숨을 끊으려는 자에게도 가혹하고 굴욕적인 처벌을 가하도록 되어 있다.[155] 이러한 자살을 범죄화하는 것은 분명 두 가지 상호보완적인 동기를 가지고 있었다. 첫째, 그 수감자에게는 마지막 남은 자기 결정권조차도, 즉, 그에게 남은 마지막 자율권이라는 작은 불씨마저도 부정되어야만 한다. 동시에, 둘째, 살해의 행위는 오직 권력자만이 행사할 수 있는 독점적 권리, 즉 특권으로 주장되었다. 심지어 스스로 목숨을 끊는 행위조차도 이 독점권을 침해하는 행위가 되었다. 완전히 굴복한 자들의 삶은, 진정으로 「완전한 권력자」들만이 가진 [전자들의 삶에 대한] 재량적 「침해권」$^{(Antastbarkeit)}$이 의심받지 않도록 [전자들을 포함하는] 그 누구도 함부로 침해할 수 없는 것이어야만 한다.

(3) 야코프 부르크하르트$^{(Jacob\ Burckhardt)}$는 「지구상의 악」$^{"(das\ Böse\ auf\ Erden)}$인 무력을 "거대한 세계 역사적 경영의 일부"$^{(Teil\ der\ großen\ weltgeschichtlichen\ Ökonomie)}$라고[156] 말한 바 있다. 이때, [그러한 무력은] "동물 세계와 식

---

154 [역주] 나치가 1933년 뮌헨 근방에 세운 강제수용소로서 최초에는 주로 정치범들을 수용하였으나 이후에는 유대인, 불구자 등을 수용하였으며 그 수용소에서는 종전까지 대략 41,500명의 수감자들이 살해된 것으로 알려져 있다.

155 Bettelheim(1963: 151-158; 1964: 166).

156 [역주] 이때 Ökonomie는 통상적인 현대적 의미의 경제활동$^{(Wirtschaft)}$을 지칭하는 것이 아니라, 고대 그리스적 용법으로서, '가사 관리', 혹

물 세계를 아우르는 모든 자연을 가득 채운, '생존'(Dasein)을[157] 위한 투쟁에 의하여 이미 예견된(vorgebildet) 것이었으며, [그 이후 인류의] 초기에는 살인과 강탈을 통하여", 【56】 그리고 후기에는 "약한 인종, 동일 인종 내에서는 약한 민족이나 약한 국가, 그리고 동일 국가와 민족 내에서는 약한 사회 계층에 대한 축출(Verdrängung), 절멸(Vertilgung) 또는 노예화(Knechtung)로 이어졌다".[158] 이 구절에서 의도되거나 본질적으로 시사된 바는, 모든 무력의 결정적 형태로서의 '살해'라는「절대적 무력」이다. ("생존을 위한 투쟁", "살인", "절멸" 등의 단어가 이를 시사한다.)「절대적 무력」은 더 큰 사회 교류상의 단위들을 형성하는 시작점에 있었다—부르크하르트는 가장 초기의 국가 형성을 언급한다: "무력은 아마도 항상 선행자(Prius)이다".[159]—그 단위들의 확장과 내적 안정성은「절대적 무력」에 의존하며, 반면「절대적 무력」은 그 단위들의 쇠망을 나타낸다.[160]

인간의 인간에 대한「살해의 권력」(Todesmacht)은 전체 사회적 실체들, 도시들, 민족들, 문화들이 단 하나의 행동, 공격, 전투 또는 대학살로 인하여 사라질 수 있다는 것을 또한 의미한다. 그리하여 모든 집단(Kollektiv)들은 집단적으로 죽임을 당할 위험에 처해 있다. 여기서 살해의 최종적

은 '경영'을 의미한다. 즉, 이 단어는 '가사'(家事 oikos, οἶκος)와 '관리 혹은 배분하다'(nemein, νέμειν)의 의미가 결합된 형태로 사용되었다.

[157] [역주] 일반적으로 '현존재'로 번역되나, 문맥에 맞게 '생존'으로 번역하였다.

[158] Burckhardt(1950: 213; 1978:190).

[159] [역주] 무력이 가진 역사적 작용에 대하여, 유사한 입장하에서의 보다 통찰력있는 상세한 분석은 비저의『권력의 법칙』(2024: 481-483)을 참고할 것. 노르베르트 엘리아스(Norbert Elias 1897-1990)의 저서『문명화의 과정』(Elias 2000)도 같은 주제를 담고 있다.

[160] [역주] 즉,「절대적 무력」은 사회적 단위의 형성에 기여하지만 과잉된「절대적 무력」은 그 사회적 단위를 파괴한다는 의미.

성격은 독특하게도 준객관적$^{(quasi-objektiv)}$인 성격을^{161} 가질 수 있다.

> 아테네 사람들은 그들에게 잡힌 모든 성인 멜로스인$^{(Melier)}$들을 처형하고, 여성과 아이들은 노예로 팔았다. 그들은 후에 500명의 아테네 시민들을 보내 그곳에 정착시켜 새로운 장소를 세웠다".^{162}

끝과 시작은 문을 닫고 여는 것과 같다.^{163} 멸망의 역사에 관한 대부분은 잘 알려지지 않았다. 재차 부르크하르트는 (알렉산더의 원정에 대하여) 다음과 같이 말한다:

> 알렉산더와 마주친 각 민족들이 남긴 그 고독한 마지막 도성들의 잔해는 [알렉산더와의] 끔찍한 마지막 전쟁을 보여주는데, 그 전쟁들에 관한 지식은 이미 소실되어 버렸다.^{164}

【57】 물론 이 모든 이야기들은 인간 역사란 본질적으로 삶과 죽음의 투쟁이라는 식의, 어떠한 포괄적인 주장을 입증하지는 못한다.―다시 말하자면, 위의 부르크하르트의 기술 중 처음 인용된 부분이 마치 '다윈주의'$^{(Darwinismus)}$처럼 보일 수 있는 소지는 있지만, 이는 오해의 소산이다.

---

161 [역주] 즉, 이러한 학살 행위들은 비단 잔임함과도 같은 주관적인 성격을 가지는 것이 아니라, 보다 비개인적이면서 관료화된 방식으로 진행되며, 또한 역사적 필요성 등에 의하여 합리화되는 등, 체계적으로 진행되어 마치 객관적인 성격을 가질 수 있음을 의미한다.

162 Thucydides(1996: 357; 1960: 440).

163 [역주] 즉, 문이 닫힌 후에는 갑자기 다시 열릴 수 있듯이, 국가나 문명 등이 파멸이라는 종국을 맞은 이후에는 갑작스레 다시금 새로운 것들이 재건축된다는 의미.

164 Burckhardt(1950: 215; 1978: 192).

그러나 무력 일반과 특히 살해의 무력은 사회 교류적 관계상 벌어지는 단순한 사고도, 사회적 질서의 주변 현상도, 또는 단지 극단적 사례 내지는 [다른 선택지가 없는 경우에 갑자기 사용되는] 최후의 수단도 아니다 (이 같은 사실에 대하여 충분히 강조할 필요가 있다). 무력은 사실 "거대한 세계 역사적 경영의 일부", 즉, '지속적'으로 존재하는, 인간 행동에 있어서 [항상 가능한] 한 가지 선택지이다. 어떠한 포괄적인 사회적 질서라도 무력에 기반함이 없이는 존재할 수는 없다. 「살해의 권력」과 그 피해자의 무기력함은 사회 교류적인 인간의 「공동체적 삶」의 구조를 이루는, 잠재적 또는 명백한 결정근거(Bestimmungsgrund)라고 할 수 있다.

권력의 완전성에 내재된 이율배반

우리는 극단적인 무력, 즉, 살해 행동이 속세에서 가지는 이러한 '최종적인 결정성'(Definität)을 통하여 드러나는 권력을 '완전한' 권력이라 불렀다. [하지만] 이러한 완전성은 그로 인하여 고통받는 자가 사후 세계에 대한 믿음을 가지고 있다면 그 고통받는 자의 심리 속에서는 떨쳐질 수 있으며, 그러한 믿음은 속세의 모든 것들과 더불어 속세의 모든 권력을 상대화하게 된다. 그러나 이러한 권력의 완전성은 그 자체가 가진 [아래에 제시할] 전제들에 의하여서도 의문시될 수 있다. [아니러니 하게도] 바로 인간이 서로에게 가할 수 있는 것들의 「무제한성」(Unbegrenztheit)으로 인하여 모든 권력들은 한계를 가지게 된다.

이러한 권력의 완전성에 대한 이율배반성(Antinomie)을 요약하자면 다음과 같다: (속세에서의 최종적인 결정성이라는 의미에서) "인간은 다른 인간을 죽일 수 있기 때문에 타인 위에 군림하는 권력은 완전할 수 있다"라는 명제와 대비하여, "인간은 타인을 죽일 수 있기 때문에 타인 위의 모든 권력은 불완전하다"라는 명제가 그것이다.[165]

---

[165] [역주] 이율배반성은, 두 명제는 서로 모순관계이기 때문에 동시에 양

【58】 [두 번째 명제에서 보이는,] 절대적으로 파괴적인 권력이 가지는 통제처분가능성$^{(Verfügbarkeit)}$의 결과로서 초래되는 모든 권력의 불완전성은, 급진적 저항의 두 상징적 인물인 암살자와 순교자를 살펴보는 경우 분명하게 드러난다.

「절대적 무력」은 지배자가 행사하는 것이지만, 암살자의 소행$^{(Tat)}$을 통하여 그 자신에게로 되돌아올 수 있다.

> 성장한 인간을 관찰해 보면, (…) 또한 가장 약한 자라도 가장 강한 자를 죽이는 것이 얼마나 쉬운 일인지 생각해 본다면, 아무도 자신의 힘을 믿고 자연[적 본성]에 의하여 타인보다 우월하다고 여길 근거는 없다. 서로에게 동등한 것을 가할 수 있는 자들은 평등한 것이며, 가장 지대한 행동(즉, 살해)을 할 수 있는 자들은 서로에게 동등한 것을 가해할 수 있는 것이다.[166]

립할 수 없음을 의미한다. 그런데, 두 번째 명제, 즉 "타인을 죽일 수 있기에 권력이 불완전하다"라는 명제는 그 자체로서는 선뜻 이해하기가 쉽지 않다. 하지만, 이후에 등장하는 암살자와 순교자의 예에서 볼 수 있듯이, 전자의 경우는 권력자도 암살할 수 있고, 후자의 경우에서는 자신 스스로 죽음을 선택할 수 있기 때문에 권력자가 가지는「살해의 권력」이 무력화$^{(無力化)}$되고, 따라서 불완전할 수밖에 없다.

[166] Hobbes(1969/1651: 6-7).

[역주] 이 문장은 홉스의 『자유에 관하여』$^{(Liberty)}$에서 인용된 것으로서, 전문은 다음과 같다. 번역은 독일어 번역본이 아닌, 원문에 의거하였다. 원래는 De Cive(1642)라는 제목으로 라틴어로 출판되었으나, 홉스에 의하여 1651년 영어로 출판되었다.

상호적인 공포의 원인은 부분적으로는 인간의 자연적 평등에, 또 다른 부분적으로는 서로 해하려는 의지에 기인한다. 이로 인하여 우리는 최소한의 안전을 타인에게 기대할 수도, 그리고 우리 스스

"가장 약한 자라도 가장 강한 자를 쉽게 죽일 수 있다"라는 명제를 실현하기는 물론 항상 쉬운 것은 아니지만, 그를 위하여서는 뛰어난 신체적 힘이나 우월한 자원을 전제로 필요로 하지는 않는다. 지배자를 보호한다는 것은 항상 불확실하다. 오늘날까지도, 심지어 두 겹, 세 겹으로 경호받는 권력자들조차도 결연한 의지를 가진 암살자들에게 기묘하게도 취약하다.

지배자를 살해하는 것은 언제나 권력 그 자체에 영향을 준다. 절대적 지배자조차도 살해될 수 있으며, [타인을] 살해할 수 있는 권력자조차도 자신 또한 언제든 살해당할 수 있다는 그러한 무력$^{(無力)}$한 존재로 전환될 수 있다는 사실은, 단순히 그 개별 지배자의 완전성에 대한 주장뿐만이 아니라 다른 모든 권력들이 주장하는 완전성을 [즉, 그 완전성 주장의 허상을] 적나라하게 폭로한다.

인간이 서로 상대방에게 가할 수 있는 가장 극단적인 바는 동시에, 어느 누구나 어떠한 상대방에게도 행할 수 있는 것이기도 하다. "가장 지대한 행동을 할 수 있는「본원적 역량」은" 결국 재차 [모두가] 동등하다는 사실과 마주치게 된다.【59】그것은 인간 신체가 가진 동등함이며, 인간

로에게 약속할 수도 없다. 성장한 인간을 관찰해보면, 인간 신체의 틀이 얼마나 취약한지를 알 수 있다. 그 신체의 틀이 무너지는 경우 그 모든 힘, 활력, 심지어 지혜 자체도 그와 함께 소멸된다. 또한 가장 약한 자라도 가장 강한 자를 죽이는 것이 얼마나 쉬운 일인지 생각해 본다면, 아무도 자신의 힘을 믿고, 자연[적 본성]에 의하여 타인보다 우월하다고 여길 근거는 없다. 서로에게 동등한 것을 가할 수 있는 자들은 평등한 것이며, 가장 지대한 행동(즉, 살해)을 할 수 있는 자들은 서로에게 동등한 것을 가해할 수 있다. 따라서 모든 인간은 본성상 서로 평등하다. 현재 우리가 목격하는 불평등이란 시민법$^{(civil\ law)}$에서 비롯된 것이다.

이 타인에 대한 「미약성」을[167] [태생적으로] 가지고 창조되었다는 사실을 말하여 준다.

이렇듯 암살자가 급진적인 '능동적' 저항(Widerstand)의 상징이라면, 복종(Gehorsam)을 절대적으로 거부하는 순교자는 급진적인 '수동적' 저항의 상징이라고 할 수 있다.

> 가장 억압적이고 잔혹한 예속관계 속에서도 상당한 정도의 개인적 자유는 여전히 존재한다. 단지 그러한 상황에서 그 자유를 증명하기 위하여서는 우리가 통상 감수할 생각조차 하지 않는 [커다란] 희생이 요구되기에 우리는 그러한 자유를 인식하지 못할 뿐이다.[168]

우리가 감수할 생각조차 하지 못하는 희생이란, 그 극단적인 경우에 있어서는 자살이다. 개인적 자유가 존재함을 궁극적으로 입증하는 것은 바로 스스로 목숨을 끊기로 결단하는 것이다. 스스로를 죽이는 자는 모든 종류의 예속에서 벗어나게 된다. 순교자 역시 자신의 삶을 희생하지만, 그는 이 마지막 단계를 스스로 밟지는 [즉, 자살을 하지는] 않는다. 그는 권력으로부터 '도피'하려고 하지 않고, 오히려 그 권력과 최종의 순간까지 대치한 채로 남아 있다.

이로 인하여 독특한 사실이 발생한다. 극단적인 무기력함 속에서, 그 무기력을 감내함으로써 하나의 독특한 형태의 권력이 형성된다.[169] 이는

---

[167] [역주] 이는 타인의 결정에 모든 것을 맡겨 버리는 상태를 의미한다. 독일어 Ausgeliefertheit의 적절한 번역어를 찾기가 쉽지 않다. 본서에서는 정확하지는 않지만 이를 「미약성」으로 번역하였다.

[168] Simmel(1950: 182; 1950: 182).

[169] [역주] 순교자가 권력자를 물리적으로 공격하는 등의 적극적 행동을 취하지 않는다는 면에서는 '무기력'하나, 이러한 자신의 무기력함을

바로 [타인으로 하여금] 자신을 처형하게 하는 형태를 가진「대항 권력」이다.

지배자는 순교자를 처형할 수 있다. 이러한 의미에서 그 지배자는 순교자의 죽음을 결정하는 주인이다. 그러나 지배자는 그 순교자로 하여금 살아달라고 강제할 수는 없으며, 순교자로 하여금 자신이 살아남을 수 있기 위한 어떤 행동을 하도록 강제할 수도 없다. 이로써 그 지배자는 더 이상 "생사$^{(生死)}$를 결정하는 주인"이 **될 수 없다**. 그는 이미 타인의 삶에 대한 지배력을 상실하였기 때문이다.

순교자는 자신이 행사하는 '절대적인 거부'를 통하여, [우리로 하여금] 복종이란 '결코 어쩔 수 없는 것'은 아니라는 인식을 하도록 한다. 따라서 복종에 의존하는 권력 또한 마찬가지이다.【60】그리하여, 위협(그리고 약속)에 근거한 모든 권력은 조건적 성격을 가지고 있음이 명백하게 보인다. 만약 순교자가 초월적 정의$^{(正義\ Gerechtigkeit)}$에 대한 신념 속에서 행동한다면─즉, 그에게는 생[과 사]의 경계란 결코 마지막 경계가 아니기 때문에 그가 그 생[과 사]의 경계를 넘어서는 경우─모든 육체적 존재는 상대화되어 버리고, 그와 함께 모든 지상의 권력은 일 순간적인 것의 속으로, 그리고 비본질적인 것의 속으로 침잠하여 버린다.

또한, 절대적으로 저항하는 자를 살해한다는 것은 지배자가 이러한 특수한「권력적 관계」를 포기하는 것과도 같다. 순교자는 그 지배자에 감히 도전할 수 있으며, 모든 권력이 소멸하는 그 최후의 경계선까지 지배자를 [궁지로] 몰아넣을 수도 있다. 순교자가 지배자로 하여금 선택하여야만 하도록 유발할 때, 그 순교자는 동시에 자신이야말로 궁극적 결정권자임을 입증하는 셈이다.

그러나 여기서 우리가 논의하는 것은 어떠한 특정한 저항의 전략은

'감내하면서' 순교라는 길을 택한다는 것은 그 수동적인 무기력한 감내를 일종의「대항 권력」으로 승화시키는 파라독스적인 상황을 연출할 수 있게 됨을 의미한다.

아니며, 순교자의 이 같은 급진적 저항이 단기적 혹은 장기적으로 "성공적"인지 여부에 관한 것도 아니다. 중요한 것은 순교자가 [지배자로 하여금] 순교자 자신을 죽이게 함으로써, 순교자 자신에게 있어서 '고유한 권력'(Eigenmacht)이 가지는 자율성(Autonomie)을 하나의 '사건'(Ereignis)으로[170] 만드는 순간, 그는 살해할 권력이 가지고 있는 이같은 특수한 타율성(Heteronomie)을[171] 폭로한다는 점이다.

이렇듯 암살자와 순교자는, 권력이 가지고 있는 것으로 여겨지던 그 완전성을 너무도 명백하게 무너뜨리게 된다. 양자 모두 생사에 대한 결정권이 권력자에게만 있는 것이 아님을 보여준다. 그 양자 모두는, 바로 살해할 수 있는 권력은 인간이 인간의 위로 행사하는 모든 권력을 제한하고 있음을 보여준다.[172] 권력은 가장 극단적인 행위를 할 수 있기 때문에 완전할 수 있다[고 생각되어져 왔다]. 그러나 권력은 불완전한데, 이는 그 극단적 행위의 결정권은 결코 독점될 수 없기 때문이다. 누구나 죽일 수 있으며 [암살자], 또한 자신을 죽이게 할 결정권은 결코 타인이 빼앗을 수 없기 때문이다 [순교자].

---

[170] [역주] 이 문장에서 말하는 '사건'이라고 함은, 단순한 사태의 발생(Geschehen)이 아니라, 「권력관계」의 바로 그 본질을 바꾸는 중대한 계기를 의미한다.

[171] [역주] 즉, 권력자가 가진 살해할 수 있는 권력이 결코 그 권력자 자신이 최종 결정을 가지는 의미에서의 자율적인 것이 아니라는 점을 보여준다.

[172] [역주] 이 문장은 다소 혼란스럽게 느껴질 수 있다. 저자가 말하고자 하는 바는, 가장 궁극적인 권력으로 생각되어지는, 살해할 수 있는 권력조차 절대적인 권력이 아니기에 그러한 살해할 수 있는 권력을 최대한의 경계로서 가지는 다른 모든 권력들도 결코 절대적일 수가 없다는 것이다.

IV. 무력극복에 내재된 악순환

【61】[위에서 살펴본 바와도 같이]「완전한 권력」에 대한 어떠한 주장도 「완전 권력성」(Machtvollkommenheit)이라는 모든 개념에 내재된 이율배반성을 극복할 수는 없다. 그럼에도 불구하고,「절대적 무력」의 가능성 그 자체, 그리고 우리가 그 가능성을 의식할 수 있다는 [이중적] 사실은 존재한다. 이러한 사실은 인간이 지속적으로「가해적 권력」(Verletzungsmacht)을 행사한다는, 그리고 또한 [인간은 타인이 가하는 가해에 대한 지속적인]「취약 용이성」에 노출되어 있다는, [인간이 가진] 그러한 '전반적 성격'을 지속적으로 결정하며 남아있게 된다.[173] 이러한「절대적 무력」은 [단순히 이론적으로만 존재하는 것이 아니라] 실제로 가능하며, 우리는 [무력의 행사자로서] 이러한「절대적 무력」을 실행에 옮길 수 있다. 그리고 [역으로] 이것은 [무력의 희생자인] 우리에게 닥칠 수 있다. 또한 인간이 가지는 무력 관계에 있어서의 전반적인「탈 경계적 확장」도 회피될 수 없다. [즉,] 상대적「탈 본능 연계성」,[174] 우리의 상상력이 가진「현실 초과성」,[175] 그리고 무력 수단의「증강 역량」(Potenzierbarkeit)은 우리가 [마음대로] 제거할 수 없는 위협

---

[173] [역주] 이 문장이 의미하는 바는 「절대적 무력」의 가능성이 단순히 존재한다는 사실 자체(그리고 그에 대한 의식)는 외적으로 주어진 조건이 아니라 인간 존재에 부수되는 요소이며, 그렇기에 그 가능성 자체로도 바로 인간의 구조적으로 근본적인 (타인에게 가해하고, 또한 가해를 입는) 특성을 결정하고, 이러한 사실이 인간 간의 상호 작용과 사회를 이해하는 바에 중심적이라는 이야기이다.

[174] [역주] 본서 58쪽 참고.

[175] [역주] 인간이 가진 상상력은 직접적으로 느끼는 현실을 넘어서서 무한히 확장될 수 있기에 무력 또한 상상을 초월한 방식으로 행사될 수 있음을 의미한다. 각주 144 참고.

으로 남아 있다.[176]

그러나 인간이 가진, 무력을 한정시키고 가두는 특별한 가능성(Chance)은 인간 무력 관계에 있어서의 「탈 경계적 확장」에 맞서게 된다. 인간의 사회 교류적 관계는 무력적 행위의 위험을 줄이도록 계획적으로 조직될 수 있다. 사회적 질서 또한 본질적으로 무력을 극복하기 위한 시도일 수 있다.

홉스와 로크와도 같은 「자연상태」(status naturalis) 개념을 고안한 이론가들은 이를 발생론적 의미에서 이해하였다. 사회적 질서는 단순히 무력을 억제하는 것에 그치지는 않는다. 「자연상태」에서의 무력에 대한 두려움과, 안전이라는, 그에 대한 대항 동기에서 바로 「질서의 관념」(Idee der Ordnung)이 발생한다. 무력은 전적으로 '**질서를 수립하는**' (ordnungsstiftend) 근본적 경험이다. 프로이트(Freud)는 이러한 발생적 개념을 계승한 사람들 중 한 사람이다. 그의 저술 『토템과 터부』(Totem und Tabu)에서 그는 아들들이 질투심 많고 폭력적인 (다윈(Darwin)적 원시 무리에 폭정을 행사한) 아버지를 죽이고 그의 시신을 먹으며, 이 행위에 대한 충격 속에서 인간 사회의 최초 규범, 즉 근친상간의 금기와 살인의 금기를 발견하는 이야기를 전개한다. 【62】 사회적으로 구속력을 갖는 선과 악의 표상(Vorstellung)은, 어떤 도덕적 반성이 이루어지기 이전에 생긴 것이며, 그러한 표상은

---

176 [역주] 이 두 문장은 앞에서 정의된 개념들을 추상적으로 나열하고 있는 형식이기에 이해하기가 쉽지 않다. 이를 쉽게 풀어쓰면 다음과 같다: "인간은 절대적으로 먼저 정하여져 있는 어떠한 특정한 동기나 상황에서 무력을 행사하는 것은 아니다. 즉, 무력을 필히 행사하여야만 할 강박이나 혹은 무력을 행사하지 말도록 하는 억제라는 것도 사전적으로 먼저 정하여지지 않은 것이며, 무력은 인간의 상상을 넘어선 방식으로 다양하게 행사될 수 있고, 무력에 사용되는 수단은 계속 강화될 수 있다. 이러한 무력의 위험은 항상 도사리고 있다".

반복되어서는 안 되는 것이라는 표식을 이미 보이고 있는 [즉 사람들에 의하여 그렇게 간주되고 있는] 행실(Tat)을 통하여서만 [즉, 그러한 행실을 금지하는 목적으로] 창출될 수 있다. 그리하여 형제들은 "그들 중 어느 누구도 자신들이 아버지에게 하였던 것과 같은 소행을 다른 형제에게 하여서는 안 된다"는 서약을 한다.[177]

프로이트에게 있어서 주효한 것은 그 형제들이 자신들의 소행에 반응하는 방식, 즉 그들의 '죄책의식'(Schuldbewußtsein)이다. 프로이트에 따르자면, 이러한 죄책의식이야말로 질서를 형성하는 창조적인 역할을 한다.

그런데 흥미로운 점은 [이러한 프로이트적 설명과] 홉스 간의 대조라고 할 수 있다. 홉스에게 있어서는 오히려 불안이 질서를 형성하는 창조적인 역할을 한다. 홉스는, 사회적 질서의 기원을 프로이트처럼 가해자의 시각에서 보지 않고 오히려 피해자의 시각에서 본다. (덧붙여 말하자면, 그에게 무력과 혼란을 야기시키는 것은 [다음과도 같은] 매우 현대적인 문제이기도 하다: 즉, 상대방의 예방적 선제공격에 대한 불안이다. 상대는 자신에게 유리하다면 나를 살해할 수 있기 때문에, 나는 기회가 주어진다면 [먼저 상대에게] 공격적으로 나서야만 한다.) 따라서 홉스에게 있어서는 사회적 질서의 시작은 보호를 기약할(versprechen) 심판정(Instanz)의 설립인 반면, 프로이트에게 있어서는 양심(Gewissen)이라는 심판정을 통한 상호 간의 자기억제(Selbstbeschränkung)로부터 시작된다. 그러나 근본적인 생각은 양자에 있어서 동일하다. 즉, 무력에 대한 경험으로부터 「질서의 관념」이 탄생한다는 것이다.

정치 이전의 방식 혹은 정치적인 방식에 의하여 어떠한 사회적 질서가 역사적으로 어떻게 형성되었든 상관없이—단, 분명한 바는 그 질서는 위에 언급된 동기 만에 의하거나 혹은 종종 그 동기를 주된 이유로 하여 형성되지도 않았다—무력은 방지가능하며(eingrenzbar) 또한 **단지** 사회적 제

---

[177] Freud(1983: 146; 1974: 429).

도$^{(Institution)}$를 통하여서만 지속적으로 방지될 수 있다.【63】(이것이 프로이트와 홉스가 말한 바 있던 "「과학적 신화」"$^{(wissenschaftliche\ Mythe)}$가[178] 의미하는 바이다.) 그러나 무력을 방지하는$^{(eingrenzen)}$ 사회적 질서조차도 무력을 마법처럼 사라지게 하지는 않는다. 오히려 그러한 질서 자체가 무력을 필요로 한다. 즉, 무력의 억제$^{(Eindämmung)}$를 관철하고 사회적 질서 스스로를 방어하기 위하여서는 "「질서 자신의 무력」"$^{(Eigengewalt\ der\ Ordnung)}$을 가질 필요가 있다. 모든 「질서에 대한 구상」$^{(Ordnungsentwurf)}$은 이러한 「무력 극복의 악순환」$^{(circulus\ vitiosus,\ der\ Gewalt-Bewältigung)}$을 따를 수밖에 없다.

즉, 사회적 질서는 무력의 억제를 위한 필수 조건이며, 반면 무력은 사회적 질서를 유지하기 위한 필수 조건이다.

(1) 무력 억제를 위한 필수 조건으로서의 사회적 질서: 제재의 규정에 의하여 보호되는 규범 체계가 존재하지 않는다면, 지속적이면서 또한 어느 정도 신뢰할 만한 '무력의 제한'$^{(Gewaltbegrenzung)}$은 성공할 수 없다. 기본적인 전제 조건으로서 필요한 것은 특정한 무력을 금지하는 바에 대한 이해이다: 즉, 누구의, 누구에게로의, 어떤 상황에서의, 그리고 어떠한 무력 행위가 금지되어야 하는가? 또한, 이 금지 조항을 위반하는 행위를 방지하기 위한 추가적 조치도 필요하다. 「공동체적 삶」을 파괴하는 금지된 무력이 발생하였을 때는 누가 개입하여야 하며, 어떤 절차를 통하여 이러한 파괴를 차단할 것인가? 이러한 결정들을 위하여서는 최소한의 제도화, 즉 "「견고화」"$^{(Verfestigung)}$는[179] 필수 불가결하다. 그러한 일탈 행동을 고려하지 못하는 「질서에 대한 구상」은 허상에 기반하고 있음에 불과하다.

---

[178] [역주] 「과학적 신화」라 함은, 그 논증 형식에 있어서는 과학의 엄밀함을 따르고 있는 듯 보이지만, 아이러니하게도 그러한 논리의 실제적인 근원은 신화적인 것이라는 의미이다.

[179] [역주] 어떤 일련의 제도화 등을 통하여 이미 확고하게 그 절차가 정립되어 있음을 의미한다.

(2) 사회적 질서를 유지하기 위한 필수 조건으로서의 무력: 사회적 질서가 처음부터 자포 자기적으로 되지 않기 위하여서는, 어떠한 무력이 [그 질서를] 위협하는 경우 [대항하는] 무력을 이용하여 스스로를 보호할 수 있어야만 한다. 이는 외부뿐만 아니라 내부로부터의 위협에도 해당된다.【64】(이는 일부 프로테스탄드 기독교 분파에서도 마찬가지인데, 더 거대한 정치적 공동체의 보호하에 있는 소규모 그룹만이 오랜 기간 동안 [자체의 무력을 구비하지 않은 채] '비무력성'(Gewaltlosigkeit)을 유지할 수 있다.) 내부적으로 무력을 억제하고 스스로를 보호하려는 모든 질서는 권력을 '집중'할(konzentrieren) 수 있어야 한다. 물론, 우리에게 익숙한 방식과도 같은, 정당한 물리적 무력의 독점은 반드시 필요한 것은 아니다. 심지어 어떠한 종류의 선 국가적인 재판기관이 필요한 것도 아니다. 심지어 그러한 재판기관이 없는 사회도—즉, 포괄적인 의사결정 및 제재를 행하는 재판기관이 없는 질서조차도—무력 행사자에 대하여 효과적으로 방어할 수 있다. 자기의 그룹 내의 구성원 간 갈등이 발생한 경우에 있어서는, (그 그룹에 "속하여 있는" 모든 혹은 거의 모든 구성원을 포괄하는) '집단적 공공성'(Gruppenöffentlichkeit)이 개입하는 방식으로 [그 갈등은] 해결될 수 있다. 내부 그룹과 외부 그룹 구성원 간의 갈등에 있어서는, 만일 내부 구성원이 명백하게 잘못을 저지른 경우 점진적으로 그를 그 그룹에 대한 연대로부터 박탈함으로써 해결될 수 있다. 이 모든 경우에 있어서, 제3자가 개입하거나, 혹은 그가 개입한다는 위협을 가할 수도 있는데, 이때 그 제3자는 즉각적인 갈등 당사자나 반란을 일으킨 개별 그룹이 행사할 수 있는 권력보다 더욱 강한 권력, 그리고 무력적 수단 면에서도 더욱 강한 권력을 지녀야 한다. (어떠한 재판기관을 통하여 이미 확고히 되어있든, 혹은 사후적으로 확실하게 정립되든) 오직 이러한 권력 집중을 통하여서만 질서는 내부 구성원 간의 무력적 갈등을 억제하고, 외부로부터의 무력적 도발에 대항하여 스스로를 방어할 수 있게 된다.

무력을 억제하는 제도나 혹은 그와 준하는 제도가 스스로 무력을 행사할 수 있어야만 한다는 점에서, 무력제한의 문제는 [다음과 같은] 새로운 차원에서 불가피하게 다시 제기될 수밖에 없다: 【65】 즉, 그렇다면 질서를 유지하는 제도조차도 마찬가지로 「무력의 자의성」$^{(Gewalt-Willkür)}$을 가진다면, 그 질서하의 시민들을 그러한 자의성으로부터 누가 보호하는가? '제도화되어 있는 [자의적] 무력'을 방지하는 것은 어떻게 성공할 수 있는가? 그리고 "「무력을 극복하는 무력」"$^{(gewaltbewältigende\ Gewalt)}$은 또한 어떻게 극복될 수 있는 것인가?

[이 질문에 대하여 답하기 위하여] 두 극단적 경우에만 초점을 맞추어 설명하기로 한다. 전제정치에서도 무력의 제한은 존재하며, 이는 종종 매우 엄격하고 신뢰될 수 있는 방식으로 이루어진다. 예를 들어, 개별 신하들 간이나 이차적 권력(부족, 도시, 연합체 등) 간의 무력적 분쟁을 금지하는 것이 이에 해당한다. 특히 내전을 극복한 후에는, 내부적 평화를 달성하는 것이 정당성의 근거가 될 수도 있다. 하지만 권력의 정점에서 행사되는 무력은, 단순히 기회주의적으로만 부과되는 제약 이외에는 영향을 받지 않는다.

사회의 역사를 뒤돌아볼 때, '제도화된 무력'을 제한하는 문제를 계획적으로, 그리고 실천적으로$^{(handlungsrelevant)}$ 제기할 기회가 있었던 경우는 극히 드물었다. 이는 주로 고대 그리스 폴리스, 공화정하의 로마, 몇몇 도시국가들, 그리고 근대적 헌법국가의 역사에서만 발견할 수 있다. 흥미롭게도, 그들의 해법은 놀라울 정도로 유사하다. 법의 지배와 법 앞의 평등("「이소노미아」"$^{(Isonomia)}$[180]), 원칙적으로 모든 규범제정

---

[180] [역주] 이소미니아$^{(Isonomia;\ ἰσονομία)}$는 '법 앞에서의 평등' 혹은 '정치권력의 동등한 배분'을 뜻하는 고대 그리스어인데, 이는 '동등한'을 의미하는 '이소스'$^{(ísos;\ ἴσος)}$와 (인위적인) 법/ 질서/ 규범을 뜻하는 노모스$^{(nómos;\ νόμος)}$가 결합된 형태이다. 이는 전제정이나 혹은 과두정과 대비

(Normsetzung)에 있어서의 제한(기본권(Grundrecht)의 유지 등)[181], 권한규범(Kompetenznorm)[182](권력 분립, 연방제 등), 절차규범(Verfahrensnorm)(결정위원회(Entscheidungsgremium)를 통한 결정), 공공성(Öffentlichkeit), 심급제(Instanzenweg)), 임명규범(Besetzungsnorm)(윤번제(Turnus), 선거 등), 공공성 규범(Öffentlichkeitsnorm)(여론의 자유, 집회의 자유) 등이 그것들이다. 이러한 해법이 가지는 유사성, 더 나아가 공통성은 제도화된 권력과 무력을 제한하는 문제에 대하여 체계적인 해결책도 존재한다는 점을 시사한다.【66】물론, 이러한 해결책은 아무런 전제 조건이 없이도 실현될 수 있는 것은 아니지만, 도시국가든 영토국가든 상관없이 적용될 수 있을 만큼 그 맥락과는 상당히 독립적이다.

그러나 이 문제에 대한 완전히 만족스러운 해결책은 존재하지 않는다. 모든 제도화된 권력과 무력에 대한 제한이라는 그 자체도「대항 권력」과「대항 무력」(Gegengewalt)을 설정함으로써 재차 다시 제한되어야 한다. 근본적으로 비무력적인 방법을 기대하는 것은 한낱 경건한 꿈에 불과하다. 무력의 극복이라는 악순환은 불가피하게 끊임없이 새롭게 다시 나타나는 법이다.

V. 총체적 무력: 미화, 무관심, 그리고 기술화의 복합군

본인은 특정한 무력 행동을, 즉 살해 행동을 "절대적 무력"이라고 불렀다. 반면 "총체적 무력"(totale Gewalt)이란 [다음과 같은] 행동 요소들의

되어 민주정을 지칭할 때 사용되었다.

[181] [역주] 즉, 모든 법이나 규정 등을 제정할 때에 있어서 무제약성이나 자의성 등이 배제될 수 있어야 함을 의미하며 특히 인권 등의 기본권이 침해되어서는 안 된다.

[182] [역주] 법률에 근거하여 각 권력 기관들에게 상응하는 권한을 부여하는 규정인데, 그 기관들 간의 분권, 지역적 권력 분할 등이 이에 속한다.

「복합군」(複合群 Syndrom)을[183] 지칭하는 개념이다. 즉, 행사된 무력의 「미화」(Glorifizierung)[184]와 희생자의 고통에 대한 「무관심」(Indifferenz),[185] 그리고 무력 집행(Gewaltvollzug)의 「기술화」(Technisierung)라는 요소들이 결합된 현상이다. 이러한 요소들은 역사적으로 새로운 것은 아니다. 그러나 오늘날 그것들은 하나의 「행동 역량」(Handlungspotenz)으로 통합된다. 역사적으로 검증된 모든 무력 제한의 수단은 이러한 「행동 역량」과 대항하여서는 아무 소용이 없게 된다.

(1) **「미화」**: 모든 권력은 「정당함」을 추구한다. 무력의 「정당화」는 「미화」를 통하여 전형적으로 증대되고 고양된다. 개인 혹은 집단에 의한 것이든 무력 행동은 영웅적인 것으로 찬미 된다: 그러한 행동이 자국의 방위이든 타국에 대한 침공이든, 부의 약탈이든 혹은 종교적 불신자의 절멸이든 이 모든 것은 마찬가지로 영웅적으로 간주된다. 이러한 예찬(Verherrlichung), 즉 영광과 명예를 통한 「합당화」의 고양은 아마도 감정적으로 보상하는 기능을 수행한다. 【67】 [그리하여] 끔찍한 것은 찬란함 속에 가

---

[183] [역주] Syndrom(영어: syndrome)은 그리스어 *sýn*(함께, σύν)+*drómos*(진행, δρόμος)의 복합어인 *sýndromon*(σύνδρομον)에서 유래되었다. 이는 라틴어 *syndroma*를 거쳐 현대어에서는 주로 '증후군'이라고 번역되는 의학용어로 사용된다. 본서에서의 이 단어는, 동시에 같이 나타나는, 서로 보완하면서 강화하는 요소들의 집합을 의미하는데, 이를 「복합군」(複合群)이라고 번역하였다.

[184] [역주] 독일어에서 다음의 두 단어가 유사한 의미를 가진다. Glorifizierung(「미화」)는 객관적으로 아름답게 포장함을 나타내는 표현인 반면, Verherrlichung(예찬)은 감정적인 동조의 뉘앙스를 가지고 있다.

[185] [역주] 이 Indifferenz(「무관심」)와 후에 나오는 Gleichgültigkeit(냉담)은 뉘앙스의 차이가 존재하는데, 전자는 보다 중립적인 정서, 즉 단순한 '무관심함'을 나타내며, 후자는 보다 적극적인 무시의 감정을 표현한다.

려지고, 자신의 불안은 과장된 수사에 압도되어 버린다. 무력에 대한 찬미(Lobpreis)는 그 모든 의심과 망설임을 정당하지 않은 것으로 만든다. [그리고] 무력 행동의 「미화」는 거의 항상 종교적 관련, 신의 명령 혹은 신의 가호를 통하여 「정당함」을 얻는다. 전 국가적 전투 준비태세의 격정 속에서도 이러한 신적 승인에 대한 확신은 여전히 울려 퍼졌다.

무력을 다양하게 「미화」하는 근거가 무엇인가에 대한 질문을 하는 경우, 다음과 같은 두 가지의 근본적인 연관성을 발견할 수 있다.

첫 번째에 대하여서는 이미 논의한 바 있다. 무력, 특히 「절대적 무력」은 타인에 대한 우위성의 궁극적 고양으로 간주된다. 따라서 무력 행동의 예찬은 더 높은 존재, 즉 지배권 자체에 대한 예찬을 의미한다. 승리한 통치자, 승리한 도시, 승리한 민족은 그들의 승리를 통하여 [자신들의] 우월성, 사명, 선택받은 존재임을 증명한다. 즉, 무력은 「주인 됨」의 영광을 확증하는 것으로 「미화」된다.

[위의 논의와] 대비되는 두 번째의 근본적인 무력 「미화」의 이유는, 무력을 지배를 [기존의 것들을] 타파하는 행동으로서, 즉, 자유화(Befreiung)를 위한 행동으로서 간주하는 것이다.

그러나 굴욕 받는 자가 가지는, 무력을 '극적 전환점'(Not-Wende)으로서 「합당화」시키려는 격정은 여기서 논의되는 맥락과는 다소 벗어난다.[186] 피억압자들은 단지 그들에게 행사된 무력을 극복할 수 있기만을 바랄 뿐이다. 그들은 아마도 자신에게 유일하게 남아 있는 가능한 수단을 선택할 것이다.[187]

---

[186] [역주] 저자는 일종의 자기방어 수단 내지는 생존의 수단, 혹은 해방의 수단으로서 사용되는 무력에 대하여 논의하고자 하는 것이 아니라, 어떠한 근거에 의하여 무력이 「미화」되는가에 대한 논의에 주목하고자 한다.

[187] [역주] 다시 말하자면, 이 경우에 있어서의 압제된 자들은 당장의 자

그러나 자유화를 위한 격정조차도 실제적인 무력적 자유화의 모든 구체적인 맥락에서 벗어날 수 [즉, 초월할 수] 있다. [다시 말하자면,] 그 격정은 모든 기존의 역사를 종식시키는 그토록 장엄하고도 거대한, 무력의 돌풍(Sturm)을 꿈꾸도록 고양될 수 있다. 【68】 피로 물든, 살아 움직이는 힘(Kraft)의 분출은 [그 과거 역사에 대한] 심판이자 정화의 역할을 한다. 이러한 "violenza sacra"「신성한 무력」]에 대한 비전은 많은 문화에서, 그리고 원시 사회에서도 발견된다.[188] 「신성한 무력」(heilige Gewalt)은 세속적인 시간을 파괴하고, [최초의] 창조에서 보인 원초성을 회복시키거나, 혹은 그 시간을 [세속에서] 해방시켜 [이제는] 종말론적 진실(endzeitlichen Wahrheit)을 향하도록 한다.[189] 이것은 세속화된 형태에서도 나타난다. 즉, 거대한 집단적 무력 행동은 "모든 기성의 것"(alles Bestehend)을 [즉, 모든 현상 질서를] 파괴한다. 무력은 세계를 달리 변화시키는 신호등이 된다. 자발성, 총체성, 공동체는 이제 온전히 살아갈 수 있다. 인간은 마침내 자기 자신으로 [회귀하여] 해방된다.

통치자의 무력은, 자신의 승리를 역사 속에서 끊임없이 회귀 되는 것으로서, 즉, 더 높은 존재에 대한 새롭게 거듭되는 확증으로서 칭송하는 반면, [억압된 자들에 의한] 대변혁(Umbruch)이 가져오는 영광은 그 영광 스스로를 근본적으로 새로운 것, '유일무이한 것'(Singulär), 그리고 유례없는 것으로 이해한다.

[위에서 설명한] 무력을 「미화」하는 두 가지 근본적 이유들은 ─ 여기서

신들의 생존 여부에만 주목을 하며, 보다 숭고한 목표, 즉, 무력의 「미화」 등에 대한 생각은 가지지 못한다. 저자는 이 같은 억압된 자들이 가진 직접적 인식과, 이후의 문장에서 나오는, 숭고한 목적을 위한 무력의 「미화」를 대비시키는 의미에서 이 문장을 추가하였다.

[188] Agamben(1970: 35).
[189] [역주] 즉, 심판의 날에 비로소 드러나는 궁극적 진리.

는 가장 극단적인 형태로 서술되었지만—그보다 덜 극적인 방식으로 울림을 내는 수많은 [무력에 대한]「합당화」들의 기저에 깔려 있다. 그리고 그것들은 다양한 수사[적 기교]들 속에 숨겨져 있다. 그러나 희석화되고 숨겨진 형태라 할지라도, 그러한 [두 가지 종류의] 이유들은 여전히 [각기 입장에 있어서의] 거대한 '진리의 전쟁'$^{(Wahrheitskriege)}$을「합당화」$^{(Begründung)}$하는 바에 있어서 충분한 역할을 한다.^{190}

(2)「**무관심**」: 인간이 가진「가해 가능성」은, 아마도 증오나 경멸과도 같은 여타 동기에 비하여, '냉담'$^{(Gleichgültigkeit)}$에 의하여 더욱 강하게 조종될 것이다. 피해자의 고통에 대한「무관심」은 우리를 '심리적 [양심의] 압박'$^{(Hemmung)}$으로부터, 그리고 무엇보다도 우리가 무엇이 일어나고 있는지에 대하여 숙고하는 것 자체로부터 우리를 벌어지게 하는 일종의 보호막을 형성하게 한다. 여기서「무관심」의 기능은「미화」와도 유사하다. 「미화」는 북을 치면서 [시끄럽게 만듦으로써] 어떠한 자책감$^{(Skrupel)}$의 실마리조차도 멀리 쫓아버리고, 반면「무관심」은 우리를 귀먹게 한다.【69】 [타인에 대한] 냉담과 '흥미상실'$^{(Desinteresse)}$은 타인을 완전한 '무의미한 위치'$^{(Irrelevant-Setzen)}$에 놓이게 하도록 강화될 수 있다. 그러한 경우 그 타인은 우리 자신에게 적용되는 감정, 사고, 행동을 하는 범주에는 더 이상 속하지 않게 된다. [그리하여] 피해자의 고통과 죽음은 어떠한 의미도 상실하게 되며, [그에게는] 가해자가 [통상적으로] 가지는 지각과도 같은 그 어떤 것도 남아있지 않게 보이게 된다. 그리고 "한 인간이 다른 인간을 죽인다"라는 진술조차도 이미 잘못된 표현으로 간주된다. 가해자의 입장

---

190 [역주] 지배자는 자신들의 무력은 결코 '무력이 아닌' 정당한 것으로, 그리고 피지배자가 지배자의 무력에 항거하여 행사하는 무력은 '유해한 무력'으로서 매도하는 각종 이데올로기적 선전에 매진하기 마련이다. 가장 비근한 예는 식민지 통치에서 찾아볼 수 있다(Fanon 2008; Garrett 2018: 195-197).

에서 볼 때는, 피해자는 더 이상 자신과 동일한 범주의 생명체에 속하지 않는다. 그리하여 이러한 [살해] 사건은 서로 다른 생물종 간의 폭력 행동에 더 근접하게 보인다.

마르쿠스 테렌티우스 바로(Marcus Terentius Varro)[191]는 「생산수단」(Produktionsmittel)을 세 가지 유형으로 구분하였다. "「게누스 무툼」"(genus mutum)은 소 달구지처럼 말을 할 수 없는 생산 도구이고, "「게누스 세미보칼레」"(genus semivocale)"는 소처럼 목소리는 있으나 말은 할 수 없는 도구, 그리고 "「게누스 보칼레」"(genus vocale)는 언어를 사용할 수 있는 도구, 즉 노예이다.[192] 이는 단순히 사회 역사적 현실을 분류한 것에 불과하다. [이렇듯] 어떠한 인간 그룹을 소나 소달구지와 가까운 종(種)으로 간주할 수 있도록 하기 위하여서는, [그 인간 그룹이] 그러한 모습으로 보일 수 있도록 [그들은 관찰자로부터] 명백히 아주 원거리에 놓여 있어야 한다.[193]

이러한 '거리'(Ferne)는 특정 사회의 조건이나 어떤 계급의 조건으로부터 설명할 수도 있을 것이다. 그러나 더욱 중요하게 보이는 바는, 이러한 「무관심의 태도」(Indifferenz-Haltung)는 모든 '사회화 구조'(Struktur aller Vergesellschaftung) 속에 뿌리내리고 있다는 사실을 인식하는 것이다. 우리가 알고 있는 모든 사회에서는 가족, 씨족(Sippe), 동맹, 마을, 부족(Stämm), 연맹(Verband)와도 같은 사회적 단위가 형성되며, 이들 각각은 외부와의 경계를 설

---

[191] [역주] 마르쿠스 테렌티우스 바로(Marcus Terentius Varro, 서기 116-27)은 로마의 철학자이며 극작가로서, 생전에 대략 600여 점의 작품을 남기었고, 특히 『라틴어에 관하여』(De Lingua Latina)와 『농업에 관하여』(Rerum Rusticarum)라는 저술로 유명하다.

[192] Walter(1969: 20).

[193] [역주] 관찰자가 어느 인간 집단을 동물과 유사한 위치로 격하시키기 위하여서는 그 인간 집단을 관찰자와는 전혀 다른 종으로 (즉, 멀리 떨어진 종으로) 간주하여야만 한다는 의미이다.

정한다. 이들 사회적 단위에 속하는 것은 쉬운 일이 아니다. 그들에 소속되기 위하여서는, 성별, 연령, 출신 같은 특정 요건이 요구되거나, 【70】부와 특정 업적과도 같은 특별한 자격이 필요하다. 이러한 모든 사회 교류상의 단위들은 필연적으로 자신들과 외부와의 경계를 형성하며, 내부와 외부, 소속된 자와 배제된 자들 간에 사회적 장벽을 구축한다. [그 단위들의] 내부와 외부에서는 각기 다른 규범이 적용되며, 이 사회적 장벽은 의무의 시작과 끝을 표시한다. 결국, **「소속성의 구조화」**(Strukturierung von Zugehörigkeit)라는 「사회화 원리」(Vergesellschaftungsprinzip)는 불가피하게 [상호 간의] 분리의 선을 만들어낸다.

이것은 단순히 모든 사람이 몇몇 사람들과는 가까운 관계를 맺고, 다른 사람들과는 덜 가까운 관계를 맺는다는 식의 사소한 사실을 의미하는 것은 아니다. 오히려, 우리가 폐쇄적인 사회적 집합(Kreis) 내에서 성장하거나 혹은 그 내부로 받아들여질 때, [다음과도 같은] 양자택일의 선택지를 배우게 된다. 즉, 사람은 소속되었거나 그렇지 않거나, "우리 중 한 명"이거나 "우리 중 한 명이 아니거나", 우리와 옆에 있는 사람이거나 우리로부터 배제된 사람이 된다. 우리는 이러한 소속감을 배우면서 타인이 "경계 밖에 존재함"(Jenseits-der-Grenze-Sein)도 동시에 배우게 된다.

상황에 따라 이러한 학습은 방어적 태도, 불신, 호기심 등 다양한 마음자세로 이어질 수 있다. 그러나 이러한 경계선은, 마치 이해와 공감이 주로 소속체의 내부에서 학습되고 실천되는 것처럼 사회 교류상에 있어서의 경험의 일부로 남아 있으며, 이 경계선은, 예를 들어 그것이 심적 부담을 완화하여 주는 역할을 할 때와도 같이,[194] "적절할 때는 언제든지"

---

[194] [역주] 이러한 구별을 하는 경계선은 다양한 경로로 심정적 부담을 완화할 수 있다는 것. 예를 들어 내부자와 외부자라는 단순 구분은 상대하는 사람들의 개별적인 특성에 대하여 고민할 필요가 없이 단지 그룹의 특성으로 그 사람을 평가할 수 있게 하기에 의사 결정을 쉽도록 만

작동할 수 있다.

언제든지 「무관심」할 수 있는 준비태세(Bereitschaft)는 결국 인간 사회가 구성(Konstruktion)된 방식과도 연관되어 있다. 그리고 이는 「공동체적 삶」의 또 다른 특질인 분업을 통하여 더욱 강화될 수 있다. 분업은 종종 '소속성의 구조'(Zugehörigkeitsstruktur)와도 연결된다.【71】그러할 경우, 이는 그와 상응하는 기존의 사회적 경계, 그리고 거리감을 더욱 심화시킨다. 하지만 분업은 추가적인 「무관심 효과」(Indifferenz-Effekt)를 낳을 수도 있다. 이는 종종 다음과 같이 설명된 바 있다: 즉, 분업 조직하에서 개인이 담당하는 역할이 작아질수록, 그의 책임(Zuständigkeit)도[195] 줄어들며, 결국 자신을 '책임 있고'(zuständig) '책임감 느끼는'(verantwortlich) 행위자로서 감지하는 정도도 줄어들게 된다. (동시에 "책임감"(Verantwortung)이라는 말은 점점 더 강조된다.) 그리고 이러한 단순한 "공동 작업자"이기에 비롯되는 책임의 부재는, 다루어지는 인간들이 느끼는 비소속감이라는 사실과 결합되면 치명적인 결과를 초래한다. 즉, 이 두 가지 요소가 결합되면 (즉, 무책임성과 비소속감이 결합될 때), 우리가 너무나 잘 알고 있는, 「무감각의 과잉」(Exzess an Indolenz)에 서서히 다다르게 된다.[196]

들 수 있다.

195 [역주] 본서에서는 '책임'(Zuständigkeit)과 '책임감'(Verantwortung)을 구분하여 번역하였다. 전자는 어떤 조직 내에서 자신의 역할에 따른 「형식화」된 의무임에 반하여, 후자는 보다 도덕적, 윤리적, 감정적으로 자신 스스로 느끼는 정서이다.

196 브루노 베텔하임(Bruno Bettelheim)은[i] 아우슈비츠(Auschwitz)와 I. G. 파르벤(I. G. Farben)[ii] 간에 교환된 다음의 서신을 인용하고 있다:

우리가 현재 새로운 수면제 실험을 계획 중이므로, 여성 수십 명을 제공해 주시면 감사하겠습니다.

귀하의 답변을 받았으나, 200마르크라는 가격이 너무 높다고 판단

(3) 「**기술화**」: 무력의 「미화」와 희생자의 고통에 대한 「무관심」은 인간 무력의 한계를 확장하는 기량, 즉, 기술적 생산을 가능하게 하는, 그러한 특별한 지능(Intelligenz)과 결합된다. 이러한 지능에 의하여 기술적인 '인위적 창조물'이 가진 효율성을 끝없이 향상시키는 바가 가능하게 된다. 이에 따라 인간은 일견 한없이 효율화된 무력 수단을 손에 쥐게 된다.

무기 개발은 도구의 제작 기술만큼 오래된 것으로 보인다. 구석기 시대의 채집자와 사냥꾼이 사용한 최초의 도구는 일단은 사냥 무기로 사용되었을 듯한데, 이는 동시에 전투 무기로도 사용되었다. 다듬어진 자갈이나 특히 손도끼는 동물뿐만 아니라 인간을 공격하는 바에도 사용될 수 있었다. 유적 발굴 결과에 따르자면, 이러한 사용은 매우 이른 시기부터

> 됩니다. 1인당 최소 170마르크를 제안합니다. 이 금액이 수용 가능하다면 여성들을 인수하겠습니다. 약 150명이 필요합니다.
> 귀하의 동의를 확인합니다. 가능한 한 건강 상태가 좋은 여성 150명을 준비해 주십시오. 준비가 완료되어 알려주시면 즉시 인수하겠습니다.
> 150명에 대한 주문 접수. 비록 극도로 영양실조 상태였지만, 조건은 만족스러웠습니다. 실험 진행 상황에 대해 계속 알려드리겠습니다. 실험이 실행되었습니다. 모든 피실험자 '사망'. 곧 새로운 '선적분'에 대해 연락드리겠습니다.

「무관심」이나 '무감각'과도 같은 개념들은 단지 다른 인간을 대하는 태도만을 설명할 뿐이며, 이것들은 "실험을 행한" 의사들의 활동과도 같은 범죄적 행위를 표시하기에는 전적으로 부적절하다[즉, 절대로 충분하지 않다].

[역주] (i) 오스트리아 출신의 유대인 심리학자. (ii) I. G. Farben(Interessengemeinschaft Farbenindustrie AG의 약자)은 1925년에 설립된, 나치의 홀로코스트에 관여된 독일의 화학 및 제약 기업집단이다. 전후에 Bayer, BASF, Hoechst로 분할되었다.

이루어졌음을 확인할 수 있다.[197] 아마도 최초의 전문화된 무기인 찌르기 창은 특정한 방식의 상해를 가하기 위한 체계적 목표를 이미 가지고 있었다.

【72】무기 개발의 새로운 단계는 청동기와 철기의 제작에 의하여 열리게 되었다. 전투 도끼, 검, 흉갑, 쇠로 보강된 전투 마차의 바퀴 테두리 같은 금속 무기들의 도입으로 인하여 그러한 무기 보유자들이 새로운 우위성을 점하게 하는 것이 가능하게 되었다. 이러한 무기들은 값비싸고 희귀한 것이었으며, 또한 그 '씀'$^{(Gebrauch)}$을 익히려면 전문적인 훈련이 필요하였다. 이에 따라 전사 귀족 계층이 등장하게 되었고, 이들의 지배는 그러한 무기의 우위성에 기반을 두었다. 이 장면에서, 그 이후 계속하여 더욱 중요한 의미를 가지게 된 결과가 최초로 보이게 된다: 그것은 바로 이러한 무기 기술을 통한, 다수에 대한 '소수의 우위성'$^{(Überlegenheit\ der\ kleinen\ Zahl)}$ 때문이었다.[198] 우수한 무장을 구비한 소수는 다수를 제압하고 또한 지속적으로 억압할 수 있게 되었다. 「가해적 권력」의 거대한 격

---

[197] Mueller-Karpe(1976), Mueller-Beck(1981: 2: 147-200).

[198] [역주] 이렇듯 무기에 의하여 소수가 우위성을 확보한다는 사실과는 다소 다른 맥락에서 막스 베버는 '소수의 이점'$^{(Vorteil\ der\ kleinen\ Zahl)}$에 대하여 언급한 바 있다(Weber 1922: 610; 1978: 952). 베버에 의하면, 그 이점은 다음과 같은 기량에 의거한다: (i) 규모가 작기에 상호 간 의사소통과 이해가 빠르다. (ii) 그렇기에 계획적으로 사회적 행동을 합리적으로 조직하여 자신들의 지위를 보전가능하다. (iii) 따라서 (물론, 적들이 동일한 종류의 지배를 위한 조직을 구성할 수 없는 한에 있어서) 대중의 행동이나 여타의 집단적 행동도 쉽게 제압가능하다. (iv) 구성원들간의 비밀 유지가 용이하다. 이같은 생각은 현대 신제도학파의 집단행동 이론에서도 반복되는 소재이다. 후자에 대하여서는 Olson(1965)을 참고.

차가 무기를 사용하는 전략으로 인하여 생겨날 수 있었고, 소수가 이같은 점을 충분히 이용할 수 있었다는 사실은, 인간이 가진 제작의 지능으로 말미암아 초래된 중대한 결과 중 하나라고 할 수 있다.

그 다음으로는, 화기의 등장과 함께 본질적으로 중요한 효율성의 증강이 시작된다. [그 화기의] 파괴력은 최초에는 서서히 증가하다가, 그 이후부터는 매우 급격히 증가하기 시작하였다. 17세기의 12파운드 포는 투창의 10배의 효과를 가질 뿐이었지만, 18세기의 포는 200배의 효과를 가질 수 있었다.[199] 화기의 기술 발전과 더불어 무력을 행사할 수 있는 거리 범위도 증가하게 되었다. 이제 먼 거리로부터도 적을 공격할 수 있게 되었다. 그리하여 전투는 점점 [적과의 직접적] 물리적 접촉 없이 이루어지게 된다. 그리하여 [이제는] "무기도 스스로 말을 하도록 된다".

산업혁명의 기술적 도약은 전무후무하게 급격한 생산의 증가, 생산성 향상, 그리고 무기 혁신의 과정으로 이어진다.【73】미국의 남북전쟁에서는 최초의 기관총과 강선포가 등장하였으며, 철도가 군사 전략적 중요성을 가지게 된다. 그리고 기계화된 전쟁의 양상이 등장하게 된다.[200] 이 과정은 제2차 세계대전에서 절정에 이르며, 이때는 수중, 지상, 그리고 공중을 포함하는 모든 전선에서 고도의 전쟁 기계가 사용된다.

그러나 다른 산업 부문에서의 「기술화」를 대략적으로 반영하였던 이러한 파괴를 위한 「기술화」의 과정에는 그 이전과는 전적으로 새로운 것이 끼어들게 된다. 최초의 원자폭탄은 이전의 모든 파괴력을 수백 배 능가한다. 하지만 그것은 단지 시작에 불과하였다. 핵분열과 핵융합은 상상조차 할 수 없는 규모의 파괴력을 실현할 수 있음이 곧 밝혀지게 되었다. 현대의 대륙간 탄도 미사일에 장착된 핵폭탄은 히로시마 원자폭탄의

---

[199] Albrecht(1983: 175).

[200] Sonnemann et al.(1987: 360ff., 411).

수백 배의 위력을 가지고 있으며, 최신 모형은 그것의 수천 배의 위력을 초과한다.[201]

[그리하여] 단순한 정도의 차이가 아닌 본질적으로 새로운 것들이 세상에 지속적으로 등장하게 되는 모습을 사람들은 묘사하려고 하여 왔다. 명백히 새롭게 보이는 바는, 비록 지구상의 모든 생물은 아닐지라도 적어도 인류 전체를 절멸시킬 가능성이다. (예언가들은 제3차 세계대전이 발발하더라도 경제적으로 너무 비용이 크고 군사적으로도 불필요하기 때문에 적어도 의도적으로는 주변 인구까지는 절멸시키지는 않을 것이라고 주장하기는 한다.) 그러나 새로운 것이란 단지 이 최후의 가능성만이 아니라는 것을 보는 것이 중요하다. 단 한 발의 원자폭탄 사용, 이른바 제한된 핵전쟁조차도 그 영향의 강도나 형태에 있어서는 단순히 '파괴'(Zerstörung)나 '절멸'(Vernichtung)과도 같은 단어로는 더 이상 표현될 수 없다. 【74】 [원폭의 투하로 인하여] 대도시에 실제로 어떤 일이 벌어질 수 있는지는 여러 문헌에서 찾아볼 수 있다. 이러한 폭탄을 "투입"(einsetzen)하는 행위는 단순한 절멸이 아니라 오히려 [인류가 그 뿌리까지 없어진다는 의미에서의] '근절'(Ausrottung)이라고도 할 수 있다. [그런데] 그 새로운 것은 단지 인간 스스로를 멸망시킬 가능성뿐만이 아니다. 순식간에 수백만 명을 근절시킬 가능성과 함께 새로운 「가해적 권력」, 새로운 「살해의 권력」, 더 나아가 새로운 살해 형태가 출현하였다는 사실 자체가 새로운 것이며, 이는 이전과는 전혀 다른 종류의 인간 행동이라고 할 수 있다.

***

「총체적 무력」이라는 「복합군」을 이루는 세 가지요소는 단순히 서로를 보완할 뿐만 아니라 서로를 더욱 강화시킨다.

---

[201] Albrecht(1983: 175).

「미화」와 「무관심」은 서로를 필요로 한다.²⁰² 자신의 무력적 소행을 예찬하는 일은 상대가 '아무것도 아닌 존재'일 때—그리고 비록 그 '아무것도 아닌 존재'가 어느 정도 [자신에게] 위험하게 느껴지더라도—더욱 거리낌 없이 그리고 덜 방해받으면서 이루어진다. 반발하는 상대방의 동기는 고려하여 볼 필요조차 없기 때문이다.²⁰³ 역으로,²⁰⁴ [가해자] 자신의 이상과 영웅적 행동이 갈등 [관계의] 전체 위로 찬란히 빛날수록,²⁰⁵ 가해자에게 있어서 [피해자인] 상대방은 더욱 상관없는$^{(gleichgültig)}$ [즉, 중요하지 않은] 존재로 된다.

이와 마찬가지로, 「미화」와 「무관심」은 보다 수월하게 기술적 무력 수단을 전개할 준비태세를 갖추게 하며, 역으로 무력의 「기술화」는 다시 위의 두 종류의 태도에 영향을 미친다. 로켓, 인공위성, 레이더, 전자기기, 레이저, 초음속 폭격기 등—속도, 기동성, 정밀함, 힘$^{(Kraft)}$, 그리고 역동이 결집된 이 모든 위대한 기술은 인간으로 하여금 이러한 속도와 힘을 나누어 가지게 하고 또한 조종할 수 있도록 만든다. 기술에 숙련된 사람들은 그러한 기술을 통하여 마치 믿기지 않을 정도로 막강하게 된다. [그리하여] 기술이 가진 영광은 무력의 영광과 완벽하게 조화를 이루게 된다. 따라서 기술적 완벽성은 또한 가해자의 초연함$^{(Unbetroffenheit)²⁰⁶}$과도

---

²⁰² [역주] 위에서 언급하였듯이, 서로를 보완하며 강화한다는 의미.

²⁰³ [역주] 다시 말하자면, 상대가 아무것도 아닌 존재인 경우, 그 상대방이 어떤 동기에 의하여 반대하는지는 고려의 가치도 없음을 의미.

²⁰⁴ [역주] 바로 위의 문장에서는 피해자인 상대방이 하찮은 경우를 말하고 있음에 반하여, 아래에서는 역으로 가해자 스스로가 위대하다고 생각하는 경우에 대하여 논하고 있다.

²⁰⁵ [역주] 즉, 자신의 이상과 영웅적 행동이 너무도 강력하여 갈등 자체를 하찮게 여기게 될수록.

²⁰⁶ [역주] 가해적인 행동을 하여 상대가 고통을 받더라도 가해자는 정서

조화를 이룬다.【75】맨손으로 사람을 목 졸라 죽이는 것과 화살을 쏘아서 살해하는 것은 전혀 다른 차원의 문제라고 할 수 있다. 화살의 사거리는 점점 늘어나고, 팽팽히 당긴 활 대신 이제는 어떤 작동 버튼이나 레버가 그 자리를 대치한다. [그리하여] 자신의 행동과 그 결과 사이의 연관성은 점점 더 비가시적으로 되며 또한 이해하기 어렵게 된다. 이제 필요한 것은 오직 '냉철한 집중력'(sachlich Konzentration)[207]이며, 감정은 단지 방해만 될 뿐이다.

본인이 언급한 각각의 개별적 상호작용들의 실제적 의미는 다르게 평가될 수도 있다. [그러나] 무력의 「미화」와 「무관심」의 경향은 기술 발전과 함께 보조를 같이하여 나가며, 그때마다 새롭게 도달된 수준과[208] 결합된다는 점은 분명하여 보인다. 따라서 「총체적 무력」이라는 「복합군」은 정적인 것이 아니라 하나의 '진행 과정'(Progreß)으로 이해하여야만 한다.

***

「총체적 무력」의 진행은 현재 두 세계 강대국 간의 경쟁의 긴장 속에

적으로 어떠한 감정도 느끼지 않는 상태를 의미.

[207] [역주] 직역하자면, '객관적인 집중'이다. 보다 합리적이고 계산적으로 행동의 촛점을 맞주어야 함을 의미한다. 참고로 폿지 교수의 영문 번역은 본 역자의 해석과는 다르게 이를 '대상에 집중함'이라고 번역하였는데, 뒤에 강조된 '감정'과 대비되는 문맥상 본 역자의 번역이 옳게 생각된다.

[208] [역주] 원문에서는 '무엇의' 새롭게 도달된 수준인지가 명확하지 않다. 문맥상으로 볼 때, 새롭게 도달된 '기술의' 수준 혹은, 보다 광의로 해석하자면 새로운 기술 발전을 반영하는 새로운 '무력의 수준'일 수 있다.

서 전개되고 있다. 이 경쟁에 있어서는 어느 쪽도 자신이 물러나는 순간 자신의 존재 자체가 위태로워지기 때문에 그 어느 누구도 결코 물러날 수 없다. [그렇기에] 「총체적 무력」이 가지는 거대한 [파괴적] 잠재력이 지속적으로 축적되고 있음은 가히 불가피한 것으로 보이지 않는가.

지금까지 본인이 전개한 일련의 생각들은 인간이 가진 「가해 가능성」의 지속적 '자기초월'(Selbstüberbietung)[의 경향]에 의하여 오히려 확증된다. 그러한 일련의 생각들은 위협적인 위험에 대한 불안을 해소하는 바에는 전혀 적합하지 않다. 그러나 그 생각들은 어떤 대항력을 우리가 생각 가능한지에 대한 물음에는 적어도 적합하여야 한다. 물론, [체스 상에서] 우리를 무승부 상태로 막아줄 수 있는 어떠한 결정적 한 수를 발견할 수는 없을 것이다. 오히려 대항력에 대하여 묻는 사람은 비현실적으로 들릴 수도 있는 생각에 빠질 수도 있다.[209]

【76】물론 모든 군비 제한과 군축은 유익하다. 그러나 어느 정도 신뢰할 수 있는 방법으로, 그리고 지속적으로 「총체적 무력」의 진행을 막기 위하여서는 단순히 무기의 수를 제한하는 것만으로는 부족하며, 새로운 무기의 개발 자체를 포기하여야 한다. 만일 그렇지 않다면, 모든 합의들은 [이전에는 존재하지 않았기에] 협상 대상에서 제외될 수밖에 없었던 새로운 혁신들에 의하여 단기간 내에 짓밟힐 수밖에 없을 것이다. 새로운 무기의 개발을 포기한다는 것은 [어떤] 연구 결과의 [무기 개발을 위한] 기술적 응용을 차단하거나, 혹은 아예 무기 기술 분야의 연구 자체를 금지하는 것을 의미한다. [물론,] 두 가지 모두 세부적인 차원에서 들어가면 무한한 난관에 부딪힌다. 보다 일반적으로 말하자면, 이 두 가지 모두는 인간의 본질적 기량인 기술적 제조 [역량]을, 즉, 그의 생산적 지능을 [신

---

[209] [역주] 즉 「가해 가능성」이 지속적으로 증가하는 바를 저지시킬 수 있는 어떠한 결정적 대항력은 존재하지 않으며, 그러한 대항력이 나타나기를 기대하는 것은 환상일 수도 있음을 의미.

무기를 개발을 위헌] 광범위한 영역에서 원칙적으로 배제하려는 시도일 것이다.

이러한 시도를 결행하기 위한 의지 자체가 과연 존재한다고조차도 상상할 수 있는가? 아마도 이를 위하여서는 극도의 공포를 가져다주는 표징이 필요하고, 군비 경쟁의 지속은 어느 한쪽의 안보를 증대시키기보다는 오히려 양측 모두의 안전을 점점 더 위협한다는 깨달음 속에서만 가능할 것이다.[210] 이같은 바는, 우리가 전통적으로 가지고 있던 군사 전략적 안보 개념이란 [작금의] 핵무기 대치 상황에서는 더 이상 타당하지 않다는 인식으로 이어질 수도 있다.[211] 이러한 상황에서 추구하여야 할 안보는 [어느 한 쪽만을 위한 것이 아닌,] 오직 **양측 모두를** 위한 안보일 수밖에 없다.

경험에서 알 수 있는 바는, 양측 모두의 안보를 고려하고 또한 요구할 수 있도록 「갈등 전략」(Konfliktstrategie)[212]을 조율하기 위하여서는 최소한의 신뢰가 전제되어야만 한다는 사실이다. 따라서 「총체적 무력」이라는 「복합군」에서 기술적 요소만을 통제하는 것만으로는 충분하지 못하다. 【77】 핵 갈등의 가능성이, 어떠한 '역사철학적' 맥락하에 소위 '인류의 적'을 절멸하려는 가능성과 결부되는 경우에는[213] 여하한의 최소한의

---

210 최근 한스 A. 베테(Hans A. Bethe)는 이렇게 말하였다: "신무기 개발의 주된 결과로서 안보가 향상되는 것이 아니라, 오히려 감소한다"(Bethe 1985: 34). 본인이 보기에는, 특정 신무기의 도입이나 배치가 논란이 될 때만 이러한 주장이 논쟁화되는 것으로 보인다. 그러나 전반적인 군비 확장 과정이 위험을 증대시킨다는 점은 대체로 부정되지 않는다. 참고: Weizsaecker(1976: chaps. 8-11).

211 Eppler(1983).

212 [역주] 갈등에 처한 양 당사자들이 자신들의 목적을 달성하기 위하여 채택하는 전략.

213 [역주] 즉, 어떠한 철학적 입장에 의하여 상대방을 악으로 규정하고

신뢰조차도 성립될 수 없다. 어떠한 「근절적 무력」(Ausrottungs-Gewalt)에 대한 「미화」도 그것을 방지하려는 모든 협의를 위협하기 마련이다.

여기서 논의된 모든 것은, 핵심적 이해 관심사에 대한 공통분모(Gemeinsamkeit)는 점차적으로 파악될 수 있다는 전제에 기초하고 있다. 즉, 안보라는 것은 이제는 [개별적으로가 아닌] 상호성(Gegenseitigkeit)에 근거하여서만 도달될 수 있으며, 무기 기술 분야상의 혁신을 저지하는 것이 공동 목표가 되어야 하고, 핵 분쟁에 더 높은 신성함을 부여하려는 바에 관련된 모든 것들을 포기하여야만 한다는 인식이 그러한 것들 [즉, 핵심적 이해관심사에 대한 공통분모]이다. 만약 이러한 것들이 실현 가능하다고 생각될 수 있다면, 보다 진일보된 신뢰 형성을 위한 [또 다른, 다음과 같은] 결정적인 전제도 실현 가능하리라는 희망 역시도 절대로 비현실적인 것은 아닐 것이다: 그것은 바로, 이제는 국경의 이편과 저편 모두에서 [상존하는] 인간 생명에 대한 위협을 [양편의 구분 없이] 하나의 연관된(Zusammenhang) 문제로 생생하게 시각화하는 법을 배울 수 있다는 희망이다. 핵 무력에 의한 순간적인 [인류의] 근절은, 그것이 누구를 강타하든 강타하지 않든, 보편적 재앙이라고 할 수 있다. 이는 [즉, 그러한 근절은] 세계에 새로운 형태의 살해행동과 피살[가능성]을 도입하며, 모든 인류를 헤아릴 수 없는 새로운 위험성(Gefährdetheit) 속으로 몰아넣는다. 이러한 사실을 감정적으로라도 통찰하는 것은, [「무관심」에 의하여 우리가 너무도 무감각하여진 나머지] 우리가 [그러한 위험에도 불구하고] 놀람(Betroffenheit)을 느낄 수 있는 「역량」이 더 이상 없다는, 그러한 [우리의] 한계를 극복하는 바에 일조할 수도 있다. 여기서 여기에서 기대하는 것은 '선한 인간'의 등장이 아니라, 우리가 가진 '상상의 역량'(Vorstellungsvermögen)이 새로운 힘을 얻는 것이다.

절멸시키려는 태도를 의미. 냉전 시기에 소비에트와 미국이 각자의 철학적/이데올로기적 입장에 따라 상대를 절대 악으로 규정하는 자세가 그 예이다.

[이러한] 「총체적 무력」이라는 「복합군」에 맞서는 대항력은 그 총체적 무력을 구성하고 있는 다음과 같은 모든 요소들을 [억제하는 목표를] 겨냥하여야만 한다고 본인에게는 비추어진다: 즉, 무기 혁신을 위한 생산적 지능의 무제한적 이용, 【78】 자신의 무력을 「미화」하며 「합당화」하려는 [우리 내부의] 편향$^{(Neigung)}$, 그리고 그 무력의 피해자에 대하여 전혀 '놀라지 않음'$^{(Unbetroffenheit)}$과 [그 피해자에 대한] 「무관심」이라는 그러한 두 가지 성향이 그것들이다.

본인은 이러한 조건들을 제시하는 것이 문제 사안을 비이성적인 영역으로 들여놓게 한다고 생각하지는 않는다. 그러나 그 조건들은 새로운 무력을 극복하려는 희망을 정초하는 작업이 얼마나 험난한 과제인지를 분명히 보여준다.

4. 위협함과 위협받음

【79】본 장은 본인이「도구적 권력」이라고 부르는 권력의 형태에 대한 고찰이다.[214]「도구적 권력」이란 위협과 약속을 통하여 타인의 행위를 조종(Steuerung) 하는 권력으로 이해될 수 있다.

위협은 두려움을 유발하기 때문에 행위를 조종하고, 약속은 희망을 불러일으키기 때문에 행위를 조종한다. 따라서「도구적 권력」이란 타인의 두려움과 희망을 통제처분함을 뜻한다.

이「도구적 권력」의 도구인 위협과 약속은 다양한 방식으로 서로를 보완하고 상호 강화한다. 그러나 본서에서 본인은 오직 위협에만 집중하여 논하려 한다. '약속'에 대하여서는, 이 두 가지 종류의 권력 도구 간의 유사성과 차이점을 파악하는 것이 위협의 [작용] 방식을 이해하는 바에 도움이 되는 한에서만 다루고자 한다.

본인이 이해하고자 하는 것은 [위협이 가지는] 유연성, 모든 사회적 관계를 관철하는 [그 위협의] 임재성(臨在性 Präsenz), [위협의]「확장성」(Dehnbarkeit) 과 범위, 그리고 [위협에 내재한,] 모든 심적 상태(Befindlichkeit)를 변형시키는 에너지—한마디로, 위협의 효력(Wirkungskraft)이다. 위협의 효력은 모든 「지속적 권력관계」를 가능하게 만들기 위한 조건이다. 이러한 위협의 효력에 대하여 해명하기 위하여서는 단순히 그 위협의 내용—즉, [위협에 내재된] 그 위협성(Bedrohlichkeit)을 강화할 수 있는 가능성—에만 주목하면 안 되며, 【80】오히려 구조적으로 결정되어 있는,[215] '[위협이] 효과적으로 작동하기 위하여 필요한 기회들'(Wirkungschance)을[216] 이용할 수 있는 '활

---

214 [역주] 이「도구적 권력」에 대한 기본적 설명은 앞서 설명된, 본서 28쪽 이하를 참고할 것.

215 [역주] '결정되어 있는'은 뒤의 '기회들'을 수식한다.

216 [역주] 이 문장의 번역은 원문의 'Wirkungschance'를 풀어서 설명하

용 가능성'(Ausnutzbarkeit)에 본질적으로 주목하여야 한다.

본 저자가 이 장의 초반부에 택한, [이 주제에 관한] 다소 [학문적이며 딱딱한] 현학적 접근법에 대하여 독자들의 양해를 구한다. [이러한 접근법을 택한 이유는] 이 위협이라는 주제에 대하여 일말의 성찰이라도 하여 본 사람이라면, 이 [위협이라는] 주제만큼 [정곡을 찌르지 못하고] 쉽사리 어떠한 이러저러한 [순전히] 자의적인 논의로 빠지게 되는 것도 없다는 점을 잘 알고 있으리라 생각하기 때문이다.

I. 위협의 구조

위협의 요소들이 [즉, 위협을 구성하는 요소들이] 무엇인지는 쉽게 파악되어질 수 있다. '위협하는 자'인 한 개인, 그룹, 혹은 국가가, '위협받는 자'인 타인에게 [다음과 같은 사항들을] 알리거나, 혹은 [그 사항들이] 이미 알려진 것으로 상정한다:[217] 네가 만일 내가 원하는 것을 (즉, 요구된 행위(gefordertes Verhalten)를) 하지 않고, 다른 방식으로 행동한다면 (즉, 일탈적 행위(abweichendes Verhalten)를 한다면), 내가 너에게 해를 끼치거나 [타인으로 하여금 너에게] 해를 입히도록 만들 것이다 (즉, 위협된 제재(angedrohte Sanktion)). 반면, 네가 내가 원하는 것을 한다면(즉, 순응적 행위(konformes Verhalten)를 한다면), 너는 그 피해를 면할 것이다(즉, 「제재의 유보」(Sank-

---

였으나, 폿지 교수의 영문 번역상에는 이 문장을 다음과 같이 오히려 원문보다 줄여서 번역하였다: "위협의 바로 그 구조에 내재하는 잠재적 효과를 활용함"

217 [역주] 이 문장 자체로는 어떤 것이 그 위협의 요소인지 불명확하다. 하지만 후속 문장에서 보이는 바에 따르면, 그 요소는 세 가지이다: 즉, (1) 위협하는 자의 존재, (2) 위협받는 자, 그리고 (3) 위협받는 자에게 위협의 정보가 전달되거나 혹은 전달된 것으로 가정함.

tionsverzicht))[218] 간단히 말하여: 돈이냐 목숨이냐.

이러한 각 요소들은 매우 가변적이다. 예를 들어:

위협하는 자: 모든 구성원이 집단적으로 의사 결정을 내리는 그룹에서는, 각 구성원은 위협하는 자이면서도 동시에 위협받는 자가 된다. [그런데,] 어떤 그룹을 형성함에 있어서, [그 그룹 내의 각 구성원이] 동등한 결정권을 가지도록 하면 권력 구조가 세상에서 제거될 수 있으리라는 희망 하에 [그 그룹을] 형성하려 한다면, 그같은 시도는 결국 실망스러운 경험으로 귀결될 수 있다.

위협하는 자에게 알리거나, 혹은 이미 알려진 것으로 상정함: 위협은 반드시 명시적으로 표현될 필요가 없다. 의도는 몸짓이나 표정을 통한 무언의 방식으로도 이해될 수 있다. 【81】 그리고 많은 경우에 있어서는 명확한 표현 자체도 불필요하다. 사람들은 어떠한 특정 기대(Erwartung) 뒤에는 위협이 도사리고 있다는 점을 [이미] 알고 있는데, 이러한 인식은 일반적인 「공통지식」(Interaktionswissen)에[219] 속한다. 즉, 사람들은 규범에 대한 인식, 선례에 따른 지향성(Orientierung), 그리고 상식(common sense)을 [이미] 공유한다.

따라서 이처럼 위협의 요소들의 가능한 변형들을 나열하며 끝없이 분류할 수도 있다. 그러나 더 중요한 것은 각 요소들 간의 특징적 관계, 즉 「**위협의 구조**」(Struktur der Drohung)에 대한 질문이다.

본인은 다음과 같은 세 가지 관계가 구조적으로 보았을 때 결정적이라고 본다.

---

[218] [역주] 본서의 각주 86에서 설명하였듯이, 이같은 양자택일적인 방식의 위협의 메시지(혹은 정보)의 전송, 그리고 순응하지 않는 경우 제재의 가능성은 루만의 권력론에 있어서 가장 중요한 테마이다.

[219] [역주] 이러한 「공통지식」에 대한 중요한 대표적인 연구는 Lewis(1969), 그리고 그에 대한 해석은 Cubitt & Sugden(2003)를 참고할 것.

1) 강제된 선택지

첫째, 요구된 행동과 일탈적 행동 사이의 관계. 위협하는 자는 일종의 선택지를 만들어 제시하기 마련이다. 그는 위협받는 자가 특정 상황에서 할 수 있는 모든 바를 다음과 같은 두 가지 [양자택일적] 범주로 나눈다: 즉, 「순종」 혹은 「비순종」, '네' 혹은 '아니오', '옳다'와 '틀리다'.[220]

이로써 그는 그의 어떤 질문 제기(Fragestellung)에 대한 대답을 위협받는 자에게 강요한다. 위협받는 자가 무엇을 행하든, 그것은 이 강요된 질문에 대한 대답이 된다. 위협하는 자는 이러한 「질문 제기의 권력」(Macht der Fragestellung)을 통하여 위협받는 자의 상황을 새롭게 규정한다.[221]

따라서 위협받는 자의 모든 행위가 가지는 의미의 맥락은 그로써 설정된다. 그런데 이제 그 위협받는 자가 하는 어떤 특정 행동은 그가 원래 어느 누구도 도발할 의도는 전혀 없었더라도 "도발"(Provokation)이라는 의미를 가지게 된다. 혹은 그가 원래 달리 행동하지는 않았을지라도, 그의 어떤 행위는, 순응적(gefügig)이라고 간주되기도 한다. 따라서 위협받는 자의 '실제 의도'는 무의미하여지고, 그의 행함이 가지는 의미는 [위협하는 자에 의하여 부과된] 선택지가 이미 설정한 해석의 범위에 의하여 결정된다.

【82】위협하는 자는 자신의 뚜렷한 선호를 이 [제시되는] 선택지 내에 내재시키고, 그 선택지를 불균형적으로 배치하면서,[222] 위협받는 자의 선

---

[220] [역주] 이 같은 양자택일적 선택지에 관하여서는 각주 86 참고.

[221] [역주] 앞서 언급하였듯이, 이는 룩스의 2차원적 권력에 해당하고(룩스 2024), 스트레인지(Strange, Susan)가 말한 '의제 설정 권력'과(Strange 2015/1988: 31) 맥을 같이 한다.

[222] [역주] 즉, 한 선택지를 다른 선택지보다 훨씬 더 낫게 보이게 함으로써 그 선택 결과를 그 선택지를 제시하는 사람에게 유리한 방향으로 유도함을 의미한다. 위협의 상황에서 만일 순응하지 않으면 처벌을 하고, 순응하면 처벌을 면하게 한다는 선택지를 제시하는 것은, 물론 그 상대

호를 자신의 선호와 조율시키려 한다. 이때,「제재의 위협」(Sanktionsdrohung)은, [위협받는 자가] 순응적 행위를 하는 경우에 적용되는「제재의 유보」(Sanktionsverzicht)와 대비되어 놓이게 된다.[223]

위협받는 자는 물론 [이론적으로는] 선택권을 가진다. 그러나 확실히, 순응과 일탈 행위로 인한 각각의 결과 간의 대조는 너무도 극명할 수 있고, [특정 선택을 유도하는] 압박은 너무도 강력하기에, 위협받는 자의 최종 결정은 사실상 의심의 여지가 없다. 그렇다 하여도, 이러한 위협의 압박은「절대적 강압」(absoluter Zwang), *vis absoluta*(「절대적 무력」), 혹은 저항할 수 없는 무력을 의미하지는 것은 아니다.

여기서 문제시하는 것은 저항이 언제 용인될 수 있으며 언제 그렇지 않은가의 여부는 아니다. 이에 대한 대답은 일반적으로 결정할 수 없고, 개별 사례에서조차도 쉽게 판별하기 어렵다. 문제는 위협과 강압 간의 관계에 놓여 있다. 만약 위협받는 자에게 전혀 선택의 여지가 주어지지 않는다면, 그러한 위협은 더 이상「도구적 권력」의 행사로 간주될 수 없으며, 그 위협은 더 이상「행위 조종」을 위한 도구가 될 수 없다. 그럴 경우, 단지 위협처럼 보이는 것은 실제로는 단순히 회피할 수 없는 공격의 선언일 뿐이다: 즉, 즉각 임박한 보복 행위의 선포나 혹은 '역사적 결의'의 실행 선언[224]이다. (예를 들자면, 한나 아렌트(Hannah Arendt)가 말한 "「객

방이 두 가지 옵션 (즉, 순응과 비순응) 중에서 최종 선택을 하도록 하는 것임에도 불구하고, 그리고 비순응의 선택을 하는 것은 '이론적으로는 가능하더라도', 실제로는 비순응의 선택을 불가능하게 만드는 것이기에 선택지를 제시하는 사람에게 유리한 방향으로 선택하게끔 한다.

[223] [역주] 다시 말하자면, 다음의 두 가지 선택지가 제시된다: (1) 순응하지 않으면 제재를 하겠다. (2) 만일 순응한다면 제재를 가하지 않겠다 (「제재의 유보」)

[224] [역주] 처벌이나 공격이 어떠한 실제적인 잘못에 대하여 가해지는 것

관적 적」"(Objektiver Feind)[225]—「「비소행자에 대한 차별」" (Diskriminierung des Nicht-täters)이[226] 그러한 예이다.)[227]

위협을 권력의 도구로 채용하는 자는 위협받는 자로부터 무엇인가를 **원하기 마련이다**. 위협은 인간 행위가 가지는 근본적인 개방성(Offenheit)을 부정하지 않는다. 그것은 오히려 위협받는 자가 순응하거나 저항할 수 있음을 전제로 한다.[228]

2) 자기구속

두 번째 구조적 특징: 위협을 건네는 자이며 제재를 실행(또는 유발)하는

이 아니라, 단지 '역사적 이유'로 인하여 어떤 민족, 그룹 등에 대하여 그들이 가지는 정체성을 판단하여 가해지는 것을 말한다.

[225] [역주] 아렌트가 말한 "「객관적 적」이란, 특히 전체정치 체제하에 있어서 어떤 사람이 실제로 행한 어떤 것에 근거하여 간주된 '적'이 아니라, 그가 누구이고, 또한 그가 그 정권의 시각에서 어떻게 비추어지는가라는 일종의 표준화 내지는 객관화된 기준에 의하여 간주된 '적'을 의미한다.

[226] [역주] 이는 개인이 심지어는 그가 어떤 잘못도 행하지 않았음에도 불구하고, 단지 전체주의적 정권이 가진 이데올로기적 판단에 의할 때 위험하다고 간주되는 특정 사회적 집단이나 범주에 속한다는 이유로 어느 개인을 낙인찍는 행태를 의미한다. 그런데 이러한 행태는 특히 역사적으로 불가피한 것이라고 주장되며, 따라서 역사에 의하여 정당화하려 한다.

[227] [역주] Arendt(1951, 422ff.).

[228] [역주] 이러한 '개방성'에 대한 강조는 루만의 이론에서 강조하는 바인, 위협을 이용한 권력의 행사는 결국 인간의 자유를 전제할 수밖에 없다는 점, 그리고 "자유가 없으면 권력도 존재하지 않는다"는 후기 푸코식의 주장과 일맥상통한 견해로 여겨진다.

자로서의 위협하는 자가 가지는 이중적 역할(Doppelrolle). 【83】위협하는 자는 자신이 구성한 선택지 속에 직접 등장한다. 그는 자신에 대한 진단(Prognose)을 내린다.

이 이중적 역할을 통하여 살펴본다면 '권력'과 「영향」(Einfluß)간의 차이점을 쉽게 구별할 수 있다. 의사가 환자에게 경고한다고 하여서 그 경고를 현실로 만들지는 않는다―그가 간 질환을 유발하는 것은 아니다. 또한 변호사가 조언을 한다고 하여서 그가 직접 판결을 내리는 것도 아니다. 경고, 조언, 추천―이것들은 설득을 위한 시도이며, 타인에게 가능한 위험이나 기회를 상기시켜 '영향을 미치려는'(beeinflussen) 시도이다. 반면, 위협하는 자는 자신이 경고한 바를 직접 실행할 것임을 공언한다. 권력 행사를 추구하기 위하여 사용되는 위협에 대하여, 위협을 하는 자는 어떠한 대가를 치룬다. 그것은 바로 자신의 언질에 대한 「자기화약」(Selbstfestlegung) 내지는 「자기구속」(Selbstbindung)이라는 대가이다.[229]

이 대가는 클 수도 있다. 위협하는 자가 한 말을 받아들일지의 여부는 위협받는 사람이 결정한다. 위협을 하는 (또는 약속을 하는) 순간, 그는 명백히 자신의 미래 행위를 타인의 선택에 의존하게 만든다. 이는 또한 위협받는 자가 갈등의 [발발] 시점을 정할 수도 있음을 의미한다―즉, 그 위협받는 자가 언제 갈등을 유발할지를 결정한다. 종종 기습 효과의 이점은 위협받는 쪽으로 이전된다. 더 나아가―이는 종종 가장 큰 위험 요소가 되는데―바로 위협하는 자가 자신의 [말에 대한] 「신빙성」을 [내기에] 걸게 된다는 점이다. 만약 그가 위협을 이행하지(einlösen) 못한다면, 향후 모든 「위협의 효력」은 약화된다. 즉, 위협하는 자는 단순히 권력을 행사하는 것이 아니라, [자신의] 권력 자체를 [내기에] 거는 것이다.

위협하는 자가 그 위협을 공개적으로 표현하여야 할수록 그의 「자기구속」은 더욱 '불안하어진다'(prekärer) 명확하게 표현된 위협은 명백한 적

---

[229] Boulding(1963: 428), Paris & Sofsky(1987: 17)를 참고할 것.

대 행위이기도 하다. 【84】 공개적으로 위협을 가하며, 자신의 「권력 주장」을 확약하는 자는 누구라도, 미래의 갈등에 스스로를 구속하며, 그러한 도발을 감내할 수 없는 모든 관계들을 훼손시킨다.

3) 잠재적 행동을 통한 실재적 행동의 조종

위협의 세 번째 구조적 특징은 가능한 행위(통고된 제재)와 실제 행동(순응하는 행위) 간의 연결성(Verbindung)이다. 필요한 경우, 위협하는 자는 어떤 행동을 취할 것이라고 [상대방에게] 알리며, 이를 통하여 그는 위협받는 자가 실제로—바로 지금, 그리고 여기에서—어떤 행동을 하게끔 할 수 있다. 단순히 통고된 행동이 현재의 행동을 결정할 수 있는 것이다.

물론 위협하는 자가 실제로 자신의 「조건부 반작용」(Eventualreaktion)을[230] 실행할지 여부는 결코 완전히 확실한 것은 아니다. 그러한 반작용은 가능하지만, 확정된 것은 아니다. 이로 인하여 위협받는 자는 다음과 같은 일련의 질문에 스스로 답하여야 하는 상황에 직면하게 된다: 위협하는 자는 실제로 자신이 주장하는 「권력 수단」을 가지고 있는가? 그는 집행 비용을 감수할 것인가? 그는 저항이 발생할 경우 갈등을 감수할 의향이 있는가? 그는 어떠한 종류의 저항을 극복할 수 있는가? 위협받는 자가 이러한 질문을 스스로에게 실제로 제기하든 하지 않든, 이러한 질문들은 '위협의 존재'(Bedrohtsein)의 상황 그 자체에 끼워져 있다. 만일 이러한 질문들이 고려된다면, 그러한 의심에 내재된, 고도의 '인지적 복잡성'(kognitive Komplexität)은 더욱 크게 증가할 수 있다.

따라서 위협은 단순히 하나의 선택지를 강요하는 것이 아니라, 「불확실성의 강요」(Oktroyierung von Ungewißheit)이기도 하다.[231]

---

[230] [역주] 즉, 상대가 순응하지 않을 경우 그에 대한 제재 행동.

[231] [역주] 참고로, 이는 루만의 권력론에서의 핵심 개념의 하나인 '불확실성'(Unsicherheit)의 역할과 유사하다. 루만에 의하면, 모든 권력에 있어

불확실성(Ungewißheit)은 의도적으로 조장될 수 있다. 위협하는 자가 위협받는 자의 상황을 새롭게 정의한다는 것은, 그 상황을 불명확하게 규정하는 것을 의미할 수도 있다. 이러한 「**불명확한 위협**」(unbestimmte Drohung)의 전략에서는, 위협하는 자는 [자신이] 원하는 [위협받는 자의] 행위나, 혹은 위협이 예고된 그 제재의 내용을 의도적으로 모호하게 표현할 수 있다. 이 두 가지 경우 모두 그는 불확실성이 가지는 심리적 효과를 이용할 수 있다. 【85】위협받는 자가 스스로 무엇을 하여야 하는지, 언제 혹은 어떻게 자신이 어떤 것을 제대로 행할 수 없는지를 정확히 알지 못할 때, 그 위협받는 자는 자신이 내딛는 매 발자국마다 보이지 않는 지뢰를 밟을지도 모른다는 두려움에 빠질 수 있다. 그 결과는 '과잉 충성'(Überbeflissenheit), 즉 [혼자만] '앞서 나가는'(vorauseilen) 복종일 수 있다. 위협받는 자가 자신에게 어떤 처벌이 가해질지 모를 경우, 그는 닥쳐오는 위험을 상상 속에서 극단적으로 그려내는 상황으로 몰릴 수 있다. 그 결과, 이미 명확히 규정된, 두려움에 대한 우려 대신 이제는 불명확한 불안이 발생하게 된다. [그리하여] 「위협의 권력」은 「불안을 야기하는 권력」(Macht des Angstmachens)으로 된다.

위협받는 자가 느끼는 불확실성은 또한 「**실행력 없는 위협**」(ungedeckten Drohung)의²³² 전략에서도 이용된다. 위협이 실제로 실행 가능한가 혹은 그렇지 못한가? 위협에 따르는 사람은, 위협하는 자가 정말로 그 위협된 제재를 실행할 수 있었는지 여부를, 그렇게 복종한 후에도 종종 알지 못한다. 그리하여 위협에 따르는 자는 계속하여 불확실성에 머문다. 그리

서의 가장 근본적인 전제는 권력자가 내리는 선택에 있어서의 불확실성의 존재인데, 권력자는 불확실성을 만들어 내고(erzeugen) 또한 소멸시킨다(beseitigen)(Luhmann 2003: 8).

232 [역주] 이 단어의 원래의 의미는, (어떤 실제적인 것에 의하여) 지지되지 않은 위협이다.

고 그의 [복종] 행위를 결정한 그 가설은 검증되지 않은 채 남게 된다. 따라서 심지어 장기적인 「권력관계」에 있어서도, 모든 종류의 위협은 실제로 시험대에 오르는 경우는 거의 없이 지속적으로 작용한다. 이렇듯, 위험한 갈등을 회피하게 됨으로써, 결국 [위협이 실제로 실행 가능한지를 검증할] 선례가 부족하게끔 만들고, 그럼으로써 결국 실제적인$^{(real)233}$ '힘의 관계'$^{(Kräfteverhältniss)}$를 수용하는 것$^{(Annahme)}$을 순전한 관습으로 굳어지게 한다. 그러나 위협적 권력이 관습화될수록, 그것은 더욱 사변적인$^{(spekulativ)}$ 것으로 되어간다.

이제까지의 논의는 위협의 구조에 관한 것들이었다. 위협의 요소들 간의 세 가지의 관계들이 그 위협의 구조를 결정한다. 첫째, 이분법적 그물망이라고 할 수 있는, 순응적 행동과 일탈적 행위 중의 양자택일이 그것인데, 그 그물망은 위협받는 자가 할 수도 있는 그 모든 것 위에 덮혀있다. 둘째, 위협하는 자의 「자기구속」적 예측.【86】그리고 셋째, 잠재적 행동이^{234} 현재의 행동을 하기 위한 동기를 고취시킬 수 있다는 전망. 위협받는 자는 자신이 원하지도 않았고 원래 묻지도 않았던 질문과 직면하게 된다. 위협하는 자는 [자신의 권력을] 자신이 가진 「신빙성」에 의존하면서도 동시에 그 「신빙성」을 위험에 빠뜨리게 된다. 위협은 위협하는 자와 위협받는 자의 행동을 서로에게 고정시키며, 특히 양자 모두를, [서로의] 행동에 대한 가설에만 [버겁게] 의존하는 그러한 갈등의 상황 속으로 밀어 넣는다.

---

233   [역주] 이때의 '실제적인'의 의미는 모호하나, 역자의 생각으로는 '현존하는'으로 해석하여도 무방할 듯하다.

234   [역주] 이때의 잠재적 행동이란 위협이 가진, 제재라는 행동으로 옮겨질 잠재성을 의미.

II. 위협의 일상성

위협의 구조를 명확히 하는 것이 어떠한 점에서 유용한가? 무엇이 주목할 만한가? 주목할 것은 그「위협의 구조」가 특이하다는 점이 아니라, 그것은 형식적으로 보았을 때, 우리가 일상적으로 얽혀 있는 대부분의 상호작용과 다르지 않다는 사실이다.

우리는 무엇인가를 구입하기 위해 가게에 들어간다. 판매자는 물건을 건네며 동시에 우리가 지불할 것을 기대한다. 그리고 우리는 대개 그렇게 한다. 또한 (어쩌면 오로지) 판매자의 불쾌한 반응을 피하고자 그렇게 한다. 즉, 지금 우리의 행위는 타인의 예상 가능한 행위에 의하여 이끌린다.

"주차 금지"라는 표지판은 그 자체로는 우리가 그곳에 주차하는 것을 막지는 못한다. 하지만 그것은 우리에게 하나의 선택지를 제시한다. 이러한 금지를 감시하는 기관은 경험적으로 보아 [불법 주차자와] 시비를 걸 준비가 되어 있다. 그렇기 때문에 — 그리고 이 경우 아마도 오직 그때문에 — 우리는 대개 그곳에 주차하지 않는다.

이러한 위협 상황은 언제 발생하는가? 그것은 바로 인간들이 서로에게 무엇인가를 원할 때마다 발생한다.【87】더 정확히 말하자면, [무엇을] 어느 정도 절박하게 기대하며, 실망하게 되는 경우 항상 반작용을 하게 되는 경우이다.

타인의 기대가 우리의 행동에 부담을 주는 순간, 우리에게는 [결정을 요구하는] 선택지가 발생한다.[235] 우리가 내리는 모든 응답은 이러한 기대가 우리에게 던지는 질문의 범위 내에 국한되어 놓여지게 된다. 우리는 오직 '네' 아니면 '아니오'로 대답할 수 있을 뿐이다 (물론 다양한 '네'와

---

[235] [역주] 즉, 타인이 우리에게 무엇을 기대하고 원하는 경우, 그러한 상황은 우리로 하여금 타인의 요청에 대하여 긍정 혹은 부정의 결정을 내리도록 하는 선택지에 당면하도록 한다.

다양한 '아니오'는 있을 수 있다.) 우리가 어떤 대답을 하든, 그리고 그 이유가 무엇이든, [우리가 내놓는] 그 대답은 또한 예상되는 타인의 놀람에 대한, 그리고 예상되는 타인들의 반응에 관한 [우리들이 가지고 있는] 가정들에 의하여 결정된다. 이는 우리가 상호 의존적으로 그리고 상호 작용적으로 행동할 수 있음을 스스로 의식하고 있음에 다름 아니다.

우리가 위협의 구조적 특징이라고 묘사한 것은 사실 사회적 상호작용이라는 문법(Syntax)을 구성하는 일반적인 요소들이다.

타인의 예상되는 반응은 부정적일 뿐만 아니라 (즉, 위협함) 긍정적일 수도 있다는 (즉, 약속함) 사실은 위협이 항상 존재한다는 사실 자체를 바꾸지는 않는다. 모든 위협 속에는 실상 하나의 약속(즉, 처벌을 하지 않겠다는 약속)이 포함되어 있으며, 모든 약속 속에는 하나의 위협이 (즉, 일탈 시 무보상(Nicht-Belohnung)의 위협이) 포함되어 있다. 약속을 향한 지향성 속에서도 암묵적인 위협은 동기를 조장한다.

그런데도 위협이 사회적 상호작용 속에서 거의 항상 존재한다면, 왜 우리는 항상 공포와 두려움 속에서 살지 않는가? 일반적으로는 이에 대한 답을 쉽게 제시할 수 있다: 우리의 일상 행동은 관습화되어 있으며, 표준화된 결정으로 포장되어 있기 때문이다. 우리가 논하는 맥락과 관련되어서 이같은 사실은 두 가지 의미를 가지고 있다.

【88】첫째, 우리는 [일상에서] 발생되는 질문들을 거의 의식하지 못한다. 관습화된 행동이란 '**미리 준비된 답변**'(parate Antworten)을 가지고 있다는 뜻이다. 우리는 일상적 결정에서 발생하는, 답변을 구하는 질문들을 '미리 준비된 답변'으로 '덮어 씌어'(decken) 버린다. 사회적 질서란 그렇듯 '덮어 씌어진'(zugedeckt) 질문들을 배치함(Arrangement)에 다름 아니다.[236]

---

[236] [역주] 즉, 사회적 질서란 어떠한 질문들을 이미 기성화된 규범, 규율, 관행 등을 제공함으로써 은폐하는 기능을 하기에, 일상생활에서 그러한 사안들을 신경 쓸 필요가 없다는 의미이다(예를 들자면, 내가 왜 교

둘째, 행동의 관습화로 인하여, 특정한 위험이 고려될 필요가 없다는 확신을 가능하게 한다. [우리는] 이러저러한 사태는 [결코] 발생하지 않는다[고 믿는다]. 대부분의 사람들은 일생 동안 유괴 사건에 대한 대응책을 고민할 일이 없다. 이웃이 기관총을 들고 위협하는 경우도 거의 없다. 사회적 질서란 그렇듯 '태만'(Unterlassung)을 배치함이다.

그러나 이러한 사회적 질서가 가지는 [고민의]「경감 효과」(Entlastungs-Effekt)는 항상 작동하지는 않는다.[237] 이례적인 일이 갑자기 발생하며, 가려진 질문들은 갑자기 드러난다. 우리는 부당한 요구에 직면하고, 무서운 제재로 위협받으며, 친근한 사람이 [우리에게] 친숙하지 않은 선택지를 제시하기도 하고, 무해하였던 상황은 위험한 것으로 드러나며, 기존의 [강압적] 지배(Dominanz)[체제]는[238] 미심쩍은 것으로 변하기도 한다.

[이러한 사태들로 인하여] 촉발된 숙고(Reflexion)는 [그 숙고의 대상을] 이제 더욱 확장될 수 있으며, [이제는] 여기저기서 '태만'과 '가림'(Zudekken)이 배치되어 있음을 의식될 수 있게 된다. 이는 곧, 우리의 일상적인 상호작용의 구조가 바로「위협의 구조」라는 점을 깨닫는 과정이다.

통신호를 지켜야 하는지를 매번 교통 신호를 볼 때마다 고민할 필요가 없다). "질문들을 배치함에 다름 아니다"라는 위의 문장은 "질문들을 '기성화된' 답변으로 은폐하여' 재배치함에 다름 아니다"라고 이해하면 된다.

[237] [역주] 이때의「경감 효과」는 루만이 말한 권력의 작용으로 인한, '복잡성과 불확실성의「경감 효과」'와 일맥상통한다. 각주 231 참고. 루만에게 있어서의 '사회적 체계'(Soziale Systeme)는 인간의 사회 교류에서 나타나는 복잡성(Komplexität)을 경감하는 역할을 한다(Konertz 2020: 386)

[238] [역주] 이때의 '지배'(Dominanz)의 의미에 대하여서는 (그리고 Herrschaft로서의 지배와의 차이점에 대하여서는) 용어 해설 III을 참고할 것.

은폐된 위협과 은폐된 순종

위협의 표현 형식은 매우 다양하다. 위협은 허세와 비장함 속에서 연출될 수도 있지만, 암시 속으로 은폐될$^{(verdecken)239}$ 수도 있다. 이러한 다양성은 유용하게 이용 가능하다. 【89】 심지어 이례적인 위협조차도 그 외형, 즉 표현형$^{(Phänotyp)}$은^{240} 상황에 맞게 적절하도록 유연하게 조정될 수 있다. 위협하려는 자는 적절한 [위협의] 형태를 선택하는 바에 있어서 일반적으로 넓은 재량을 가진다. 우리는 그러한 이유에 대하여서 검토하여 보았다. 위협하려는 자는 일상적인 상황 속에 착상되어$^{(着床\ stecken)}$ 있는 다양한 위협을 연루시킬 수 있다.^{241} 그는 [위협을] 전통적인 극작 기법 전체에서 이끌어 내어^{242} [위협을 위한] 적절한 '의상'을 선책하여 입힐 수 있

---

239 [역주] 저자는 이곳에서 사용된 '은폐하다'$^{(verdecken)}$와 바로 전에 나온 '가리다'$^{(zugedecken)}$를 구분하여 사용하고 있는데 그 차이는 후자는 단순히 주로 물리적으로 어떤 것을 덮어서 가리는 행동을 지칭하고, 전자는 의도적으로 어떠한 비밀 등을 숨기거나 속이려는 것을 의미한다.

240 [역주] 유기체의 유전자형과 환경이 상호작용함에 의하여 나타나는 유기체의 특질(예: 키, 눈의 색깔, 심리적, 행태적 특질 등).

241 [역주] 이 문장은 그 위협 자체가 착상되어 있는 것이 아니라, '위협'으로 이용될 수 있는 잠재적인 재료들이 이미 내재되어 있는 것으로 해석하는 것이 문맥상 옳을 듯하다. 즉, 다양한 사회적 상황과 요소들이 필요시에는 언제이든 위협으로 이용될 수 있음을, 다시 말하자면, 사회의 구조 내지는 구성요소 중에 위협에 사용될 수 있는 요소들을 일상적으로 마주칠 수 있고, 그것들은 필요시 언제나 이용될 수 있음을 의미하는 것으로 해석된다.

242 [역주] 비유적인 표현으로서 위협의 재료를 가장 친숙하고 효과적인 것들에서 간추려 사용할 수 있음을 의미. 전통적인 극작 기법이란, 전통적인 극작에서 사용되는 이야기 구조, 인물 설정, 표현 방법 등의 모든 것.

다.²⁴³ 이처럼 '평범하지 않은 것'(Ungewöhnlich)도 일상적인 것 속에 [완전히] 감출 수 있다(verbergen).²⁴⁴

이는 주로 「은폐된 위협」(verdeckten Drohung)의 형태로 이루어진다. 위협하는 자는 예를 들어 자신이 위협하는 자라는 사실을 은폐할 수도 있다.

국회의원을 "올바른"(richtig)²⁴⁵ 투표로 유도하려는 로비스트는 [국회의원들에게] 다음과 같이 지적한다: 즉, [그 국회의원들이 만일 로비스트가 제시한 바와는 반대 방향으로] 잘못된 결정을 내리면 [그 국회의원은] 친구를 잃을 위험이 있다는 점 (당연히 재공천도 이미 불확실하다), 기부자들을 실망시킬 수 있다는 점 (기부자들은 본래 예민하다), [소속 정당의] 분파 내에서 영향력을 상실할 수 있다는 점, 그리고 앞으로는 고급 비밀 정보를 얻지 못할 수 있다는 점을 지적할 수도 있다. 이 모든 것은 단순한 정보 전달로서 (이때 그 로비스트는 단순한 전달자로 보인다), 혹은 조금 더 노골적으로 표현하자면 경고의 전달로서 (이때의 로비스트는 자문가로 보인다) 위장된다.²⁴⁶ 하지만, 로비스트는 그가 경고한 바 있는 제재를 직접 실행할 수도 있거나, 어쩌면 그러한 제재를 개시함에 있어 결정적일 수 있다는 사실은 어느 정도 명확할 수 있다. 즉, 그의 메시지는 다음과 같다: "네가 이 권고를 따르지 않으면 너는 파멸할 것이다" (즉, 내가 그렇게 만들겠다).

이 모든 것은 친구, 동료, 동업자, 시의원, 당원 간의 대화로 이루어진

---

243 [역주] 은유적인 표현으로서, 극작가나 배우가 여러 상황과 인물에 적절한 의상을 선택함과도 같이 위협의 방법을 선택하여 마치 극에서 나오는 것처럼 친숙하면서도 효과적으로 이용할 수 있음을 의미.

244 [역주] 즉, 일상적인 것들에 '착상' 되어 있다.

245 [역주] 실제로 올바른 것이 아니라 반어법적인 표현으로서, 그 로비스트가 영향을 행사하여 조작하려는 방향을 '올바른' 것으로 묘사한 것임.

246 Paris & Sofsky(1987: 16).

다. 그리고 가능한 투표의 결과가 함께 숙고된다. 그런데 어느 누구도 상대의 목에 칼을 직접 들이대지는 않는다. 【90】무엇보다도, '평등'이라는 중요한 전제는 보존되는데, 이러한 [말뿐인] 평등은 그 대화가 '권력으로부터는 자유로운 소통'이라는 허구적 성격을 유지하는 바를 위하여서는 필수적이다.

위협하는 자에게는 이러한 허구가 바람직한 것이다. 왜냐하면 그럼으로써 공개적인「자기확약」이라는 불리함을 회피할 수 있기 때문이다. 그는 스스로 갈등을 야기하는 것처럼 보일 필요가 없으며, 공개적으로「권력 주장」을 표명하지도 않는다.

동시에, [그렇게 함으로써] 위협받는 자의 입장에서도 보다 쉽게「순종」이 이루어진다. 그는 체면을 잃지 않고도 순응할 수 있다. 「은폐된 위협」의 권력은 위협받는 자에게도「**은폐된 순종**」(verdeckten Fügsamkeit)의 기회를 제공한다.

은폐된 방식으로 순종하는 자는 압력에 굴복하는 것이 아니라, 단지 자신의 의견을 바꾸는 것으로 보일 뿐이다. (물론 [그의] 의사결정 과정에서의 [여타] 잠재적 위험이 고려되는 것은 당연하다.) 위협과의 직접적인 대치는 없기 때문에, 권력은 권력처럼 보이지는 않는 방식으로 행사될 수 있으며,「순종」역시「순종」처럼 보이지는 않는 방식으로 이루어질 수 있다.

「은폐된 순종」은 [외부적으로는] 쉽게 부인될 수 있다. 그렇듯「순종」을 부인하더라도 어떤 불협화음도 생기지 않는다. 이렇듯 의도적으로 불협화음을 회피하는 것이 개인에게는 일과가 되고, 상호 간의 의사소통에 있어서는 관례가 된다. 그리하여「권력으로부터 자유로운 공간」"(machtfreier Räume)이라는 특이한 환경이 조성된다.[247]

---

[247] [역주] 일종의 파라독스적인 표현인데, 정확히 말하자면, 순종과 불협화음이 은폐됨으로써, 마치 권력으로부터 자유로운 공간이라고 착각

III. 위협의 경제

위협은 단순한 [개인에 있어서의] 일상적 현상이 아닐 뿐만 아니라, 제국 통치(Beherrschung)의 지렛대이기도 하다. 그렇다면 왜 「위협의 효력」은 그렇게까지 [그 영향력의 범위에 있어서] 증대될 수 있는가?

첫 번째 해답은 자명하다.【91】「위협의 효력」은 그 위험성을 증가시킬 수 있기 때문에 강화될 수 있다. 대규모로 볼 때, 위협의 위험성을 높이는 주요 방법은 기술적 「권력 수단」의 효율성을 향상시키고, 또한 행정 및 집행 조직단위(Erzwingungsstab)의[248] '조직 역량'(Organisationsniveaus)을[249] 향상시키는 것이다.

본서에서 다룰 두 번째 설명은 위협의 내용이 아니라 「위협의 구조」에서 도출된다. 위협이라는 도구 자체에는 「위협의 효력」을 증대시킬 수 있는 내재적 기회가[250] 있다. 본인은 이 기회를 두 가지 핵심 개념으로 요약하고자 한다: 그것들은 「**채산성**」(Rentabilität)[251]과 「**확장성**」(Dehnbarkeit)이다.

1) 채산성

(1) 위협과 약속에 드는 노력과 비용을 비교하는 경우, 일견 양자 간의 차이는 원칙적으로는 보이지 않는 듯하다. 위협과 약속을 신뢰할 만한 수준으로 만들기 위하여서는 많은 비용이 들 수도 있고 적은 비용이

하도록 만든다는 뜻이다.

[248] [역주] 이때의 Stab은 (영어의 staff) '사람'을 지칭하는 것이 아니라 조직 단위를 의미한다.

[249] [역주] 직역하자면 '조직 수준'이다.

[250] [역주] 이때의 기회라 함은 잠재력을 의미한다.

[251] [역주] Rentabilität의 본서에서의 의미는 얼마나 효율적으로 비용(자원, 노력, 시간 등)을 투입하여 권력이 행사되는가를 의미한다. 본서의 문맥에 어울리게 이를 '채산성'으로 번역하였다.

들 수도 있다. 마찬가지로 처벌과 보상을 실행하는 바에도 비용이 많이 들 수도, 적게 들 수도 있다.

그러나 [위협에 대한] 순응이 [쉽게] 예상되는 경우라면 위협이 훨씬 저렴하다. 위협이 작동한다면 그 비용은 적게 든다.[252] 위협받은 사람이 순응하면, 위협하는 사람은 사실 더 이상 아무것도 할 필요가 없기 때문이다. 반면, 약속은 성공할 경우 비용이 많이 들기 마련이다. [그 보상이] 단순한 말로만 인정하거나 혹은 상징적인 표창을 수여하는 것을 넘어서는 경우, 순응을 유도한 약속을 한 사람은 반드시 어떤 것을 반대급부로 내놓아야 한다. 돈, 직책, 부조금, 딸, 승진, 연회, 보석, 그리고 각종 지원 등이 이에 포함된다. 약속에 근거하여 권력을 행사하는 사람은 성공을 위하여서는 대가를 지불하여야 한다.

순응이 이루어진 경우, 위협이 저렴하고 약속은 비싸다. 반면 순응이 이루어지지 않은 경우라면 위협은 비싸고 약속이 오히려 저렴하다.

【92】이러한 「위협의 경제」(Ökonomie der Drohung)는 모든 「권력관계」, 나아가 모든 사회적 질서의 형성에 지대한 영향을 미친다.

사회적 질서에서의 지배적 형태의 규범적 요구들은 「제재의 위협」을 통하여 강화된다. 규범을 위반하는 사람은 부정적인 결과, 즉, 물 수도 있는 「사회의 이빨」(Zähnen der Gesellschaft)을 예상하여야 한다. 반면, 규범은 약속을 통하여서는 유지되지 않는다. 적어도 개별적으로는 그렇다. 모든 규범 순응의 행동이 명시적으로 보상받는 것은 아니다. 규정을 지켜서 주차를 하였다고 하더라도 경찰은 차의 전면 유리에 감사 편지를 남겨두지는 않는다. 우리가 지난해에도 은행을 털지 않았다고 하여도 공식적인 표창장이 우리의 우편함에 들어 있는 것도 아니다.

보상은 개별적인 규범 준수 행동이 아니라 일반적인 규범 준수, 즉 [다음과 같이] 전체적인 행위가 '균형을 이루는 경우'에 주어진다. 우리가

---

[252] Schelling(1960: 677).

올바르고, [도덕적으로 행동한다고 타인들에 의하여] 예상되며$^{(erwartbar)}$, 또한 타인들에 의하여 [충분히] 예측 가능한$^{(voraussehbar)}$ 방식으로 [우리가] 행동하는 한,²⁵³ 우리는 "사회 교류에서의 참여자격을 얻는 혜택"$^{(Benefizien \ sozialer \ Teilhabe)}$을 누릴 수 있게 된다. 그리하여 우리는 정상적인 상호 교류 관계 내에 편입될 수 있고, 동호회 회원이나 세입자로도 환영받고, 통상적인 승진의 계단을 밟을 수 있다. 이러한 사실들을 단순히 표현하자면 다음과 같다: 즉, 우리가 [타인들의] 통상적인 기대를 충족시킨다면, 우리도 타인들로부터 통상적인 것들을 기대할 수 있다.

특별한 보상은 통상적인 것이 아닌, 사회에 있어서 특별한 가치가 있다고 간주되는 어떠한 유능함$^{(Tüchtigkeit)}$을 통하여 달성할 수 있는 특별한 성취의 기준을 충족하는 경우에 주어진다. 이러한 성취는 (규범에의 순응과는 달리) 모든 사람에게서 기대될 수는 없는 것이며, 오직 소수만이 성취할 수 있는 것이다.

【93】한 가지 예외, 그리고 쉽게 설명할 수 있는 예외는 아동 행동에 대한 교육적 차원에서의 [장려를 위한] 대응적 보상이다. 이러한 경우에 있어서는 지극히 "정상적인" 규범 준수 행위조차도 자주 보상받는다. 더욱 정확히 말하자면, 아이에게 있어서는 정상적인 행위로 향해가는 과정의 행위가 [비록 완전하지는 못하더라도] 보상받게 된다. 이러한 [아이의] 행위가 보상받게 되는 이유는 그 아이의 사회적 계율의 준수가 아직은 당연한 것으로 여길 수는 없음에도 불구하고 그 아이가 오히려 특정한 성취 기준을 달성한 것과도 유사하게 간주되기 때문이다.

이같은 사실은 또한 다음과 같은 규칙을 확인하여 준다. 규범과 제재 (또한 위협)의 [강한] 연계성$^{(Verknüpfung)}$은 성취 기준과 보상의 [대체적] 관

---

253 [역주] 중괄호 안의 부연 설명은 유사하게 보이는 두 독일어 단어 erwartbar와 voraussehbar 간의 뉘앙스의 차이를 명확히 하기 위한 것이다.

련성(Zusammenhang)과 대응한다.[254] 그렇다면 도대체 왜 그러한가? 왜 규범은 약속이 아닌 위협을 통하여 유지되는가?

그 자체로서도 충분한 이유는, 규범 준수에 대한 보상은 너무 많은 비용이 들기 때문이다. 즉, 우리는 크고 작은 감사의 표시를 끝없이 제공하여야 할 것이다. (하지만 이와 유사한 문화적 행동 양식은 물론 존재한다.) 반면, 위협은 효율적이다. 왜냐하면 그 경우에는 규범 준수를 일반적으로 기대할 수 있기 때문이다. 높은 수준의 순응이 예상되는 곳에서는, 이 순응을 가장 저렴하고 합리적인 방식으로 유지하도록 하는 것은 바로 위협이다.

이는 다소 놀라운 결과일 수 있다. 위협, 특히 강력하고 위험한 위협은 흔히 어떠한 극적인 상황과 연관 지어 생각되기 마련이기 때문이다. 하지만 위협의 진정한 활동 영역은 예외적이지 않은 것들의 영역이다. 즉, 위협은 모든 것이 정상적으로 진행되는 곳에서 자신의 터전을 잡는다. 위협은 집에 불이 나지 않도록 보장하는 역할을 한다.

【94】이같은 사실은 그 규모가 크든 작든 동일하게 적용된다. 위협은 누구나 사용할 수 있는 권력 행사의 도구이다. 동시에 그것은 대규모적인 「권력의 확고화」(Macht-Konsolidierung)에도 기여한다. 그리고 위협이 가장 효율적으로 작용하는 순간은 바로 [그에 대한] 저항이 단지 산발적으로만 나타날 때이다.

2) 위협의 확장성

(2) 성공적으로 위협을 가하는 사람은 그 위협을 실행하는 비용을

---

[254] [역주] 중괄호 안의 부연 설명은 유사하게 보이는 두 독일어 단어 Verknüpfung와 Zusammenhang간의 뉘앙스의 차이를 명확히 하기 위한 것이다. 전자는 마치 법칙성과 같이 강한 연관이고, 후자는 대체적인 관련성이다.

절약한다. 그는 자신이 가진 「제재의 역량」^(Sanktionspotential)을 [불필요하게] 소진할 필요가 없게 된다. 따라서 그는 그렇게 절약한 수단, 힘, 그리고 시간을 새로운 위협을 확립하기 위하여 사용할 수 있다. [예를 들자면] 국가 X가 평정되면, 국가 Y를 압박할 수 있다. 효과적인 위협은 [사용되지 않았기에] 참신한^(neu) 힘을 [다른 용도로] 자유롭도록 풀어놓을 수 있다. 달성된 순응의 수준이 높을수록 더 많은 사람들을 위협을 통하여 통제할 수^(beherrschbar) 있게 된다. (어느 정도 확실하게 준수되는 법률은 [순응을 강요하는 일종의 위협이기에] 무리 없이 확장될^(vermehren) 수 있다.)

추가적으로, 위협이 가지는 「확장성」은 다른 이점을 가져온다. 그 위협이 가지는 「신빙성」은 **모든** 불복종자를 처벌하여야지만 필히 유지하는 것은 아니기 때문이다. 즉, 그 위협이 개별적으로 어떤 개인에 한하여서만 선택적으로 실행될 수 있다면, 모든 개인들은 [제재의] 위협을 느끼게 되기 때문이다.

만약 누군가가 총에 분명히 한 발의 탄환만 장전되어 있음에도 불구하고 두 사람을 동시에 위협한다면, 비록 그 탄환이 동시에 두 사람을 맞힐 수 없음을 두 사람 모두 확신할 수 있을지라도, 두 사람 모두는 그 한 발이 자신에게 치명적으로 명중할 수도 있다고 예상할 수밖에 없다. 이렇듯 동시에 두 사람을 향한 위협은 명백히 과장된 측면이 있고 사실 [동시에] 실행은 불가능하다. 그러나 각자의 입장에 있어서는 [자신에게] 위협이 존재한다고 여전히 믿을 수 있다. 그리고 그 두 사람 중 각자는 여전히 각자로서 **존재하고 있기** 마련이다.

여기에서 위협은 가능한 선택^(Selektivität)의 존재와 그 선택의 '예측 불가능성'^(Unberechenbarkeit) 때문에 '예방적'으로 작용하게 된다.【95】이에 반하여, 확률적 계산, 즉 위협받는 사람의 수와 총알의 총수를 비교하는 계산은 일반적으로 거의 유념할 바가 아니다. [즉, 무의미하다].

대 제국과 '권력 중심'^(Machtzentrum)의 광범위한 확장은 단순히 새로운 무기 기술과 같은 「권력 수단」의 축적으로 가능하여진 것이 아니라, 본질적으로는 위협에 내재된 이러한 「확장성」을 전략적으로 영리하게 활용함으로써 가능하였다.

그러나 여기에서도 [즉, 이러한 논의에 있어서도] 자연히 한계가 있기 마련이다. 다수의 사람을 [동시에] 위협하는 권력은 그 시간적 편차가 항상 정규분포로 되어 있다는 가정에 의존한다. 마치 은행이 모든 예금을 동시에 인출하는 사태에 대처할 수 없는 것과도 마찬가지로, '위협 권력'(Drohmacht)은 모든 제재를 동시에 소환(Abruf)하는 [즉, 행사하는] 바를 거의 감당할 수 없다. 비교할 수 없을 정도로 강한 「관철의 권력」(Durchsetzungsmacht)을 가진 현대 국가의 무력조차도 규범 위반의 비동시성(Ungleichzeitigkeit)이라는 가정에 의존하고 있다 (즉, 1년 동안 발생하리라고 예상되는 모든 규범 위반은 절대로 단 하루에만 집중되지는 않는다)

이는 또한 혁명의 역사에서도 확인할 수 있다. 일반적으로 '권력 중심'을 성공적으로 전복하기 위하여서는, 다양한 그룹에 의하여 다양한 이유로 인하여 제기된 도전들이 새롭게 동시적으로 집중되는 방식으로 배치(Konstellation)되어 나타나야만 한다.

***

요약하자면, 「위협의 효력」은 단순히 예상되는 제재의 위험성을 증가시킬 수 있기 때문만이 아니라, 본질적으로 그 위협에 내재한 특별한 「채산성」을 활용할 수 있기 때문에 더욱 증가할 수 있다. 위협하는 자가 [그렇듯 위협에 대한 타인들의] 순응을 기대할 수 있다면 그는 매우 높은 수준으로 기동적(manövrierfähig)일 수 있다.

따라서 위협은 확장 가능(dehnbar)하다.【96】위협의 범위는 그것을 지탱하는 「권력 수단」을 훨씬 넘어서 확장될 수 있다. 이는 사용되지 않고 남아있는 「권력 수단」이 여전히 가용 상태로 남아 있기 때문에 가능한 것이다. 또한, 위협이 억지력(抑止力 Abschreckungskraft)을 가지기 위하여서는 그 모든 위협이 실행 가능할 필요는 없기 때문이다. 단지 선택적 집행이 가지는 신빙성만으로도 일반적으로는 충분하다.

「채산성」과 「확장성」이라는 양자 모두는 '**잠재적 행동이 가지는 효율성**'(Wirksamkeit potentiellen Handelns)에 기초하고 있다.[255] 위협은 실행의 비용을 절약하는 '단순 가능성'(Nur-Möglichen)에서 비롯된 「채산성」을 가지기 때문에 이익을 [즉, 효과를] 창출할 수 있다. 위협은 '단순 가능성'에서 비롯된 「확장성」을 가지기 때문에, 즉 각기 다른 발생상황에 맞추어 대처할 수 있는 가동성(可動性 Beweglichkeit)을 가지고 있기에 확장이 가능한 것이다.

3) 과도한 갈등 준비태세

위협이 가지는 「채산성」과 「확장성」을 증대시키기 위하여서는 계획적[의도적]일 수도 있고 혹은 반 정도만 계획적[의도적]일 수도 있다. [이 중] 특히 주목할 만한 것은 반 정도만 계획적[의도적]으로 [그러한 증가에] 성공할 수 있는 경우이다. 이에 포함되는 것은 [위협을 하려는 자의] 과도한 「갈등 준비태세」(Konfliktbereitschaft)[256]로 말미암아 제공되는 독특한 기회들이다.[257]

---

255 [역주] 즉, 위협이란 실제적인 행동이 아닌, 상대가 순응하지 않는 경우에 대비하여 준비된 잠재적 「행동 역량」에 기반하기 때문에 효율적인데, 이러한 효율성은 그 「역량」을 소비하지 않고도 효과를 나타내는 「채산성」과, 작은 분량의 「역량」을 가지고도 많은 대상에 적용할 수 있는 「확장성」이라는 특성이 생기게 되는 근원이다.

256 [역주] 자구상의 의미는 '갈등 준비성', 즉 '언제든지 갈등을 야기할 수 있도록 준비된 태세(態勢)'이다.

257 [역주] 이 문장은 그 자체로서 이해하기 쉽지 않을 수 있다. 다시 풀어쓰자면 다음과 같다: 채산성과 확장성은 계산적으로, 즉, 계획적으로 증가시킬 수도 있고, 그렇지 않은 방법으로도 (즉, 반쯤 계획적으

과도한 「갈등 준비태세」를 가진 사람은 사소한 계기에도 반응하며, 사소한 일조차 갈등으로 몰고 간다. 그는 비정상적으로 날카롭고 성급하게 반응한다. 그의 「위험감수 준비태세」(Risikobereitschaft), 그리고 모든 호기(Gelegenheit)에 있어서 모든 것을 [도박에] 걸려고 하는 편향으로 인하여 상대를 놀라게 한다. 그리고 무엇보다도, 그는 처음부터 갈등을 종결하거나 타협할 마음자세(Disponiertheit)가²⁵⁸ 거의 없다는 신호를 [상대방에게] 보낸다. 따라서 모든 불화는 끝없는 갈등의 나선모양의 상승으로 확대일로에 놓일 위험에 처하게 된다.

그 이면에는 (단순한 허장성세의 전략부터) 신중하게 계산된 전술까지도 존재할 수 있다.【97】그러나 동시에, 자신의 의지에 저항하는 모든 것들을 전쟁 선포로 받아들이는 민감성(Verletzbarkeit), ²⁵⁹ [어떠한] '경험적 반증에도 흔들리지 않는'(erfahrungsimmune) 자기 관철적 주장, 심지어 '갈등편향 신경 강박적'(konfliktneurotisch)인 히스테리에 이르기까지의 그 모든 감정적 성향이 작용할 수도 있다. 계획적인 동기와 강박적인 동기가 뒤섞여 흔히 "「권력에의 의지」"(Willen zur Macht)라고²⁶⁰ 꼬리표가 붙여진 것으

로) 증가시킬 수도 있다. 특히 후자의 방법은, 쉽게 감정적으로 반응하기에 언제든지 갈등을 촉발시킬 마음 자세를 가지고 있음을 상대방이 알게끔 하는 경우이다. 반쯤 계획적이라 함은 계획적인 동기와 감정적 반응이 뒤섞여 있기 때문이다.

²⁵⁸ [역주] 아래에서 '성향'으로 번역한 Disposition은 보다 안정적인 것임에 반하여, 그 단어와 구분을 하기 위하여 '마음자세'로 번역한 Disponiertheit는 그때그때의 상황에 직면하였을 때 가지는 심상으로서, 보다 즉각적인 성격을 가진다.

²⁵⁹ [역주] 원래 자구의 의미는 「취약성」인데, 문맥에 맞게 '민감성'으로 번역하였다.

²⁶⁰ [역주] 이 「권력에의 의지」라는 표현은 니체(Nietzsche)가 말하는 자기 극복, 창조 그리고 생의 고양을 위한 존재론적인 동기를 지칭하는 것

로 융합된다.

[이러한] 과도한「갈등 준비태세」는, 그러한 갈등에 의하여 잠재적으로 영향받을 수 있는 당사자들로 하여금 그 갈등을 피하려는 동기를 더욱 강하게 가지도록 한다. 이 경우, 일반적인 갈등의 경우에 비하여 [타인들이 그러한 갈등 상황으로부터의] 도피, 전회(轉回 Einlenken), 그리고 양보(Nachgeben)할 가능은 더욱 농후하여진다. 그리하여 사람들은 양보하게 된다— 그같이 위태로운 상황에서는 도발한 자가 아마도 실제로 우월한「권력수단」을 통제처분할 수 있기 때문이 아니라, 그는 자신이 가진 모든 것을 어떠한 주저도 없이 동원할 준비가 되어 있다고 보이기 때문이다. 두려운 것은 그가 가진 갈등을 야기하는 힘이 아니라 오히려 그의「갈등 준비태세」이다. 이러한 [도발자의] 전략은 처음에는 사소한 경우에서 효과를 발휘할 수 있다. 그러나 같은 논리에 따른다면 [이렇듯] 위협적인 갈등의 비대칭(Unverhältnismäßigkeit)을[261] 피하려는 [피 도발자의] 편향성은, 더욱 중대성을 가지는 분쟁의 경우로까지 점진적으로 확대될 수 있다. [도발자의] 과도한「갈등 준비태세」는 [상대방의] 이성적 해결의 비용을 증가시키는 효과적인 방법이다.

그러나 잠재적 대항자의 이같은 후퇴는 과도한「갈등 준비태세」를 가진 사람에게는 그 자신의「권력 수단」을 [도박의 판돈으로] 실제로 내 걸 필요성을 줄여준다. 이제는 위협만으로도 충분하다. 따라서 그는 위협의 점진적인「채산성」증가로 인하여 점차 더 이득을 얻을 수 있다. 이에 따

이 아니라, 갈등을 심화시키고 타협을 거부하며 상대를 겁박하는 등의, 실제 정치 현실에서 보이는, 세간에서 흔히들 가지는 (즉, 세간에서 그러한 '꼬리표'가 붙여져 있는) 권력을 사용하려는 의지를 빗대어 표현한 것이다.

261 [역주] 즉, 갈등을 야기하는 자는 과다하게 공격적이고, 반면 그에 대상이 되는 자들은 소극적이라는 측면에서의 비대칭성.

라서, [그가 가진]「위협의 권력」은 더욱 강화되고 확장될 수 있다.

이러한 과정이 지속되는 방식은 쉽게 이해될 수 있다. 어떠한 자가 갈등의 상황에서 대체로 일관되게 [자신을] 관철함을 경험하는 경우, 이는 "「권력에 길들이기」"(power conditioning)[262]라는 효과, 즉, 그가 앞으로도 역시 그렇게 할 것이라는 예상을 [타인들이] 하게끔 하는 효과를 낳는다. 그리하여 과거에 권력을 행사한 바 있는 사람은 [진정으로] 권력을 "가지고 있다". 예상된 성공은 성공을 보장한다.[263]【98】애당초부터 사람들은 그렇듯 성공을 달성한 자는 위협을 통하여 재차 [성공을] 관철될 것이라고 예상하게 된다. 이로 인하여, 이 두 번째 단계에 이르게 되면 위협은 재차「채산성」이 더욱 높아진다. 단순히 그가 가진「갈등 준비태세」에서 비롯된 억지력뿐만 아니라, 이미 확립된 [타인이 그에 대하여 가지는] 성공에의 예상까지도 고려할 수 있는 위협자는 더욱 적은 비용으로도 자신을 관철할 수 있게 된다.

이와 같은 방식으로 권력을 행사하는 사람은 자신이 가진 갈등 잠재력을 더욱 확대할 기회를 얻게 된다. 그는 추종자를 결속하고, 다양한 형태의 기부(Kontribution)를 축적하며, 세력을 규합할 수 있다. 최종적으로는, 그를 권력으로 이끌도록 도와주는 주된 요인은 더 이상 [최초에 가지고 있던] 그의「갈등 준비태세」가 아니다. 결국은 그는 [어떠한 도움도 불필요한] 진정한 강자 그 자체로 거듭나게 된다.

IV. 위협받는 존재가 가지는 심적상태의 조형 가능성

위협이라는 도구가 제공하는「채산성」과「확장성」으로부터 생기는 기회를 살펴보는 경우, 위협 체계가 가지는 본래적인「**권력 정치**

262　[역주] 이 단어는 원문에는 영어로 표기되어 있다.

263　[역주] 이같은, 성공이 지도자의 권력을 형성하고 유지시키는 역할은 비저의 권력론(비저 2023)의 가장 핵심적 테마 중의 하나이다.

적」(machtpolitische)인 의미를 더욱 잘 이해할 수 있게 된다. 그러나 이러한 점만으로는 부족하며, 따라서 추가적 보완이 필요하다. 위협하는 자는 타인에게 두려워 하는 법을 가르칠 수도 있다. 하지만 그는 또한 위협받는 자의 '심적 상태'(Befindlichkeit) 그 자체를 변화시킴으로써 자신의 권력을 증대시킬 수도 있다. 이점에 대하여서는 더욱 세밀한 고찰을 필요로 한다.[264]

우리는 위협, 처벌, 우려에 대하여 이야기하였다. 이제 약속, 보상, 희망도 명확히 포함시키도록 하겠다. 당연하면서도 중요한 사실은, 희망과 우려는 변화 가능하며 또한 '조형'될(formbar)[265] 수 있다는 점이다. 이러한 [조형될 수 있다는] 사실은 일반적인 사회 교류상에 있어서의 인간이 가지는「가소성」(可塑性 Plastizität),[266] 그리고 사회적 존재(gesellschaftliche Existenz)인 [인간이 가지는,] 다양한 [사회적] 구도(Entwurf)에 대한「반응성」(Reagibilität)과[267] 상응한다. 인간이 두려워하거나 기대하는 **바로 그것은** 조형 가능하다. 또한 그가 두려워하고 기대하는 **방식도** 또한 조형 가능한 것이다.

【99】 타인에 대하여 행사되는 인간의 권력은 타인의 우려와 희망에 내재된 그러한「조형 가능성」(Modellierbarkeit)을 '활용'하는(ausnutzen) 것이다.

264　[역주] '가르친다'는 것은 다분히 상대방의 '의식'에서 작용하는 것임에 반하여, 심적 상태를 변화시키는 것은 '무의식'에서 작용하는 것이다.

265　[역주] '조형'이라는 단어는 '타인에 의하여 빚어지는' 작용이라는 의미로 사용하였다. 용어 해설 VII 참고할 것.

266　[역주] 본서에서의 의미는 인간은 사회 교류상에 있어서의 다양한 영향에 의하여 쉽게 조형될 수 있다는 것이다.「가소성」(可塑性 Plastizität),「조형 가능성」(Modellierbarkeit), 그리고「성형성」의 차이에 대하여서는 용어 해설 VII 참고할 것.

267　[역주] 즉, 인간은 다양한 종류의 사회적 구도, 혹은 사회 체제를 쉽게 받아들여 적응하는 성질을 가진다.

즉, 타인이 추구하거나 피하는 어떤 것, 그리고 타인이 행하거나 삼가는 어떤 것들을 권력자 자신의 의지에 따라 조종할 수 있도록 그러한「조형 가능성」을 '활용'하는 것이다. 우려와 희망이 변화하는 경우, 특정한 처벌과 보상이 가지는, 그리고 위협과 약속이 가지는 가치와 그 무게도 동시에 변화되며, 그 결과 권력의 도구는 이전보다 더 잘, 즉, 더 적은 노력으로, 더 신뢰할 수 있는 방식으로, 그리고 더 효율적으로 [대상을] 거머쥘(greifen) 수[268] 있다.[269]

다음 이야기는 [위와 같은「조형 가능성」에 대한] 수많은 여러 일화 중 하나이다.

마차로 구성된 원형 방어진 내에는 여성과 아이들이 남겨지게 되었다. 그리고 젊은 전사는 아내와 아이들에게 [전투에 임하기 위하여] 작별을 고하였다. 모든 전사들은 용맹스럽게 싸우겠다고, 그리고 도망치지 않겠다고 맹세하였다. 몇몇은 서로 간에 쇠사슬로 스스로를 묶었다. 한 젊은 전사는 전쟁에서 패배하였음을 깨닫게 되자, 그 전쟁에서의 패배를 차마 보지 않기 위하여 적의 칼 위로 몸을 던지려 하였다. 하지만 결국 그는 포로가 되었다. 그런데 모든 포로들은 몸을 굽히고 어떤 구조물 아래로 통과하여야만 하였다.[270] 그리고 나자 그들은 노예가 되었다. 승자의 영

---

268 [역주] 손에 거머쥔다고 함은 더욱 쉽게 어떤 것을 조종하여 이용할 수 있다는 의미이다.

269 [역주] 이는 스티븐 룩스(Steven Lukes)가 말한 3차원적 권력(룩스 2024), 즉, "상대의 의식을 통제하여 직접적 권력을 행사하지 않고도 상대방의 자발적 순응을 확보하는「역량」으로서의 권력"과 일맥상통하는 견해이다. 또한 비저의 권력론은 "권력이란 인간의 정서를 지배하는 힘"이라는 스피노자의 견해를 그 출발점으로 하고 있는데(비저 2023/1926), 이 또한 위의 포피츠의 견해와 일치한다.

270 [역주] 항복의 표시로 멍에와도 같이 생긴 구조물 밑을 통과하게 하는

토로 향한 [노예들의] 멀고 먼 행렬이 시작될 때, 그 젊은 전사는 자신의 발이 혹시라도 움직이지 못하지는 않을까 두려웠다. 걷지 못하는 자는 이내 살해되었기 때문이다. 저녁이 찾아오자 그는 굶어 죽을지도 모른다는 걱정을 하기 시작하였다. 하지만 다행히도 그의 발은 멈추지 않았고, 그는 굶주림으로 죽지도 않았다. 그 젊은 전사는 그 모든 것을 견디어 내었고 결국 "유능한 노예"가 되었다.

우리를 움직이는 [즉, 우리가 움직이는 동기가 되는] 다양한 우려와 희망은 일반적으로 서로 '조율된다'(einstimmen)²⁷¹ 【100】우리는 우려와 희망으로 이루어진 「가사 활동」"(家事活動 Haushalt)을²⁷² 형성하며 그 안에서 정주한다. 이 「가사 활동」은 극도의 우려에 의하여 방해받을 수도 있지만, 일상에 있어서의 그 「가사 활동」은 '한계 내에서 이루어지며'(eingeschränkt) 또한 예상 가능한 지평의 범위에서 '전개되기'(eingespielt) 마련이다.

다양한 사회 교류적 상황하에 놓인 인간들 간에 그 각자의 이러한 희망과 두려움으로 이루어진 「가사 활동」을 비교하는 경우 결코 채워질 수 없는 간극과 맞닥뜨리게 된다. 브라만과 불가촉천민, 주인과 노예, 귀족과 농노들 등 서로 대비되는 그 각각이 희망하고 두려워하는 것들은 기본적인 생존 욕구 이외에는 거의 일치되지 않는다. 그들이 가지는 기대

로마 시대의 의식과도 같은 관행을 의미하는 듯하다.

271 [역주] 아래에서 볼 수 있듯이 저자는 우려와 희망이라는 것을 마치 그 각각을 집 안의 회계장부의 대변과 차변에 기재되는 것과도 같다는 식으로 일종의 비유적 표현을 사용하고 있다. 따라서 이때 '조율함'은 회계 장부 (특히 대차대조표)에서 차변과 대변 간의 균형을 이루게 한다는 비유인 듯하다.

272 [역주] 아래에서 자주 등장하는 비유적 표현이다. 원래는 고대 그리스에서의 표현인 *oikonomia*(οικονομία)를, 즉, '가사의 관리'라는 의미를 가지는데, 후에 행정, 경영 혹은 관리라는 일반적 의미로 전용되었다.

의 낙차 수준은 [즉, 높고 낮음의 차이는] 가늠할 수 없을 정도로 크다 (예를 들자면, [상류층이] 식탁에서의 서열이 잘못됨에서 느끼는 감정과 [하류층이] 수프의 배급이 끊기게 됨에서 느끼는 감정 간에 보이는 격차만큼이나 차이가 크다).

그 격차가 아무리 크더라도, 어떠한 상황에 당면하는 경우 그에 따라 인간은 자신의 우려와 희망이라는 「가사 활동」을 원칙적으로는 뚜렷이 변환시킬 수 있다. 이러한 변환은 매우 신속하고도 자연스럽게 이루어질 수도 있다. 그러나 우리가 [특히] 오늘날과 같은 급속한 사회 교류상의 변화 속에서 [쉽게 환경에 자신을 적응시키는] 특별한 기량을 습득하였다고 하더라도, 자주(routiniert) 새로운 '생활세계(Lebenswelt)라고[273] 불리는 달팽이 집'의 안으로 우리가 기어들어 가서 새롭게 안주할 수 있다는 식으로 과도하게 일반화하여서는 안 된다.[274] 또한 자존심과 [종교적] 겸허에서 비롯된 거부와도 같은 원칙적인 [변화에 적응함에 반대하는] 거부도 존재한다: 예를 들자면, 몰락을 받아들이길 거부하는 고귀한 태생, 그리고 세속적 영예를 거부하는 종교적 고행자 등. 그럼에도 우리가 겪는 「자기변환의 당위성」(Sich-Umstellen-Müssen)의 [즉, 스스로 변환하지 않을 수 없음에 대한]

---

[273] [역주] 이 개념은 아마도 후설(Edmund Husserl)의 현상학(Phänomenologie)에서의 '생활세계'(Lebenswelt)라는 개념을 지시하는 것으로 생각된다. 후설의 '생활세계'란 우리가 일상에서 체험하는, 특정한 사회적 설정에 의하여 형성되는 살아있는 경험이다. 따라서 포피츠가 말하는 '새로운 생활세계'는 아마도 어떠한 변화로 말미암아 어떠한 개인이 새롭게 접하게 되는 사회적 위상이나 환경하에서 그 개인이 새롭게 시작되는 일상적 체험을 일컫는 것으로 이해된다.

[274] [역주] 다시 말하자면, 물론 현대와 같이 급격히 변화하는 세상에서는 개인이 새로운 환경에 쉽게 적응하는 기량을 습득하게 된다고 하더라도, 그러한 적응 자체는 결코 간단히 이루어 지지는 않는다.

경험과 「자기변환의 능력」(Sich-Umstellen-Können)이라는 [즉, 그렇게 변환할 능력을 갖추고 있다고 느낀 바 있는] 경험은 인류의 역사만큼 유구하였음을 확신할 수 있다. 그같은 경험은 모든 난민 행렬 속에 함께 하였고, 노년과 질병을 피하고자 하는 모든 피난처에도 머물렀으며, 세계 방방곡곡의 포로들에게도 익숙한 것이고, 심지어는 다른 피부색을 가진 모든 승자들에게도 친숙한 것이다.

【101】 [어떤 개인이] 자신이 이전에는 알지 못하였던 궁핍(Not)을 [이제는] '스스로 받아들이는'(Sich-Abfinden) 모습과 관련하여서는 특별한 설명이 필요하다. 이러한 모습에서는 기대를 성공적으로 '스스로 떨쳐냄'(Selbstentlastung)이 보인다. 그러한 '스스로 받아들임'으로 인하여 성공적으로 과거의 희망과 우려로부터 충분히 거리를 둘 수 있도록, 즉, 충분히 그것들을 떨쳐버릴 수 있도록 되며, 그리하여 새로운 정착이 가능하게 된다. 결국, 새로운 상황에 대한 이러한 「적응기량」(Anpassungsfähigkeit)은 인간이 가진 "「세계개방성」"(Weltoffenheit)[275]을, 그리고 인간은 단 하나의 세계가 아니라 여러 [다른] 세계에서도 [적응하여] 살아갈 수 있는 「본원적 역량」을 가지고 있음을 보여준다.

「권력 정치」(Machtpolitik)에서는, [이렇듯] 두려움과 희망으로 구성된 다양한 「가사 활동」을 '자기 조절'(Sich-Einstellen)하도록 하는 기량을 다양한 방식으로 이용할 수 있다. 특정 그룹이나 계층, 민족이 처한 상황을 의도적으로 악화시켜서, 그들이 낮은 처벌과 보상에도 절실히 의존할 수밖에 없는 상태로, 즉, 두려움과 희망의 상태로 몰아넣을 수도 있다. 기아 상태에 가까운 곳에서는 작은 보상과 처벌조차도 극적인 효과를 가진다.

---

275 [역주] 이 세계개방성이란, 특히 막스 쉘러나 아놀드 겔렌과 연관된 철학적 인류학에서의 중요개념으로서, 자신들이 가진 공포, 희망, 기대 등의 틀을 심적으로 재설정함으로써 전적으로 다른 새로운 환경에 적응하는, 인간이 가진 독특한 역량을 의미한다.

[이때에는] 식료품 배급이 조금만 개선되어도 생존이 가능하여지고, 반면 조금이라도 악화되는 경우에는 즉시 치명적일 수 있다. 따라서 극도로 낮은 비용으로도 엄청난 압박을 가할 수 있다.

두려움과 희망의 「조형 가능성」에는, 기대를 극도로 낮은 수준에서 동결시키는 가능성도 포함된다. 대 제국은, 즉, 대규모 인구를 통치하는 지배는, 그 대 제국의 부(Reichtum)가 제한되어 있는 한 [비용이 많이 드는 인구 전체에 대한 선심 공세나 무력행사는 불가능하기 때문에] 절약할 수 있는 「권력 수단」을 필요로 한다. 그 대 제국의 지배는 인구 다수가 생존의 경계선에서 살아감에도 '불구하고' 유지될 수 있는 것이 '아니라', 오히려 그렇게 살아가기 때문에 유지되는 것이다.

마지막으로 언급할 바는, 우려와 희망은 삶의 조건 변화뿐만 아니라 기준(Maßstäbe)의 변화에 의하여서도 조형 가능하다는 사실이다.【102】 직업적 성공이 최고의 가치로 자리매김한 사회에서는, 승진 사다리의 매 단계별 경미한 상승조차도 예외적으로 거대한 보상 가치를 가지게 되며, 승진으로 향하지 못하는 그 모든 것에 대한 불안도 이에 상응하여 커지기 마련이다. 하나의 논란의 여지가 없는 예를 들자면, 그러한 곳에서는 거의 비용이 들지 않는 포상, 즉, 훈장, 크롬 외장,[276] 직함, 심지어 업무용 책상의 크기 같은 것들이 가지는 명성적 가치는 너무도 높게 과장되어 있기에, 그것들은 신성한 우월성의 상징이 된다. 성과를 추구하는 것이 당연한 것으로 받아들여지는 사회에서는, 지속적으로 새롭게 설정되는 성공과 실패의 기준에 맞추어 희망과 우려 또한 계속 새로이 변하도록 인도된다.

명백히 이러한 예들은 충분히 원하는 만큼 제시될 수 있다. 궁극적으로, 모든 문화가 자신을 드러내는 모든 '발현 형태'(Manifestation)는 우려와 희망에 대한 하나의 조형화(Modellierung)가 [즉, 조형된 우려와 희망이] 투영된

---

[276] [역주] 치장하기 위하여 가구 등에 크롬으로 테두리를 두르는 것.

것이다. 이는 종교적 의미 부여뿐만 아니라 행복과 좋은 삶에 대한 세속적 이론들도, 그리고 명성, 명예, 그리고 [도덕적]「품위」(Ehrbarkeit)의 이상뿐만 아니라 사람들을 상호 결속시키는 계율들에서도 마찬가지로 그러하다 [즉, 조형된 우려와 희망이 투영되어 있다]. 모든 문화 체계는 특정한 방식으로 우려와 희망을 조형하기 때문에, 위협과 약속을 권력의 도구로 채용하는 특정한 기회는 각 문화에 따라 체계화(Systematisierung)되는 것이기도 하다. [그리고] 모든 문화적 변화는 이러한 기회들을 변화시킨다. 하지만 이는 체계(System)와 변화를 단순히 권력정치적 동기로 환원할 수 있는 것을 의미하는 것은 아니다. 그러나 모든 문화적 변화는 새로운 권력 행사의 기반을 마련하고 기존의 것을 해체한다. 모든 문화적 변화 시에는 '위협받는 존재'(Bedrohtseins)가 가지는 심적 상태가「성형성」(成形性 Formbarkeit)을[277] 가지고 있음이 드러난다.

【103】최종적으로 한 가지를 추가로 언급하자면, 본인이 앞서 이야기한 그 젊은 전사는 결국 '훌륭한' 노예가 되었다. 인간이 '훌륭한' 노예가 될 수 있는 것은 인간이 가진 두 가지 형태의「예속적 적합성」(Unterwerfungseignung) 때문이다. 인간은 자신이 가진 모든「행동 기량」들—언어 및 사고 능력, 상상 그리고 의지력—을 타인을 섬기기 위하여 제공할 수 있다. 그렇게 함으로써, 인간은 어떤 한 인간이 다른 인간에 대하여 제공할 수 있는 최대한의 유용성을 발휘하며 [노예로서] 그 자신의 주인을 섬기기 위하여 그렇게 유용할 수 있다. 그러나 동시에, 인간은 자신의 기대를 극도로 '최소화하는「본원적 역량」'(Minimalisierungsvermögen)도 또한 [자신 스스로] 처분할 수 있다. 즉, 자기 의지를 포기하며, [스스로] 모든 선택지를 사라지게 하는 기량을 가지고 있다. 이러한 인간이 가지고 있는「축소 가능성」(Reduzierbarkeit)은 인간의 두려움과 희망에 내재한「성형성」을 그토록 끔찍하게 여겨지도록 만든다.

---

[277] [역주]「성형성」의 의미에 대하여서는 용어 해설 VII 참고할 것.

5. 권위적 속박

권위에 의한 속박이 가지는 특수한 성격

【104】 다양한 종류의 경험, 질문, 논제(These), 그리고 감정이 "권위"라는 단어와 연결되어 있다.[278] 이 장에서는 본인의 관심을 끄는 사태들에 대한 최초의 단서로서 몇 가지 구분을 제시하는 것이 가장 적절하리라 생각된다.[279]

권위는 반드시 예외적인 것이나 혹은 특별히 극적인 것을 의미하지는 않는다 (예컨대 막스 베버가 말한 [권위의 일종인] 카리스마(Charisma)의 개념과 유사한 것은 이러한 예외적 성격을 시사할 수도 있다[280]). 「권위

---

[278] [역주] 즉, 권위와 연관된 경험, 권위에 대한 의문, 권위에 대한 여러 논의, 그리고 권위에 대하여 일어나는 각종 감정이 존재한다. 다시 말하자면, 권위와 관련된 주제의 폭은 광범위하다.

[279] 본 논고는 그 이전에 본인이 출판한 한 논고와 관련되어 있으며, 일부 내용을 그로부터 차용하고 있다. Popitz(1980: 78-87) 참고.

[280] [역주] 막스 베버는 『경제와 사회』에서 지배를 정의하면서, 전통적 지배, 합법적 지배, 카리스마적 지배라는 (세간에 이미 잘 알려진) 세 가지 형태를 언급하였는데(Weber 1922: 122; 2019: 338; 1978: 53), 동서의 후반부에서는 이것들을 「권위에 의한 지배」(Herrschaft kraft Autorität) (Weber 1922: 604; 1978: 943)라고 말하는 부분이 있으며, 또한 '카리스마적 권위'(charismatische Autorität)에 대하여도 논의하고 있다(Weber 1922: 753; 1978: 1111). 따라서 막스 베버의 용법상에서는 마치 '지배=권위'라는 인상을 줄 수도 있다. 하지만 이렇듯 양자를 동일시하는 해석에 관하여서는 갑론을박이 존재하며, 역자는 이에 대한 단정적 언급은 피하려 한다.

참고로, 막스 베버는 '권력'이라는 개념을 '사회학적'으로 '무정형적'(無定形的 amorph)이라고, 즉 도처에 편재하지만, 분류할 수 없는 개념

관계」와 「권위의 효과」는 일상적인 현상이기도 하다. 물론 그렇다고 하여서 비범하면서도 "설명할 수 없는" 사건들이 종종 그곳에서도 권위의 유령이 작용하고 있다고 생각하게 하는 등의 정당한 의문을 불러일으킬 수 있음을 배제하는 것은 아니다.

권위는 (예를 들어 "아욱토리타스"$^{(auctoritas)}$의 원래적 의미를 규정하려는 시도에서처럼[281]) 단지 역사적으로만 제한적으로 보이던 현상을 의미하는 것은 아니다.[282] 「권위의 효과」는 현재에도 존재하며, 어떠한 현

이라고 언급한 바 있다(Weber 1922: 28; 2019: 134; 1978: 16). 반면 그렇듯 무정형적인 권력과 대비하여 베버는 '지배'$^{(Herrscahft)}$를 '사회학적'으로 언급하며, "지배란 어떤 특정한 내용을 가지는 명령$^{(Befehl)}$이 어떤 주어진 사람들에 의하여 복종될 기회$^{(Chance)}$로 불린다"라고 정의하였다(Weber 1922: 122; 2019: 338; 1978: 53). 그리고 위에서 언급한 세 가지 형태의 「권위에 의한 지배」 이외에도 시장을 통한, 마치 외적으로는 자유롭게 보이는 「이해경합에 의한 지배」$^{(Herrschaft\ kraft\ Interessenkonstellation)}$도 지배에 포함시킨 바 있다(Weber 1922: 604; 1978: 943) — 하지만 이러한 네 번째 분류는 동서의 초안에만 나오는 것이며, 후에 철회하였다는 주장도 존재한다(예를 들자면, 본서 각주 547에서의 포피츠의 주장).

[281] [역주] '아욱토리타스'$^{(auctoritas)}$는 '권위'로 번역 가능한데, 이의 원래적 의미는 로마 시대에서 어떠한 것을 촉진, 홍보 그리고 평가하는 사람이라는 의미를 가진 '아욱토'$^{(auctor)}$에서 비롯되어, 주로 원로원 등이 자신들의 지혜 및 덕성을 가진 자들이 결정을 이끄는 행동과 연관된, 그들이 가진 도덕적, 정치적 '영향력'을 의미하였고, 어떠한 법적 구속력을 가지는 것은 아니었다. 이는 중세에 교부들이 가진 영향력의 의미로 계승되었고, 근대에서는 절대 군주가 가진 천부의 권리를 의미하였다.

[282] 일례로, 다음을 참고할 것: Arendt(1968: chap. 3). 그녀의 질문은 "권위란 무엇인가"가 아니라, 실제로는 "권위란 무엇이었나"였다.

대성이나 합리화[의 추세]도 그 권위라는 현상을 제거하지 못하였다.

마지막으로, 권위는 결코 전적으로 선하거나 전적으로 악한 것을 의미하지 않는다(올곧은 권위는 구원을 가져올 것이라고 기대하거나, 혹은 권위를 폐지한다면 이상적인 세계가 도래할 것이라고 여기는 경우의 각각은, 그렇듯 전적으로 선하거나 악하다고 간주하는 태도이다) 물론 단순히 과도한 의미 부여를 피하는 것만으로는 충분하지 않다. 최초 단계부터 신중하게 이 문제에 접근하기 시작하여야 한다.

【105】1920년대에 알프레트 피어칸트(Alfred Vierkandt)는 퇴니스(Ferdinand Tönnies)와 오펜하이머(Franz Oppenheimer)에게도 큰 영향을 미친 바 있던 한 가지 구분을 제시한 바 있었다: 그것은 단순한 두려움에서 비롯된「순종 준비태세」(Fügungsbereitschaft)와 자유로운 편향에서[283] 비롯된「순종 준비태세」간의 구분이다. 첫 번째 의미에서의「순종 준비태세」는 예컨대 "즉각적인 육체적 고통(신체적 처벌)에 대한 두려움"이나 미래의 경제적 피해에 대한 두려움을 의미한다. 두 번째 의미에서의「순종 준비태세」, 즉 "어떤 편향에 자유롭게 따르는"「순종 준비태세」는 "어떤 사람이 [상대방 등을] 경외하고(verehren) (...) 우러러볼 때(emporblicken)" 존재한다.[284] 이러한 복종의 기반은 "어떠한「가치 우위성」(Wertüberlegenheit)에 대한 의식과 인정"이다. 이러한 의식을 가지고 복종하는 자는 "「내적 권력」, 즉 "권위"에 복종하는 것이라고 할 수 있다.[285]

---

283 [역주] '성향'을 사용하지 않고, 다소 부자연스럽더라도 '편향'이라는 표현을 사용하였는데, 이는 후자가 한쪽으로 치우쳐 있다는 의미를 담고 있기 때문이다.

284 [역주] verehren는 심적으로 어떤 권위 등을 깊이 숭상함을 의미하는 것이고, emporblicken는 주로 위계 등에 의하여 상대가 우월함을 외적으로 나타냄을 의미한다.

285 Vierkandt(1959: 548-549).

이러한 이야기는 놀랍도록 단순하게 전개된다. 후자의 경우에는 자유로운 편향과「가치 우위성」이 존재하고, 전자에는 돈과 무력이 존재한다. 피어칸트가 제시한 공식은 당대에는 특히 인상적으로 작용하였을 것이다. 하지만, 그 주장이 근거하는 사고방식은 권력 자체에 대한 성찰만큼이나 오래된 것이다. 기원전 4세기의 중국 철학자 맹자(孟子)는 다음과 같이 언급한 바 있다:

> 힘에 의하여 복종하는 자는 진정으로 마음에서 복종하는 것이 아니라 단지 힘이 없기 때문에 섬길(贍) 뿐이다. 덕(德)에 의하여 복종한 자는 기뻐하며 성(誠)을 가지고[286] 복종한다.[287][288]

이것은 동일한 사상이며, 단지 맹자에서는 "「인격성의 권력」"(Macht der Persönlichkeit) [즉, 덕]이 [피어칸트가 말한]「가치 우위성」을 대신할 뿐이다. 권위를 내면적이고 자발적으로 인정된 권력으로 정의하는 이러한 목록들은 쉽게 확장될 수 있다. 예를 들어, 호르크하이머(Horkheimer)는 "권위주의적"(autoritär) 관계와 "권위적인"(autoritativ) 관계를 구별하며, 후자를 "「긍정적 의존성」"(bejahte Abhängigkeit)으로 특징짓고,【106】 그것은 "애정어린 복종"(liebender Gehorsam)에서 단순한 '감내하는 복종'(duldender Gehorsam)까지 이어질 수 있다고 본다.[289]

본인은 "「긍정적 의존성」"에서 비롯된「순종」도 존재하며, 이같은 사

---

286 [역주] 독일어 원문에는 이 '덕'을 '인격의 권력'(Macht der Persönlichkeit)으로, '성(誠)으로'를 '진정으로'(wirklich)라고 번역하고 있다.

287 Mumford(1961: 86)에서 인용됨.

288 [역주] 맹자의 원문은 다음과 같다(맹자 공손추(公孫丑) 상편):
이력복인자, 비심복야, 역부섬야. 이덕복인자, 중심열이성복야 (以力服人者, 非心服也, 力不贍也. 以德服人者, 中心悅而誠服也)

289 Horkheimer(1972: 24ff.). Cf. Eschenburg(1976: 209ff.).

실은 "권위"를 논의할 때 고려하여야 하는 사항에 속함에는 의심의 여지가 없다고 본다. 다만, 이러한 주장과 관련된 정식화된 표현이 옳다고 본인은 확신적으로 간주하지는 못한다. 하지만 이러한 점은 문제시되지 않는다 [즉, 이렇듯 정식화된 표현에 대한 확신이 없다고 할지라도 그러한 주장을 부인할 수는 없다]. 오히려, 보다 심사숙고하여야 할 것은 '포테스타스'(권능)$^{(potestas)}$와^{290} '아욱토리타스'$^{(auctoritas)}$의 개념에 대한 역사이며, 이는 「외적 권력」과 「내적 권력」으로 이분법적인 구분을 하는 맥락과도 관련되어 있다. 로마 제국과 가톨릭교회에서 '아욱토리타스'는 "「긍정적 의존성」"이라는 아우라를 이용하여 더 높은 권력 요구에 대한 「정당화」의 틀로서 매우 빠르게 자리 잡게 되었으며, 이는 유럽 역사에서 가장 성공적인 이데올로기적 개념 중 하나였다.

그러나 이것 역시도 단순히, 특별히 오용 가능한 개념적 정의를 남용할 수 있음에 대한 경고에 불과하다. 본인의 관점에서의 진정한 문제점은 이러한 두 가지 형태의 권력에 단순히 각각 선과 악이라는 의미의 명찰이 붙여진다는 점이다. 즉, 「내적 권력」이 가지는 권위는 순수함, 사랑스러움, 그리고 자유로움 그 자체로서 묘사되며, 이는 있는 그대로 자연적 우위성과 자연적 열위성의 관계를 반영하는 것으로 여겨진다. 반면, 또 다른 형태의 권력인 「외적 권력」으로 인하여 적나라한 강압이 세상에 등장하는 것으로 생각된다.

이와 같은 방식의 이분법적 분류가 일반적으로 유용한지 혹은 해로운지는 여기서 논외로 하도록 한다. 그러나 특히 권위에 관한 한, 이러한

---

290   [역주] 앞의 각주 281에서 설명한, 비공식적, 내적, 도덕적 권력으로서 자발적으로 받아들여지는 권력인 '아욱토리타스'$^{(auctoritas)}$와 대비할 때, 로마공화정시대에서 사용된 '포테스타스'(권능)$^{(potestas)}$는 어떤 지위에서 생기는 공식적인 법적 권능을 지칭한다(가정사에 있어서는 가장의 권력을 의미한다). 참고로, 이에 대비하여 '임페리움'$^{(imperium)}$은 주로 군사적 명령권을 의미하였다.

분류는 현상을 완전히 오인하도록 한다.

【107】「권위의 효과」로 인하여 다음과도 같은 완전히 상반된 관계와 행동으로 이끌릴 수 있다: 즉, 맹목적이고 광적인 복종 혹은 사랑에 기반한 깨어 있는(hellsichtig) 예종(Unterordnung), 광신적 자기파멸(Selbstaufgabe) 혹은 자기확신적 안정감(Geborgenheit)의 어느 쪽으로도 이어질 수도 있는 것이다. 또한, 권위에 의하여 형성된 행위들은 종종 양면성을 가지고 있다는 점이 특징적이다: 예를 들자면, 강박에 사로잡힌 성실성과 과시적인 반항 간의 흔들림, 열정적 예찬에서 혐오와 증오로의 전환, 충성과 배반은 서로 가깝다는 사실 등이 그것이다.

이러한 대조, 양면성, 전환은 단순한 주변적 현상은 아니다. 권위를 이해하는 어떤 시도도 권위가 가질 수 있는 효과의 다양함을 이해하는 바에 기여하여야만 한다. 사실 "좋은" 효과와 "나쁜" 효과는 같은 근원에서 비롯된다.

그러나 「권위 현상」에서 보이는 「공통 특성」(Einheit)은 무엇인가?

그 「공통 특성」이 바로 본인의 논의를 시작하는 전제이다. 그 「공통 특성」은 한 인간이 타인의 작위나 부작위에 의하여 속박된다는, 그러한 특수한 속박(Gebundenheit)에 의하여 규정된다. 「권위 의존자」(Autoritätsabhängig)는[291] [권위를 행사하는] 상대방에게 [심적으로] 고착되어(fixiert) 있으며, 특히 [권위 행사자의] 모든 행동에 [심적으로] 고착되어 있는데, 이때 [「권위 의존자」는] 그 [권위 행사자의] 모든 행동을 마치 [그 권위의 행사자가 「권위 의존자」] 자신에게 보내는 반응이라고 생각하게끔 될 수도 있게 된다. 그는 현실적이든 상상 속에서든 [권위자인] 상대와 자신을 연결하는 관계에 사슬로 묶여 있다.

이렇게 서술하는 경우, 이러한 속박은 아직은 [프로이트의] 「리비도적

---

[291] [역주] 권위에 의존하고자 하는 자.

속박」과²⁹² 혹은 「동일시에 의한 속박」⁽ⁱᵈᵉⁿᵗⁱᶠⁱᶻⁱᵉʳᵉⁿᵈᵉ ᴮⁱⁿᵈᵘⁿᵍ⁾과는 구별되지 않는다.²⁹³ 그러나 본서에서 의미하는 구속과 속박은 독자적인 형태를 가진 근본적 인간관계로서 더욱 명확히 규정될 수 있다.

I. 권위의 효과

【108】권위에 대한 이해⁽理解 ⱽᵉʳˢᵗäⁿᵈⁿⁱˢ⁾가 사람들 간에 상이함에도 불구하고, 우리가 출발점으로 삼을 수 있는 일정한 공통성은 존재한다. 권위의 특정한 특징들은 사실 명시적으로 매우 자주 언급되며, 그렇지 않은 다른 경우에 있어서도 적어도 자명한 가정으로부터 추론될 수 있다. 물론 완전하지는 않지만, 이러한 광범위한 공통점은 상당한 정도로 존재하며, 본인이 견해에는 다음과 같은 네 가지 특징으로 전개될 수 있다.

(1) 어떤 사람이 [즉, 「권위 의존자」]가 다른 사람에게 [즉, 권위자에게] 권위를 넘겨준다고⁽ᶻᵘˢᶜʰʳᵉⁱᵇᵉⁿ⁾ 함은,²⁹⁴ 단순히 [「권위 의존자」] 자신이 통제 가능한 행위에 있어서 뿐만이 아니라, 그의 관찰되지 않는 작위에 있어서도 그는 '권위자'⁽ᴬᵘᵗᵒʳⁱᵗäᵗˢᵖᵉʳˢᵒⁿ⁾의 의지에 스스로 적응하는⁽ᵃⁿᵖᵃˢˢᵉⁿ⁾ 것을 의

---

292 [역주] 프로이트가 사용하는 Bindung이란 용어는 역자에 따라 '묶기 과정', '묶음 작업', '묶기', '묶음' 등으로 다양하게 번역되고 있으며, 일본어에서는 이를 '결합', '구속' 등으로 번역하고 있다. 본서에서는 '묶음'이라는 표현 대신 '구속'을 사용하기로 한다.

293 [역주] 저자는 「권위적 속박」과 프로이트적인 '구속'에 대하여 이야기하면서 그것들을 일견 상호 구분되지 않는다고 말하고 있다. 「리비도적 속박」이란 정서나 본능적 유대로서, 자식과 부모 간의 유대, 이성 간의 유대 등을 들 수 있다. 반면 「동일시에 의한 속박」이란 자신을 내면적으로 타인과 일체화하려는 혹은 모방하려는 심리를 의미한다. 각주 315 참고.

294 [역주] 즉, 스스로를 포기하고 타인의 권위를 인정하고 그에 순응함.

미한다. [「권위 의존자」] 자신의 작위와 부작위가 어둠 속에 가려져 있다고 [그래서 권위자가 통제할 수 없다고] [「권위 의존자」가] 스스로 확신할 수 있는 경우에서조차도, 그는 (자주) 그렇게 적응하는 방식으로 행동한다. 즉, 「권위의 효과」는 권위자가 통제할 수 있는 범위를 넘어서는 그러한 [「권위 의존자」의] 적응^(Anpassung)을 유발한다.

(2) 「권위의 효과」는 단순히 [「권위 의존자」의] 행위상에 있어서의 적응에 그치지 않고, 마음자세^(Einstellung)에 있어서의 적응까지도 미친다. 「권위 의존자」^(Autoritätsabhängig)는 권위자의 판단, 의견, 가치 기준—즉, 후자의 "범주"^(Kriterium)—을 받아들이며, 그와 더불어 그 권위자의 "관점"^(Perspektiv), 즉 권위자가 판단의 기준으로 삼는 입장과 시각, 그리고 경험을 해석하는 규칙까지도 받아들인다. 권위의 인정은 언제나 심리적 적응을 의미한다. 그리하여 「권위 관계」는 피부 아래까지 깊숙이 스며들게 된다.

이것이 바로 권위에 의하여 결정된 순응이 단순한 통제 범위를 넘어서는 이유이기도 하다. 「권위 의존자」는 자기 스스로를 일일이 감시한다.[295] 그는 권위가 가지는 의미^(Sinn), 즉, 자신이 받아들인 권위의 범주와 관점에 따라 자신의 행위를 평가한다.

【109】 새로운 권위의 인정은 마음자세의 급진적 변화를 초래할 수 있다. 새로운 권위는 [「권위 의존자」에게] 새로운 세계를 열어주며, 새로운

---

[295] [역주] '자기 감시하는 자아'라는 주제는 푸코^(Foucault)를 연상시킨다. 푸코를 인용하자면 다음과 같다: "무기, 물리적 폭력, 그리고 물질적 제약은 필요하지 않다. 단지 시선, 즉 응시하는 시선, 그 시선들이 자신들을 누르고 있음을 느끼며 결국은 자신 스스로를 감시하는 정도로까지 그 시선을 내면화하려 할 때의 그 시선[만이 필요로 할 뿐이다]. 따라서 각 개인은 이러한 방식으로 자신의 위로 그리고 자신을 향하여 이러한 감시를 행할 것이다"(Foucault 1980: 155).

진리를 보이게 하고, 그들을 새로운 믿음으로 개종시킨다. 즉, *ad fidem faciendam auctoritas* [「믿음을 만들어내는 권위」]라고 할 수 있다.[296]

(3) 권위를 행사하는 자는 "거친"[grobe] 수단을 사용할 필요가 없다. 그는 신체적, 물질적 처벌의 위협이라는 단계를 생략할 수 있다. 권위는, 말하자면 일종의 무장이 없는 상태로서 (혹은 그렇게 보이는 상태인데), 미약한 수단을 통하여 결과를 달성한다. 이는 교실을 통제하는 교사가 아마도 "마치 저절로" 권위를 가지고 있다고 인정되는 바와 유사하다.

공화정 로마에서 사용되었던 '아욱토리타스'라는 단어의 본래 의미도 '강압적 무력을 수반하지 않는 영향력'을 뜻한다. 중요한 결정을 내려야 하는 장군, 관료, 또는 가장 경험 많은 남성들로 이루어진 평의회[concilium]를 소집하여 조언을 구하였다.

> 로마인의 사적, 공적 생활 전체는, 중요 결정 시 자신들에게
> 조언할 자격이 있다고 여겨지는 이들의 의견을 사전에 구하는
> 원칙을 따라서 통제되었다.[297]

이러한 임시로[ad hoc] 소집된 평의회의 조언과, 정치적 차원에서의 원로원의 조언은 "아욱토리타스"를 가지고 있었다. 비아커[Franz Wieacker]는[298] 이 "아욱토리타스"를 "간접적 권력"으로 묘사하며, 타인의 법적 행동에 대하여 완전한 법적 효력을 부여하고 타인의 사회 교류적 행위에 공공

---

296 [역주] 키케로[Cicero]의 『토피카』[Topica] 제73절에 나오는 문구. 키케로가 청중을 설득하기 위하여서는 다양한 종류의 증거와 논증이 사용될 수 있음을 논하는 자리에서, 권위[auctoritas]가 믿음[fides]을 만들어냄을 언급하고 있다.

297 Heinze(1960: 57). Cf. Eschenburg(1976: 14ff.).

298 [역주] 프란츠 비아커(Franz Wieacker 1908-1994)는 독일의 법사학자로서 로마법과 법철학을 연구하였다.

성 측면에서의 무게를 더하여주는, 그러한 일종의 보강(Verstärkung)으로 규정하였다.[299] 그리하여 권위적인 조언을 구하는 것은 결정의 「정당함」을 뒷받침하고 그 결정의 올바름에 대한 믿음을 제고하였다. 이러한 보강과 증대(Vermehrung) (즉, 이는 라틴어 *augere*를 말함[300])는 조언자가 가지는 명망(Ansehen)과 그 제도에 대한 존엄(Würde)에 기반을 두고 있었다.

【110】 이는 「권위의 효과」가 가지는 그 고유한 무게를 보여주는 한 가지 예에 불과하다. 그러나 일반적으로 동의될 수는 없을지라도 여기에서 한 가지 단서를 추가할 필요가 있다. 권위는 강압 수단을 배제**할 수** 있으나 **반드시** 배제**하여야만** 하는 것은 아니다. 특히 이 점에서 「내적 권력」과 「외적 권력」의 대립—즉, "아욱토리타스"와 '포테스타스'(권능)(*potestas*)의 대립[301]—이라는 이분법적 구분을 너무 과도하게 강조하여서는 안 된다. 폭력적인 아버지도 충분히 권위를 행사할 수 있는데, 그것은 공포스럽고도 거의 감히 도전하기 어려운 권위일 수 있다. 무력과 권위가 양립 가능한지 여부는 「권위 의존자」가 가지는 해석, 즉, 행사된 무력이 그 종속된 자에 대하여 가지는 의미에 달려 있다. 이는 차후에 상세히 논의할 문제이며, 현재로서는 다음과 같은 일반적 단서를 제시하는 바에 그치려 한다: 즉, 「권위의 효과」는 어떤 형태의 강압적 수단과 필히 결부되어 있지는 않지만, 강압적 수단과 원칙적으로 양립 불가능한 것도 아니다.

(4) 타인에게 권위를 넘겨주는 자는 그 타인의 '우위성'을 인정하는 것이며, 자신은 열위한 존재로서 그 타인을 우러러보는 것이다. 다시 말하여, 그 타인은 그에게 있어서 「명성」(Prestige)을 가지고 있다.

---

299   Wieacker(1944: 16).

300   [역주] 라틴어 *augere*는 '증가시키다', '강화시키다'라는 의미를 가지는데, 이는 "아욱토리타스"(auctoritas)의 어원이기도 하다.

301   [역주] 의미 구분에 대하여서는 각주 281과 290 참고.

우위성의 인정은 '특히 가치 있고 자신도 가지고 싶다고 여겨지는 특정한 장점'—즉 소유, 능력, 지식의 우위성—에 관련되어 있는 부분적인 것일 수 있다. 상대방은 더 많은 것을 **가지고** 있다: 더 많은 부, 더 많은 권력, 더 오래된 명망 있는 조상. 상대방은 더 많은 것을 **할 수 있다**—더 숙련되고, 더 예리하고, 더 창의적이며, 관철하는 기량이 더 뛰어날 수 있다. 상대방은 더 많은 것을 **알고 있다**—더 나은 지식을 지니고, 더 많은 경험을 쌓았으며, 더 높은 통찰력을 갖추고 있다. 물론 이러한 [우위성을 판단하는] 경우의 수는 무한하다. 그러나 상대방이 가진 우위성의 인정은 항상 어떠한 특정하게 보일 수 있는 장점에만 국한될 필요는 없다. 【111】상대방의 우위성은 보다 일반적으로 드러날 수도 있으나, 동시에 모호하고 신비에 싸인 것으로 남을 수도 있다. 루이스 레오폴드(Lewis Leopold 1882-1953)는 이러한 의미에서「명성」이라는 개념을 이해하였으며, 피어칸트(Vierkandt)와 퇴니스(Tönnies), 그리고 후에 하인츠 클루트(Heinz Kluth 1907-1990)도 레오폴드의 그같은 견해를 대체로 따랐다. 레오폴드가 묘사한 것은 일종의 "더 높은 존재로서의「명성」"이다. 상대방은 단지 더 많음 자체로서 **존재**하며, 이는 그와의 어떠한 비교나 경쟁도 배제하게 만든다.

> 자신이 어떤 이를 마주하였을 때, 사고력, 평가력, 그리고 의지력의 그 모든 면에서 도저히 그와 근접할 수 없다는 엄청난 정서—이것이 바로「명성」이다.[302]

여기서「명성」이라는 것은, 파악할 수 없고 해명할 수도 없는 우수성(Superiorität)을[303] 수용하지 않을 수 없음을 의미한다. 따라서「명성」이란 훨

---

[302] Leopold(1913). Kluth(1957: 10)에서 인용됨.

[303] [역주] 앞에서 나온 '우위성'(Überlegenheit)은 주로 지위나 권력, 영향력 등을 포함하는 일반적인 의미로 사용되었고, '우수성'(Superiorität)이란 주로 어떤 개인이 가지고 있는 내재적 속성이 뛰어남을 의미한다.

씬 멀리 떨어져 있는 낯선 존재가 가지고 있는, 사회 교류상에 있어서의 [자신과의] 거리에 관한 현상일 것이다. 이는 특히 신분제 사회 질서에서 드러나는데, 그때, 상위 계급은 완전히 다른 세계 속에서 살아간다.

그러나 "더 높은 존재로서의「명성」"이라고 하여도 우리가 반드시 그것에 대한 이해를 포기하여야만 함을 의미하는 것은 아니다. 일반적 우위성은 높이 인정될 수 있음과 동시에 파악될 수도 있다.

빌헬름 마이스터$^{(Wilhelm\ Meister)}$가^{304} 스스로 배우가 되기로 결심하였을 때, [자신의 신분인] 부르주아지가 귀족에 비하여 원칙적으로 열위성$^{(Unter-legenheit)}$을^{305} 가지고 있기 때문이라는, 그러한 결심의 이유를 날카롭고도 흔들림 없는 자기성찰을 통하여 설명하고 있다. 즉, "여기에 내가 존재하는 그 자체로서의^{306} 나 자신을 도야하는 것"(*Mich selbst, ganz wie ich da bin, auszubilden*) — 그런데, 부르주아지는 단지 무대 위에서만 그렇게 할 수 있기 때문이다.^{307} 아래에서 본인은 그의 이러한 주장을 크게 간략화하여 소개하겠다:

> 외국에서의 상황이 어떤지는 모르겠지만, 독일의 경우에는 오직 귀족에게만, 말하자면 어떠한 일반적인, 그리고 개인적인 도야$^{(Ausbildung)}$가 가능하다. 부르주아지도 물론 돈을 벌고

---

304 [역주] 괴테의 소설『빌헬름 마이스터의 수업시대』$^{(Wilhelm\ Meisters\ Lehrjahre)}$에 등장하는 주인공.

305 [역주] 번역상 Unterlegenheit를 그것이 내재적인 것이 아니라 사회적으로 결정된 것임을 의미하는 경우 '열등성'이 아닌 '열위성'으로 번역하였다.

306 [역주] 즉, 외부적 환경 등에 야합하지 않고, 자신의 진정한 정체성을 유지시키며.

307 [역주] 그리하여 주인공은 배우가 되기로 결심한다.

(Verdienst erwerben),[308] 기껏 하여야 자신의 정신(Geist)은 도야할 수도 있다; 하지만 그가 어떻게 자신을 나타내든 상관없이 그의 인격성(Persönlichkeit)은 사라지게 된다. 【112】 반면에 귀족에게는 [사회의] 가장 고귀한 층과 어울리면서 자신을 고상한 「품위」(Anstand)로 표현하는 것이 일종의 의무로 된다. 이러한 「품위」에는 어떠한 [작은] 문이나 대문도 닫혀있지 않으므로 [즉, 어떠한 제한도 없으므로], 그 「품위」는 '자유로운' 「품위」가 된다; 그는 궁정에서나 또는 군대에서, 자신의 모습(Figur)이나 혹은 자신의 인격(Person) 그 자체로 지불하고, 또한 그것을 [즉, 모습과 인격을] 지불하여야만 하기에, 그것들을 [즉, 모습과 인격을] 중요하게 여기며, 그것들을 보여주고 또한 지켜야만 할 충분한 할 이유가 있다. (...) 그는 공적인 인격이다 (...) 그는 도처에서 자신을 앞세우며 자신을 주장할 수 있지만, 반면 부르주아지에게는 스스로의 앞에 이미 그어져 있는 경계선이 가져다주는 순전히 차분한 정서에 안주하는 것보다도 어울리는 것은 없다. 부르주아지가 다음과 같이 묻는 것은 용인되지 않는다: "너는 과연 무엇인가?" 그 대신에 다음과 같이 묻는다: "너는 과연 무엇을—어떤 통찰, 어떤 지식, 어떤 기량, 그리고 어떤 자산을—가지고 있는가?" 귀족은 자신의 인격을 현시하는 것으로 모든 것을 주지만, 부르주아지는 자신의 인격성(Persönlichkeit)을 통하여서는 아무것도 주지 않으며 또한 아무것도 주지 말아야 한다. 귀족은 자신을 드러냄이 허용되며, 또한 그렇게 드러내야만 할 의무가 있다. 반면, 부르주아지는 단지 존재하여야만 할 의무만 있으며, 그가 스스로를 표현한다는 것

---

308 [역주] 독일어 'Verdienst erwerben'는 '돈을 벌다', 혹은 '성과를 보여주다, 혹은 성과를 내다'의 어느 쪽으로도 해석이 가능하다.

은 우스꽝스럽고도 상스러울 뿐이다. 귀족은 행하며$^{(tun)}$ 영향을 미치지만, 반면 부르주아지는 업무를 수행하고 무엇인가를 만들어 내야만 하며, 스스로 유용하여지기 위하여서는 각자의 개별적 기량을 도야하여야만 한다; 그리고 부르주아지의 본성$^{(Wesen)}$에는 조화$^{(Harmonie)}$라는 것은 존재하지 않고, 또한 그렇게 존재하는 것은 용인되지 않는다는 사실은 이미 전제되어 있다. 왜냐하면 그는, '스스로가 유용하여진다는 **단 한 가지** 방도'를 위하여서는 여타의 모든 다른 것들을 무시하여야만 하기 때문이다.[309]

이같은 주장의 전제는 놀라울 정도로 건고하다: 「인격성의 도야」$^{(Ausbildung\ der\ Persönlichkeit)}$를 위하여서는 공공성$^{(Öffentlichkeit)}$이, 즉, "공적 인격"으로서의 '자기표현'$^{(Selbstdarstellung)}$이 필수적이다. 공적으로 자기표현을 하는 기회, 내지는 오히려 그러한 의무가 바로 귀족의 우위성을 정초한다. 부르주아지와 비교할 때 그러한 [귀족의] 공적인 자기표현은 고귀한 존재로서의 일반적인 우위성을 확립시킨다. 반면, 부르주아지는 자신이 가진 기량을 오직 부분적으로만 도야시키며, 따라서 부분적으로만 유용성을 가질 뿐이다. 여기서 [즉 빌헬름 마이스터의 입장에서는], [귀족의] 우수성$^{(Superiorität)}$은 인정될지언정 동시에 그들의 우수성은 [빌헬름 마이스터에게는] 적나라하게 [원래 내재된 우수성이 아니라 사회적으로 구성된 것임이] 보인다.【113】그러한 우수성은 레오폴드가 이해한 바처럼 일종의 단순히 받아들여지는 운명이 아니라, 오히려 [빌헬름 마이스터가 배우가 되어 연기를 행하는 등의] 행동을 통하여 도전$^{(Herausforderung)}$할 대상이다. 물론 배우라는 직업은 "공적 인격"$^{(öffentlichen\ Person)}$의 대체물에 불과하다.

이렇듯 인지되는 「명성」의 모든 형태들, 부분적이거나 혹은 일반적

---

309 Goethe(1995: book. 5, chap. 3).

인 우위성, 설명할 수 없는 것과 파악할 수 있는 것들을 요약하여 보자. 그리고 타인을 '인정'함으로써 자기 자신을 열위에 놓인 존재로 분류하는 사람들에게 [그러한 '인정'이] 미칠 영향에 대하여 물어보기로 하자. 우선 존경과 경외, 또는 질투와 분노와 같은 감정이 예견된다. 그러한 감정이 강할수록, 그 감정은 열위한 처지의 사람이 가지는 [타인과의] 접촉의 형태, 즉 그가 더 높이 평가되는 타인에 대하여 어떻게 행동할지에 특히 영향을 미치기 마련이다—즉, 특히 존경스러워 하거나 혹은 도전적으로, 또는 일상적으로 복종적이거나 혹은 억제된 모습으로 행동할 수 있다. 무엇보다도, 우위성의 인정은 [그 우월성이 가지는] 영향력에 대하여 열려 있도록, 즉, 그 영향을 받아들일 준비태세가 되어 있도록 이끈다.

확신을 가지고 타인들에게서 세상의 흐름에 대하여 더 높은 통찰을 기대하는 사람은 큰 문제들에 대하여서도 확신을 얻는다.[310] 그는 외부의 통찰을 따름으로써 통찰을 얻는다. 그들은 다음과 같이 말한다: "(위대한 교부, 위대한 학자들) 그 자신이 말하였다.": 이 말은 즉, *autós épha*,[311] '진리는 여기 백일하에 드러났다'를 의미한다.

혹은 더 평범하게 표현하자면 다음과 같다: 「명성」을 가진 사람들로부터의 조언은 죽을 운명을 타고난 평범한 자들로부터의 조언보다 더욱 가치가 있다. [사람들은] "이것은 성공한 사람의 조언이다. 그리고 그 조언

---

310 [역주] 즉 현명한 타인들로부터 세상에 대한 높은 통찰을 얻을 수 있다고 확신하는 사람은, 자신이 당면한 여타의 큰 문제를 해결할 통찰도 그 현명한 자로부터 얻을 수 있음을 확신한다.

311 [역주] *autós épha*(αὐτός ἔφη)는 그리스어로서 "그 스스로가 말하였다"라는 의미인데 피타고라스학파에서 "피타고라스(Pythagoras)가 말하였기에 확실하고 옳다"라는 의미로 사용되었다. 이를 광범위하게 해석하자면, 어떤 명제가 자명하고 옳음을 제3자의 권위에 의존하여 주장하고 있는 것을 의미한다.

을 따름으로써, 성공에 합류하게 된다"라고 말한다. 일반적으로 [어느 한] 장점을 일반화하려는 경향도 존재한다: 어느 한 면에서 우월한 사람이면 다른 면에서도 우월하다고 생각된다. 「명성」과 「모범성」(Vorbildhaftigkeit)과의 연관에 있어서도 마찬가지이다. 성공한 자를 모방하고, 그를 추종하는 식으로 행동하는 경우, 그 자신이 올바른 길을 따르고 있다고 여겨진다.

【114】 따라서 「명성」이라는 측면에서 우위성을 인정받은 사람은 그가 의식적이든 무의식적이든 타인들의 행동에 영향을 미친다. 이것이 아마도 「명성의 효과」(Prestigewirkung)가 「권위 현상」(Autoritätsphänomen)과 동일시되는 본질적 이유일 것이다. 예를 들어 베르트랑 드 주브넬(Bertrand de Jouvenel)은[312] 다음과 같이 말한다:

> 나는 '권위'라는 단어를, A가 B와의 관계상, B가 'A를 올려다보는', 'A의 말을 듣는', 그리고 'A의 요구에 따를 강한 준비태세가 되어 있는' 그러한 위상을 지칭하고 한다.[313]

이러한 견해를 소위 「관습적 권위 개념」(konventionelles Autoritäts-Konzept)이라고 부를 수 있다: 권위는 우위성에 대한 인식에 기반을 두고 있으며, 이는 [타인들의] 강한 「적응 준비태세」(Anpassungsbereitschaft)로 이어진다. 이러한 견해는 우리가 위에서 논의한 바 있는 특성들, 즉, '통제가 불필요한 「순종」', '마음자세(Einstellung)를 받아들임', '강압과는 무관함' 등을 함의한다.

---

[312] [역주] 베르트랑 드 주브넬(Bertrand de Jouvenel 1903-1987). 프랑스 철학자, 미래학자 겸 정치 경제학자. 권위의 기능, 그리고 국가권력과 개인 간의 관계에 대한 연구를 함. 대표 저술은 *Du Pouvoir: Histoire naturelle de sa croissance*(권력에 관하여-권력의 자연적 성장에 대한 역사, 1945).

[313] Jouvenel(1963: 100; 1967: 126).

본인은 이러한 전통적인 권위 개념이 잘못된 것이라기보다는 단지 너무 '숨이 가쁜'(kurzatmig)³¹⁴ 개념이라고 생각한다. 우위성의 인정하에 그에 따른 영향을 받아들일 준비 태세를 가지는 것은 「권위 현상」에 있어서 단지 하나의 요소이다. 그것은 또한 전 단계일 수도 있다. 하지만 그것은 「권위의 효과」의 특이성을 파악하지 못하고 있다. 즉, 그것은 무엇보다도 「권위 의존자」에 대한 특수한 형태의 구속(Gebundenheit)으로, 그리고 특정한 사회 교류상의 관계로 얽혀있는, 복잡한 방식의 속박(Gefesseltheit)을 설명하지 않고 있다.

II. 사회적 인정 추구에의 심적 고착으로서 권위적 인정

본인은 「권위적 속박」이란 타인으로부터의 인정을 추구함에 근거한다는 사실을 전제하고자 한다. 【115】 사람들은 그 자신이 사회적으로 받아들여지는지의 '여부 자체'에 대하여 스스로 확신(Gewißheit)을 가지기 위하여서, 그리고 더 나아가 그들 자신이 사회적으로 '중요하게' 간주된다는 확신을 가지기 위하여서 [어떠한 특정 타인으로부터의] 인정을 특별히 절실하게 느끼게 된다. 권위는 그러한 [특정한] 인정을 부여하는 자에 의하여 행사된다.³¹⁵

「사회적으로 인정받음」(soziales Anerkanntsein)이라는 느낌은 우리 자신

---

314 [역주] 천식이나 운동 후에는 다른 무엇보다도 급히 숨을 들여 마시는 바에 비유하여, '근시안적임'을 의미함.

315 따라서 세 가지 종류의 근본적인 '속박관계'(Bindung)를 구분할 수 있다: 「리비도적 속박」(libidinöse Bindung)(즉, "타인을 소유하고 싶어함"), 「동일시에 의한 속박」(Bindung kraft Identifizierung)(즉, "타인처럼 되고 싶어함"), 그리고 「권위적 속박」(즉, "타인으로부터 인정받고 싶어함").
[역주] 각주 293 참고.

스스로의 「자기인정」(Selbstanerkennung),³¹⁶ 그리고 「자기존중감」을 구성한다. 권위에 의한 인정이 「사회적으로 인정받음」의 느낌을 가지기 위하여 결정적일 때, 우리의 「자기인정」도 마찬가지로 이러한 "권위적 인정"(autoritativen Anerkennung)에 의존하게 된다. 따라서, 권위로부터의 「인정에의 추구」(Streben nach Anerkennung)는 곧 자기 자신을 인정하는 「인정에의 추구」이기도 하다.

즉, 우리가 우선 「권위의 효과」를 만들어내고 권위자에 대하여 속박되도록 야기하는 것은 바로 우리 자신이 가진, 타인과 자기 자신으로부터의 「인정 추구」(Anerkennungsstreben)이다.

「권위적 속박」의 발생을 관찰하는 경우, 일반적으로 이중적인 「인정 과정」을 발견할 수 있다. 즉, 타 인격의 우위성을 인정하고 그 타 인격에 「명성」을 부여하는 과정, 그리고 그에 따라 우리의 「인정 추구」를 그러한 우월한 인격이나 그룹에 「심적 고착」(Fixierung)시키는 과정이 그것들이다. 우리는 우리가 특별히 인정하는 자들로부터 특별히 인정받고 싶어 한다.³¹⁷

특정 타인들로부터의 「인정 추구」에 「심적 고착」을 한다는 사실은, 그 타인들의 권위를 인정하는 사람들이 가지는 의존성을 설명하여 준다. 그 의존성이란, 바로 그들이 그 [자신들이 인정하는] 특정 타인들이 내

---

316 [역주] 이때의 「자기인정」이라함은, 자기 자신이 스스로를 인정함을 의미한다.

317 본서 1장의 권력 개념에 대한 서론 중, 「권위 현상」을 설명함에 있어서 「기준에 대한 필요성」(Maßstabsbedürftigkeit)의 의미를 본인은 추가로 강조한 바 있다.⁽ⁱ⁾ 「기준에 대한 필요성」과 「인정에의 필요성」 간의 연관성은 명백하다. 「인정에 대한 필요성」이란 기준들(Maßstäb)을 대표하는 자들과의 연계를 추구함에 다름아니다.

[역주] (i) 본서 34쪽 참고.

리는 칭찬과 존중(Achtung)을 강하게 갈구하고, 비난과 경멸을 강하게 두려워하기 때문에 생기는 의존성이다. 또한 이러한 「심적 고착」은, 「권위적 속박」으로 인하여 타인의 관점과 범주를 자신의 것으로 수용하는 그러한 심리적 적응이 초래되는 이유를 보여준다. 즉, 우리는 권위자의 앞에서 스스로를 입증하여만 하기에, 그 권위자들의 관점과 범주를 수용하게 된다.【116】 이에 따라 권위에 대한 속박(Gebundenheit)과 구속(Fesselung)에 대하여서도 더 잘 이해될 수 있게 된다. 우리의 「인정에의 추구」는 그들에게 고정되어 있으며, 그들이 '결정권(Ausschlag)을 가지고'[318] 우리를 손 안에 쥐고 있기 때문이다. 그들의 인정이야말로 우리의 자기 의식(Selbstbewußtsein)을 구성하는, 그러한 「사회적 성공」이라고 할 수 있다.[319] 마지막으로, 「권위적 속박」에서 벗어나는 일이 왜 그렇게 고통스러울 수 있는지도 이해할 수 있다. [그러한 해방으로 인하여 오히려] 우리 자신이 세상에서 유용하고 중요하다는 우리의 (확고하든 불안정하든) 확신을 지탱하고 있는 유대를 끊어버리는 것이기 때문이다. 또한, 「권위적 속박」을 해소한(Lösung) 것이 [오히려] 종종 숨막히도록 갑갑하게 느껴지는 이유도 보다 명확하여진다. 그것은 우리가 예속에서 풀려 나오게 됨에 따라, 즉, 우리가 안정감을 상실함에 따라 [오히려] 숨 막힐 정도로 갑갑함을 의식하기 때문이다.[320]

---

[318] [역주] 원문의 의미를 직역하자면, 천칭의 눈금(편위)을 결정한다는 의미이다.

[319] [역주] 이 문장은 자체로서는 이해하기 쉽지 않다. 풀어쓰자면 다음과 같다: 인정을 받는 것은 일종의 「사회적 성공」이며, 따라서 그러한 「사회적 성공」의 잣대로서의, 권위자가 주는 인정을 우리가 받음에 따라 우리의 「자기의식」이 가치는 가치도 사회적으로 확인된다는 의미이다.

[320] [역주] 이미 스스로 길들여지고 친숙하여진 예속의 상태를 벗어나는

인류학적 기초

여기까지가 본인이 믿기에 보편적인 인류학적 구조를[321] 특징짓는 근본적 가정들(Annahme)이다. [그러나] 그에 대한 근거를 제시하기 위하여는 몇 가지 [추가적] 고찰이 필요하다 (물론 필연적으로 이러한 고찰들은 그에 앞서는 어떠한 전제(Prämiss)들에 기초한다).

우리가 필연적으로 「자기인정」을 추구한다는 것은—그리고 우리는 그와는 달리 할 수 없다는 것은 [즉, 「자기인정」을 추구할 수밖에 없다는 사실은]—우리 스스로가 자신에 대한 「반성적 성찰」(Reflexivität)을 한다는 근본적인 사실로부터 비롯된다—이는 단순한 [천부적으로 주어진] 선물일 뿐만이 아니라 우리에게 강제(Zwang)된[322] 것이기도 하다. 그리고, 이는 우리가 살아가는 현실에 대하여 우리가 가지는 '평가적 관계'(wertendes Verhältnis)에서[323] 본질적으로 비롯되는 것이다. 우리는 우리 자신 스스로라고도 할 수 있는, '현실의 자락(Teil)'을[324] '평가적으로'(bewertend) 파악한다. 우리의 '자기 의식'은 항상 '자기 가치의 의식'(Selbstwertbewußtsein)이기도 [즉, 자기의

    것은 친숙함의 상실이기에 아이러니하게도 오히려 숨 막힐 듯 갑갑하다는 의미이다.

321 [역주] 이때 '인류학적'의 의미에 대하여서는 각주 10 참고.

322 [역주] 이러한 「자기인정」은 우리가 천부적으로 가지고 태어나는 속성일 뿐만은 아니다. 인간은 필히 자신에 대하여 평가를 하고, 그러함에 있어서 타인이 자신을 어떻게 평가하는 지도 고려할 수밖에 없다는 면에서 「자기인정」은 인간 존재에 있어서 강제적이고 구속적인 성격을 가진다.

323 [역주] 우리는 항상 우리가 믿는 가치에 비추어 세상을 평가하면서 살아가고, 중립적일 수는 없음을 의미.

324 [역주] 앞의 수식어 '자신 스스로라고도 할 수 있는'은 '현실'이 아니라 '현실의 자락'(내지는 '현실의 한 부분')을 수식한다.

가치를 평가하는 의식이기도] 하다. 그러나 [이러한] 「자기가치 평가」^(Selbstbewertung)에 대한 [즉, 우리가 스스로에 대하여 어떻게 평가하는가에 따라 달리 나타나는] 우리의 [감정적] 반응은, [단지 그렇게 평가함에 그치는 것을 의미하는] 단순한 「관조적 인식」^(Zur-Kenntnis-Nehmen)만에 그치는 것이 아니라, 또한 [우리 자신 스스로가] 행동하며 현실을 변화시키는 존재^(Wesen)라고 [스스로] 깨닫게 되는 '깊은 놀라움'^(Betroffenheit)이다. 【117】 따라서, 우리가 일반적으로 만족스러운 「자기존중감」을 얻기 위하여 진력^(Streben)하며 적극적인 자기 수고^(Sichbemühen)를 모색한다는 (그러한 수고가 결핍을 극복하거나 혹은 위험을 회피하기 위한 것이건 간에), 그러한 면이 우리에게는 전제되어 있어야만 한다. (우리가 병적인 체념의 상태에 놓여있는 것이 아니라면) 우리는 이같은 문제를 피할 수 없으며, 우리는 행동하며, 그리고 진력으로 대응할 수 있다.

그러나, 「자기인정」은 왜 「사회적 인정」^(soziale Anerkennung)에 의존하는가? 우선, 자기 자신에 대한 「반성적 성찰」이라는 근본적인 사실로 다시 돌아가 보자. 인간은 '자기 자신의 의식'^(Bewußtsein seiner selbst)을 단순히 [원래 있던 대로] "가지고만" 있는 것이 아니라, 생애의 초반에 걸쳐 그것을 개발시킨다. 어린이에게 있어서의 이러한 '자기 자신의 의식'은 타인과의 상호작용하에서 작용과 반작용을 경험함으로써 전개된다. 자기 스스로에 대한 「반성적 성찰」은 의사소통의 경험 "내면"에서 발생한다. (조지 허버트 미드^(George Herbert Mead)가³²⁵ 처음으로 주목하였듯이) [「반성적 성찰」의 발생을 위한] 결정적인 단계는, 타인의 관점에서 즉 [자신과] 상호작용을 하는 파트너라는 타인의 시각에서 눈앞에 벌어지는 것들을 보는, 또한 어떠한 상호작용에의 참여 당사자로서의 자신을 보는, 그러한 기량이

---

325 [역주] 죠지 허버트 미드(George Herbert Mead 1863-1931)는 미국의 철학자, 심리학자, 사회학자로서, 상징적 교류 이론과 사회심리학으로 저명하다.

생겨나는 과정이다. 아이는 타인의 관점에서 자신을 보기 시작하면서 비로소 스스로를 볼 수 있게 된다. 우리는 우리 자신을 타인의 관점에서 보이는 객체로 만들 수 있기 때문에, [우리가 우리] 스스로를 객체로 만들 수 있다.[326]

이러한 경험과 기량은 '자기 의식'의 생성뿐만 아니라 그것이 가지는 지속적인 구조도 결정한다.

> 모든 「자기인식」(Selbst-Erkenntnis)은 '자아'(Ich)에 의하여 자신의 인격을 '인지하게 됨'(Gewahrwerden)과,[327] 그러한 자신의 자각에 대한 다른 사람들의 반응에 대한 지식(Wissen)을 결합하는 것이다.[328]

'자기자신을 인지함'(Sichselbst-Wahrnehmen)이란 항상 타인의 눈을 통하여 '자기 자신을 인지하게 됨'(Sich-Gewahrwerden)이다.

【118】이러한 논지는 우리 자신에 대한 「자기인정」을 보다 구체적으로 고찰할 수 있도록 한다. '자기 평가'는 또한 의사소통적 경험, 특히 사회 교류상에서의 '인정의 경험'에서 발전한다. 아이가 성공적으로 성취하는 것은 본질적으로 사회적 관심—박수와 불만스러움, 도움, 자극, 교정—의 맥락 속에서 경험된다. 신체적인 어떠한 한 가지 요소에 의하여 예견될 수 있는 자명한 성공이라는 것이 있다고 하더라도, 무엇이 "성취"될 수 있는지, 그리고 또한 어떤 유능함(Kompetenz)이 기대될 수 있는지 등

---

[326] Mead(2015; 1968; 1980).

[327] [역주] '인식'(Erkenntnis)은 보다 깊은 성찰을 통하여 깨닫게 됨을 의미하는 바에 반하여, '인지'(Gewahr)는 그러한 성찰이 아닌, 보다 즉각적으로 알게됨을 의미한다.

[328] Spitz(1957: 121; 1970: 105). 이에 관련된 논의의 전체에 대하여서는 Popitz(2000: 11-35).

의 이러한 것들은 본질적으로 「사회적 성공」$^{(soziraler\ Erfolg)}$, 즉 타인의 인정에 의하여 정의된다. 이러한 '인정을 경험함'을 통하여 「자기존중감」이 발생하며, 이는 일종의, 타인에 의한 인정을 [그 타인에 의한 인정이] 자기 자신과의 가지는 관계하에서 받아들이는 것이다.

사회적 '인정의 경험'은 따라서 최초부터 「자기인정」의 구조를 결정한다. 모든 '자기 스스로를 돌아 봄'$^{(Sich-selbst-Sehen)}$이 항상 타인의 시선을 통하여 이루어지는 것과도 마찬가지로, 모든 '자기 스스로의 평가'$^{(Sich-selbst-Bewerten)}$는 항상 타인의 시선에서 평가되는 것이다. '자아의 구조'$^{(Selbststruktur)}$가 타인의 관점을 자신의 내면에서 재현하는 기량이 없이는 파악$^{(gedacht)}$될 수 없듯이, 「자기인정」 역시 타인을 통한 인정을 내면적으로 재현하는 기량이 없다면 특히 그러할 수 없다. 이렇듯 내면적으로 [타인의 관점을] 재현하는 법을 배웠을 때야 비로소 아이는 권위를 체험할 수 있는 '권위체험의 기량'$^{(Erfahrungsfähigkeit\ von\ Autorität)}$을 습득하게 된다.

III. 누가 권위를 획득하는가

이제 권위를 체험하는 이러한 '권위체험의 기량'을 더욱 구체적으로 규정하여 보자. 이를 위하여서는 다음과 같은 세 가지 질문을 제기하도록 한다.

【119】이전의 논의에서는, 권위자의 인격은 주로 단순한 소품$^{(Attrappen)}$의 역할만을 하여 왔다. 첫 번째 질문: 누가 권위를 획득하는지, 그리고 그 이유를 우리가 어느 정도 파악할 수는 있을까?

더 나아가, 한 인간이 경험하는 인정은 본인이 느끼는 인정, 즉 스스로 상상하는 인정이며, 반드시 [타인에 의하여] 의도된 인정과는 일치하지 않는다. [그렇다면, 두 번째 질문] 우리의 「권위에 대한 경험」$^{(Autoritätserfahrung)}$에 있어서 이러한 표상$^{(Vorstellung)}$, 단순히 상상된 것에 불과한 것, 혹은

'날조된 것'(Imalginierte)은 어떤 역할을 수행하는가?[329]

마지막 세 번째 질문: 권위를 인정하는 사람들이 가지고 있는 종속성에 대한 논의도 자주 있어왔다. 권위자에 의하여 의도적으로 이 종속성이 활용될 수 있음은 자명하다. 즉, 권력 행사의 수단으로서「권위의 효과」가 이용될 수 있다—그러나 이것은 어떤 유형의 권력 행사인가?[330]

누가 권위를 획득하는가? 전통 사회의 경우에 있어서는 권위가 대체로 '제도화'되어 있다. 권위는 특정한 사회적 위상에 부여되며, 그러한 위상의 보유자들이 행사하는 권위는 그들이 죽은 후에도 지속된다. 따라서「권위의 귀속」(Autoritätszuschreibung)은 이미 미리 결정되어 있는 사안이며, 개인은 그러한 [미리 결정되어 있는]「권위의 귀속」의 틀 안에서 성장한다. 누구의 판단이 자신을 위하여 특별한「인정 부여의 가치」(Anerkennungswert)를 가지는지, 그리고 누가 사회 교류상에 있어서 인정을 대표하는 자인지는 자명하게 보인다. 권위는 '개인적 선택'(Aussuchen)의[331] 사안이 아니다. 그것은 구조적으로 미리 주어진 것이며, [승낙 여부를 취사선택할 수 있는] 제의(Angebot)의 일종이 아니라 '의무'이다.

---

[329] [역주] 이후 IV절의 상상력의 중요성 참고.

[330] [역주] 이후 V절의 권위적 권력 참고.

[331] [역주] 한국어로는 모두 '선택'으로 번역되는 유사 단어인, Aussuchen, Selektion 그리고 Auswahl은 그 뉘앙스가 상이하다. Aussuchen은 가능한 선택지 중에서 자신의 취향에 따라 적극적으로, 의식적으로, 개인적으로 선택하는 행위를 의미한다. 반면 Selektion은 개인이 통제할 수 없는, 외적인 체제에 의한 일종의 필터링의 역할로서의 선택을 (예: 진화에 의한 자연적 선택), 그리고 다음의 문장에서 나오는 Auswahl은 보다 덜 개인적이고 체계적인 선택의 과정을 종종 의미한다. 이 문장에서는 Aussuchen의 의미를 명확히 하기 위하여 '개인적'이라는 수식어를 첨언하였다.

[위와 같은] 「제도적 권위」가 쇠퇴하면서, (항상 주변부나 예외적 상황에서만 존재하여 왔던) 개인적 「권위 관계」(Autoritätsbeziehung)가 지배적인 의미를 가지게 된다. 그러나, 이는 권위의 '선택'(Auswahl)이 완전히 자의적으로 이루어진다는 것을 의미하지 않는다. [그 선택의] 제도적인 '기본적 틀'(Rahmenbedingung)은 여전히 유지된다. 【120】 사회적 가치[체계]들에 의하여 누가―가진 자, 능력 있는 자, 지식 있는 자 중에서―특별히 우월한 존재로 간주되는지는 상당 부분 결정되며, 누구의 인정이 특히 높은 「인정 부여의 가치」를 가지는지도 결정된다. 「명성」이 있는 경우 [그 명성이 있는 자에게] 권위가 귀속될 수 있을 가능이 커지게 된다. 그러나 이러한 '기본적 틀' 안에서 그리고 때때로 그 틀을 교란하면서, 어떤 누구인가 자신의 생애에 있어 맺게 되는 「권위 관계」, 그리고 그 「권위 관계」의 강도와 지속성은 그 [권력에 영향을 받는] 그 개인의 개별적 전기(傳記)에 있어서의 중요한 표지(Signum)가 된다.[332]

위의 논의는, 예외적인 「권위의 효과」를 적어도 설명하고자 주장하는, "권위의 귀속"에 대한 「인격성 이론」(Persönlichkeitstheorie)을 [즉, 「권위의 귀속」을 인격적 요소로 설명하려는 이론을] 시사한다.[333] 따라서 그 이론은 예외적인 「권위의 효과」(Autoritätswirkung)를 야기하는 그 원천은 바로 특별한 카리스마를 지닌 뛰어난 인격성에 있다고 본다. 어떤 뛰어난 무엇인가가 타인의 마음을 사로잡고, 권위를 수립하는 힘으로 작용한다는 것이다.

의심할 여지 없이 이러한 매혹적인 효과는 존재한다. 그러나 그 효과를, 누구인가가 단순히 "가지고 있는", 권위 부여적인 특성이라고 파악할 수는 없다. 특정 개인으로부터의 「권위의 효과」는 너무도 명백히 상대적이다. 어떤 교사는 저학년 학생들 앞에서는 일반적으로 권위를 가

---

[332] [역주] 즉, 그의 생애를 특징짓는 단면이 된다.

[333] [역주] 그 대표적인 경우가 막스 베버가 말한 소위 '카리스마적 권위'(charismatische Autorität)이다. 각주 280 참고.

지고 있지만, 고학년 학생들 앞에서는 그 권위를 상실하기도 한다. 반면 다른 교사는 오히려 고학년 학생들 앞에서 권위를 얻을 수 있다. 여성에게만 통하는 전형적인 남성 권위자도 있으며, 반면 남성 집단 내에서만 권위를 가지는 사람도 있다. 권위는 소규모 집합, 사회 교류상에 있어서의 근접성, 친밀성, 또는 대규모 집회 등의 상황에 따라 달라질 수 있고, 또는 [제공되는] 연단과 확성기에만 의존할 수 있다. 또한 「권위의 효과」는 특정 사회 계층(예를 들자면 소시민적 권위)이나, 당연히 특정 국가(예를 들자면 독일이 영국에 대하여 가지는 권위)로만 제한될 수 있다.

【121】이러한 모든 효과들은 다시 시간적 제한성에 의존한다 (예: 1914년, 1933년, 1945년 각 시점에 있어서 독일이 가지고 있던 권위는 상이하다). 세계 역사상 위대한 인물들이 가지고 있었던 영향력의 범위조차도 무제한적인 것은 아니었다: 즉, 카이사르가 권위를 가지고 있던 대상과 소크라테스가 권위를 가지고 있던 대상은 서로 상이하였다.

권위는 특정한 (혹은 불특정한) 인간 특성에서 저절로$^{(eo\ ipso)}$ 흘러나오는 것이 아니다. 권위란 [이미] '가지고 있는 것'이 아니라 '얻게 되는 것'이다. 권위는 '관계적 현상'$^{(Beziehungsphänomen)}$이며, 여러 인격들이 가진 특성들의, 특정한 '설정 상황'$^{(Konstellation)}$에서의 만남을 통하여서만 설명될 수 있다.[334] 하지만 과연 잘 설명될 수 있는가? 우리가 알다시피 그러한 '총괄적 설명'$^{(Gesamt-Erklärung)}$은 극도로 어려운 과제이다. 따라서 오히려, 권위를 필요로 하는 사람들이 가지고 있는 성향에 집중하여 살펴보는 경우 그에 대한 설명은 더 쉽게 제시될 수 있다.

보편적이면서 또한 특정 맥락과는 무관하게 권위자의 특성을 정의하는 것은 불가능하다. 그러나 실제적인 것이 아니라 어떠한 추정적인$^{(vermeintlich)}$ 특성에 대하여 생각한다면 대안적인 해답을 얻을 수도 있을 것이

---

[334] [역주] 즉, 그러한 구체적인 만남의 상황하에서만 설명될 수 있고, 보편적으로 어디에서나 타당한 방식으로는 설명하기가 힘들다.

다. 권위를 인식하는 사람들이 일반적으로 권위자에게서 볼 수 있는, 또는 그 권위자 내부 깊숙이에서 꿰뚫어 볼 수 있는, 특정한 품행(Haltung), 태도, 기량들이라는 것들은 과연 존재하는가?

만일 우리가 「권위적 속박」이 작동하는 방식을 고찰한다면, 「**권위의 이미지**」(Autoritäts-Bild)를 재구성하는 것은 완전히 불가능하지는 않아 보인다. 먼저, 이 작동 방식의 몇 가지 특징적 요인들을 명확히 떠오르게 할 수 있는 예를 아래에서 들어보기로 하자.

트라팔가(Trafalgar) 해전 바로 직전 한 영국 선원은 이렇게 기술하고 있다:

벨러로폰호(Bellerophon)는 스페인 카르타헤나(Cartagena)에서 출항하였다. (…) 선미 장식은 새로 단장되었다. 넬슨 제독(Nelson)도 나타났다. 그는 섬세하고 결단에 차 있는 신사였고, 그 역시도 웃는 법은 알았다. 그가 벨러로폰호의 승무원들을 마주하며 섰을 때, 그는 속삭이듯, 그리고 거의 간청하는 듯한 목소리로 말하였다.【122】그는 사랑에 넘치는 사람처럼 보였다—영광에 대한 사랑, 그리고 그의 민족을 향한 사랑. 그러자 이내 더 이상 그 어느 누구도 넬슨과 같은 종류의 사람이 되고 싶지 않은 사람이 없게 되었다. (…) 넬슨이라고 불리는 이 사람은 그의 수하 모든 부하들이 넬슨 자신이 그들로 하여금 하기를 바라는 일들을 수행하여 낼 것이라고 확신하였고, 그들은 실제 그렇게 하였다. 그는 광적인 열정을 가진 자들을 사랑하였고, 따라서 그 모두는 자신의 조국 영국을 위하여 미치고 싶다는 유혹을 느끼게 되었다. 업무의 중압감에 시달리던 선원들과 가혹하게 대우받던 군인들은 갑자기 이제 모두가 영웅이 될 결심을 하게 되었다. 그리하여 그들은 이제 자신들이 이 지구상에 존재하는 가장 숭고한 존재에 속한다고 믿게 되었다. 이제 남은 것은 단지 그것을 증명하는 것뿐이었다. 모두에게 있어서 명예라는 것은 그들이 이미 고취 받은 바를 이 제는 실행하여야만 한다는 사명감으로서 작용하였다.[335] 즉, 명예란 단지 사후적(事後的)으로 제공되는 증표에 불과한 것이었 다.[336]

권위자들은 다른 사람들이 채택(Übernahme)할 기준을 설정한다. 사람들이 그 기준을 채택할 마음의 태세는, 일반적으로 권위가 큰 확신을 가지고 그 기준에 대하여 주장할수록, 그리고 그 기준의 올바름에 대한 확고한 믿음을 흔들림 없이 주장할 수록 더 커질 것이다. 그리하여 채택되는 기준은, 자명하고 의심할 여지가 없이, 그리고 그에 대한 어떠한 합리적인 의문도 배제하도록 보여야만 한다(마치 벨러로폰호에서의 영웅적 결단처럼). 그러한 채택은 그 기준에 있어서 어떠한 불확실성이나 다른 뉘앙스가 없을 경우 더욱 쉬워진다. 그리하여 사람들이 무엇을 믿어야 하고 무엇을 하여야만 할지가 아주 분명하게 된다. 어떤 종류의 모호성의 존재도 그 기준이 수용됨(Akzeptanz)을 방해할 것이다. (벨러로폰호의 경우에서는 "지구상에 존재하는 가장 숭고한 존재"가 과연 무엇인지는 철저히 명백하였다.)

「권위 의존자」는 권위자가 내리는 그들에 대한 판단에 고정되어 있다; 즉, 그들은 확인받기를 희망하고, 무시당하는 것을 두려워한다. 【123】 그 「권위 의존자」들이 가지는 희망과 우려는 권위가 실제로 그 「권위 의존자」들의 행위에 대하여 반응한다고 [「권위 의존자」들이] 느낄수록 더욱 강하여질 것이다. 그들의 시야는 다른 사람들이 무엇을 하거나 하지 않는지에 의존한다. [그에 의하여] 그들은 관심을 가지게 되며, 연루

---

335 [역주] 즉, 이미 정신적으로 고양된 사람들에게 있어서는 명예를 추구하여 행동하는 것이 아니라, 일종의 사명감으로 행동하는 것이다.

336 Nadolny(2005: 119-120; 1983: 133).

되며, 또한 영향받게 된다. 권위는, 끊임없이 판단할 수 있고, 판단할 준비가 된 심판정으로 나타난다. (위의 예에서 언급한 바처럼, "명예란 단지 사후적으로 제공되는 증표에 불과한 것"이다.)

[「권위 의존자」가 느끼는] 희망과 우려의 강도는 일반적으로 권위자에게서 기대되는 반응의 날카로움에 따라 증가한다. 권위는 단순히 지속적으로만 반응하는 것처럼 보이는 것이 아니며, 중요한 점은 특히 '감정을 수반하는'(emphatisch) 방식으로 반응하는 것처럼 보인다. 권위가 내리는 판단은 사랑과 증오라는 의미로 가득 차 있으며, 절대적인 편향(Zuneigung)과 경멸을 동반한다. (넬슨은 선원들이 "넬슨 자신이 사랑하는 과업을 수행할 것"이라 확신할 수 있었다.) 「권위 의존자」는 [권위가 내리는] 판단이 가지는 일반화시키는 경향에 대하여 항상 걱정하여야 한다고 믿는다. 「권위 의존자」가 그 무엇을 하든지 간에, 권위에 의한 판단은 그 「권위 의존자」들의 "전반적 인격"에 대한 평가로 이어지기 때문이다. 권위자와의 관계에서는 「권위 의존자」가 어떻게 행동하든, 그 관계는 항상 전체적으로 위태롭게 느껴지게 된다.

지금까지는 권위자에 속한 몇 가지의 [단지] **추정적인** 특성에 대하여만 설명하였다. 이러한 추정은 「권위 현상」이 가지는 특정한 표징과 심리학적으로 타당성을 가지는 일부 규칙에서 도출되었다. 그런데, 무엇이 권위자가 제시하는 범주와 관점이 채택될 가능성을 높여 주는가? 그것은 바로 [권위자가 가지고 있는 것으로 「권위 의존자」가] '추정'하는(vermeintlich) [337], [권위자의] 자기 확신(Selbstsicherheit)과 명확성이다. 무엇이 권위자의 판단에 대한 강한 의존성을 촉진하는가? 그것은 바로 [권위자가 가지고 있는 것으로 「권위 의존자」가] '추정'하는, [권위자의] 반응 준비태세(Reaktionsbereitschaft)

---

[337] [역주] 저자는 'vermeintlich'라는 표현을 씀으로써, 이하의 내용이 실제와는 상관없이 「권위 의존자」가 그렇게 느끼는 특징이라는 점을 강조하고 있다.

와 그가 [즉, 권위자가] 내리는 평가의 절대성이다. 확실히 이러한 「권위의 이미지」는 경험 의존적이며 문화 의존적인 어떤 개별적인 면을 강조하고 있다. 그러나 그 '근본적 특징'들은 「권위적 속박」이 가지는 특수성과 밀접하게 연결되어 있는 것 같다.[338, 339]

【124】이러한 대안적 해답을 제시하더라도, 여기서 시도한 「권위 현상」에 대한 해석은 「권위의 효과」가 어떠한 특수한 맥락과는 상관없이 적용될 수 있다는, 소위 「인격성 이론」과는 반대되는 입장임은 명백히 밝혀야만 한다. 물론, 특히 우리의 삶에 깊은 영향을 주는 「권위에 대한 경험」은 이러한 「인격성 이론」이 타당한 것으로 더욱 보이도록 한다. 이는 마음 깊이 권위에 의존하는 자는 아마도 권위자를 자신에게 의미 있는 모든 것들의 창조자로 여기기 때문일 것이다.

---

[338] [역주] 이는 결국 종속성이란, 「권위 의존자」가 자신의 행동을 지시하는 명쾌한 결정을 필요로 하는 심리, 그리고 권위자로부터 그 「권위 의존자」가 느끼는 (어쩌면 추측되어진) 결단성, 확신 등은, 결국 「권위 의존자」가 권위자에게 권위를 양도하게 됨으로써 발생하게 됨을 의미한다.

[339] [역주] 이같은 저자의 견해에서 왜 애당초 어떤 사람이 그러한 인정을 부여할 수 있는 위치에 있게 되는가에 대한 설명은 결여되어 있다. 저자는 권위자가 자기 확신, 명확성, 그리고 그의 반응준비태세(일종의 결단력), 그리고 평가의 절대성을 가지고 있는 것으로 권위 의존자가 '추정'한다고 언급하고 있는데, 그렇다면 왜 그렇게 추정하게끔 되는가. 이에 대하여 비저는 권위자가 이미 대중에게 증명한 성공이 중요한 역할을 하고 있다고 언급하고 있다. '성공'은 지도자에게 정당성을 부여하고, 그로 인해 대중은 지도자를 적극적으로나 혹은 수동적으로 추종한다(비저 2023/1926). 각주 102 참고.

IV. 상상력의 중요성

상상력이 가지는 생산성(Produktivität)은 다른 모든 깊은(intensiv) 인간관계에 있어서와 마찬가지로, 「권위 관계」에 있어서도 다른 무엇보다도 압도적인 중요성을 가진다.

이는 권위자가 취할 수 있는 대응을 [「권위 의존자」가] 해석하는 과정을 살펴보는 경우 분명히 보일 수 있다. [권위자가] 인정을 하거나 혹은 인정의 철회를 하는 경우 [권위자가] **의도한** 바가 분명하게 파악되는 경우도 많다. [권위자는 그의] 언어, 몸짓, 그리고 표정 등의 신호를 통하여 [그의] 동의, 확인, 거부, 실망을 표현한다. 그러나 [권위자가] 선의에서 혹은 어떠한 객관적 요인에 근거하여서 신호를 보내더라도 [권위자의 그러한] 특정 반응 방식이 [실제로 그 권위자가] 인정하거나 혹은 인정하지 않는다는 의미를 내포하고 있는지 여부를 [「권위 의존자」인] 당사자의 입장에서는 확신적으로 판단할 수는 없다. 예를 들어, 어떤 사람이 [즉, 「권위 의존자」가] [권위자가 보내는] 중요한 인정 철회의 신호로서 오직 신체적 처벌만을 감지하도록 학습되어 있다면 [그리하여 권위자로부터의 다른 어떠한 신호도 감지하지 못한다면], [권위자가] 언어적으로 반응하는 것 자체는 모든 의미를 상실할 수도 있다. 어떤 맥락에서도 모든 [권위자의] 행동은 [「권위 의존자」에게] 해석의 여지를 당연히 제공한다.【125】그런데 [「권위 의존자」의] 「자기존중감」이 걸려 있는 상황에서는 [즉, 「권위 의존자」의 「자기존중감」은 권위자에 의한 인정 여부에 의존하고, 따라서 권위자의 반응을 추정하여야만 하는 상황에서는], 특정한 방식으로 [「권위 의존자」 자신만의] 상상의 세계들(Vorstellungswelt)이 형성될 가능성이 크며, 이는 [「권위 의존자」가] 기대하거나 두려워하는 [권위자의] 판결에 [다양한] 모습과 색채를 부여한다. [즉, 피권위자는 자신만의 상상의 세계를 통하여 권위자의 반응을 다양한 방식으로 해석하게끔 된다].

또한, 상상의 현실이 가지는 또 다른 의미는 「권위 관계」의 발전 과정에서도 드러난다. [그 발전 과정의] 단순한 형태상, 불완전하거나 완전한, 그리고 잠재적인 권위적 속박이라는 [세 가지 형태의] 발전 단계를 각각 구분할 수 있다. 「불완전한 권위적 속박」(unvollständige Autoritätsbindung)은 인정과 인정 철회가 실제로 실행되거나 혹은 [「권위 의존자」] 당사자가 그것을 예상할 경우에만 그 효력이 발휘되는 경우를 의미한다. 이 경우에 있어서는, 순응은 그에 상응하는 통제 가능한 영역으로만 제한되어 나타난다. 이는 특히 아동 발달 과정에서 흔히 찾아볼 수 있다. 「완전한 권위적 속박」(vollständige Autoritätsbindung)은, 인정과 인정 철회에 대한 **상상만으로도** 실제적 실행이 완전히 혹은 부분적으로 대체될 수 있을 경우이다. 마지막으로, 「잠재적인 권위적 속박」(latente Autoritätsbindung)은, 권위자는 더 이상 [「권위 의존자」의] 심리상 판단자로서는 존재하지는 않지만, 권위자의 관점과 범주는 [「권위 의존자」에게 있어서] 내면화된 기준으로서 계속 작용되는 경우이다.

오직 상상이 가지는 자신의 고유한 무게를 통하여서만 권위적 종속은 완전한 속박, 즉, [권위에] 의존된 자가 어디에서든 짊어지고 다니는 속박으로 변하게 된다. 이렇듯 [「권위 의존자」에 의하여] 상상되는 판단은 그 「권위 의존자」가 그 자신 이외에는 그 어느 누구에게도 관찰되지 않는다는 것을 그가 알고 있는 그 순간에도 그 「권위 의존자」를 인도하게 된다. 그리하여 현실이 상상으로 대체될 수 있을 때, 「권위 의존자」는 영구적으로 속박된다. 동시에 「권위 관계」는 점진적으로 '실제상의 상호작용으로부터 분리'될 수도 있다 [즉, 「권위 관계」는 직접적 상호 접촉이 없이도 성립될 수 있다].

이러한 '실제상의 상호작용으로부터 분리'는 특정한 형태의 「권위 관계」에서 더욱 강화될 수 있다. 【126】 [자신이 만든] 기준을 전파하면서 동시에 믿는 자와 불신자에 대한 판단을 공표하는 선동가는, 청중이 단순히 그의 기준을 받아들이는 것뿐만 아니라, 그가 [청중 모두를] '싸잡아 내리는 판단'(Pauschalurteil)을 [청중들 각자] 개인에 대한 인정과 인정 철회로 받아들일 때, [그때야 비로소] "공적 권위"(öffentliche Autorität)로 된다. 이것은 단순히 [청중의] 공격성을 자극하거나 혹은 그들로부터 수사적으로 [즉, 설득적 연설 등을 통하여] 동의를 얻는 것과는 다른 차원의 문제이다. 「공적 권위」가 되려면, 그는 단순한 [청중의] 감정적 반응이나 단순한 박수갈채를 넘어서는, [청중이 선동가의 의견을 자기 것으로 간주하여 몰입하도록 하는]「자기에로의 몰입」(Selbstbezug)을[340] 청중 속에서 달성할 수 있어야 한다. 선동가는 청중들이 가진「자기존중감」의 심판자가 되어야 한다. 이는 곧, 그 선동가가 청중들 자신의 작위와 부작위를 인식하고 그것들에 대하여 가치 판단을 내리는 반응을 할 수 있다고 청중들이 상상할 수 있어야 함을 의미한다. 이러한 상상적「인정 관계」(Anerkennungsbezug)는 「대중 현상」(Massenphänomenen)이 될 수도 있다. 이는 둔한 순응이나 혹은 단순한 전염 효과에 기반한 것이 아니라, 개인이 가진 '상상의 작용'(Vorstellungsleistung), 달리 말하자면 각자 스스로가 완결시켜야 할 '상상의 모험'(Vorstellungsabenteuer)이라고도 할 수 있는 것들을 동반하는 특성을 가진다. 「공적 권위」는, 다수의 사람들이 공적 무대에 등장하는 행위주체들과의 거리를 극복하고, [그 공적 인물과의] 상호작용 없는 독특한 형태의「자기에로의 몰입」을 형성할 때 무대에 등장할 수 있다.

상상된 세계로의 또 다른 한 걸음은, 동화 속 이상형, 영화배우, 전쟁 영웅, 전설 속 인물과의 상상적 관계이다. 이러한 관계 또한, 적어도 백일몽 속에서는「권위적 속박」의 특질을 가질 수 있다. 사람들은 단순히 본받으려 하는 것에서 그치지 않고, 그들(이상적 존재)이 사람들 자신의 행동에 대하여 반응을 보일 것이라 상상하기도 한다. 이같은 점은「자기인정」에 있어서 일정한 의미를 가질 수도 있다. 예를 들어, 현실에서는 받을 수 없는 확증의 대체물로 작용할 수 있다.【127】그러나 일반적으

---

[340] [역주] Selbstbezug는 영어로 표현하자면 self-reference, 즉, '자기 자신의 내면에로의 연계'이다. 본 번역에서는 이를「자기에로의 몰입」 혹은「자기와의 관계」로 번역하였다.

로 볼 때, 이러한 환상적 권위에 대한 「심적 고착」(Fixierung)은 단기적이며, 단순히 특정 연령대나 시대적 유행에 따르는 것일 가능성이 크다.

마지막으로, 종종 삶 전체를 결정짓는 수준의 '상상의 작용'이 존재한다. 그것은 바로 "「후대에서의 권위」"(Autorität der Nachwelt)이다. 후대는 자신의 삶을 평가하는 최종적인 상상 속의 심판정이 된다. 인간이 도달할 수 있는 가장 높은 형태의 인정은 자신의 삶을 초월하는 명성이다.

이러한 관념은 특히 전사(戰士) 문화를 강하게 형성하여 왔다. 이러한 명성을 쟁취한 원형적인 존재는 전쟁 영웅들이다. 특히 영웅적 죽음을 통하여 전사들은 자신의 존재가 지속될 것이라는 확신을 얻게 된다. 의심의 여지 없이 이는 성공적인 관념이다. 이러한 개념은 수많은 사람들의 「자기존중감」과 행동을 결정하여 왔다. 후대에 있어서의 희망이 근거 있는지, 아니면 단순한 허구에 불과한지는 중요하지 않다. 행위를 결정짓는 것은 자신의 상상 속에서 미리 예견된 [후대로부터의] 인정이다.

이러한 후대에 대한 믿음은 19세기경에 사회적 유형으로 등장한, "[진가를] 인정받지 못한 천재"(verkanntes Genie)라는 기묘한 형태에서 새로운 색채를 얻게 되었다. 이러한 인정받지 못한 천재의 경우, [그가 사후에 쟁취할 수 있는] 미래의 명성은, 그를 인정하지 않았던 세상에 대한 정의의 실현이자 뒤늦은 승리를 의미한다. 이러한 희망은 물론 위안과 용기를 줄 수는 있지만, 여기서 나타나는 권위와의 관련성은 완전히 허구적인 것이 된다. 인정받지 못한 시인, 예술가, 철학자, 또는 새로운 세계관의 창조자는, 명예로운 행위에 대하여 이미 확립되어 있는 [기존의] 모범에 의존하여 [그들이 살아있을 당시에는] 행동할 수는 없다. 그는 미래 세대가 가지게 될 **새로운** 깨달음(Einsicht), 그들이 가질 새로운 가르침과 전향에 기댈 수밖에 없다. 따라서 그는 후세를 자신의 방식대로, 소위 특별한 후대로서 재단하여 만들어야만 한다.【128】이 경우에 있어서는 인정 자체와 인정하여 줄 사람 모두 개인적으로 만들어 내야만 한다. 따라서 이러한 경우에 있어서는, 「권위적 속박」을 통하여 추구하려는 그러한 "외부적 준거점"(Außenhalt)은 이제는 단순한 꿈에 불과한 것이 되어 버린다.

권위를 강화하고 권위를 창출해 내는 상상력이 가진 의미를 설명하는 이러한 일련의 예들은 사실 너무 멀리 확장된 것이 아닌가 하는 의문이 들 수도 있다. 하지만 이렇게 제시된 예들은 전혀 자의적으로 배열된 것이 아니다. 상상력이 더욱 모험적으로 전개되고 더욱 생산적(produktiv)일수록 종교적 「권위에 대한 경험」이 가지는 작용과 그 여파는 더욱 명백하여진다.

모든 것을 보고, 모든 것을 알고, 그 앞에서는 아무것도 숨겨져 있지 않은, '전능한 존재'(Allmacht)라는 관념은 이미 이러한 「불완전한 권위적 속박」에서 「완전한 권위적 속박」으로의 이행 과정에서 지속적으로 반복되어 생겨나게 된다. 그렇게 상상된 고차원적 권력이 보이는 반응으로서의 [전능한 존재의] 영구적 통제를 자신의 상상 속으로 받아들이게 되면 [그에 대한] 의존성은 피할 수 없는 것으로 인정될 수밖에 없다.

「공적 권위」자들은 종종 '공식 등장 의례'(Auftrittszeremonie)나 [종교적] 연설 양식(Redestil)에서 볼 수 있는, 명백히 의례적인 행동 양식을 빌린 형태를 취하기도 한다. 그들은 다소 위장된 형태로 「구원적 지식」(Heilswissen)을 선포한다. 그들은 찬미와 저주를 행하며, 초자연적 힘과 [신의] 심판을 전달하는 중재자로서 자신들을 내세운다. 이러한 신성을 가장하는 사이비 주장들이 관철된다면, 그 중재자들이 전하는 찬미와 저주를 왜 그토록 많은 사람들이 자신과 연관되어 있다고 믿게 되는 지 이해할 수 있다.

동화 세계 속에서 등장하는 가상적 권위들에서는 종교적 관련성이 일반적으로 더 노골적이면서도 순진하게 드러나 있다. 등장 영웅들은 반신반인으로서 **존재하며**, 어떠한 중재자도 필요 없이 자신들이 그러한 역을 수행한다.

마지막으로, [앞서 말한] "「후대에서의 권위」"에 대한 언급이 [재차] 필요하다. 【129】 여기서는 불사(不死)라는 관념이, 불후의 명예 속에서의 영원한 삶이라는 모습으로 재현된다. 이때 후대가 내리는 판결은 [기독교에서의] 최후의 심판(Jüngstes Gericht) 역할을 대신한다. 그리하여 후대는 확정적 판결을 내린다. 만약 후대들의 판결이란 결국 [불운한 천재들에 대하여] 동시대의 사람들이 가지고 있던 몰인정에 대한 보상으로 이해된다면, [이러한 판결과] 천국에서의 최종적인 정의(正義 Gerechtigkeit)라는 관념과의 유사성은 특히 두드러지게 된다.

이러한 종교적 경험의 이식(Umsetzung)은 역사상에서의 많은 개별적 사례에서 추적할 수 있다. 그것이 「권위 관계」에서 특히 중요한 이유는—그리고 상상력의 역할이 중요해질수록 더욱 중요하게 되는데—특별한 「선택적 친화성」(Wahlverwandtschaft)으로[341] 설명될 수 있다. 가장 고차원적인 「권위적 속박」은 의심할 여지 없이 신의 권위, 그의 지혜가 가지는 전능성, 그리고 그의 판결의 전능함하에 복종하는 것이다. 그렇다고 하여서 이는 모든 「권위에 대한 경험」이 세속화된 종교적 경험이어야 한다는 것을 의미하지는 않는다. 그러나 분명 구조적 상응은[342] 존재하며, 특히

---

[341] [역주] 이때 '선택적'(Wahl)이라는 단어는 화학에서 주로 사용되는 용어로서, 어떠한 요소는 그 내재적 속성에 의하여, 결합할 수 있는 다른 요소를 '선택'한다는 의미이다. 이 단어와 '친화성'(Verwandtschaft)이 결합되었을 때 의미하는 바는, 어떠한 내재적 화학적 속성에 의하여 어떠한 개념들, 인간, 혹은 현상들이 유사한 구조를 가지게 된다는 것이다. 저자가 말하고자 하는 바는, 종교적인 경험과 권위의 구조는 그렇듯 (직접적 인과가 없더라도) 내재적인 유사성을 가진다는 것이다. 참고로, 이 용어는 괴테의 동명의 장편 소설 『친화력』(Die Wahlverwandtschaften)의 제목으로 사용되었는데, 이때는 인간 간의 불가사의한, 화학적 친화력이라는 의미로 사용되었고, 막스 베버의 경우에는 이를 상이한 사회적 혹은 이념적 구조들 간에 (직접적 연관성은 없다고 하더라도) 보이는 상동성(相同格)으로 이해하고 있다.

[342] [역주] 위의 '선택적 친화력'을 참고할 것.

큰 긴장이 상상력의 분발을 촉발할 때[343] [양자 간의 「선택적 친화성」은] 여실히 명백하게 드러난다.

V. 권위적 권력

우리는 지금까지 「권위적 속박」과 「권위의 효과」에 대하여 논하였다. 그런데 이러한 속박과 효과는 어떤 때에 권력으로 나타나는가? 그에 대한 답은 자명하다. 「권위적 권력」은 타인의 「인정 필요 욕구」(Anerkennungsbedürftigkeit), 그리고 타인의 「인정에 대한 심적 고착성」(Anerkennungsfixiertheit)을 [권위자가] 그 타인들의 행위와 마음자세에 영향을 주기 위하여 의도적으로 활용(ausnutzen)할[344] 때 발생한다. 「권위적 권력」을 행사하는 방법은 인정과 그 「인정에 대한 기대」(Anerkennungserwartung)를 주고 또한 받음에 있다 (이는 또한 희망과 우려를 주고받음이다).

【130】 이 「권위적 권력」을 여타의 「권력 형태」와 비교하는 경우, 그 모든 [권력 행사의] 방식 중에 가장 평범하고도 기초적인 방식, 즉, 타인의 행위를 [권력자] 자신의 의지에 따라 구체적인 (물리적 혹은 물질적) 처벌과 보상, 그리고 그에 상응하는 위협과 약속 ("「도구적 권력」")을 통하여 조종하는 방식과의 유사성에 즉시 주목할 수 있다. 여기에서도 권력 행사의 방법은 주고받음, 이득과 불이익 간의 대비이다. 「권위적 권력」은 이러한 가장 기초적이고도 평범한 「권력 형태」와 그 구조상에 있어서 다르지

---

[343] [역주] 즉 시대적 상황에 따른 압박과 갈등이 클수록, 사람들은 보다 큰 상상력을 동원하여 마치 종교적 성향을 가지고 권위를 추종함을 의미한다.

[344] [역주] 이때의 '활용'이라함은, 어떤 것을 자신의 이득을 위하여 이용함을 의미한다. (종종 '착취'라고 번역되기는 하나, 그보다 도덕적인 평가의 의미는 덜하다고 할 수 있다.) 영어에서의 'take advantage of'에 대당하는 의미이다.

않다. 두 경우 모두에 있어서의 권력 행사는 선택지를 이용하여 작동한다.[345] 즉 권력 행사란 상대방에게 어떤 '이것이냐 저것이냐'의 선택을 제시하여 그가 권력자 자신의 의지를 향하여 추구하도록 만드는 것이다.

「권위적 권력」을 행사함에 있어「권력에 의한 선택지」를 이용함은 인간의 내면적「취약성」(Verletzbarkeit) 때문에, 즉, 인간의 자존(Selbstachtung)은 타인의 '네' 또는 '아니오'에 의하여 좌우되기 때문에 더욱 용이하여진다. 하지만 반면, [권위자가 상대방의 선택의] 결과를 미리 예견하기 어려운 점에서 제약은 존재한다. 그런데 이같은 두 가지 요소는 상호 밀접하게 연결되어 있다.

이러한 [인간 존재의]「취약성」과 의존성은 [「권위 의존자」로 하여금] 권위자의 판단에 있어서의 미세한 차이조차도 민감하게 느끼도록 만든다. 「권위적 속박」이 우리가 살아가는 세계를 조화롭게(stimmig), 즉, 동의(Zustimmung)를 통하여 조화롭게 만든다면, 그 동의를 상실함은 그 세계에서 떨어져 나오는 듯한 정서를 불러일으킬 수 있다. 이것이 [즉, 이러한 메커니즘이] [권위자에 의하여] 계획적으로 활용될 경우, 미세한 수단이나 약한 위협도 강력한 순응 효과를 가져올 수 있다.

그러나 이러한 '위태로운'(kritisch) 관계에 있어서는, 의식적으로 만들어진 것도 아니고, 또한 어느 누구도 의도하지 않은 결과가 항상 발생할 수밖에 없다.【131】이는 [권위에] 영향받는 사람들에게 내재된 민감성(Sensibilität)에서 비롯되는데, 그들이 과민하게 반응할수록 그 결과에 대한 처방을 하기 어려워진다. 또한 '권위에 대한 저항'도 종종 예상치 못하게 그리고 어떤 이유조차도 불분명하게 발생한다. 그러나 비단 이러한 과민성(Empfindlichkeit)의 문제는 아니더라도, 타인의 행위뿐만 아니라 그들의 관점과 범주, 그리고 그들의 마음자세에 영향을 미치려는 시도는 항상 불안정하게 남아있을 수밖에 없다. 마음자세에 미치는 영향을 항상 정확히

---

[345] [역주] 양자택일적 선택지에 대하여서는 본서 30쪽에서 언급된 바 있다.

계산하기는 거의 어렵다. 특정한 관념이 어떻게 일반화될 수 있을지, 어떤 것이 받아들여지고 무엇이 거부될지, 어떤 반발 작용이 풀려나올지를 예측하기는 거의 불가능한데, 심지어 오늘 받아들여진 원칙들이 내일의 변화된 조건 속에서 어떻게 유지될지를 예측하는 어려움도 두말할 필요가 없이 어렵다. 「권위적 권력」을 행사하려는 자, 그리하여 특별한 영향력을 의식적으로 채용하려는 자조차도 자신이 초래하는 모든 결과를 지배할 수 있는 것은 아니다.

「권위적 속박」은 사회 교류상의 여러 속박 중에서 아마도 가장 뚜렷하게 권력 행사를 지향하고 있다. 그러나 이 권력은, 그것이 어떤 의도를 가지고 있든, 동시에 보호적이면서 억압적일 수도 있으며, 특수한 방식으로 위태롭기도 하다.[346]

---

[346] [역주] 이때 위태롭다고 함은, 권위적 속박에 의한 지배는 불완전할 수도 있음을 의미한다.

6. 권위의 필요성: 사회적 주관성의 변화

【132】 "(...) 그렇다면 당신은 [전선으로부터의] 긴 후퇴가 무엇을 의미하는지도 분명히 알고 있을 것이다. 당신이 전쟁 특파원으로서 그것을 경험하였을 것이기 때문이다. 후퇴의 과정은 인간에게서의 최선과 최악을 동시에 드러낸다. 그리고 역설적으로, 일부 인간들에게는 그 후퇴의 과정은 자신의 지도자적 자질을 발견하는 상황이기도 하다. 하지만, 그들이 단지 안전을 향한 경주(競走)를 이끈다는 의미가 아니다. 이는 [그들이] 오히려 [퇴각 행렬의] 후방 전투를 통하여 [행렬을] 엄호하면서 무질서한 도망을 질서 있는 퇴각으로 전환하고, 손실을 최소화하는 기량을 가지고 있었다는 것을 의미한다. 나는 그것이 잔더(Zander)에게서[347] 일어난 일이라고 생각한다. 지난 몇 개월 동안 그는 자신이 예전에는 전혀 예상하지도 못하였던 군사적 자질을 자신 내에서 발견하였다고 여겨진다. 전장에 있어서 「인간을 지도하는 비밀」(Geheimnis der Menschenführung)을 그는 발견하게 되었다. 그는 자신이 [병사들에게] 복종을 요구할 수 있었다는 점, 그리고 **그가 병사들을** 존중한다는 것 자체가 그들에게 있어서는 진정으로 가치 있는 것임을 단순히 그들에게 확신시켰다는 것만으로도, 병사들이 불안을 느끼고 있던 일을 하도록 만들 수 있었다는 점을 깨닫게 되었다".[348]

후방 전투를 통하여 엄호 된, 그리고 무질서한 도망이 아닌, 가능한 한 손실을 줄이는 퇴각: 이것은 많은 병사들이 그들 자신이 불안해하는

---

347 [역주] 영국 소설가 에릭 앰블러(Eric Ambler)의 소설 『빌라 립에서의 포위』(The Siege of the Villa Lipp 1977)에 등장하는 주인공.

348 Ambler(1981: 160; 1983: 241).

일을 [그 불안을 극복하고] 수행하는 경우에만 성공할 수 있다. 【133】 이러한 장면에서 누구인가는 "「인간을 지도하는 비밀」"을 발견하며, 그리하여 '권위'[의 비밀]을 발견한다. 병사들은 그가 올바른 명령을 내린다고 의심의 여지 없이 믿었고, 그에게 존경심을 느꼈다. 그러나 그들은 단지 그를 존경하기 때문에 복종한 것은 아니다. 그들은 **"그가 병사들** 자신들을 존중한다는 것, 그것이 바로 자신들에게 진정으로 가치 있는 것"이라는 점을 확신하였다. 그리고 바로 이점이 바로 그가 가졌던 영향력의 비밀이었다. 오직 이러한 「이중적 인정」$^{(doppelte\ Anerkennung)}$, 즉 그의 [즉, 권위자의] 기량에 대한 [병사들의] 인정과 그로부터 [즉, 권위자로부터] 존중을 얻고자 하는 [병사들의] 진력함$^{(Streben)}$이 결합될 때, 우리가 여기서 이해하고자 하는 [권위자가 소지한] 「권위의 힘」$^{(Kraft\ von\ Autorität)}$의 기반이 된다.

인간의 '자기 의식'과 필연적으로 연결되어 있는 사안인 「자기존중감」과 「자기인정」은 사회적 '검증'$^{(Validierung)}$, [349] 즉, '외부적 지지'$^{(Außenhalt)}$와[350] [그에 추가하여] 타인에 의한 '확인'$^{(Bestätigung)}$을 요구한다.[351] 이러한, [타인에 의한] 확인을 향하여 진력함은 어떤 특정 인물에게 집중될 수 있다. 그들로부터의 권위 있는 '인정'을 얻기 위하여서 우리는 그들의 관점과 범주를 받아들이고, 또한 그들이 [우리에게서] 기대하는 바를 이루기 위하여 노력한다. 우리의 자기감$^{(Selbstgefühl)}$은[352] 그들의 인정 혹은 인정의

---

349 [역주] '검증'$^{(Validierung)}$은 어떠한 객관적 지표에 의하여 옳음 혹은 정당성을 밝히는 것이고, 반면 바로 뒤에 나오는 단어인 '확인'$^{(Bestätigung)}$은 광의의 뜻을 가지는데 단순히 누군가가 동의를 하여주는 것을 의미한다.

350 [역주] 이 '외부적 지지'$^{(Außenhalt)}$란, 자신의 밖에 존재하는 어떠한 객관적 기준에 의하여 지지됨을 의미한다.

351 [역주] 문맥상 저자가 주장하는 바는, 사회적 검증이란 '외부적 지지'와 '타인의 확인'을 동시에 요하는 것이다.

352 [역주] '자기감'에 대하여서는 용어 해설 VIII 참고.

철회에 묶여 있다.

이러한 유대로부터「권위적 권력」이 발생한다.「권위적 권력」이란 타인들이 가지고 있는 [타인으로부터의]「인정에의 심적 고착성」을 의식적으로 활용함으로써 타인들의 마음자세와 행위를 조종하는 사람에 의하여 행사되는 권력이다.

이것이 바로 많은 병사들로 하여금, 그 퇴각을 조직한 사람에게 묶이도록 만드는 족쇄(Fessel)이다. 그들은 자신들이 특별히 인정하는 사람에 의하여 특별히 인정받고 싶어 하였다. 그리고 "**그가 병사들을 존중한다는** 것 자체가 그들에게 있어서는 진정으로 가치 있는 것임을 그들에게 확신시켰기 때문에" [병사들은] 불안한 일들도 마다하지 않고 수행하였다.

【134】본인은 우리의 '자기 의식'에 있어서 주목할 만하며 결정적인 이러한 관계를 더욱 잘 이해할 수 있도록,「권위의 필요성」(Autoritätsbedürfniss)이 몇 가지 변형된 형태로서 역사적으로 드러나는 사례들을 기술하고자 한다. 이 변형들은 전체로서 파악하는 경우 하나의 역사적 연속성(Sequenz)을 형성하며, 본인에게는 그 속에 독특한 자체의 논리가 존재하는 듯 보인다. 그 연속성의 잠정적인 종점에는 오늘날 형성되고 있는 새로운 형태의「권위 관계」가 놓여 있다.

I. 제도적 권위: 신성한 권위와 태생적 권위

전통 사회에서는「권위 관계」의 상당 부분이 제도화되어 있다. 권위는 특정한 사회적 위상(Stellung), 즉, 지위(Position)와 결부되어 있다. 이러한 지위와 결부된 권위는 그 지위를 매 시점별로 점유하고 있는 개인을 초월하여 지속된다. 전통 사회에서 성장하는 사람은 지위상으로 이미 고정되어 있는「권위 관계」'속으로' 성장하였다. 그는 자신이 누릴 수 있는「권위 관계」를 선택하려 하지 않으며, 그것은 [취사선택할 수 있는] 제안(Angebot)이 아닌, 의무로서 주어져 **존재한다**.

권위를 발생시키는 우위성의 주요한 형태는 인간에 대한 신적 우위성이다. 또한 그 경우 채택되는 관점과 범주는 신들에 의하여 부여된 관점과 범주이다. 따라서 올바른 행동이란 신의 뜻에 따르는 것이며, 신에 의한 인정 또는 인정의 철회가 바로 행복과 불행을 결정한다.

신의 의지는 일반적으로 「구원적 지식」(Heilswissen)을 통하여 전달되는데, 모든 이가 그러한 지식에 동등한 자격으로 접근 가능할 수 있는 것은 아니다. 오직 어떠한 특별한 「구원적 지식」을 가진 자만이 무지한 자들을 위한 일종의 중개자의 기능을 수행할 수 있다. 【135】 이러한 중개자로서의 특권은 사제 (샤먼, 마법사, 혹은 예언자 등)의 형태로 제도적으로 굳어지게 되었다. 중개자는 신적인 전지전능과 인간이 가진 무력함 사이에서, 신을 대리하여 '권위를 발생시키는'(autoritätsstiftend) 「인정 주장권」(Anerkennungsanspruch)을 부여받게 된다.[353]

이러한 주장권이 어떻게 발생하여 점차 견고하게 되었는지는 여러 사례를 통하여 추적할 수 있는데, 특히 기독교 교회의 초기 통합 단계에서는 이러한 면이 투명하고도 이해하기 쉽게 보인다. 이때 주교라는 위상의 [권한]확장(Ausbau)이 핵심적인 의미를 가지게 되었다. **「신성한 권위」**(디비나 아욱토리타스 divina auctoritas)라는 매개 기능은 주교들에게 집중되었으며, 이는 [주교가 집행할 수 있는] 「징벌적 정의」(strafende Gerechtigkeit)의 「정당화」를 야기한,[354] 「구원적 지식의 독점」(Monopolisierung des Heilswissens)이라는 결과를 초래하였다. 「신성한 권위」에는 「구원적 지식」이라는 개념이 적용된 「제재적 무력」(Sanktionsgewalt)에 대한 주장권(Anspruch) (즉, 「교회적 형벌」(Kirchen-

---

[353] [역주] 이 맥락에서의 「인정 주장권」이란, 신을 대신하여 타인의 행위를 인정하여 줄 수 있는 독점적 자격을 의미한다.

[354] [역주] 원문을 직역하자면, '정당화와 긴밀히 연결된'으로 다소 모호하게 표현되어 있다. 하지만, 다음 문장에서 볼 수 있듯이 「구원적 지식」의 독점은 주교들이 속세에서 「징벌적 정의」를 집행할 수 있는 권리의 근거가 되기에 인과를 명확히 하기 위하여 문장을 변형하였다.

strafe)이 포함되었다.[355]

권위와 「징벌적 권력」(strafende Macht) (즉, 「도구적 권력」)은 항상 긴밀히 결합되어 있었으며, [이러한 결합은] 특히 정치적 지배에서 「정당함」을 얻기 위하여 자주 이용되었다. 우리가 알고 있는 바의 정치적 지배에 대한 기원에는, 청동기 시대 도시들에서 찾아볼 수 있는 신성한 왕권과 최초의 고대 문명에서 볼 수 있는 신적이거나 신과 유사한 통치자가 있었다. 이러한 '신성한 사제적'(sakralpriesterlich) 「정당함」은 긴 사슬로 연결되어 [즉 오랜 역사 속에] 지속되었으며, 로마의 카이사르 숭배부터 독일 민족의 신성 로마 제국, 그리고 절대 통치자가 가진 천부적 주권으로부터 '신이 왕과 조국과 함께 하길'이라는, [전사들이 착용하던] 혁대의 버클에 적힌 표어까지, 그리고 더 나아가 민족주의적 색채에 가득 찬 어법들의 흔적으로서 최후 혹은 거의 최후까지 남아있던 잔재(Nachwehe)들까지도 이어지게 되었다.[356]

【136】이에 상응하는 「정당함」의 논리는 그들 [즉, 위에 묘사한 왕과 군주] 차하위(差下位)의 「권력의 지위」에까지에도 옮겨 적용되었다. 예를 들어, 봉건 영주 및 이후의 대지주(Gutsherr)가 이에 해당한다. 심지어 빌헬름 시대에도[357] 교사, 장교, 판사와 같은 직책은 개인적인 판단과는 거리를 둔 영원한 가치―「신성한 권위」의 여운이 내부에서 울리는 그러한 엄숙함과 인간을 초월한 우월성―의 중개자와도 같은 역할을 가지고 있었다.

[이렇듯] 신성한 것과 긴밀히 관련된 두 번째 형태의 「제도적 권위」도 존재한다. 이 권위의 원천은 바로 **「태생적 권위」**(generative Autorität), 혹은 「**부**

---

[355] Eschenburg(1976: 32ff.).

[356] [역주] 예를 들자면, 2차 세계 대전 종전 후까지도 독일의 경우에는 '나의 조국'(Vaterland)이라는 구호가 (물론, 나치 하에서의 군사적 성격은 많이 퇴색되었음에도 불구하고) 잔존한 바 있다.

[357] [역주] 1888년부터 1918년의 1차 세계대전 패망 전까지에 이르는 독일 빌헬름 2세 황제 치하의 군국주의시대.

권적 권위」^(아욱토리타스 파테르나 auctoritas paterna)이다.³⁵⁸

부모가 자녀에 대하여 가지는 무한한 우위성, 그리고 자녀가 가지는 절대적인 「미약성」^(Ausgeliefertheit)은 신적 전지전능과 인간이 가지는 무력함 사이의 관계와 유사하다. 부모의 의지^(意志), 도움, 보살핌과 외면 속에서 자녀는 「사회적 인정」에 포함되는 가장 중요한 신체적이며 심리적 의미를 경험하게 된다. 자녀의 「자기존중감」은 이러한 인정이라는 마력의 영향 아래에서 형성된다. 동시에, 자녀는 부모를 [자신들을] 사회적 현실로 인도하는 중개자로서, 즉 사회적 현실을 친숙하며 의미 있는 것으로 만드는 관점과 범주를 전달하는 중개자로서 경험하게 된다.

그러나 대부분의 경우 「태생적 권위」는 단지 부모-자녀 관계에 국한되지 않고, 씨족 내의 원로 및 조상, 그리고 혈통과 사회적 출신을 대표하는 모든 이들에게까지도 확장된다. 여기서도 핵심적인 역할은 이 속세와 더 높은 세계 사이의 중개자 역할이다. 혈통과 세대를 잇는 연속 행렬 속으로 편입됨으로써 자녀는 사회적 소속감과 사회적 연속성이 주는 안정감을 얻는다. 즉, 아이는 보다 광범위하고 영속적인 질서 속에서 자신이 일원으로서 인정받고 있다는 확신을 가질 수 있게 된다. 부모와 원로들은 이러한 사회적 편입 과정을 중개하면서 "**현세적 초월**"^(irdische Trans-zendenz)을³⁵⁹ 매개하는 중개자로 기능하게 된다.

【137】「태생적 권위」역시 종종 정치적 기구^(politische Instanz)에로 전이되어 왔다. 이러한 사실은 장로제^(Gerontokratie)와 원로원, 그리고 '국부'^(國父)—「파테르 파트리아이」^(pater patriae)—라는³⁶⁰ 명예 칭호에서부터 결국은

---

358 [역주] 라틴어 *paterna*는 아버지, 부권^(父權)을 의미한다.

359 [역주] 이는 「종교적 초월」, 혹은 초자연적인 초월과 대비되는 개념으로서, 전통, 역사, 문화, 그리고 혈연적 연계 등을 통하여 '현세를 떠나지 않으면서도' 개인적 삶을 초월하는 것을 의미한다.

360 [역주] 이 라틴어의 의미는 '조국^(patriae)의 아버지^(pater)' 인데, 이는 고대

'국부 집단'(國父集團 Heerschar der Landesväter)에[361] 이르기까지 적용되었다 (이는 가장(Hausvater)과 가족(Hauskind) 간의 관계, 그리고 국부(Landesvater)와 국민(Landeskind) 간과 관계와도 같은 [부성적(父性的)인 돌봄] 관계에서 엿볼 수 있다). 이에 따라 정치적 연대(Verband)의 총체는 '파트리아'(Patria)[362] 혹은 "조국―아버지 나라"(Vater Staat)라는, 부성적(父性的) 형태로 표현되었다. 이러한 모든 전이에 있어서의 공통적인 요소는, '정치적 지배'가 '아버지'라는 표현에서 보이는 부성적 보호라는 휘광으로 에워싸여 있다는 점이다. 동시에 「태생적 권위」가 가진 '정당함의 힘'(Legitimationskraft)이 충분히 이용된다. 그리하여 정치적 지배는 사회 교류에 있어서의 연속성을 보장하는 역할을 담당하게 되고, 또한 과거에 존재하였던 것과 앞으로 존재할 것을 연결하는 중개자로서 기능하게 된다.

다양한 종류의 사회적 명망가(Honoratior)들도 이러한 색채를 띠게 되었다. 대지주, 장교, 교사는 모두 부성적 성격을 띠었으며, 그들은 보호자와 경험 많은 자로서의 위엄과, 무엇보다도 그들이 대리하여 수호하려는 전통의 수호자로서의 위엄을 가지고 있었다.

궁극적으로, 두 가지 형태의 「정당함」이 결합하여 가장 높은 「권위 주장권」(Autoritätsanspruch)을 형성한다. 즉, 부성적이며 또한 사제적인 '기준 설정'(Maß-Gebende)이 하나의 지위, 하나의 제도, 즉, "성부(聖父)―신성한 조국"이라는 개념으로 결합되는 것이다.

「제도적 권위」가, 종종 결합되어 보이는 이러한 두 가지의 '권위 원천'에 의존하는 것과도 마찬가지로, 「제도적 권위」의 쇠퇴 또한 「신성한

    로마에서의 명예 칭호로서, 키케로나 케사르와도 같은 국가의 수호자에게 부여되었다. 이 용어는 지도자들이 가지는 '부성적' 성격을 강조하고 있다.

361 [역주] 직역하자면 국부들의 대군(大軍)인데, 국부들의 총체를 의미.
362 [역주] 라틴어로서 아버지의 나라를 뜻함.

권위」, 그리고 동시에 「태생적 권위」의 쇠퇴로 이해하여야 한다. 「**종교적 초월**」(religiöse Transzendenz)뿐만 아니라, 본인이 위에서 "**현세적 초월**"이라 부른 것조차도 점차 상실되어 가고 있다. 개인은 이제 자신의 생애의 범위를 초월하는 [자신의] '존재 의미'를 가지려 하지 않으며, 심지어는 조금이라도 자신들의 삶을 에워싸고 있는 사회적 연대를 '향하여' 초월하려고도 하지 않는다. 【138】 이제는 [자신에게] 의미를 주는 것들을 생물학적으로 제한된 자신의 삶의 범위 안에서 찾아야만 한다.

하지만 오늘날에도 이러한 「제도적 권위」의 쇠퇴 과정이 완전히 끝맺음 된 것은 아니다. 여전히 거의 의심받지 않는 「지위적 권위」(Positionsautorität)는 존재한다. 예를 들어, 신앙적으로 동질적인 환경[363]에서의 성직자의 권위나, 부모의 권위가 물론 종종 이에 해당한다. 또한, 여러 영역에 있어서, 권위에 대한 제도적 주장은, 위태롭기는 하지만 아직도 영향력을 상실하지 않은 채 존재하고 있다. 하지만 제도적 「권위 주장권」이 가지고 있던 그 자명성은 전반적으로 위협받거나 혹은 이미 붕괴되어 버렸다.

II. 인정에의 필요성: 사회적 주관성

「제도적 권위」의 몰락을 두고 일반적인 "권위의 상실"(Autoritätsverlust)을 한탄하거나 혹은 축하하여야 하는가? 결코 그렇지 않다. 사회 교류상의 관계에 있어서의, 특유한 "권위적" 영향(Valenz)은 현대 사회에서도 사라지지 않았다. 구래의 「권위 형태」는 지속되고 있으며, 반면 새로운 형태가 등장하였다. 그러나 이를 [제대로] 인식하려면 「권위 현상」을 오직 제도적 맥락에서만 찾으려 하여서는 안 된다.

「제도적 권위」가 쇠퇴하면서, (물론 이전부터 항상 지속적으로 존재하여 왔기는 하였지만) 「**개인적 권위**」(persönliche Autorität) 가 더 큰 중요성을 얻게 된다. 「개인적 권위」는, 어떠한 사람이 가진 특정 지위와 연계되어

---

[363] [역주] 즉, 동질적인 신앙적 믿음을 가지고 있는 사회나 공동체를 의미한다.

서 그 지위의 보유자에게 자동적으로 이전되는 종류의 것은 아니다. 그것은 개인적 관계 속에서 발전되며, 개인의 생애 속에서 나타난 하나의 현상(Ereignis)으로서, 그러한 관계는 비교적 자유롭게 선택할 수도 있고 또한 비교적 자유롭게 해지할 수도 있다.【139】물론 이 경우에서도 사회의 구조적 조건, 예컨대 신분(Stand)과 계급, 사회적 관계의 폭과 협소함, 전형적으로 보이는 직업적 진로 등은 「개인적 권위」에 일정한 한계와 [그것이 실행될 수 있는] 확률(Wahrscheinlichkeit)을 설정한다. 그런데, 특정 인격으로부터의 「인정 추구」에의 「심적 고착」은 그 타인의 특수한 인격성을 자신이 주관적으로 경험한 바에서 비롯된다.[364]

「제도적 권위」와 「개인적 권위」를 구별함으로써 우리는 「권위 현상」의 역사적 변화를 어느 정도 파악할 수 있게 된다. 하지만 우리의 [이해를 위한] 준거의 틀을 더욱 확장할 필요가 있다. 일단 더욱 단순한 경험을 한번 떠올려 보자. 「권위의 필요성」에는 [자신을] **누구로부터** 인정받고 싶은가에 대한 전제뿐만 아니라, [자신이] **무엇으로서**(als was) 사회적으로 인정받고 싶은가에 대한 전제도 포함된다.[365] 두말할 나위 없이 누구라도 자신이 한 사람의 인격(Person)으로서 인정받고 싶음은 당연하다. 그러나, 보

---

[364] 「개인적 권위」는 제도적 권위와 결합할 수 있고, [그에 더하여] 그 제도적 권위의 위에 추가될 수도 있다. 가부장이나 성직자과도 같이 그의 권위가 지위에서 비롯되었더라도, 그들 자신의 개인적인 영향력 때문에 추가적으로 「개인적 권위」를 획득할 수도 있다. 이러한 점에서의 성공 여부는 비교를 하는 경우 명확하여진다.[i]

[역주] (i) 즉, 같은 지위를 가지고 있더라도 서로 다른 개인적 영향력을 가지는 사람들 간의 비교를 하는 경우 누가 그 「개인적 권위」를 추가적으로 획득하였는지의 여부가 보인다.

[365] [역주] 즉, 자신을 인정하여 주는 권위가 필요하다고 할 때, 단지 그 인정하여 주는 주체가 누구인가 뿐만 아니라, 그가 자신을 무엇으로서 인정하여 주는지도 중요하다는 의미.

다 중요한 질문은 어떠한 종류의 인격으로서, 어떠한 사회적으로 '보이는 형태'(Erscheinungsform)로서, 혹은 어떠한 「사회적 인격체성」(soziale Personhaftigkeit)에³⁶⁶ 의하여 인정받는가 하는 것이다. 즉, 단순히 유목 무리의 구성원으로서인가, 혈통 질서 내에서 특정한 위상을 차지한 사람으로서인가, 아니면 특정한 직업적 능력의 입증을 통하여서인가? [사회 구조상으로] 가능하며, [사람들에 의하여] 추구되어지는 그러한 「인정 관계」(Anerkennungs-Bezug)는 사회 구조적으로 결정되며 역사적 과정에 따라 다르게 나타난다.³⁶⁷ 본인은 이러한 「인정 관계」를 몇 가지 유형으로 정리하려 하며, 이

---

366 [역주] '사회적 인격체성'으로 번역한 soziale Personhaftigkeit의 의미는 그 자체로는 모호하나 다음의 부연 설명에서 나오듯이, 인간이 사회나 집단에서 인간(일원)으로서 규정되기 위한 본질적 성질 내지는 기준을 의미하여, 그에는 단순히 집단의 일원인지의 여부 (즉, 어느 집단에 소속되어 있는지의 여부), 혹은 그의 위상(그가 사회 내지 집단에서 가지는 위상), 또는 그가 맡은 역할의 수행능력(그는 자기의 역할을 잘 수행하는지의 여부) 등의 기준이 있을 수 있다. 이 중 어떤 것을 선택하는지 여부에 따라서 각각에 대한 「사회적 인정」의 방법은 달라지기 마련이다. 참고로 이는 한 인간의 어떠한 특정하고 고유한 개인적 성격인 '개성'(Persönlichkeit)과는 다르다.

367 [역주] 이는 헤겔의 '인정'(Anerkennung)을 연상시킨다. 헤겔에 의하면 자아는 타자에 의하여 인정되는 경우에 한하여 스스로를 자각할 수 있다. 즉, 자유로운 자아가 된다. 헤겔은 이를 『정신 현상학』에서 '주인과 노예의 변증법'(Herr-Knecht-Dialektik)으로서 설명하고 있다. 주인이 노예로부터 인정받음은 불평등한 인정관계로서 진정한 인정이 아니며, 역설적으로 오히려 주인은 노예의 인정에 예속되어 있다. 반면, 노예는 자신의 노동을 통하여 자신의 주체성을 의식할 수 있고 자신의 자유와 해방을 위하여 나아갈 수 있다. 헤겔이 이야기하는 바는 자유와 해방은 진정한 상호적 인정에 근거한다는 점이다. 단, 포피츠가 말하는 말하는 인정관계는 상호적인 것이 아니라, 권위의존자가 권위자의 인정

를「**사회적 주관성의 유형**」(Typus sozialer Subjektivität)이라고[368] 칭하고자 한다.

「사회적 주관성」(soziale Subjektivität)이라는 개념은「권위 현상」의 기저에 놓여 있는 [다음과 같은] 연관들(Verknüpfung)에 주목하도록 한다: 즉, (i) "주관적인 것"(das Subjektiven)과 "사회적인 것"(das Sozialen) 간의 연계, (ii) 모든 사회적 행위주체가 가지고 있는 주체성(Subjekthaftigkeit)과[369] (이는 스스로의

을 구하는 일방적인 관계에 의존하는 점이 강조하고 있다.

[368] [역주] 위에서 저자가 언급한바, 누구로부터의 인정만이 중요한 것이 아니라, 무엇으로서 인정을 받는가 하는 것도 또한 중요하다. 즉, 어떠한 '사회적 인격체성'으로 인정받는가가 중요하다.「사회적 주관성」이란 자신의 행동에 대하여 이렇듯 사회적 인정을 추구하는 자아, 자신이 원하는 어떠한 특정 사회적 역할에 대한 인정을 받고 싶어 하는 주관성을 이야기한다. 즉,「사회적 주관성」이란 개인이 가진 자신 스스로의 주체성이 외적인 사회적 검증으로서의 인정을 받고싶어 하는 형태라고 할 수 있다. 혹은,「사회적 인정」을 통한「자기인정」을 바라는 주관성이다. 예를 들자면, 국제화에 따라 사회적으로는 영어 선생이 인정을 받는데, 독일어 문학을 사랑하는 어느 한 개인이 인정을 바라는「사회적 주관성」은 독일어 선생일 수가 있고 따라서 사회가 원하는 역할과, 자신이 인정을 바라는 형태, 즉,「사회적 주관성」간의 불일치가 발생할 수 있다. 참고로, 이는 헤겔이 말한 '인정', 즉, 개인의 자의식은 사회적인 어떠한 특정한 인정(예: 아버지로서, 직장의 사장으로서 등)을 받고 싶어 한다는 생각에 연원하고 있다.「사회적 주관성의 유형」이란, 그러한「사회적 주관성」이 사회에서의 인정을 획득하려하는 다양한 다양한 인정관계의 유형을 말한다. 참고로, 뒤에 나오는「사회적 주체」(Soziales Subjekt)란, 사회에 편입되어 사회의 특정 행동 전형을 따라 행동하는 개인을 말한다. 즉, 이는 사회가 바라는 형태의 주체이다(위의 예에서의 영어 선생).

[369] [역주] 본서에서는 앞부분에서 계속 등장하던 단어인 '주관성'(Subjektivität)과 이 문맥에서 나오는 '주체성'(Subjekthaftigkeit)을 구분하였다. 전자는 자

존재가 가진 '유일 무이성'(Singularität)과 관련되어 있음), 그의 주체성은 사회적 확인(Bestätigung)이라는 외부적 지지대에 의존하여 구성된다는 사실과의 연관, (iii) 혹은 본서에서 자주 사용되는 표현으로는, 「자기인정」과 「사회적 인정」 간의 연관.

「사회적 주관성」들과 그것들이 가진 욕구(Bedürfnis) 및 요구(Anspruch)에 대하여는 일반적으로 그에 상응하는 사회적인 '공급'(Angebot)이 존재한다.[370] 【140】 모든 사회에서는 사회적으로 받아들여지는(Akzeptanz) '행동 전형'(Handlungsmuster)이 형성된다. (즉, 당신이 이것을 성취하면, 혹은 이렇게 행동하면, 당신은 어떤 의미에서 사회적으로 받아들여진다.) 이러한 '행동 전형'을 따르는 행위주체는 특정한 「**사회적 주체**」(soziales Subjekt)가[371] 되며, 이 경우 「사회적 주관성」은 자신의 '역할을 수행하면서'(darstellen) 만족감을 느낄 수 있다. (「사회적 주체의 유형」(sozialer Subjekt-Typus) 중 [즉, 「사회적 주체」를 구분하는 기준 중] 가장 흔하게 사용되는 개념은 [그 「사회적 주체」가 행하는] '사회적 역할'(soziale Rolle)이라는 개념이다.)

「사회적 주관성」이 필요로 하는 "수요"와 「사회적 주체」의 "공급"이 일반적으로 서로 합치되는 이유는 단순하다.[372] 모든 사회는 그렇게 양자

    신을 인식함이며, 후자는 외부적 환경이나 타자에 대비하여 자신이 가지는 독자성을 의미한다.

370 [역주] 이 '공급'이라는 표현에 대하여서는 아래의 각주 372을 참고할 것.

371 [역주] 「사회적 주체」(soziales Subjekt)란, 단독으로 고립되어 존재하는 인간이 아닌, 사회에 편입되어 어떠한 역할을 수행하는 개인으로서의 주체를 의미한다.

372 [역주] 저자는 경제학에서의 수요와 공급이라는 개념을 이용하여 은유적으로 설명하고 있다. 즉 「사회적 주관성」(사회적 교류하에 인정을 받으려는 주관적 내적 의식)을 인정에 대한 수요에 비유하였고, 「사

가 균형하도록 아이들을 교육시키기 때문이다. 우리의 「사회적 주관성」
은 우리가 접하게 되는 「사회적 주체」의 유형에 맞추어 설계되어 있고
또한 그렇게 설계된다.[373]

그러나 물론 이같은 합치는 항상 성공하는 것은 아니다. 사회적으로
확인받을 장소를 찾지 못하고, 어디에서도 스스로를 이해받지 못하며,
어디에도 자신은 끼워지지 못하는, 그리하여 다양한 형태로 나타나는 불
행한 의식이라고도 할 수 있는, 그러한 「사회적 주관성」도 생겨날 수 있
다. 이러한 현상은 단순한 아웃사이더라는 문제, 혹은 [사회적] 탈락자라
는 문제로만 귀결되지는 않는다. 「사회적 주관성」과 [사회에 의하여] 공급
되는 「사회적 주체」의 역할$^{(Repertoire)}$ 간에 존재하는 괴리는 어떠한 체계
적인 성격을 가지게 될 수도 있다. 어떠한 사회는— 본인이 믿기에, 바로
우리가 놓인 사회도— , 그 사회에서도 그리고 아마 그 어느 다른 사회에
서조차도, 자신의 [타고난] 천성으로 인하여 「사회적 주체」로서 [인정받기
위하여 필요한, 어떠한 자신을 위한] '실현 가능한 전형'$^{(Realisierungsmuster)}$을 찾
지 못하는, 그러한 종류의 어떠한 지배적인 형태의 「사회적 주관성」을

회적 주체」의 공급이란 사회적 인정을 받을 수 있는 자리 내지 역할의
공급이라고 이해하면 된다. 각주 368에서의 예를 들자면, 독일어 선생
이라는 인정의 수요(「사회적 주관성」)와 영어 선생이라는 인정의 공
급(「사회적 주체」)은 불일치한다. 참고로 본서 후반에서는 이를 각각
「인정에 대한 기대」와 「인정의 공급」$^{(Anerkennungsangebot)}$으로 표현하였
다(본서 198쪽 참고)

[373] 즉, 우리의 「사회적 주관성」은, 사회화, 교육 등을 통하여 기존에 존재
하는 사회적 구조에 의하여 결정되어 있는 사회적 주체의 공급에 맞게
조정되어진다. 즉 일상적인 사회에서 정하여져 있는 바를 따른다. 위
의 예에서는, '영어선생'에 대한 인정의 공급에 맞추어 독일어 선생으
로 인정받고 싶어 하는 「사회적 주관성」은 감소된다. 그럼으로써 수요
가 공급에 수렴하게 된다.

만들어 낼 수도 있다.

본인은 아래에서 다섯 가지 유형의「사회적 주관성」을 구분하고자 한다.

1) 소속의 인정

【141】「사회적 주관성」의 **첫 번째 유형**을 파악하기 위하여서는, 그룹의 구성원으로, 즉, 이 무리, 이 씨족, 이 [대]부족(Stamme) (그리고 더 나아가 이 국가, 이 교회)의 **소속원**(Zugehöriger)으로서 인정받고자 하는 욕구를 이해하여야 한다. 여기서 인정됨이란 다른 사람들과 같은 존재가 되는 것, '함께하는 일원'(Mit-Gliedsein), '함께하는 내부자'(Mit-Drinsein)로서의 '동격의 존재'(Gleichsein)가 됨을 목표로 한다.

소속[감](Zugehörigkeit)의 경험은 사회 교류적 경험의 근본 형태이며, 소속에 대한 확신은 사회 교류에 있어서의 '자기 확증'(Selbstbestätigung)의 근본 형태이다. 우리가 아는 모든 사회, 최초의 유목 무리에서부터 산업 사회에 이르기까지는 이러한 경험을 가능하게 한다. 사회는 외부와의 경계를 설정함으로써 "우리"와 "타인들"을 구별하는, 다양한 '사회적 단위'(soziale Einheit)를 형성함으로써 이러한 경험을 제공한다. (이를「단위세포를 형성하는 사회화 원리」(Das zellenbildende Prinzip der Vergesellschaftung)라고 부른다.)

사회적「소속의 인정」은 절대로 저절로 이루어지는 것이 아니다. 아이들은 사회적 단위 내에서 태어나지만, '소속의 기준'(Zugehörigkeitskriterium)을 충족시키는 법을 배워야 한다. 모든 사회적 단위는 [소속원에게 어떠한] 요구를 부과하며, 또한 특정 과업을 요구한다. 예를 들면, 이에는 외부로부터의 그룹의 보호, 상호 부조, 공동 노동에의 참여, 그룹의 행동 양식과 공통적인 현실 해석방법에 동조하는 것 등이 있다. 또한 [개인은] 소속에서 이탈할 수도 있다. 따라서 소속에 대한「인정에의 추구」는 언제나 자신의 성취에 대한 [사회로부터의]「인정에의 추구」이기도 하다.

그렇다면 "결정적인"「소속의 인정」은 누구로부터 기대할 수 있는가? 첫째, 가부장이나 성직자와 같은「제도적 권위자」로부터 기대할 수 있다. 그들은 권위 있는(maßgebend) 지식의 소유자로서, 그룹을 위하여 권위 있는 결정을 대변한다.【142】때때로 전통적 지위의 뒷받침 없이도 어떠한 개인은 커다란「개인적 권위」를 획득하기도 하는데, 이들은 그룹의 모든 구성원이 평가되고 또한 그들이 스스로를 평가하는 기준을 장악하게 된다.

그러나, 또한 소속에 대한 결정을 그룹 전체가 내릴 수도 있다. 그러한 경우 "그룹 전체"가 권위를 행사하며, 정확히 말하자면 **모두**로서 그리고 [구성원] **각자**가 권위를 행사한다. 이때, 각 구성원이 참여한 공동의 판결에 의하여 어느 한 구성원에 대한 신뢰나 불신을 보내기에 '모두'이며, 그럼에도 각 구성원은 여전히 그러한 그룹 의견의 표현자(Repräsentant)로 간주될 수 있기에 '각자'이다.³⁷⁴ 그룹이 보다 동질적일수록, 그리고 모든 구성원이 보다 평등하다고 여겨질수록, 각 구성원 스스로는 '그룹의 소속자격'을 수호하는 자로서 더욱 효과적으로 기능할 수 있다. 모든 구성원은 배려(Zuwendung)나 배척(Abwendung), 친근감(Nähe)이나 거리감(Distanz)을 통하여 타인의「소속자격에 대한 확실성」(Zugehörigkeitssicherheit)을 강화하거나 그의 '소속자격에 대한 의구심'(Zugehörigkeitszweifel)을 제기할 수도 있다. 그리하여 무수히 많은 상징적 태도를 통하여, 다음과 같은 신호가 보내어질 수 있다: "당신은 우리 중 한 명이다. 혹은 과연 당신은 우리 중 한 명인가?" 소속의 수호자로서, 모든 구성원은 다른 구성원에 대하여 권위를 가지게 된다. [그러한] 개별적인 관계들이 모여 '권위의 원'(Autoritätszirkel)을 형성하고, 그 원 내에 모두가 갇혀 있게 되며 또한 모두가 그 원을 계속 움직이게 한다.

---

374 [역주] 그룹 전체의 집단적 판단에 의하여 한 구성원에 대한 판단을 내리기에 '모두'이며, 반면 그러한 전체의 의견은 결국 각자의 표현에 의하여 보인다는 의미에서 '각자'라는 의미.

이러한 「**그룹 권위**」^(Gruppenautorität)에 의하여 특징지어지는 그룹에서는 사회적 통제가 어디에서나 편재한다. 단일 권위자가 홀로 통제하는 경우에는, 필요하다면 가끔은 이웃의 등 뒤로 숨을 수도 있다. 하지만 순수한 형태에 있어서의 「그룹 권위」의 경우에 있어서는 그러한 '등 뒤' 라는 장소는 더 이상 존재하지 않는다. 즉, 이웃이 바로 그 자체로 권위자인 셈이다. 이 경우, 통제에 있어서의 [가려진] 사각의 그늘이란 존재하지 않는다. 통제는, 즉, '작은' 빅브라더의 눈은 어디에나 존재한다.

우리는 최초의 인간 모임, 즉 유랑하는 수렵-채집인 무리에서 어떠한 종류의 「권위 형태」^(Autoritätsform)가 발전되어 왔는지는 알지 못한다. 【143】그러나 「그룹 권위」가 "최초부터" 역할을 하였을 가능성이 매우 높으며, 그룹 구조가 평등할수록 그러한 「그룹 권위」의 역할이 더욱 두드러졌을 것이다. 따라서 소속자격 여부에 의거하여 내리는 사회적 승인뿐만 아니라, 아마도 「그룹 권위」에 속박되어 있음은 보편적 인간 경험일 것이다.

2) 역할에 대한 인정: 부여된, 성취한 그리고 공적인 역할

두 번째 유형: (「부여된 역할」을 행하는 「사회적 주체」로서,) **「부여된 역할」**^(zugeschriebene Rolle)에서 인정을 추구하는 「사회적 주관성」. 「부여된 역할」에 상응하는 「행동 전형」은 나이, 성별, 혈통, 그리고 경우에 따라서는 사회적 신분 등의, 출생으로 결정될 수 있는 요인들에 따라 정하여진다. 이에 따라 「자기존중감」은 태어날 때부터 이러한 「행동 전형」에 맞추어 사회화될 수 있다.

첫 번째 유형과 비교할 때, 두 번째 유형의 경우에 있어서는 「인정 추구」가 한층 더 구체화된다. 「부여된 역할」을 수행할 수 있는 자는 단순히 다른 그룹 구성원들과 동등한 자격이 있다는 점이 아닌, [그가 행하는] 특수한 사회적 기능을 통하여 [타인으로부터] 확인받으려 한다. 따라서 그가 (젊은 남성으로서, 여성과 어머니로서) [그가 하여야 하는] 성과^(Leistung)를 통하여 자신을 입증하여야만 함은, 또한 그렇게 하려고 함에 있어 그 성과는 더욱 좁고 명확하게 규정된다.

이러한 두 번째 유형 또한 보편적이다. 우리가 아는 모든 사회에서는 적어도 연령과 성별에 따른 「역할 부여」[Rollenzuschreibung]가 형성되었으며, 이는 수렵-채집인 문화에서도 이미 존재하였을 가능성이 있다.[375] 그러나 「부여된 역할」이 체계적으로 고정된 구조를 가지게 되는 것은 정착 농업 사회에 이르러서이다. 【144】 경제합리적으로 규정된 저장, 소유, 그리고 상속이 새롭게 중요하게 부각됨과 함께, 「출생적 지위」[Geburtsstatus]가,[376] 예를 들자면, 혈통, 성별, 연령이 사회적 권리와 의무의 중심적 기준이 되었다. 이러한 「출생적 지위」를 명확히 규정함을 통하여 농업에 있어서의 핵심 사안인 사회적 연속성이 형성되었다. 오늘날까지도 (종종 그 자체로 고립된 영역이기도 한) 농민 사회는 [이러한] 「역할 부여」의 중요성을 지속적으로 고수하고 있다.

이러한 조건하에서 어떠한 새로운 「권위 관계」가 형성될 수 있었을까? 아마도 농업 사회에서야 비로소 「제도적 권위」를 구축할 수 있는 충분한 안정성과 지속성이 제공되었을 것이다. 동시에, 「역할 부여」의 체계화는 새로운 '역할 형태'[Spielart]를 가지는 「그룹 권위」를 생성하게 된다. 사회 교류상의 역할[수행]에서의 인정을 추구하는 자에게 있어서는, '다른 위치의 평가자'[Rollenpartner]와 '같은 위치의 평가자'[Rollengleiche]는 핵심적인 '준거자'[Bezugsperson]가 된다. (남성이 가지는 남성성이 여성에 의하여 인정받는 것, 또는 그것이 다른 남성들에 의하여 인정받는 것 등이 그 예이다.) 가족 구조 및 친족 구조는 '다른 위치의 평가자'로서의 역할과는 충분히 연계되어 있지만, '같은 위치의 평가자'로서의 역할과의 연

---

[375] Linton(1964: 113ff.; 1936: 113ff), Lee & Vore(2009).

[376] [역주] 직역하자면 「출생적 지위」이나, 저자는 이에 연령까지도 포함시켰기에, 정확히 말하자면 '자연적 지위'이다.

계는 그렇지 못한 경우가 많다. 이로 인하여 (남성 결사체, 청소년 또래 그룹 등의) '같은 위치의 평가자'로 이루어진 '특수 그룹'(Sondergruppe)이 형성된다. 「부여된 역할」의 수행을 입증하는 바에 있어서 이러한 그룹은 높은 「인정 부여의 가치」를 가질 수 있다. 따라서 특별한 '권위적 필요성'(Autoritätsbedarf) 형성의 동기에 의하여 어떠한 그룹 유형이 생성되게 된다.[377]

세 번째 유형의 「사회적 주관성」: 「성취한 역할」, 특히 성취한 **"직업적 역할"**에 대한 「인정에의 추구」. 이 경우에 있어서의 「인정 주장권」은 두 가지 유형의 성취(Leistung)를 포함한다. 첫째, 「부여된 역할」과도 마찬가지로, 어떤 주어진 과업을 수행할 수 있는 유능함(Tüchtigkeit)이 (즉, 「역할 수행능력의 입증」(Rollenbewährung)이]) 포함되며, 이에 추가적으로, 성공적으로 「역할 획득」(Rollenerwerb)을 한 것도 포함된다. 【145】 즉, [이에 따르자면] 인간은 어떤 것을 성취하며, 따라서 요람에서부터 결정된 것이 아닌 그 무엇이 된 것이다.

일반적으로 그러한 성공은 어떠한 특별한 자질에 기반한다고 가정된다. 이때, '추구되어지는 인정'은 재차 더욱 구체화된다: 즉, [그러한] 개인적 기량에 대한 사회적 확인을 바라게 된다. 이로써 새로운 성질을 가지는 「자기존중감」이 생겨난다. 즉, 바로 [자신의] 특별한 능력으로 인하여 [타인과] 구별되는 그러한 자아에 대한 성찰(Reflexion)이 생겨나게 되는 것이다.

역사적으로 볼 때, 이 세 번째 유형은 신석기 시대 후기에서야 비로소 출현할 수 있었다. 「소속감의 주관성」(Zugehörigkeits-Subjektivität)은[378] 이미 구석기 시대에 존재하였던 무리들이 가지고 있었던 관계 구조를 결정하

---

377 이같은 점은 Eisenstadt(1998; 1977)의 연구를 보완한다.

378 [역주] 소속감에 기반을 둔 주관성. 위에서 예시한 첫 번째 유형의 사회적 주관성.

였고, [그 이후] 「역할 부여」는 초기 농경 사회에서 체계화되었지만, 이같은 세 번째 유형은 '사회전반적' 「노동분업」(Arbeitsteilung)의 시작을 전제로 하였다. 사회전반적인 「노동분업」은 기원전 약 5000년경 특히 비옥한 지역의 농경 사회에서 가능하여졌을 것이다.[379] 이 지역에서는 농업 잉여 생산물이 충분하여 전업 장인들(도공, 대장장이, 일부 지역에서는 광부와 금속 주물공, 이후 목수와 석공)을 부양할 수 있었다.

이것이야말로[380] 사회의 역사에서 보인 최초의 대규모의 분화, 즉 농업 활동과 수공업 활동의 분리를 야기한 추동력이었다. 이로 인하여 전문가 유형, 즉 특수한 물건들 내지는 식량 이외의 것들을 생산하는 제작자가 등장하였다. 그 결과, 이러한 농경 사회에서는 [구성원들 간의] 「삶의 활동」상의 공통성이 상실되었다.

그 이후로 새롭게 형성되는 모든 사회 구조에는 '낯섦'(Fremdheit), 즉 '하나 되지 못함'(Nicht-Allgemeinheit)이 포함되었다. 【146】 즉, 일과 관련된 자격, 부담, 위험에 있어서의 차별성이 존재하게 되었다. 이것이 우리가 "직업"(Beruf)이라고 이해하는 개념의 전제 조건이다. 물론 초기에 있어서의 직업이라는 역할의 취득은 여전히 출신 조건과 밀접하게 연결되어 있었다.

청동기 시대의 도시 사회에서는 기원전 3천 년과 2천 년 동안 두 가지 근본적인 새로운 「노동분업」이 형성되었다. 첫째, 장인과 상인 간의 「노동분업」, 그리고 둘째, 육체노동과 정신노동 간의 분업이다. 상인은 장인으로부터 유통 업무를 넘겨받고, 원거리 무역에 있어서 자신들의 중개 기능을 확장하였다. 또한 대제국의 궁정과 사원, 도시국가의 지배 중심지에서는 행정 직업들이 출현하였다(서기관, 감독관, 세금 징수관, 총독, 의전 담당 관직, 성직 위계 및 군사적 위계에 따른 지위, 건축가, 점

---

[379] Childe(1950: 3-17). Festinger(1983; 1985).

[380] [역주] 즉, 사회 전반적 노동분업.

성술사 등) 이로 인하여 도달 가능한 사회적 위상이 늘어났을 뿐만은 아니었다. 무엇보다도 새로운 점은 「역할 획득」에 있어서의 「단계적 모델」(Stufen-Modell), 즉 "경력"(Karriere)의 출현이었다. 상인은 성공하여 부자가 될 수 있었고, 행정가는 단계적으로 "출세"할 수 있었다. 이것은 새로운 형태의, 사회적인 '성공 개방성'(Erfolgsoffenheit)을 의미하였다. 동시에 출신 조건에 의한 속박은 약화되었고, 경쟁은 더욱 다양하여졌으며, 개인적인 성과(Leistung)가 「역할 획득」을 위하여 더욱 두드러진 중요성을 가지게 되었다.

그러나 이러한 여지는 여전히 사회의 일부 계층에게만 제한적으로만 남아있었다. 사회적 기회의 분배 원칙으로서의 「역할 획득」은, 19세기 부르주아지적 '성과 위주 사회'(Leistungsgesellschaft)에서야 비로소 정착되었다.

【147】 이러한 세 번째 유형의 경우에 있어서는 과연 누가 「인정 부여의 가치」를 보유하고 있는가?[381] 많은 경우, 그 최초 단계에 있어서는 「성취한 역할」(Erwerbsrolle)을 [애당초] 부여하고 배분하였던 지배자와 통치자가 그러하였을 것이다. 그러나 그 이후 뛰어난 전문적 기량의 전형인 명인(Meister), 즉 탁월한 능력자가 역시 그러한 「인정 부여의 가치」를 가지고 있는] 자들이 된다. [사람들이] 보다 명확히 [자신들의] 개인적 자격에 대한 인정을 바라게 될수록, 개인적 자격을 [이미] 갖춘 다른 이들로부터 그러한 인정을 바라는 「인정 추구」가 더욱더 현저하여진다. 그러한 [자격을 갖춘] 자들은 [이미] 스스로를 입증하였기 때문에 그들의 판단이 중요한 것이다. 「성취한 역할」이 중요하게 됨에 따라 [그러한 역할을 인정할 권능을 가진] 「개인적 권위」의 중요성도 강화된다.

넷째: 「**공적 역할**」(öffentliche Rolle)에서의 「인정 추구」로서 나타나는 「사회적 주관성」「공적 역할」은, 그것이 세습된 것인지 혹은 성취한 것인지와는 관계없이, 「공공」(Publikum)에게 가시적으로 보이도록 수행될 것이 요구

---

381 [역주] 즉, 누가 인정을 부여할 수 있는 권능을 가지고 있는가.

된다. 왕은 세심하게 기획된 의식을 통하여 자신의 위엄을 공적으로 드러내며, 아킬레스와 아가멤논은 군진(軍陣)에 모인 전쟁 영주들 앞에서 언쟁을 통한 대결을 펼쳤다. 전쟁 영웅은 전투 대형을 갖춘「공공」의 앞에서, 그리고 선동가(Demagoge)는 도시의 군중 앞에서 자신을 입증한다. 다수가 모여서 보고 듣기를 원하는 곳이면 어디에서든「공적 역할」이 발휘될 공간이 생겨난다. 궁정 및 종교의식, 정치 집회, 시장 광장의 운집, 법정 심리, 연극, 운동 경기, 서커스 등은 모두 일반적인 관심을 끌 수 있는 무엇인가를 선보일 실연자(Darsteller)를 필요로 한다.

「공적 역할」의 역사적 등장에 있어서의 결정적 계기(Anstoß)는「성취한 역할」에서와 같이「노동분업」이 아니었다. 그것은 다중들의 승인과 참여에의 요구에 의하여「공공성」(öffentlichkeit)과도 같은 것이 생성된, 일정한 정치적 환경이 조성되었음과 관련이 있다. 【148】승인과 참여의 필요성에 의하여 공적인 출연(Auftritt)이 등장하였고, 또한「공공」도 흥미를 가지고 참석하게 되었다. 그리하여 궁정, 신전의 주변, 시장 광장은 설득하기 위하여 호소를 펼치는 공연장이 되었다. 그러한 장소에서는 직접적이든 간접적이든 지배의「정당화」에 대한 논쟁이 벌어지게 되었고, [주장들 간의] 가능한 경쟁에 직면하여서는 [승리를 위하여 공공으로부터의] 박수갈채(Akklamation)가 요구되었다.

이같은「공공」의 박수갈채에 대한 의존성에 의하여「공적 역할」을 수행하는 행위주체에게는 고유한 긴장이 존재하게 된다. 한편으로, 그가 추구하고 획득할 수 있는 인정은 그 이전에 논의되어 왔던 그 어떠한 형태의 인정보다도 더욱더 그 자신의 인격성, 즉, 그에게서 보이는 특수한 휘광, 독창적 화법, 그리고 대담한 매력과 긴밀하고도 감수적으로 연결되어 있다. 따라서 그의「자기존중감」은 대중의 승인에 유독 위태롭게 의존하게 된다. 다른 한편으로는, 이렇듯 권위를 행사하는「공공」이란 단순히 모호하게만 보이는 큰 덩치에 불과할 수도 있다.「공적 역할」을 수행하려는 자에게 있어서는, 그가 승인을 추구하는 인간들이란 종종 단지 '집단적 분위기'^(kollektive Stimmung)로만 [팽배한] 겹층^(Substrat)에 불과하다.

더욱이 그의 성공은 「공공」의 기분과 박수갈채를 '조작'하는 그의 기량에 크게 좌우된다. 그는 결국 [「공공」으로 하여금] 그 자신을 결정적으로 인정하게 만드는 바로 그러한 반응을 우선적으로 그 자신 스스로가 만들어내는 것이다. 즉, 그는 자신 스스로가 복종하게끔 되는 그러한 [「공공」의] 권위를 대체로 자신 스스로가 알맞게 설정하여 놓는 것이다.[382]

이러한 현상은 새로운 모습의 「공공」이 등장함에도 불구하고 본질적으로 변하지는 않았다. 직접 참석한 「공공」을 대체하여, 이제는 쓰고 읽는 매체를 통한 「공공」이 더욱 빈번하게 등장하였고, 궁극적으로는 시청각적 소통 매체라는 가장 수동적인 형태에 의존하는 가상적 「공공」이 나타나게 되었다. 【149】 이와 같은 「공공」 역시 「공적 역할」을 수행하는 행위주체에 의하여 조작될 수 있으며, 동시에 「공공의 권위」가 가지는 그 고유한 효과는 그 「공공」이 내리는 실제적인 판단이나 혹은 그렇게 추정되어지는^(vermeintlich) 판단을 통하여 행사될 수 있다. 물론, 가능한 자기표현 방식은 그 다양성 측면에서 끝없이 확장되어 왔다(예: 퀴즈 풀기, 산악 등반 등). 공적인 자기표현과 「공공의 인정」^(Publikums-Anerkennung)에 의존하는 「자기확증」은 이제 모든 사람이 꿈꾸는 「사회적 주관성」이 되었다.

3) 개별성에 대한 인정

다섯 번째 유형: 자신의 **「개별성」**^(Individualität)을 사회적으로 인정받고자 하는 추구로서의 「사회적 주관성」. 이 유형의 「사회적 주관성」은 단지 '함께 속함'^(Auch-Dazugehören)에서 비롯되는 동질적 존재로서 인정받음을 목표로 하지 않으며, 또한 단순히 사회적 역할의 행위주체인 특수한 존재로서 인정받는 것만을 목적으로 하는 것이 아니다. 그것은 어떠한 '개

---

[382] 공적인 역할 수행자가 공공에게 미칠 수 있는 「권위의 효과」에 대하여서는 본서 163쪽 이하를 참조.

별적인 존재' 그 자체로서 사회적 승인을 받는 것을 요구한다. '남과는 다른 존재'(Anders-Sein), 즉, 다른 누구와도 같지 않은 존재임을 사회적으로 승인받아야 함을 의미한다.

역사적으로 이같은 유형은 사회적 복잡성과 외부를 향한 개방성이 증가함에 따라 발전한다.[383] 이에는 특히 [인구의] 도시에로의 집중이 중요한 역할을 한다. 이질적인 것과의 조우, 즉, 동일한 하루 일과를 수행하지 않고 이웃에 거주하지도 않는, 그저 오고 가는 그러한 사람들과의 도시에서의 전형적인 조우를 통하여 자신의 특수성이 자각된다. [그러한] '낯섦'의 경험은 '자신만의 존재' 뒤로 결코 '자명하지 않음'(Nicht-Selbstverständlichkeit)이라는 어떠한 그림자를 드리운다.[384]

물론 오늘날의 우리에게는 이미 친숙한 「개별성」이라는 개념은 본질적으로 부르주아지적 해방을 위한 설계이다.[385] 「사회적 주관성」으로서의, 즉 개별성의 「사회적 인정」에 대한 주장으로서의 이러한 「개별성」의 개념은 현재에는 특히 학문적 교육을 받은 부르주아지 계층에서 스스로 관철되고 있다.

***

【150】 새로운 「사회적 주관성」은 새로운 유형의 「권위 관계」를 창출

---

[383] Simmel(1971: 251-293: 1958).

[384] [역주] 타인, 혹은 낯섦과의 조우로 인하여 그 이전까지 자신이 당연하다고 느껴왔던 것들에 대하여 의구심이 일어난다는 의미를 '자신의 존재 뒤로 그림자를 드리운다'라고 형상적으로 표현한 것.

[385] [역주] 즉, 부르주아지가 기존 봉건 질서로부터 자신들을 해방시키기 위하여 도입한 개념이며, 자연적으로 영구불변하게 존재하는 개념은 아니라는 의미이다.

하게 된다. 이에 따라 발생하는 바를 다음에서 조금 더 면밀히 검토하고자 한다.

[위에서 설명한] 다섯 가지 유형이 역사적으로 연속되는 과정에서는 다음과 같은 두 가지의 지속적인 경향이 보인다.

첫째, 후대의 유형들은 앞선 유형들을 대체하는 [그리하여 앞선 유형들을 없애버리는] 것은 아니라는 점에 주목할 필요가 있다. 새로운 유형은 기존의 것들과 나란히 진행되며 형성된다. 이러한 누적적 과정 속에서 점점 더 많은, 그리고 더욱 다양한 「인정에 대한 기대」와 「인정의 공급」이 생겨나게 된다.[386]

오늘날에 있어서는 「사회적 주관성」이 가지는 다원성은 거의 자명한 것이 되었다. 남성과 여성은 무엇보다도 가족 내에서, (너무 쉽게도 과소평가 되기 마련인) 각종 클럽(Verein)에서, 그리고 필요하다면 대안적인 '공동체적 체험'(Gemeinschaftserfahrung)을 약속하는 결속에서도 '소속 확신'(Zugehörigkeits-Gewißheit)이라는 확실성을 찾을 수 있기를 기대한다. 이들은 여성과 어머니로서 혹은 남성과 아버지로서 인정받기를 기대하며, 자유로이 「역할 획득」을 할 수 있는 권리와 기회를 가지기를, 직업상의 성공을 성취하고 경력을 쌓을 수 있기를, 그리고 「공적 역할」에서의 「역량」을 시험하여 볼 가능성이 [자신에게는] 적어도 원칙적으로는 닫혀 있지 않기를 기대한다. 마지막으로, 가장 가까운 사회 교류적 관계에서—최소한 적어도 단 하나의 관계에서라도—「개별성」으로서, 즉 이러한 유일무이한 존재로서, 타인에게 의미가 있고 또한 타인을 통하여 의미를 가지는 경험을 할 수 있음을 기대한다.

이처럼 인간은 "바로 그" 사회에 대하여 상당히 큰 요구를 한다. 그러

---

[386] [역주] 수요와 공급에 비유한 문구이다. 「인정 공급」이란, 개인들이 인정받을 수 있는 다양한 기회가 제공됨을 의미한다. 이는 앞서 설명한 바 있다. 각주 372 참고.

나 자신에 대한 요구도 그와 마찬가지로 크다—즉, 단순히 수많은 영역에서의 유능함을 [자신에게] 요구할 뿐만이 아니라, 다양한 종류의「사회적 주관성」들이 병렬적으로, 그러면서도 [다양한「사회적 주관성」들이] 상호작용하에 지속되도록 할 수 있는 기량도 [자신에게] 요구한다.【151】자기 자신에 대한 '성찰적 관계'$^{(Reflexionsbezug)}$와 '사회에 대한 요구'$^{(Ansprüchen\ an\ die\ Gesellschaft)}$가 결합된 복합적 구성$^{(Gefüge)}$을 균형시키는, 현대에 있어서의 행위주체가 가진 일상화된 '숙달성'$^{(Geschicklichkeit)}$이 그러한 것들에 속하여 있으며,[387] 그에는 또한 [양자를] 매 시점에서 적절한 관계$^{(Bezug)}$로 전환하는 기량도 포함된다.[388] 이러한 유연성$^{(Flexibilität)}$을 배우게 됨으로써 '권위적인「심적 고착」'$^{(autoritativen\ Fixierung)}$에서 비교적 쉽게 탈피할 수 있는 가능성도 [개인에게는] 존재하게 된다. 그리하여 많은「권위 관계」는 약하고 산발적으로만 남아 있게 된다. 그리고 [강압적] 지배$^{(Dominanz)}$는 비

---

[387] [역주] 이 문장은 이해하기가 쉽지는 않다. 역자의 방식대로 설명하자면 다음과 같다: '자신에 대한 성찰적 관계'란, 사회와의 관계하에서 자신이 가지는 정체성, 역할, 그리고 인정에 대하여 스스로 자각하는 방식을 의미한다. 반면, '사회에 대한 요구'란, 개인이 사회로부터 기대하거나 혹은 요구하는, 자신에 대한 인정, 자신에게 주어지는 기회나 역할을 의미한다. 저자의 논지는, 현대에서의 개인은 사회와의 관계하에 자신의 정체성에 대하여 성찰하며, 동시에 자신에 대한 인정과 기회 제공을 사회로부터 요구하는 '이중적 과정'을 겪게 되며, 이러한 이중적 과정은 상호 긴밀히 연관되어 있는 복잡한 구조를 가진다. 따라서 개인에게는 이러한 이중적 과정을 일상적으로 잘 균형시킬 수 있는 일종의 숙달함이 필요하다.

[388] [역주] 현대적 개인에게는 지속적으로 한편으로는 자신에 대한 성찰, 다른 한편으로는 사회적 기대라는, 그러한 이중적 입장 사이를 적절하게 오가며 절충할 수 있는 기량이 요구된다.

교적 고통 없이 전환될 수 있다.[389]

두 번째로 보이는 지속적인 경향이란, **「사회적 주관성」의 점진적인 「개별화」**(Individualisierung)이다. 사회적으로 인정받아야 하고 실제로 인정받는 것은 더욱더 특수하고 독자적이며, 뚜렷이 구별되는 특질들이다. 그리하여, "나는 모든 타인들과 동일하며, 모든 타인들과도 같이 인정받고 싶다"라는 [기존의] 요구는 이제 "나는 다른 타인과는 같지 않으며, 타인과는 같지 않은 존재로서 인정받고 싶다"는 요구로 변화하고 있다.

III. 상호성에 의거한 권위 관계

"나는 다른 어느 누구와도 같지 않다"—이러한 「개별성의 의식」(Individualitätsbewußtsein)은 사회적으로 확산된다. 이는 「자기존중감」의 한 형태가 되며, 「자기감」은 사회적 확인을 추구한다.[390] 이러한 자신의 「개별성」에 대한 사회적 확인의 추구가, 특정한 타인이 내리는 결정적이며 권위 있는 인정에 「심적 고착」이 될 때, 새로운 「권위 관계」가 나타난다.

여기에서 전제되는 것은 「개별성」과도 같은 것이 존재한다는 가설이지, 우리가 "타인의 「개별성」에 관한 완전한 지식"을 얻을 수 있다는 것은 결코 아니다.[391]

---

389   [역주] '지배'가 전환될 수 있다는 표현은 다소 모호하다. 저자가 의미하는 바는, 지배가 행사되고, 인정되거나 혹은 지배력이 구성원 간에 배분되는 방식 등의 '지배의 구조'는 고정 불변적인 것이 아니라 쉽게 변화될 수 있다는 의미로 해석된다. 참고로, 이때의 '[강압적] 지배'(Dominanz)는 보다 공식적, 제도적인 의미를 가진 Herrschaft로서의 지배에 비하여 보다 강압적이고 상황 의존적이며 비공식적인 것을 포함하는 보다 개념으로서의 지배이다. 용어 해설 III 참고.

390   [역주] 「자기존중감」, 「자기감」의 구분에 대하여서는 용어 해설 VIII 참고.

391   [역주] 이 문단과 후속 문단에서 저자는 '개별성'에 대한 자신의 철학

【152】모든 인간이 자신 내의 가장 깊은 곳에「개별성의 중점」$^{(重點\ Individualitätspunkt)}$을 가지고 있으며, 이러한 중점$^{(重點)}$은, 질적으로 그와 상이한 중점을 가지는 타인에 의하여서는 내적으로 [즉, 주관적 혹은 심적 차원에서] 복제될 수 없는 것처럼 보인다".[392]

타인의「개별성」을 인정한다는 것은「개별성」이라는 관념을 하나의 '발견적 원리'$^{(heuristisches\ Prinzip)}$로서 전제하는 것이지, 그것을 완전히 파악할 수 있다는 오만한 착각을 전제하는 것이 아니다.[393] 실제로 타인을 꿰

적 입장을 정리하고 있는데, 철학을 전공하지 않은 독자들에게는 이해하기가 쉽지 않은 부분이다. 단, 저자가 주장하는「개별성」에 대한 정확한 이해가 없이도 그 다음의 논의에는 큰 지장이 없을 듯하다. 참고로 간단히 정리하자면, 물론 그는 헤겔이나 아리스토텔레스적인 '목적'$^{(Telos)}$를 말하면서도, 반면 그것이 사회적으로 완전히 인식되거나, 표준화된 방식으로 실현될 수 없음을 강조하고 있다. 따라서, 헤겔적인 입장을 떠나, 오히려 인간을 개방적이고 자기형성적인 통일체로 이해하고, 인간의 개별성이 완전한 사회적 재현이나 표준화될 수 있다는 견해에 저항하는 실존주의적이며 인류학적 전통에 더 가까운 입장을 취하고 있다. 이 같은 입장은 짐멜$^{(Simmel)}$이 말하는, 현대에서의 다양하게 분화되어 가는 개별성의 생성과 유사하며, 따라서 짐멜에 의하여 영향을 받은 듯하다. 짐멜에 의하면, 그러한 개별성은 내재적인 것은 아니며, 사회적 교류에 의하여 빚어지는 것이고, 또한 항상 사회적 표준화 압력과 긴장 간에 놓여있으며, 끊임없는 형성과정에 있다. 아래에서 저자는 짐멜을 인용하고 있다.

392 Simmel(1910: 378; 1908: 24).
393 [역주] 즉, 타인의「개별성」을 이해하고 인정하기 위하여서는 이미「개별성」이라는 관념을 그러한 이해와 인정을 하기 위한, 하나의 우리를 '지도하는 원리'로서 단지 가지고 있어야만 하는 것이지, 그 그 개별성을 완전히 파악 가능하다는 뜻은 아니다.

뚫어 보겠다는 주장은「개별성」이라는 관념에 포함되어 있는「대자적 존재」(Fürsichsein)를[394] 부정하는 것이다.[395]

「개별성」은 형성되는 과정에 있는 어떤 것, 즉「개별화」과정에서 생성되는 것으로 이해될 수 있으며, 따라서 우리 안에 내재된 모든 개별적 힘들을 삶의 과제로서 펼쳐내는 것으로 이해될 수 있다. 또한,「개별성」이라는 관념은 어떤 [발전] 단계(Stadium)를 의미하는 것이 아니라 어떠한 목적(Telos)과 관련되어 있는 것이다.[396] 「개별성」은 또한「전체성」(Ganzheit), 즉, 나눌 수 없는 통일체(Einheit)라는 표상(Vorstellung)을 내포한다.[397] 「개별

---

[394] [역주]「대자적 존재」(Fürsichsein)란 헤겔 등의 독일 관념론과 실존 철학 등에서 유래된 표현으로서, 어떤 것이 그 자체로서 독립적으로 스스로를 '자각'하며 존재하는 것을 의미하며, 단순히 존재하는 것이 아니라 스스로가 '존재한다는 것을 알면서', 즉 자신에 대한 내적 성찰을 바탕으로 자율적으로 존재함을 의미한다. 이는, 독립적으로 존재하기는 하되 자신을 자각하지 못하는「즉자적 존재」(Ansichsein)와 구별되며, 또한「타자적 존재」(Sein-für-Andere), 즉 타인의 인정 내지는 인식에 의하여 의존하는 존재와도 구별된다.

[395] [역주] 즉, 타인의 마음을 관통하여 남김없이 볼 수 있다는 것은 그 타인이 가지고 있는 독자성과 자율성을 부정하는 것일 수밖에 없다.

[396] [역주]「개별성」이라는 관념은 단지 발전 단계에서 경유하는 어떠한 단계가 아니라 (즉, 그럼으로써 그 단계를 거치면 뒤로 버려지는 것이 아니라), 그 자체로서 발전의 궁극적인 목적 혹은 지향하여 도달하여야 하는 목적이라는 의미이다. 이 같은 견해는 아리스토텔레스나 헤겔 철학에서 볼 수 있는 바와 같이, 존재하는 것은 궁극적으로 자신의 '본질의 실현'(Selbstverwirklichung)을 위한 것이라는 목적론적 사고를 반영하고 있다. 참고로, Telos(τέλος)는 '완성하다'(teléō; τελέω)라는 의미의 고대 그리스어에서 유래되어 '목적'을 의미하며, 특히 아리스토텔레스 철학에서는 궁극적인 존재의 실현 혹은 완성점을 의미한다.

[397] [역주] 즉, 개별성은 단지 어떠한 특성들을 모아놓은 집합이나 부분들

성」은 공통적인 것들^(das Landläufige)을 배제하는, 특정 인격의 고유한 특성만을 의미하는 것은 아니다.³⁹⁸ 또한「개별성」을 수용한다는 것은 불완전할 수도 있고, 주저하게 되거나 방해될^(Irritierbar) 수도 있지만, 원칙적으로는 부분적일 수는 없다.³⁹⁹「개별성」의 수용은 모든 "특성들"이 배치된^(Konstellation) 전체를 의미하여야만 하며, 단순히 특성들의 합에서 어떤 하

의 합이 아니라, 하나의 전체로 보이는 것이며, 따라서 그것을 부분으로 분해할 수는 없는 것이다(즉, 그렇게 분해하려는 경우 그것의 본질을 상실하게 된다). 저자는 이때 '표상'이라는 표현을 사용하였는데, 그러한 '표상'으로서의「개별성」이라는 것은 객관적으로 결정되어 있는 어떠한 것이 아니라, 마음속에서 주관적으로 표현되는 것으로서, 관념이나 개념과는 차별화된다. (이 세 가지 용어의 차이에 대하여서는 용어 해설 III 참고).

398 [역주] 즉,「개별성」은 특정 인격이 가진, 타인과 차별화되는 고유한 특성과, 동시에 인간이 타인과 공유하는 공통적인 특성 모두를 포함하고 있다. 따라서 그것은 '전체로서의'^(holistic) 의미를 가진다. 저자는 바로 위의 문장과도 같이,「개별성」을 하나의 통일된 전체로서 변증법적으로 이해하고 있다.

399 [역주] 이때「개별성」을 수용한다고 함은, 어떤 타인의「개별성」을 사회적으로 인식하고 인정함을 의미한다. 그런데 그러한 인정은 완전하지 못할 수 있다(즉, 잘못 인정할 가능성도 있다). '주저된다'는 의미는 즉각적으로 인정하는 것이 아니라, 시간에 따라 단지 점차적으로 인정하거나 혹은 불편한 감정으로 인정할 수도 있음을 의미한다. 마지막으로 '방해될 수 있다'는 표현은, 그러한 인정은 취약하고 불안정하고 철회될 수도 있는 성질의 것이라는 의미이다. 그러나 이러한 실제적인 단점들에도 불구하고,「개별성」을 '인정'한다는 것은「개별성」의 어떤 특성을 부분적으로 인정하는 것이 아니라, 전체로서 그 타인의「개별성」을 인정하는 것이다. 이러한 저자의 입장은 다분히 헤겔이나 미드^(Mead)의 철학의 영향을 받은 듯하다.

나를 제외한 것을 의미하는 것은 아니다.[400]

우리는 「개별성의 인정」(Individualitätsanerkennung)이라는 관념을 완전히 파악할 수 없다. 이는 다른 규제적 관념들을 그렇게 파악할 수 없음과도 같다. 하지만 첫 단계에서부터 근본적인 딜레마가 발생한다. 「개별성」은 어떻게 사회적으로, 그리고 타인에게 가시적으로 표현될 수 있는가? 그렇게 하기 위하여서는 우리는 어떻게 하여야만 하는가? 지금까지 우리가 논의하여 온 모든 「인정에의 필요성」은 사회적 승인과 연결되어 있는 특정한 「행동 전형」을 사회적으로 제공받았다. 【153】예를 들어, 「소속의 인정」(Zugehörigkeitsanerkennung)의 필요성은 가입자격의 공급으로[401] 충족되며, 이 경우 하여야 할 일과 하지 말아야 할 일에 대하여서는 의문의 여지가 없다. 또한, 특별한 입증의 필요성도 그와 마찬가지이다. 그러한 입증이 어떻게 보여야 하는지는 사회적 역할을 통하여 규정된다.[402] 그러나 [이와는 달리] 「개별성의 표출」(Individualitäts-Darstellung)을 사회적으로 표준화할 수 있는 전형은, 또한 그러한 「단일성」(Einzigartigkeit)의 가시화는 어떠한 모습으로 보여야만 하는가. 이를 위하여서는 사회적으로 이미 기성화된 틀을 제공할 수 없다. 이러한 점에서 "표현 가능한"(darstellungsfähig) 「사회적 주체」로서는 보일 수 없는, 그러한 「사회적 주관성」이 나타나게 된다.[403] 그리하여 「사회적 주관성」과 「사회적 주체」의 상응 관계는 원칙적

---

[400] [역주] 이 문장은 「개별성의 인정」은 전체로서의 인정을 의미하는 것이며, 그 부분의 합으로서 인정하는 것은 아니라는 의미를 재차 강조하고 있다.

[401] [역주] 즉, 가입 자격이라는 전형적인 틀을 사회가 제공한다는 의미.

[402] [역주] 즉, 어떠한 정형화된 사회적 역할을 충족시키는지의 여부가 바로 인정을 부여하는 기준이 된다.

[403] [역주] 이때 「사회적 주관성」, 「사회적 주체」에 대하여서는 각주 368, 370, 371 참고.

으로 '지양'$^{(止揚 aufheben)}$된다.^{404}

이러한 점은 기껏 하여야 독특성이 있다고 억지로 주장하는 바에만 도움을 줄 수 있는 일종의 트릭$^{(Eselsbrücke)}$들을^{405} 떠올리면 자명하게 확인된다. 예를 들어, 일반적으로는 모순적인 것들로 간주되는 '진부한 어구'$^{(Klischee)}$들에서 볼 수 있는 "예상하지 못한" 조합이 그것들이다: 이에는 강압적인 태도를 가진 노인이 (과시적이기는 마찬가지이지만) 부드러운 마음을 가지고 있다거나, 교양 있는 여성이 거리의 속어를 사용하는 경우 등이 해당된다. 이러한 「개별성의 전형」$^{(Individualitätsmuster)}$은, 모방되고 유행되는 즉시 쇠진된다. 그러한 「개별성의 전형」들은 [「개별성」에 대한] 일종의 우스꽝스러운 대체물$^{(Parodie)}$에 불과하며, 그렇기에 「개별성의 표출」과 사회적 표준화는 서로 양립 불가능함을 더욱 분명히 확인시켜 준다.$^{406\ 407}$

---

^{404} [역주] 이때의 '지양'$^{(止揚 aufheben)}$이라는 표현은, 현상을 부정하고, 동시에 그 중 어떤 것은 간직함으로써 더 높은 것으로 고양시킨다는 헤겔의 변증법적인 의미로 사용되었다. 즉, 위에서 언급한 (양자 간의) 상응 관계는 부정되고, 동시에 그 중 어떤 요소들은 변형되어 유지됨으로써 새로운 형태의 관계가 생성됨을 의미한다.

^{405} [역주] Eselsbrücke의 자구적 의미는 '당나귀의 다리'이다. 당나귀는 물을 무서워하기에 물을 건너지 못하는데, 대신 작은 다리를 놓아주면 물을 건널 수 있음에서 유래하여, 무엇을 수월히 수행하기 위한 어떤 보조 수단 내지는 속임수를 지칭할 때 사용된다.

^{406} [역주] 즉, 그러한 괴상한 것, 예상하지 못하였던 것이 모방이 되고 확산이 되는 순간, 그것들은 『개인성』의 진정한 표현이 되기를 멈추고, 단지 진부한 것들이 되어 버리기에, 원래의 「개별성」을 상실하여 버린다. 즉, 「개별성」은 그것이 사회적으로 인정이 되는 순간 상실되어 버리기에, 사회적으로 인정되는 「개별성」 (즉, 사회적으로 표준화된 「개별성」)이라는 것은 자기 모순적 표현이다.

^{407} Popitz(1972: 18-19; 1975: 15f.).

「개별성」의 표출은, 적어도 부분적으로는 사회적 표준화로부터 벗어날 수 있게끔 하는 사회 교류적인 관계의 공간이 형성되어 있을 경우에만 근사적으로라도 가능하다. 즉, 외부로부터의 어느 정도의 차단, 그리고 [타인과] '마주 보고 있음'^(Zueinander)을 [즉, 상호 관계를] 형성함에 있어서의, 어느 정도의 자율성이 존재하여야만 한다. 단일 행위주체의 [자신의 「개별성」의] 표출과 [그것에 대한 타인의] 인정은, "주어진 각기 경우에 있어서 사회 교류적 형태"를 만들어낼 수 있을 때에만 오직 가능하다.[408]

【154】이러한 것이 성공할 가능성이 있다면, 그것은 사회 교류적으로 친밀한 관계 속에서, 지속적이고 강도 높은 상호 관계 속에서, 그리고 소규모 그룹 내에서 가능할 것이다. [그 경우 나의] 「개별성」에 대한 결정적인 인정은 가장 가까이 위치한 타자가 가진 [나를 인정하여 줄 수 있는] 「최측근의 권위」를 통하여 이루어질 것이다.

하지만 이러한 점에서 또 다른 형태의 모순이 발생하는 것처럼 보인다. 「권위 관계」에 있어서의 특징적 과정에는, 인정받음을 추구하는 자는 인정을 부여하는 자의 시각과 기준에 맞추어 자신을 증명하려고 추구한다는 점이 포함된다. 즉, 그는 개종과 전향^(Umkehr)이라는 극단적인 형태부터 시험 삼아 두드리는 접근 방식에 이르기까지의 다양한 방식으로 스스로를 적응시키려 한다. 이러한 「적응 준비태세」는 [자신의] 「개별성」으로서 인정받고자 하는 주장과 정면으로 충돌하지는 않는가? 물론 이러한 모순은 당연히 존재하며, 현실에서 자주 경험할 수 있다. 그러나 그

---

[408] [역주] 추상적, 일반적 상황이 아닌 어떠한 구체적인 맥락에서만 가능하다. 즉, 자신의 「개별성의 표출」과 인정은 어떠한 표준화된 기준에 의하여 자신의 독특함이 완전히 사상되어 버리는 그러한 일반화된 사회적 설정이 아닌 (예를 들자면, 위에서 언급한 것 처럼 이미 유행화, 진부화된 독특성), 어느 정도 그러한 독특함을 유지시킬 수 있게끔 하는 특정한 사회적 설정하에서만 가능하다(다음 문장에서 예시하고 있듯이 상호 간의 독특성을 인정하는 친근한 우정 관계, 소그룹 등).

모순은, 해소되지 않은 채 감내 될 수 있는 긴장으로 '변환'되는(verwandeln) 것이 가능하다. 이러한 변환은 예를 들어, 나이 든 사람과 어린 사람 간이라는 동등하지 않는 사람들 간에서 가능하다. 이러한 [동등하지 않은 경우] 경우, 「적응 준비태세」는 「개별성」의 형성을 초기 단계에 있어서 돕거나,[409] 반면, 그 의존성이 원칙적으로 영구히 지속되는 모습을 확인할 수도 있다. 또한 이러한 변환은 심지어는 동등한 사람들 간에서도 가능하다. 이러한 경우에서는 상호적인 「인정 과정」과 [서로에게 인정을 받기 위한] 적응 과정을 통하여 **상호성에 입각한 권위 관계**(Autoritätsbeziehung auf Gegenseitigkeit)가 형성될 수 있다. 본인은 이러한 방식이야말로 오늘날에 있어서 「개별성의 인정」에 대한 주장이 사회적으로 구체화될 수 있는 방식이라고 본다. 이러한 상호성이야말로 뚜렷한 「개별성의 의식」을 가진 자가, 「권위 관계」에서 보이는, 적응을 요구하는 압력을 감내할 수 있도록 한다.

그런데, 우정과 사랑의 유대는 모든 사회적 조건 하에서도 아마도 높은 수준의 「개별성」에 도달하였을 것이다. 【155】 그러나 오직 부르주아지 사회의 발전 과정에 이르러서야 비로소 「개별성」의 인정에 대한 요구가 너무나 당연한 것이 되어 "정상적인" '삶의 기대'를 결정하고, 제도화된 유대관계를 통제할 수 있게 되었다. 개별성 인정에 대한 주장은 결혼이라는 제도에도 들어오게 된다.

[그러나] 이러한 현상은 제도적 권위가 부활됨을 의미하는 것은 아니다. 오히려 제도화된 유대관계는, 특정한 개인적 경험에 대한 기대, 다시 말하자면, 이러한 관계 내에서 자신의 「개별성」이 확인되고 인정받으며, 나아가 그 「개별성」의 사회적 실현이 성공할 수 있고, 또한 성공할

---

[409]　[역주] 예를 들자면 어른과 어린이의 경우, 어린이는 어른에 의존적이지만, 그러한 의존성은 어린이가 어른의 도움으로 자신의 개별성을 형성시키는 초기의 단계에만 국한될 수 있다.

수 있어야만 한다는, 그러한 기대와 결부되어 있다. 따라서 [그 제도화된 관계 내의] 양자 각자는, 중대한 「인정 부여의 가치」를 상대방에게 부여할 준비가 되어 있다고 할 수 있다.[410] 상호 간에 있어서의 '이해하려는 의지'(Verstehen-Wollen)와 '이해받고자 함'(Verstanden-Werden)은 [그 양자 간의] 관계가 가지는 의미를 규정하고자 하는 요구가 된다. 이 요구가 좌절될 경우, 우선적으로 실패하는 것은 제도가 아니라, 그 제도를 통하여 매개되어야만 할 개별적 관계이다.

부모-자녀 간의 관계에서도 유사한 요구가 확산되기 시작한다. 유아기에는 항상 일방적인 「권위적 속박」이 형성되기 마련이다. 그러나 최근 수십 년간 나타난 부모-자녀 간의 관계에서 가장 중요한 변화 중 하나는, 많은 부모들이 자녀의 「개별성」을 우선적으로 "연령에 맞게" 축소 조정하지 않고, 단지 미래지향적으로 발달 중인 「개별성」이 아닌, 바로 지금 여기에 존재하는 「개별성」으로서 더욱더 심각하게 받아들이려는 사실에 있다.[411] 이는 새로운 형태의 아동 평등성, 즉 "아동의 해방"을 위한 씨앗을 뿌리게 된다. 「개별성」을 인정받고, 「개별성」을 가진 자격으로 격상된 아이는, [그 이전의] 객체라는 위치에서 「개별성의 인정」을 부여받을 수 있는 주체로 전환된다.【156】 부모는 자녀로부터의 존중―단순히 일반적인 감사가 아닌, [부모에 대한] 개인적 존중―을 자신들의 스스로를 입증하는 범주로 여기게 된다. 따라서 자녀의 [부모에 대한] 인정 철회는 부모가 가지는 「자기존중감」을 위협하기 마련이다. 이제 아이는 오히려 부모에게 있어서 권위를 가지게 된다. 이렇듯, 이같은 관계에서도 상호 간에 서로 의존하는 「권위 관계」가 발생할 수 있다.

유사한 관계 형태는 소규모 그룹에서도 나타나며, 더 나아가 그룹

---

[410] 즉, 상대방이 나에 대한 인정을 할 수 있는 자격(「인정부여의 가치」)이 있음을 확인한다는 의미.

[411] Bahrdt(1982: 26).

형성의 동기가 된다. 결사체$^{(Assoziation)}$들은 구성원들의 「자기발견」$^{(Selbst-findung)}$을^{412} 돕는 것을 목표로 형성된다. 이러한 형태의 그룹은 단순히 소속감의 확신을 추구하는 공동체$^{(Gemeinschaft)}$와는 확연히 다르며, 자아를 버림으로써 자유를 획득함을, 그리고 「개별성」의 짐으로부터의 자유화를 약속하는 「해탈 그룹」$^{(Nirwana-Gruppe)}$과 혼동되어서는 안 된다. 이러한 「자기발견」을 위한 그룹은 보다 낙관적이고 "긍정적"이다. 여기에서 개인은 자기 자신에 도달하기를 희망한다. 이에 따라 자기 경험, 정체성, 자율성과 같은 「자기와의 관계」$^{(Selbstbezug)}$를 지칭하는 용어가 등장한다. 「자기발견」은 그룹 내에서의 상호적 도움과, 그룹 밖에서는 찾을 수 없는 상호적 인정을 통하여 성취되기 마련이다. 따라서 이러한 그룹들은 자신들이 종종 결혼이나 부모-자녀 관계를 대체하는 것으로 스스로 간주한다. 그러나 [그 그룹들로부터 바라는] 기대는 동일하다. 여기에서도 「사회적 주관성」은 충족되어야만 하며, 자신의 「개별성」이 사회적으로 인정받게 됨도 추구된다. 또한 여기에서도 상호 관계에 의거한 「권위 관계」 내에서 「자기발견」의 「공동체화」$^{(Vergemeinschaftung)}$가 추구된다.^{413}

【157】 상호성에 의거한 「권위 관계」라 하더라도 권력이 뿌리는 바이러스로부터 면역되어 있지는 않다. 상대방의 인정에 상대적으로 덜 얽매인 당사자는 그가 가진, 상대적으로 더 독립적인 우위성을 언제든 활용할 수 있다. [상대에 대하여] 인정하거나 혹은 인정을 철회할 수 있기에 더

---

412 [역주] 「자기발견」이란 자신의 개별성을 스스로 확인하는 것을 의미한다.

413 [역주] 즉, 「자기발견」의 과정은 홀로 고립되어 이루어지는 것이 아니라, 서로 주고받음에 근거한 상호적인 형태의 「권위 관계」, 각자가 상대에 대하여 권위를 행사하고 또한 상대의 권위에 의하여 영향을 받는 형태에 의하여 서로를 인정하고 또한 가치를 확인함으로써 이루어지게 된다. 이러한 의미에서 「자기발견」은 공동체적으로 이루어진다.

욱 강력한 자는 언제나 덜 취약한 자이기 마련이다.

그럼에도 불구하고, 이러한 관계의 추구에는 평등을 지향하는 경향이 존재한다. 원칙적으로 모든 사람에게 있어서는 상대방이 나 자신에게 묶여 있는 것과도 같이, 나 자신도 상대방에게 구속되어 있다. 그리고 상대방이 나로부터 기대하는 것처럼 나도 상대방에게 기대를 한다. 이러한 구속과 기대에서 보이는 상호성이라는 것은, 동등한 자들 간에서의「권위 관계」를 가능하게끔 하는, 적어도 하나의 윤곽(Umriß) 내지는 틀로서 이해될 수 있다.

이 장의 정리

앞서 소개한, 에릭 앰블러가 언급한 퇴각을 위한 군사적 조직으로부터[414] 「자기발견」을 위한 그룹 간에 놓여있는 간극은 상당히 멀다. 그 연결 관계를 명확히 하기 위해 다시 몇 마디 언급이 필요하다.

전통 사회에서는, '이곳과 지금'과 '저곳과 영원'이라는 양자 간을 연결하는 신성적 매개 기능과 태생적 매개 기능이 사회의 구조적 근본 구성요소로서 자리 잡고 있었다. 이러한 제도적 권위는 그 초월적 근거가 붕괴됨에 따라 쇠퇴한다.

그러나 이러한 사실은「권위 관계」의 역사상 변화에서 보이는 한 가지 측면에 불과하다. 여기에서 우리의 주목을 특히 끄는 또 다른 측면은, 가능하며 또한 바람직한「인정 관계」의 변화이다.

【158】농경 문화에 있어서는, 출생 신분, 혈통, 연령, 성별에 따른 경제적 관심, 사회 전반적인「노동분업」의 시작, 정치적 지배에 있어서의 공공의 동의의 필요성 등은 새로운 유형의「사회적 주체」를, 그리고「부여된 역할」,「성취한 역할」,「공적 역할」과 그것들에 상응하는「사회적 주관성」들을 형성하게끔 이끈다. 그 이후의 마지막 유형인,「개별성」에

---

[414] [역주] 각주 295 참고.

대한「인정에의 추구」는 사회 교류상의 경험이 확장되어 나가는 오랜 과정 속에서 형성되었다. 그리고 그것은 궁극적으로는「부르주아지 해방운동」을 통하여, 오늘날의 '삶에 대한 기대'(Lebenserwartung) 속에 포함되어 있는 "정상적인" 주장으로서 지극히 보편적이며 자명하게 받아들여지게 되었다.

「사회적 주관성의 유형」들이 축적됨에 따라「권위의 필요성」도 또한 점점 더욱 다원화된다.「자기존중감」은, 말하자면 점점 더 많은 경로를 통하여 사회 교류상의 경험과 연결되며, 그 자체로 더욱 다양하게 된다. 이렇게 상정함으로써, 예를 들어, 인간들이 다양한 사회 교류적 영역에서 다양하게 행동한다는 단순한 일상적 경험이 설명될 수 있다. 각기 다른 사회 교류적 영역에 있어서는, 그때마다「소속감」이나「성취한 역할」과 관련된 다양한 강도를 가진 다양한「권위의 필요성」이 타당하기(aktuell) 때문에, 여기에서도「권위 현상」이 중요한 역할을 하는 한에 있어서는 인간들은 그렇게 다양하게 행동한다. 그리고 각 경우에 있어서 '활성화된'(aktualisiert)「권위의 필요성」의 강도에 따라, 각자가 인정받기 위하여 행위하는, 그리고 적응하기 위한 준비를 행하는 정도가 결정된다.

이러한 논의는 포괄적인「권위적 성향」(Autoritätsdisposition)이 구성될(konstruieren) 수[415] 있는 가능성과 모순되지 않는다. 단지 개별적 행위주체가 가지는 성향은 그 자체로 보자면 대단히 이질적일 수 있음을 시사할 뿐이다.

마지막으로, 상호성에 근거한「개별화」된「권위 관계」에 대해 살피고자 한다. 혹자는 본 절에서「평등적 경향」(Gleichheitstendenz)과 연결된「권위 관계」를 논의하고 있기에, 이는 일반적 권위에 대한 이해, 즉 상위지배(Überordnung)와 예종(Unterordnung)의 관계로서의 권위에 대한 이해와 모순된다고 여길 수 있다.【159】하지만 동등한 권력을 가진 인간들이 서로 대

---

[415] [역주] 이때 '구성된다'는 의미는, '어떠한 요인에 의하여 적극적으로 나타날 수 있다'이다.

치하는 것은 원래 특별한 일이 아니다. 그러한 종류의 대치의 결과, 교착 상태, 휴전, 영구적 갈등, 혹은 승리와 예속이 발생할 수도 있고,「무관심」한 공존이 형성될 수도 있다. 이러한 관계들의 어느 것도「권력관계」의 통상적인 목록(Repertoire) 내에 포함되지 않는 것은 없다. 그러나 권위란 일종의 우위성이며, 단, 그 권위가 상호적인 경우에 있어서는 어떠한 특별한 유형의 관계로 전환될 수 있다.

7. 기술적 행동

【160】 우리는 "기술"에 대하여 아마도 우리가 이미 가지고 있는 어떠한 선이해를 전제로 하여 다음과 같이 말할 수 있을 것이다. 즉, 그것은 **인간이 만들어내고** 인간이 작동시키는 어떤 것이며, 인간의 관여 없이 생겨난 것이나 성장된 것과는 구별되는 어떤 것이다.

「기술적 대상」은 "「인위적 창조물」"이며, 인공적으로, 그리고 인간의 '숙련에 의하여'(kunstfertig) 만들어진 것이다.

따라서 '기술적 행동'이란 「인위적 창조물」을 만들어내는 행동으로서, 인간 행동의 한 특별한 유형으로 규정될 수 있다. (혹은 수정하거나 수리하는 행동도 이에 포함되며, 반면 단순히 「기술적 대상」을 다루는 것, 예를 들어 자동차를 운전하는 것은 단지 기술적으로 조건 지어진 행동일 뿐이다.)

본인은 이러한 "「인위적 창조물」의 생산"을 그 본질적인 측면에서 이해하고자 한다. 기술적 행동을 인간 행동의 독특한 유형으로서 더 정확히 어떠한 방식으로 규정할 수 있는가? 이러한 행동 유형과 특정 인간의 「공동체적 삶」(Zusammenleben)의 구조 간에는 근본적 연관성이 존재하는가?

이에 답하기에 앞서, 세 가지 유형의 기술적 행동이 구분되어야 한다: 「사용」(Verwenden), 「변형」(Verändern), 「제작」(Herstellen)이 그것들이다 (이것들 간의 나열 순서는 어떻게 되더라도 무관하다). 기술적 행동은 항상 「**사용**」을 목표로, 의도적으로 수행된다. 「제작」된 것은 어떠한 특정 목적을 위하여 이용가능하여야 한다. 【161】 기술적 행동은 또한 이미 발견된 것을 「**변형**」하며, 새로운, 즉 다른 현실을 창조하여 낸다. 기술적 행동은 「**제작**」하는 행동으로서, 숙달된 산출(Hervorbringe)이고, 또한 학습될 수 있고, 차별화될 수 있으며, 개선될 수 있는 「숙련성」(Kunstfertigkeit)이다.

「사용」, 「변형」, 「제작」은 주체의 활동으로서, 그것을 [대상으로서의] 객체와 관련 하에서 조망한 것을 의미한다. 그러나 이러한 주체-객체의 관계는 동시에 주체-주체의 관계이기도 하다. 이는 기술적 행동이 사회적으로 조건 지어져 있으며 사회적 결과를 야기한다는 의미를 뜻하는 것만은 아니다. 오히려 이러한 행동 속에서 인간 존재가 지닌 특정 사회적 조건이 더불어 설정된다. 즉, 「사용하려는 의도」 내에는 필연적으로 「소유권의 주장」$^{(Eigentumsanspruch)}$에 대한 문제가 포함되어 있으며, 「변형」 속에는 단순히 그 대상에 대한 '힘$^{(Macht)}$의 행사' 뿐만이 아니라 특정한 형태의 「사회적 권력」 행사가 포함되어 있고, 「제작」 속에는 기능$^{(Tätigkeit)}$의 차별이 포함되어 있기에 그로 인하여 항상 「노동분업」의 한 형태를 내포하고 있다. 인간은 기술적으로 행동하기 때문에, 그리고 또한 인간은 기술적으로 행동하기 때문에,[416] 인간의 「공동체적 삶」은 **소유권**$^{(Eigentum)}$, **권력**, 그리고 「**노동분업**」에 의하여 규정된다.

아래에서 기술적 「객체화」의 유형들을 개진한 후, 본인은 최종적으로 재차 권력이라는 주제로 돌아와 논의를 지속할 것이다. 기술적 행동이 애초부터$^{(ab\ ovo)}$ 권력과 결부되어 있는 것처럼, 인간에 대한 인간의 권력이 강화되어 가는 것 또한 기술적 진보와 연관되어 있다.

I. 사용과 사용권 (소유권)

첫 번째로, 「사용」에[417] 관하여. 처음에는 단순히 다음과 같이 말할

---

[416] [역주] 본문에서는 동일한 문구가 두 번 반복된다. 그러한 목적은 일단 강조를 위한 것이다. 즉, 기술이라는 것이 단순히 사회 구조상 필요한 요소들 중의 하나라는 것이 아니라 핵심적이라는 것을 강조하고 있다. 또한 첫 번째 문구에서는 인간의 「공동체적 삶」이 기술에 의하여 규정된다는 것을 말하고 있음에 반하여, 두 번째 구절에서는 앞의 문장을 반복함으로써 그러한 규정이 시간에 따라 점차 강화됨을 시사하고 있다.

[417] [역주] 사용, 씀, 이용, 유용함, 활용의 차이점에 대하여서는 용어 해

수도 있을 것이다: 만들어진 대상은 실용적으로 유용함$^{(Nutzen)}$을 가져야 한다.【162】그러나 이 "실용적으로 유용함"이라는 표현은 여러 가지 문제를 내포하고 있다. 즉, 장난감 기차도 실용직 유용함이 있는가? 이를 더 조심스럽게 표현하자면,「기술적 대상」을 만드는 사람이나 획득하는 사람은 그것을 '쓰려는'$^{(gebrauchen)}$ 의도를 가지며, 그것으로 무엇인가를 하고자 한다. 즉, 특정한 목적에 봉사 가능한$^{(dienstbar)}$ 어떠한 것을 생산하거나 획득하는 것이다. 이러한 의미에서 이용 가능$^{(brauchbar)}$하거나 유용한 것은, 그것을 통하여 무엇인가를 **할**$^{(machen)}$ 수 있는 것이며, 단순히 **존재**$^{(Sein)}$ 그 자체로서 가치가 있는 대상, 즉, 그것의「존재양태」$^{(So-Sein)}$가[418] 어떤 가치를 표현하는 대상—예를 들어 숭배되는 형상이나 아름다운 것—과는 구별된다. 또한, 보이지 않는 어떤 것을 지시하는 대상—초월적인 권능, 다른 세계, 영원한 삶을 가리키는 대상—과도 구별된다.

물론, "만들어진 것"$^{(Machen)}$과 "존재"라는 양자 사이에는 수많은 그리고 종종 긴장 가득 찬 이행 단계가 존재하며, 그러한 의미에서 양자는 단지 두 극단적인 것들일 뿐이다. 하지만, 이는 [즉 이같은 구분은] '「기술적 대상」$^{(technische\ Objekt)}$과「상징적 대상」$^{(symbolisches\ Objekt)}$을 아주 크게 구별하는 목적을 위하여서는 충분할 것이다.[419]「기술적 대상」은 그것의 순수

설 V 참고.

[418] [역주] 용어 해설 X 참고.

[419] [역주] 저자는 존재$^{(Sein)}$를「상징적 대상」$^{(symbolisches\ Objekt)}$과 연결시키고 있다. '존재'란 인간의 행동과는 무관하게 그 자체에 존재하는 내재적인 가치에 의하여 의미를 가지는 것이며, 그것이 가지는 유용성에 의하여 판단되는 것은 아니다. 마찬가지로 종교적 상징, 예술, 그리고 문화적 산물 등의「상징적 대상」도 그것이 가지는 기능적 유용성에 의하여 그 의미가 부여되는 것이 아니라, 그 존재 자체에 어떠한 내재적 의미를 내포한다. 그렇기에 저자는 존재와「상징적 대상」들을 연관시키고 있다.

한 형태로 볼 때는 그 자체로의 의미를 지니지는 않는다. 그것은 언제나 단지 수단일 뿐이다.

「기술적 대상」의 「사용 가능성」(Verwendbarkeit)은 종종 특정한 "~하기 위한 것"(um zu)이라는, 즉, 일종의 구체화된 '사용 설명서'와도 같은 모습으로 명확히 각인되어 있다. 우리가 이러한 대상을 관찰하는 경우, 심지어 다른 문화권에서 유래된 것이라 할지라도 직관적으로 그것의 목적을 대체로 파악할 수 있다. 그 사물이 어떤 용도로 유용할 수 있는지는 명백히 보인다. 예를 들어, 어떤 것이 절삭 도구, 용기, 쟁기, 혹은 운송을 위한 것 등임을 파악할 수 있다. 대상의 형태는 우리가 이미 알고 있거나 유추할 수 있는 「사용가능성」을 지시한다. 즉, 「사용」의 과정은 이미 그 형태 속에서 부분적으로나마 이미 예견되어 있으며, 그 과정은 그 형태 자체에서 이미 시작된다고 볼 수도 있다.

【163】 또한, 우리는 더 나아가 「기술적 대상」은 인간 「현존재 보존을 위한 대비」(Daseinsvorsorge)의[420] 수단이라고 말할 수 있다. 기술적으로 생산된 것은 일반적으로 [그 사용 가능한] 시간적 범위가 넓으며, 단 한 번의 '씀'(Gebrauch)을 위하여 만들어지는 것이 아니라 장기적인 '사용함'(Verwendung)을 목적으로 한다. 그것은 미래를 대비하여 고안되고 만들어진 것이다.

이와 관련하여, 우리는 인간의 도구 이용과 동물의 도구 이용을 구별할 수 있다. [동물의 경우에 있어서는] 단순히 마주치게 되었을 뿐 만들어지지는 않은 사물들(예를 들자면 돌이나 떨어진 나뭇가지 등)도 지금 당장 적을 쫓아내기 위하여 쓸 수 있다. 예를 들어 나뭇가지를 날카롭게 다듬거나 돌을 깎는 경우처럼 심지어 그 사물을 명확히 변형시킨다고 하더라

---

420 [역주] 독일어 복합명사 Daseinsvorsorge에서 Vorsorge는 어떤 것을 유지하기 위하여 대비(對備)된 것을 의미한다. 「현존재」(Dasein)의 의미에 대하여서는 용어 해설 X 참고.

도, 그것은 단지 한 번만 쓰고 버려지는 도구일 수도 있다.[421] 그러나 진정한 의미에서의 도구, 즉 인간의 도구는 반복적으로, 그리고 미래에도 「사용」될 수 있도록 제작된 도구를 의미한다.

이것은 어느 정도의 '조형화의 능력 수준'(Gestaltungsniveau)을 전제로 한다. 즉, 사물을 보관할 가치가 있을 정도로 변형시켜야만 한다. 그것을 제작하기 위하여서는 일정한 노력의 소모(Aufwand)가 필요하며, 동시에 미래에 대한 선견도 작용한다. 인간은 특정한 상황과 「이용가능성」이 [미래에도] 반복될 것임을 예상하기 때문이다.

이러한 계획적 선견의 요소는 일반적으로 모든 「기술적 대상」의 생산과정에서 작동하는 경향이 있다고 볼 수 있다.

기술적 행동의 특성상 제작자가 장기적으로 「사용」 가능할 수 있는 어떤 것을 만들고자 할 때, 다음과 같은 질문이 자연스럽게 제기된다: 누구에 의하여, 그리고 누구를 위하여 「사용」 가능하게 될 것인가?【164】 미래의 사용함에 대한 결정은 누가 하는가? 그리고 이는 다시 말하면, 제품은 누구에게 "귀속"되는가, 혹은 '누가 소유자로 인정되는가'라는 질문으로 귀착된다.

주목하여야 할 바는, 사회학자가 정의하는 바에 따르자면 「소유권」이란 어떠한 고정된 실체(Größe)가[422] 아니라 「사용권」(Verwendungsrecht)의 총합으로 정의될 수 있으며, 이 「사용권」은 문화적, 역사적으로 가변적이라는 점이다. 이러한 「사용권」이 어떤 것들을 포함하는지에 대하여서는 각 개별적인 경우에 따라서 물어야만 하는데, 예를 들어 이에 포함되는 것은 누군가가 무엇을 유용하게 이용할 뿐만 아니라 그것을 팔거나 혹은 파괴할 수 있는지의 여부가 될 수 있다. 일반적으로 우리는 단지 "소유

---

[421] [역주] 저자는 이러한 단순한 도구의 이용이 동물에서도 발견될 수 있다고 상정하고 있다.

[422] [역주] Größe의 원래의 의미는 '크기'이다. 맥락상 '실체'로 번역하였다.

권자"가 타인을 배제하며 어떠한 「사용권」을 배타적으로 통제처분한다고(verfügen) 가정한다.[423] 따라서 소유권은 항상 "모든 타인들"에 대한 금지규범을 내포한다. 개인적 소유권과 집단적 소유권은 이러한 점에서는 다르지 않다.

그렇듯 배제하는 「사용권」의 종류와 범위를 막론하고, 우리가 [묻고자 하는 바는] 그 「사용권」은 **누구**에게 주어지고, **누구**를 배제하는가이다.

행위자, 즉 제작자의 입장에서 볼 때, 다음과 같은 세 가지의 기본적 가능성이 생긴다.

첫 번째: 소유자가 대상의 제작자인 경우이다. 그는 그것을 직접 쓸 수 있고, 어쩌면 그것을 교환하거나 팔 수도 있다. 사회는 그것을 제작하였다는 사실에 근거하여 그 [제작자의 소유가] 「정당함」을 인정한다. [그 사용으로부터] 타인들을 배제함은 그 타인들이 생산 과정에 참여하지 않았다는 이유로 「합당화」된다.

두 번째: 제작자는 어떠한 그룹의 일원으로서, 그 그룹에 속한 각 제작자는 모든 회원에게 그 「사용권」을 양도한 경우이다. 이때 생산되는 모든 것은 「공동 소유권」(Gemeineigentum)에 속하는 것으로 간주된다. 이 경우에는 공식적인 교환 행위가 필요하지 않으며, 제작 행위에 선행하여 상호 호혜성이 존재한다. 즉, 「우리라는 의식」(Wir-Bewußtsein)이 존재하며, 이는 회원들이 만드는 모든 것을 최초부터 모두 포괄한다.【165】[그럼에도 불구하고] 이같은 경우에 있어서, 제작자가 [그 소유를] 박탈당하게 된다고 말할 수는 없다. 그룹의 일원으로서 그는 여전히 자신의 제품에 대한 「사용권」에 대하여 참여자격을 가진 자로서 남아 있게 되기 때문이다. 타인들에 대한 배제는 그 타인들이 자신의 그룹에 속하지 않는다는 이유로 「합당화」된다.

세 번째: 생산과 생산된 제품의 소유는 각기 다른 손에 있는 경우이

---

[423] [역주] 이 '통제처분'의 의미에 대하여서는 각주 36 참고.

다. 이 경우, 제작자는 자유롭지 않거나 (노예, 농노) 혹은 [임노동자처럼] 자신의 노동력^(Arbeitskraft)을 팔고 있으며, 따라서 자신의 노동 결과물에 대한 「사용권」을 이미 포기한 것이다. 노예나 농노의 경우에 있어서의 주인의 「재산권」^(Eigentumsrecht)은[424] 제작자의 **인신**^(人身 Person)에 대한 「소유권의 주장」^(Eigentumsanspruch)에서 파생되며, 임노동자의 경우에 있어서는 [생산에] 이용된 「**생산수단**」^(Produktionsmittel)에 대한 「소유권의 주장」에서 파생된다.[425]

---

[424] [역주] 「재산권」, 「소유권」의 차이에 대하여서는 용어 해설 VI 참고.

[425] [역주] 이 구절은 마르크스『자본론』1권 24장 '소위 원시적 축적 과정에 대하여, 1. 원시적 자본축적의 비밀'에 근거한 것이다. 참고로 저자는 청년 마르크스에 대한 저술로도 유명하다. 이와 관련된 마르크스의 아주 유명한 구절을 인용하여 번역하자면 다음과 같다:

> 노예나 농노와도 같이 직접적으로 「생산수단」에 속하지도 않으며, 자영농처럼 「생산수단」이 그들에게 속하지도 않는다는 의미에서의 자유로운 노동자들은, 오히려 자유롭고, 「생산수단」으로부터 분리되어 있고, 홀로 있다. 상품시장에서의 이와 같은 양극화로 인하여 자본주의 생산의 기본 조건이 주어지게 되었다. 자본주의적 관계는 노동자와 '노동의 실현조건^(Verwirklichungsbedingung)에 대한 소유권'이라는 양자 간의 분리를 전제로 한다. 이러한 자본주의적 생산이 일단 스스로 자기 발로 딛고 일어서게 되면, 그것은 그같은 분리를 단지 유지하는 것에 그치지 않고, 점점 더 확대된 형태로 그것을 재생산한다. 자본주의적 관계를 창출하는 과정은, 따라서 노동자가 노동조건^(Arbeitsbedingung)에 대한 소유권으로부터 분리되는 과정 이외의 다른 것이 아니며, 이 과정은 한편으로는 사회적 삶의 수단과 「생산수단」을 자본으로 변형시키고, 다른 한편으로는 직접 생산자들을 임노동자로 전환시킨다. 이른바 원시적 축적은 따라서 생산자와 「생산수단」^(Produktionsmittel)이라는 양자의 역사적인 분리 과정에

이것이 세 가지의 기본적 형태이다. 이것들은 역사적으로 일찍 발생하였으며 오늘날까지도 유지되고 있다. 물론 혼합형도 존재한다. 예를 들어, 농촌에서 보이는 가업은 만약 가장이 모든 「통제 처분권」을 독점하는 경우 세 번째 유형에 근접할 수 있고, 혹은 [두 번째 유형인] 「공동 소유권」의 유형에 근접할 수도 있다.

일반적으로 **모든** 희소한 자원은 소유권 문제를 야기하기 마련이다. 「기술적 대상」뿐만 아니라 예를 들어, 자원, 지하자원, 비옥한 지역도 마찬가지에 해당된다. 그러나 「기술적 대상」은 **원칙적으로** 희소한 재화이다. 그렇지 않다면 그것들은 애당초 생산되지 않았을 것이다. 인간이 기술적으로 창조한 모든 「인위적 창조물」에 대하여서는—아마도 원시적 형태의 손도끼부터—누가 그것의 「사용」을 결정하는가에 대한 질문이 불가피하게 제기된다. 이러한 「사용」에 관한 문제는 기술적 행동 유형의 특질(Charakter)에 내재되어 있는 문제이다. 기존에 수립되었던 어떠한 종류의 사회적 질서라도 이 질문에 대한 답을 필히 제시하였다.【166】모든 사회적 질서는 동시에 「소유권적 질서」(Eigentumsordnung)이며, 그러한 이유들 중 가장 핵심적인 이유는 기술적 행동은 어떠한 모든 사회적 질서에서도 이루어지기 때문이다.

II. 변형 (데이터설정 권력)

배를 만들고, 다리를 연결하고, 발전소를 건설하는 인간들은 기존에 그곳에 있던 어떤 것을 **변형한다**. 기술적 행동은 언제나 세계를 다르게 만드는 것을 포함한다. 그로 인하여 발생하는 변화는 종종 가시적이고, 손으로 만질 수 있으며, 항상 양적으로 정의될 수 있고 측정 가능하다.

불과하다. 그것이 '원시적'으로 보이는 이유는 그것이 자본과 그 자본에 상응하는 생산 방식의 전사(前史)를 형성하기 때문이다(Marx & Engels 1962/1890: 742. 역자 번역).

기술적 행위는 측정 불가능한 것이 아니다.

　인간은 [자연을] 변형하는 개입 행위를 통하여 사물을 자기 것으로 만든다. 인간은 사물에 자신의 목적과 생각(Vorstellung)을 각인시킨다. 당연히 이러한 '자기로의 동화'(同化, Anverwandeln)는 우선적으로는 순수한 생존을 위하여서, 즉 배고픔과 추위, 그리고 모든 종류의 자연적 위협으로부터의 보호를 위한 것이다. 그러나 그러한 동화(同化)는 [위와 같은] 특정한 필요의 [충족을 위한] 수준의 것들에만 한정되지는 않으며, 모든 기술적 행동에 내재하여 있다. 인간이 자연을 단지 보존하는 방식으로만 대하며, 가능한 한 개입하지 않고 변형하지 않을 때에만 비로소 인간은 이러한 '자기로의 동화적'(同化的)인 행동 방식에서 벗어날 수 있다. 그러나 그러한 경우에는 인간은 더 이상 "기술적"으로 행위하지는 않게 된다.

　오늘날 문화비판에서 흔히 등장하는 화두는 산업 사회에서 우리는 결국 [인간] 자기 자신과만 마주한다는 불평이다. 즉, 우리는 오로지 우리 자신이 만든 환경과만 대면하고 있으며, 우리는 마치 인간이 인간을 위해 만든 자연보호구역에서 살아가는 것과도 같다는 것이다. 물론 이는 당연한 사실이다. 「인위적 창조물」의 세계에로의 유폐는 산업 기술의 발전과 함께 [그 정도가] 엄청나게 증가하였다.【167】그러나 다시 한번 강조하자면 이러한 원리는 새로운 것이 아니다. 기술적 진보는 언제나 인간의 기준에 따라 세계를 재단하여 맞추는 과정에 있어서의 진보이기도 하였다. 우리는 궁극적으로 지구 전체를, 어떤 유일한 도시의 정경이라고, [그리고] 모든 것을 에워싸는 인공적 삶의 세계라고 상상할 수도 있다. 그러한 삶의 세계에서는 인간은 이제 오직 인간이 성취해 낸 현실 속에서만 움직인다.

　현실을 변화시키고 "다르게 만드는" 사람은, 일반적으로 자기 자신만이 아니라 다른 사람들의 삶의 조건도 함께 변화시킨다. 토지를 개간하고, 나무를 심고, 숲을 오염시키고, 수질을 생물학적으로 파괴하는 사람들은 미래 세대의 기회와 [그들이 지어야 할] 부담을 결정한다. 주거 단지를 건설하는 사람들은 미래 거주자들의 제약, 기회, 욕망, 행위 규범을 결정하며, [미래 거주자들에게] 가능한 경험의 활동 공간을 벽으로 둘러싸는 셈이다. 기계를 설계하는 사람들이 무엇을 어떻게 생산할 수 있을지를 결정하듯이, 공항을 설계하는 사람들은 특정 지역 주민들이 감수하여야 할 부담을 결정한다.

[물질적] 대상의 세계를 변형하는 과정에서 우리가 설정하는 데이터에 의하여 타인들이 노출된다. 우리는 일종의 물질화된 권력, 즉 "**데이터 설정 권력**"을[426] 행사하며, 이 권력은 권력자의 작용이 권력의 영향을 받는 자들에게 [물질적] 대상을 매개로 전달되는 형태를 취한다. 이러한 작용은 의도되지 않았을 수도 있고, 우연적이거나 예측 불가능할 수도 있으며, 혹은 계획적이고 목표 지향적일 수도 있다. 여기서는 이 점에 대한 결론을 유보하기로 하자. 어쨌든 [물질적] 대상의 세계를 변형하는 자로서의 인간은 사회적으로 행사되는 권력을 잠재적으로 소유하고 있다고 할 수 있다. 【168】인간이 타인에 대해 권력을 가지고 있다는 사실은, 적극적으로 세계를 다르게 만드는, [인간에게] 인류학적으로 주어진 구성적 기량과, [다르게 만들] 필요성에 기초하고 있다.

III. 제작: 조직화된 제작(노동분업), 지식 기반적 제작

인간이 이미 주어진 것을 변형하고 사용 가능하게 만드는 것은 [인간이 가진] 특수한 「본원적 역량」의 표현이며, 우리는 이를 "**제작의 기량**"(Fähigkeit zum Herstellen)이라고 부르고자 한다. 아리스토텔레스의 해석에 따르자면[427] 이것은 또한 고대 그리스어 「테크네」(techne; τέχνη)의 의미이기

---

[426] [역주] 「데이터설정 권력」에 대하여서는 본서 2장 IV를 참고할 것.

[427] 이하에 있어서는 Schadewaldt(1960), Zimmermann(1982/1925)를 참고할 것.

도 하다. 이 단어는 즉, 사물의 성질을 의도적으로 변형하는 특수한 능력(Können), 내지는「숙련성」을 의미한다. (어원적으로 *techne*는 테크톤(tekton; τέκτων) = 목수, 건축가와 관련 있으며, 이는 현재 우리가 사용하고 있는 '아키텍트'(건축, architect)라는 단어에 남아 있다.)[428]

「숙련성」으로서 이해되는 한, 「제작」은 가르칠 수도 있고 배울 수도 있다. 그리고 모든 학습 가능한 것들이 그러하듯이, 실패할 수도 있다. 도자기 항아리는 깨질 수 있으며, 바벨탑도 무너진다.

이「숙련성」은 또한 **다양화가 가능**하다.(differenzierungsfähig) 우리는 매우 다양한 제작 방식들을 배울 수 있으며, 단 한 가지 유형의 둥지나 동굴을 본능에 의거하여 만드는 것에 그치지 않고, 완전히 다른 종류의「인위적 창조물」을 제작할 수 있다. 역시 아리스토텔레스가 지적한 바 있듯이, 인간 손의 구조는 인간이 기술적으로 할 수 있는 것들의 다양성(Variabilität)을 특히 분명하게 보여준다. 명백히, 손은 다양한 사물을 붙잡고 그에 형태를 부여하기 위하여 적합하게 창조되었다.

무엇보다도, 「제작」에 있어서의「숙련성」은 향상 가능하고 또한 **개선 가능하다**(fortschrittsfähig) 우리는「인위적 창조물」의 제작상 효율성을, 제품의 **다양함**(Vielfalt)의 증가, **양적** 증가, **질적** 향상, 그리고 제작 과정에서의 노력 감소(**생산성 향상**)를 통하는 등의 여러 측면에서 향상시킬 수 있다. 【169】이는 단순히 경험을 통하여 배우고 배운 것을 전수할 수 있기 때문만은 아니다. 오히려, 인간은「제작」의 효율성을 향상시키는 바에 있어

---

[428] [역주] 가장 근본이 되는 단어는 접두사 *tek-* (τέκ-)로서, 어떤 것을 기술적으로 만들어내다, '형성하다', '베를 짜다'(라틴어 *texere*, 영어에서의 texture에 그 흔적이 남아 있음), '만들다'의 의미를 가진다. 아리스토텔레스적 용법에 따르면, 이 *techne*는 '이론적 지식'(epistēmē; ἐπιστήμη)이나, 혹은 행위를 인도하는 '실천적 지혜'(phronēsis; φρόνησις)와는 구분되는, 무엇인가를 생성시키는 '생산적 지식'이다.

두 가지 특별한 재능을 가지고 있기 때문이다. 그 하나는 공동 행동을 조직하는 재능이며, 다른 하나는 사물의 본질을 통찰$^{(Einsicht)}$하는 재능이다.

조직화된 제작—이는 단순히 이미 정하여진 협력 패턴을 의미하는 것이 아니라, 지속적으로 새롭게 구상되고 개선할 수 있는, 신축적인 '집단적 공연'$^{(Zusammenspiel)}$을[429] 의미한다. 「제작」을 위한 조직 형태의 역사는 곧 발견의 역사이기도 하다.

[그 조직화된 제작의] 기본적 전형은 일찍부터 등장하였다. 우선, 동일한 활동$^{(Tätigkeit)}$ 간의 조율이 존재하였다. 이는 힘들의 단순한 합으로서의 방식이라는 의미를 가질 수도 있고 (예를 들자면, 이 댐은 다음 홍수 이전에는 완공되어야 한다[430]), 공동의 노력, 즉, 힘을 결집하는 방식일 수도 있다 (예를 들자면, 우리 모두 함께 하여야만 이 무거운 돌을 들어 올릴 수 있다) 또한, 작업을 연속적으로 수행하는 방식일 수도 있다 (일렬로 서서 물통을 한 사람에서 다음 사람으로 전달하는 것이, 각자가 개별적으로 물을 길어 화재 현장까지 왕복하며 나르는 것보다 훨씬 효율적이다) 마지막으로, 동일한 활동을 동시에 수행하는 것은 위험을 분산하는 역할을 하기도 한다.

이 모든 것은 비교적 명백하다. 동일한 활동을 조율하는 것은 아직은 노동의 분업은 아니고 단지 [힘들의] 합을 단순히 이용하는 것인데, 경우에 따라—연속 작업 방식처럼—다소의 차이는 있을지언정 서로서로를 보다 현명하게 연결시킬 수도 있다.

그보다 한 차원 높은 단계는 서로 **상이한 활동 간의 조율**이다.【170】처음에는 단순히 보완적인 역할들이 병렬적으로 존재하는 형태였고, 구석기 시대의 수렵-채집인들도 이를 이용한 바 있었다. 남성들은 사냥한

---

[429]   [역주] 저자는 협동을 공연 활동에 비유하였다.

[430]   [역주] 댐을 만들기 위하여 동일한 종류의 노동력이 각기 돌을 지고 나르는 모습을 상상하면 된다.

짐승 고기를 가져오고, 여성들은 과일과 구근을 채집하였다. (따라서, 남성들이 종종 사냥에 실패하는 경우, 적어도 과일과 구근을 확보할 수는 있었다.) 이를 통하여 「**사회전반적 노동분업**」(gesamtgesellschaftliche Arbeitsteilung)이 발견되었다고도 할 수 있다. 이로 인하여 다양한 기능이 분화되었고, 전문화가 시작되었다.

그다음 단계는 서로 다른 활동을 하나의 연속적인 작업 흐름으로 조율하는 것이다. 이것을 바로 「**과정적 노동분업**」(prozessuale Arbeitsteilung)이라고 부른다. 이 경우에 있어서는 다양한 과업들이 직접적으로 맞물려 있다. 여러 사람들이 동일한 작업을 수행하는 것이 아니라 서로 다른 작업을 협력하여 수행하기 때문에 원하는 생산물이 생산되어 나오게 된다.

심지어 수렵-채집인들의 경우도, 예를 들면, 야영지를 구축하거나 사냥할 경우와도 같이, 이러한 방식의 초기적 형태를 깨달았을 수도 있다. 역사적으로 볼 때, 복잡한 조직 형태 내에는 많은 중간 단계들이 있었으며, 그러한 복잡한 조직 형태는 초기 고대 문명과 로마 제국에서 그 절정을 그 이루었다. 그러나 「과정적 노동분업」의 가능성을 체계적으로 발견한 것은 아마도 근대적인 제조업과 산업에서부터일 것이다.

그러나 우리가 아는 모든 사회, 심지어 가장 단순한 사회도, 동일한 활동들 간의 조율, 「사회전반적 노동분업」, 그리고 최소한 초보적인 형태일지라도 「과정적 노동분업」이라는, 노동을 조직하는 근본적 형태들을 파악하였다. 인류학적으로 조망하여 본다면, 「사회전반적 노동분업」은, 앞서 언급한 인간이 가진, 제작에 있어서의 방법과 생산물 상의 본질적 다양화 기량에 기반한다.【171】인간의 자발적 동작이 가지고 있는 특질인 인간의 능력, 즉, 우리의 연쇄적 동작(Bewegungsablaufe)을, 독립적으로 통제 및 처분 가능하며 "숙련된 동작"으로 재조합될 수 있는 작은 개별 단위로 나눌 수 있는 능력에 의하여, 「과정적 노동분업」은 가능하여지거나 어찌 되었건 수월하게 된다.[431]

---

[431] Lorenz(1977: 129ff., 164-165; 1973: 178ff. 218f.).

이러한 소질(Disposition)이 어떻게 이용되었든 간에, 기술적 행동이 (충분히 뚜렷하게 보일 수 있는 형태의) 사회적인 생산 조직과 결합되는 것은 보편적 현상이라 할 수 있다. 모든 사회적 질서는 곧 사물의 속성을 의도적으로 변형시키는 기술적 「숙련성」을 분배하고 조율하는 질서이다.

제작의 효율성이 향상될 수 있는 이유는, 인간은 사물 자체의 특성, 운동, 변형, 궁극적으로는 그것들의 "법칙"으로 부터, 자신이 하는 일을, 그리고 그 사물들에게 어떠한 일들이 일어나는지를 **파악**할 수 있기 때문이다. 기술적 제작은 곧 **「지식 기반적 제작」**(wissendes Herstellen)이다.

아리스토텔레스에 따르자면, 「테크네」(techne)는 단순한 능력뿐만 아니라 특정한 '지식의 형태', 즉 산출하고 형성하는 바를 지향하는 지식을 의미한다. 이러한 지식은 단순한 경험의 축적이나 기억을 넘어서는 그 이상의 것이다. 「지식 기반적 제작」, 「제작의 지식」(herstellendes Wissen)은 개별 사례나 혹은 반복되는 현상에 대한 단순한 기록을 넘어서는 것이다. 그것은 단지 특정한 효과가 "무엇임"을 인식하는 것이 아니라, 그것이 발생하는 "이유"까지도 인식하는 것이다. 아리스토텔레스에 따르자면, 모든 수작업이 「테크네」에 속하는 것은 아니며, 그것이 오직 '통찰'을 수반하는 경우에만 「테크네」에 해당하는 것이다.

이러한 통찰이 수반되는, 자연에 대한 개입은 결코 자연에 반하는 것이 아니다. 【172】자연적인 모든 것, 스스로 성장하는 모든 것은 목적을 향하여 진력한다. 지식에 기반한 제작자도 그와 마찬가지이다. 그는 자연 과정에 내재되어 있는 원리, 즉, 「목적론적 원칙」(Prinzip der Zweckbestimmung)을[432] 따라, 「지식 기반적 제작」을 통하여 그 자연 과정을 진전시키

---

432 [역주] 저자는 아리스토텔레스의 목적론적 관점, 즉, 모든 사물은 목적(finis, telos; τέλος)을 향하여 나가기에 '목적인'(目的因 causa finalis, to hou heneka; τὸ οὗ ἕνεκα)을 가지고 있다는 관점에 의거하고 있다. 인공적 창조물도 어떠한 특정 목적을 염두에 두고 있기에, 「테크네」도 마찬가지로 어떤 목

며 나아간다. "기술자"^(Techniker)는 인간 존재의 더 높은 목적으로서의 자연의 목적을 완성한다.

그러나 물론 이러한 제작을 지향한 지식은 가장 높은 지식의 단계, 즉 「근본적 지식」인 「에피스테메」^(episteme),[433] 다시 말하자면, 불변하는 것과 순수하게 존재하는 것에 대한 인식에 도달하지는 않는다. 제작을 지향한 지식은 경험적 지식과 「근본적 지식」 사이에 위치하고 있는, 실천^(Praxis)과 제작과 관련된 「설명적 지식」^(Erklärungswissen)으로 남는다.

여기서 아리스토텔레스의 「에피스테메」가 가지는 의미의 지평을 논의하는 것은 너무 멀리 나가는 일이다. 그러나 그에게 있어서는 수학적, 천문학적 통찰이 「근본적 지식」의 요소였다는 점은 의심의 여지가 없다. 하지만 아리스토텔레스가 「제작의 지식」에 할당한 중간적인 위치는 역사적으로 볼 때 한계가 있는 것임이 입증된다. 현대 자연과학 기술은 자연법칙이라는 불변하는 지식을 수학적으로 공식화하였고, 그것을, 제작을 위한 전략과 결합한다. 결과적으로 「제작의 지식」은 「근본적 지식」의 한 특수한 경우가 되었으며, 이제서야 인간의 「제작의 지식」에 내재된 효율성 향상의 가능성이 완전히 펼쳐질 수 있게 된다.

적을 지향하고 있다.

[433] [역주] 이는 고대 그리스어 「에피스테메」^(epistēmē; ἐπιστήμη;)를 어원으로 하며 원래적인 의미는 '참된 지식'인데 이는 「독사」^(doxa; δόξα)와 대비된다. 플라톤은 참된 지식 「에피스테메」와 「독사」를 구별하였는데, 후자는 '세간의 믿음^(opinion)'에 해당한다. 또한 이것은 기술^(技術)에 해당하는 「테크네」^(techne; τέχνη)와도 구별된다.

IV. 기술적 객체화의[434] 유형

숙련된「제작」과정으로서의 기술적 행동은 사물을 변화시키고 그것을 인간의 목적에 맞게 사용 가능하도록 만든다.【173】존재하고 있는 것에 대한 이러한 개입은 이제 그것이 야기하는 독특한 결과라는 관점에서도 조망되어야 한다. 인간이 기술적으로 만드는 것은 "객체적"(objektiv)이 되며, 다시 말하자면 객체(Objekt)로 된다. 우리가「제작」하는「인위적 창조물」은 우리에게 하나의 '대상적인 것'(das Gegenständlich)으로서 우리를 마주한다. "내가 지으려 하였던 오두막이 [지금] 저기에 서 있다". 그리하여 내가 마음속에 품고 있던 것이 눈에 보이게 된다. 자기 내면에 있던 것이 이제는 외적인 어떤 것으로서 내 앞에 서 있는 것이다. 기술적 행동은 (「상징적 대상」을 만들어 내는 바와도 마찬가지로) **객체화하는**(objektivierend) 행동 유형에 속한다. 그것은 행위자의 의도, 기량 그리고 상상에 형상을 부여한다. 이 형상 속에서—즉, 형상을 부여하는 외적 작위를 통하여—행위자는 자신의 의도, 기량, 그리고 상상과 대면하게 된다.

이러한 사실은 철학적 인류학과 역사철학에 있어서의 근본 사상이 되었다(피히테(Fichte), 헤겔, 마르크스). 여기서 본인은 이러한 '깊고 다양한 함의를 가진'(vielgründig)「객체화 현상」(Phänomen der Objektivation) (그리고「객체화」를 통하여 자기 스스로에 대하여「의식하게 됨」(Bewußtwerden))을 [다음과 같은] 매우 단순한 질문과 연결하여 보고자 한다: 기술적 행위가 만들어 내는 객체란 진정 무엇인가? 그 안에서 **어떠한** 의도, 기량 그리고 상상이 객체적으로 되는가?

이 질문은「제작」,「변형의지」,「사용의지」의「숙련성」도 [또한] 포괄한다.[435] 그러나, 더 나아가 기술적「인위적 창조물」의 다양함 속에서 인

---

[434] [역주] 아래에서는 문맥에 맞게, technische Objektivation을 '기술적 대상화'가 아닌 '기술적 객체화'로 번역하였다.

[435] [역주] 이 문장에서 저자는 단순히 '변형' 혹은 '사용'에 있어서의

식될 수 있는 특정한 '의미적 연관성'(Sinnbezug)을 시사한다. 그리하여 기술적 행동을 통하여 객체적으로 되는 의도, 기량, 상상을 몇 가지 주요 관념(Idee)으로 환원할 수 있지 않을까?

(a) 간접적 효과라는 관념은 수많은 「기술적 대상」에서 객체적으로 된다. 「인위적 창조물」 중 많은 것들은 또 다른 「인위적 창조물」을 제작하는 것 이외에는 다른 목적을 가지지 않는다. (예를 들자면 도예용 물레, 철을 제련하는 용광로 등이 이에 해당한다.) 【174】 이러한 「인위적 창조물」을 통하여 [직접적] 목적이 있는 다른 것을 제작하는 목적으로 우리는 그러한 「인위적 창조물」을 제작한다. 이러한 **생산수단**은 단순한 도구일 수도 있고, 도예용 물레 같은 복합적 기구, 용광로와도 같은 장치, 에너지를 생산하는 모든 설비를 포함하는 기계일 수도 있다.

이러한 유형의 「인위적 창조물」의 제작은 전형적인 「우회적 행동」(Umweghandlung)이다.[436] 사실, 이는 인간이 「우회적 행동」에 특별한 기량을 가

「숙련성」을 이야기하지 않고, '변형의지', '사용의지'와도 같이 '의지'의 「숙련성」을 논하고 있기에 이해하기가 쉽지 않다. 이를 설명하자면, 일단 변형을 하는 행동은 수동적일 수 없고 항상 변형을 하려는 의지가 개입되어 있기에, 그러한 의지 자체에도 일종의 지적 「숙련성」이 있어야만 가능하다는 것을 시사하고 있는 듯하다. 또한 이때의 '사용'이란, 단순한 수동적 이용이 아니라, 최적으로 적절하게 사용함을 의미하고 있기에, 그렇게 이상적으로 사용하기 위하여서는 역시 의지가 필요하고, 그 의지도 역시 숙련되어 있어야만 함을 의미한다. 하지만 저자는 제작에는 '의지'를 추가하지 않았는데, 이는 제작에는 이미 의지가 반영되어 있기에 추가적으로 '제작 의지'와 같은 형태로 표현하지 않은 듯 보인다.

436 [역주] 이를 경제학에서는 '우회적 생산'(Produktionsumweg; roundabout production)이라고 하며, 이와 관련하여서는 이 이론의 대표적 주자인 Böhm-Bawerk(1912: 2장)를 참고할 것.

지고 있다는 점을 최초로 강력하게 입증하여 준다. 인간은 필요 충족이라는 궁극적 목표로부터 한참 거리를 둔 사물을 만들기 위하여 오랜 시간과 노력을 들여 [우회적 생산수단을 만들기 위하여] 작업할 수 있다. 그리고 인간은 이러한 우회적 활동이 어떠한 특정한 방식으로 생산적임이 입증될 수 있도록 이러한 작업을 수행할 수 있다. **한 개의** 칼로서 **많은** 가죽을 자를 수 있고, 한 개의 작살로는 많은 물고기를 잡을 수 있으며, 한 개의 채집막대(Grabstock)로는[437] 많은 뿌리를 캐낼 수 있다―그리고 [이같은 작업을] 맨손으로 하는 것보다 더 효율적으로 할 수 있다.[438] 우리가 기술적 발전이라 부르는 것은 본질적으로 「생산수단」을 생산하는 생각에 기초한다. 그리고 이로부터, 원하는 제품을 향상시키기 위하여 [그 제품을 생산하는] 「생산수단」을 향상시키려는 바에 중점을 두는 생각이 나타나게 된다. 「생산수단」은 기술적 혁신에 있어서 핵심적 사안이다.

인간이 기술적으로 새롭게 세상에 만들어내는 것의 상당 부분은, 또 다른 「인위적 창조물」을 만들어내기 위한 「인위적 창조물」이라는 사실은 근본적으로 남아 있다. "「기술화」된 세계"란 무엇보다도 제작을 위한 수단을 제작하는 작업장이다.

(b) 우리는 「생산수단」을 이용하여 우선적으로 식료품과 의류 등의 생존에 필요한 대상들을 생산한다. 【175】기술적 「현존재 보존을 위한 대비」를 위한 [식료품과 의류라는] 이 두 가지 종류에서는 다음과 같은 두 가지 경향이 특히 두드러진다: 첫째, 필수적인 생필품에서 점차 더 고급화된 욕구로의 정교화, 그리고 둘째, 비축품을 저장하는 기량의 증대가

---

[437] [역주] 원시 사회에서 뿌리나 작은 동물 등을 파내기 위해 사용된 간단한 도구.

[438] 생산적인 「우회적 행동」(Umweghandlung)을 할 수 있는 기량이야말로 지능(Intelligenz) 대한 가장 의미 있는 정의이다.

그것이다. 심지어 쉽게 부패하는 소비재라도 항아리, 암포라^(Amphora),[439] 곡물 창고, 상품 저장소, 냉동 창고 등을 이용하여 보존하고 비축할 수 있다. 기술의 단순한 양적 확산은 놀라울 정도인데, 이는 무엇보다도 기술적「비축 수단」^(Vorrats-Objekt)의 확산이기도 하다.

(c) 그리고 더 나아가: 오두막에서 궁전에 이르기까지의, 건축된 거주 공간들. 집이라는 인위적으로 닫힌 공간 안에서는「자기객체화」^(Sich-Objektivation)에[440] 내재된 특이한 특성이 더욱 농후하여진다. 이때의 특성이 의미하는 바는 [많은] 기술적 창조물이 가지고 있는「외피적 특성」^(Gehäuse-Charakter)이다. 인간이 만들어내는 많은 것들은 인간을 둘러싸는 형태를 띠는 경향이 있다. 이는 비단 협의의 거주 공간에만 해당되는 것은 아니다. 농장^(Gehöft)도 하나의 둘러싸는 외피를 형성하며, 울타리, 마을, (비거주 공간과 맞닿아 있는) 경작지, 성곽 도시, 시장, 경계선, 모든 형태의 벽―이 모든 것이 하나의 독자적인 세계로서 삶의 외피를 형성한다. 이러한 경계를 두르는「인위적 창조물」을 통하여, 인간은 자신을 그 경계 외부의 세계로부터 구별하는데, 이러한 외부적 세계는 "다른" 자연, 인간 자신이 아닌 자연, 타 사회적 그룹, 혹은 특히 '이곳에' 속하지 않는 이방인들이 될 수도 있다. 기술적 외피란 이방적인 것으로부터 몸을 움츠려 멀리함을 항상 의미한다.

【176】경계설정과 둘러싸기의 효과는 또한 "중심을 형성하는 대상", 즉 사람들이 둘러앉는 화덕, 우물, 성, 그리고 교회와 같은, 둘러싸인 공

---

[439] [역주] 고대 그리스와 로마에서 사용되던 양 손잡이가 달리고 밑이 뾰족한 단지.

[440] [역주] 인간이 기술적 행위를 통해 자신 스스로가 존재하는 방식과 사회적 관계를 물리적인 객체로 구체화하는 과정을 의미하는데, 아래의 맥락에서는 인간 자신의 삶을 보호하고 구분하기 만드는 객체화된 경계에 대하여 이야기하고 있다.

간에 중심을 제공하는 것들에 의하여 더욱 강화될 수 있다.

「공동체적 삶」의 구조는 이러한 외피 속에서 기술적으로 표현된다. 이러한 외피는 소속성, 생활 세계, 그리고 거리두기를 표현한다. 그런데 이 같은 점을 반대적 측면에서 조망하여 볼 수도 있다. 즉, 「기술적 창조물」의 「외피적 특성」은 인간의 「공동체적 삶」의 구조가 '포함'과 '배척'에 의하여 결정되어 형성된다는 사실을 시사한다.

삶의 거처들이 경계화되면서 친숙한 영역들이 생겨나는 것처럼, (d) 운송수단$^{(Transportmittel)}$은 열려있는 공간 간의 가교 역할을 하는 연결 매체를 형성한다. 이는 인간, 물품, 정보의 이동을 위한 기술적 수단을 의미하며, 마차와 배뿐만 아니라, (운송 보조 수단으로서) 도로와 운하, 그리고 정글의 북소리와 텔레비전까지도 포함된다. 이러한 대상들의 범주에 내재된 특성은 공간의 극복이다. 이제 인간이 도달 가능한 거리 범위도 인공적으로 설정된다. 인간은 그들의 발로 닿을 수 있는 거리 이상을 이동할 수 있고, 귀와 눈이 닿을 수 없는 곳까지 듣고 볼 수 있다. 이러한 것이 더욱 가능하여질수록, 인간은 현재 머무르고 있는 장소에 덜 얽매이게 된다. 거리가 상대화됨과 함께, 그가 머무르는 곳도 또한 상대화되는 것이다.

이동성이 증가함에 따라, 인간은 새로운 연결을 맺고, 낯선 세계를 발견하며, 새로운 사회적 관계를 시도하게 된다. 그들은 "[세상을 향하여] 열리게 된다"$^{(weltläufig)}$ 인간에게는 '기술적 외피'$^{(technisches Gehäuse)}$ 속으로 후퇴하여 공간에 대항하고, 모든 형태의 이질성에 대항하여 스스로를 차단하는 경향이 있는 반면, 인간은 운송 기술을 통하여 공간을 개방하고, 친숙하지 않은 것에 대한 개방을 과감히 시도하기도 한다.

(e) 마지막으로, 타인에게 물리적 무력을 행사하기 위한 **무기**, 즉 전투 무기의 생산에 대하여 논하고자 한다.^{441}【177】이에 대하여서는 차

---

441 사냥용 무기는 원하는 생산물(예: 먹을 수 있는 고기)을 만들기 위한

후에 다시 논의할 것이다. 여기서는 다만 다음과 같은 점만을 지적하고자 한다. 기술은 언제나 무력을 행사하고 무력에 대항하여 [반대로] 무력적으로 방어하는 바에 기여하여 왔다. 적어도 청동기 시대 이후로는 이러한 이유는 기술 발전의 선도적 동기 중의 하나였다. 「기술적 객체화」과정에 있어서 인간이 만들어 내는 것은 언제나 공격성과 불안의 흔적을 남긴다.

기술적인 측면에서 볼 때의 「인위적 창조물」은 본질적으로 위의 다섯 가지의 범주로서 정리될 수 있다. (물론 완전성을 기하기 위하여 "소비재"라는 잔여 범주를 추가할 수도 있을 것이다.) 전체적으로 조망하여 보자면, 이제 분명한 구조가 드러난다. 원래는 굶주림과 추위로부터의 보호를 위하여 존재하였고 지금도 종종 그러한 일상적으로 필요한 재화에서부터 시작하여 살펴보는 경우, 두 가지 종류의 커다란 긴장 관계가 밝혀진다. 첫 번째는, [상호] 근접을 위한 기술과 원거리 [극복] 기술, 즉, 공간 내로 끼워놓음과 공간을 극복함 간에 놓여있는 긴장이고, 두 번째는 「생산수단」과 「파괴 수단」 사이에 놓여있는 긴장이다. 이러한 긴장들 속에서 기술적 행동의 선택지$^{(Option)}$가 놓여있다.

V. 기술적 진보를 통한 사회적 권력 잠재력의 성장

기술적 행동의 역사적 발전 경로를 살펴보는 경우, 그 모든 정체와 재난적 위기에도 불구하고, 다른 어떤 삶의 영역에서도 [다른 어떤 것도] 이보다도 더 명확하고 의심할 여지 없이 드러나지는 못하는 한 가지 경향이 보인다. 그것은 바로 효율성의 **진보**, 효율성의 향상이다.

우리는 세상을 점진적으로 우리가 '지향하는바'$^{(Sinn)}$에 맞게 변화시켰다. 【178】 우리는 점차적으로 새로운 '용도'$^{(Verwendungszweck)}$를 발견하

도구이기에 여전히 「생산수단」으로 간주될 수 있다.

여 왔고 또한 점진적으로 더 효율적인 조직 형태를 고안하여 왔으며, 점차적으로 더 통찰력 있는 과학을 만들어 내어왔다. 우리는 점점 더 많은, 더 다양한, 더 유용한 생산품을 지속적으로 그리고 더욱 합리적인 방식으로 생산하여 왔다.

이로써 인간 행동에 새로운 힘, 새로운 「잠재역량」이 추가되었다. 우리는 인공적으로 에너지를 우리에게 유용하게 만들 수 있고, 거리를 편리하게 극복할 수 있으며, 물질 변환의 획기적 방법을 가지고 있고, 열과 빛을 우리에게 가져올 수도 있다. 본인은 이러한 이야기를 거대한 그림으로 확장하거나 혹은 이로써 손익계산서와 같은 것을 만들려는 의도를 가진 것은 아니다. 대신 특정 행동 잠재력(Handlungspotential)이 증가되는 모습에 집중하고자 한다: 즉, 우리가 보려는 것은 「사회적 권력」이 가진 잠재력(Potential)의 증가이다.

돌칼에서부터 해충 방지제에 이르기까지의 거의 모든 「기술적 대상」은, 가공되지 않은 물체, 날카롭지 않은 것, 뾰족하지 않은 것, 단련되지 않은 것, 독성 없는 것보다는 대체적으로 더 나은 잠재적인 무기라고 할 수 있다. 그러나 단지 「기술적 대상」의 가능한 사용 범위에 대하여서는 더 이상 구애될 필요가 없다. 처음부터 동물에 대한 무기는 인간에 대한 무기이기도 하였다. 금속의 생산이 시작되면서 전투 무기의 특수 제작이 시작된다(예: 전투용 도끼, 그리고 후에는 검) 무기 생산은 확장되며, 이는 전체 기술 발전에 중요한 영향을 미친다. 전쟁의 우위성은 기술 혁신의 주요한 동력이 되었으며 이 같은 사실은 오늘날까지도 여전히 변함없다.

따라서 기술적 진보는 기술적 무력 도구의 효율성 향상도 동시에 의미한다.【179】이에는 예시가 불필요하며, 단지 여기서는 "효율성 향상"은 무력 행위의 실행에 있어서의 생산성 향상을 의미한다는 점만 지적하면 충분하다. (소요되는 사람의 숫자 또는 시간으로 측정된) 특정수의 사람을 죽이기 위하여 필요한 노력의 양은 꾸준히 감소하여 왔다.

인간에게 있어서는, 그의 자연적인 싸움의 수단인 주먹, 이빨, 발톱에 비하여 인공적인 무기가 더 우월할수록 인간은 다른 인간에게 더 위험하다는 이야기는 일종의 「홉스주의의 법칙」(Hobbes'sches Gesetz)이라고도 간주될 수 있다. 홉스에게는 신체적 힘을 무력의 기초로 간주하는 것이 여전히 그럴듯하게 보였다. 그러나 오늘날, 기술적으로 생산된 무력은 엄청나게 확대되었기에, 그에 비하여서는 신체적 힘에 대한 어떤 언급도 우리에게 무의미하게 여겨질 수밖에 없다. 그럼에도 불구하고, 홉스는 「위험성의 증강 역량」(Potenzierbarkeit von Gefährlichkeit)이라는 근본적인 면을 확실히 파악하였다.[442]

무력에 의존하는 우위성은, 우선은 무력 사용에 대한 지속적인 위협과 순응하는 자들을 용서하고 보호하겠다는 약속을 통하여, 그리고 그 후에는 모든 종류의 희소한 자원의 분배와 박탈을 통하여, **「지속적 권력관계」**로 확장될 수 있다.

기술적 수단의 완성은 많은 분야에서 지속적인 권력 행사에 도움이 된다. 예를 들어, (배, 차량, 도로 등과 같이 대규모 지역을 통제 가능할 수 있도록 하는) 새로운 교통수단; 전기 펜스와 지뢰밭처럼 피지배자를 감금하는 기술; 전자 데이터 처리 기술; 전기와도 같이, 공급의 중앙집중화를 통하여 가장 단순한 삶의 과정조차도 중앙의 분배권자에게 예속되도록 하는 방식 등이 이에 해당된다.

따라서 기술적 수단을 통한 「권력 잠재력」의 증대는 다음과 같은 두 가지를 의미한다: 【180】 단 한 번의 무력행사로부터 야기되는 해악의 엄청난 증가, 그리고 「지속적 권력관계」를 확장하기 위한 추가적인 도구화.

그런데, 여기에 기술적 효율성과 「사회적 권력」 간의 세 번째 연관성이 등장하는데, 그것은 "「데이터설정 권력」"의 효율성 향상이다.

---

[442] [역주] 홉스에는 이러한 직접적인 구절은 없고, 이는 저자의 해석으로 여겨진다.

이미 우리가 고찰한 바와도 같이, 사물의 세계에 있어서의 기술적 변형은 종종 불특정 다수의 영향받은 자들을, 그들의 결정 범위를 새롭게 정의하는 "기정 사실"과 마주치도록 한다. 물론, 다른 사람들의 생활 조건에 거의 영향을 미치지 않는, 예를 들자면 가정에서의 간단한 작업 같은 기술적 행동도 있다. 그러나 원칙적으로 모든 기술적 변형은 권력 행사의 작위로 변할 수 있다. 그리고 의심할 여지 없이, 기술적 효율성이 증가함에 따라 가능한 권력 행사의 외연도 확대되었다. 오늘날 우리는 주어진 상황을 그 어느 때보다 빠르고 극적으로 변화시킬 수 있으며, 사막에 도시를 가장 신속하게 건설하고 반대로 그것을 [원자폭탄 등을 이용하여] 더 빠르게 사라지게 할 수도 있다. 고도로 산업화된 사회에서는 인간 존재의 객체적 (objektiv), 객체화된(objektiviert) 조건은 달력의 한 장을 넘기듯 급격히 변화한다. 오늘날 우리의 생활 환경을 기술적으로 설계하는 사람, 즉 「데이터설정 권력」을 가진 사람은 짧은 시간 내에 셀 수 없이 많은 사람들에 대하여, 그리고 (원자력 발전소 건설처럼) 셀 수 없이 긴 시간 동안 막대한 규모의 권력을 행사할 수 있다.

이장의 정리

우리가 [과거를] 되돌아보는 경우에는 [과거의] 기술 발전을 확인할 수 있다.【181】그러나 우리는 사전적으로 향후 기술적 행동의 효율성이 얼마나 더 계속적으로, 그리고 어느 정도까지 증가할지 예측할 수는 없다. 우리의 이전 경험은 그러한 진단을 도출할 수 있도록 하는 원리를 가리키지는 않는다. 기술적 행동은 본질적으로 [그 가능성이] 열려있는 인간의 기량인 것처럼 보인다.

따라서 우리는 「사회적 권력」의 잠재력이 어느 미지의 영역에서 아직 더 축적될 수 있는지도 알 수 없다. 만약 기술적 행동이 본질적으로 열려 있는 것이라면, 인간의 인간에 대한 잠재적 위험도 본질적으로 열려 있기 마련이다.

미래의 사회적 발전을 예측하려 할 때, 우리는 이러한 무지(Nichtwissen) — 진정으로 근본적인 무지 — 를 기억하여야 할 것이다. 그럼에도 불구하고 우리는 가까운 장래에「권력 잠재력」이, 전술한 세 가지의 의미에서[443] 더욱 증가할 것이라는 것을 높은 확률로 예상할 수 있다. 하지만 이것은 권력 통제의 문제를 점점 더 해결하기 어렵게 만든다. 동시에, 현대 사회에 있어서의 권력 통제의 핵심은 기술적 행동의 통제라는 사실은 점점 더 확실하여진다.

이러한 기술적 행동의 통제는 설령 불완전하게나마 과연 어떻게 성공할 수 있을까. 우리는 아직 거의 그러한 시도를 경주하여 보지는 않았다. 본인은 "우리가 X를 하지 않으면 Y"와 같은 형태를 가진, 입에 발린 어투의 결론을 내리고 싶지는 않다. 그러나 냉정한 성찰을 하여보았을 때, 기술적 행위의 통제, 즉, 엄청나고 점점 더 증대해 가는「권력 잠재력」의 통제는 실로 어렵고도 상상하기조차 힘든, 마치 현대의 헌법 국가를 탄생시킨 이념적 및 제도적 혁신들과도 유사한 그러한 변화를 수반하지 않고서는 생각조차 가능하지 못하다는 사실을 보여준다.

---

[443] [역주] 앞서 이야기한, (i) 무력행사의 효율성 증가 (ii) 추가적인 도구화를 통한「지속적 권력관계」의 확장, 그리고 (iii)「데이터설정 권력」의 효율성 향상.

제3부. 권력의 안정화의 형태

8. 권력 형성의 과정

【185】 인간사$^{(人間事)}$를 철학적 시각으로 바라보는 사람들에게는, 다수가 소수에 의하여 쉽게 통치된다는 것보다도 더 놀랍게 비추어지는 것은 없다- 데이비드 흄.[444]

흄의 문장은 다소 단정적이다. 철학적 사유를 하는 사람들이 인간사$^{(人間事\ Geschichten)}$와 인간의 역사를 고찰하면서 가장 놀랍게 생각하는 것이 과연 무엇인지에 관하여, 그 철학적 사유를 하는 이들은 서로 논쟁을 한다. 하지만 여기서 제기하려는 질문은 흄의 질문과 매우 밀접하게 관련되어 있기에, 그가 가진 [명성의] 권위에 기대기로 하고, 굳이 [무엇이 가장 놀라운 바인지에 대하여서는] 논쟁하려고 하지는 않겠다.[445] 어떻게 하여 소수가 다수에 대한 권력을 얻게 되는가? 어떻게 하여 소수의 몇 사람이 얻은 사소한 우위가 타인에 대한 권력으로 확대될 수 있는가? 어떻게 하여 약간의 권력이 더 큰 권력으로, 그리고 더 큰 권력이 거대한 권력으로 변모하는가?

분명 권력을 형성하려는 모든 시도가 성공하는 것은 아니다. 하지만 성공할 경우, 권력 장악의 과정은 마치 그 운명이 사전에 미리 정해져 있었던 것처럼 보이는 어처구니없는 당연함 속에서 이루어진 듯 보인다. 이는 필연적으로 신비화와 이데올로기화를 불러온다. 【186】 그러나 권력 형성의 여러 단계에서 권력 장악 과정의 행위주체들에게 특정한 기회

---

[444] [역주] Hume(2021/1777: 51), "Of the First Principles of Government". 흄의 원문에서는, 이 인용의 중간에 "통치된다는 것보다도"의 뒤에 다음의 문장이 추가된다: "그리고 인간들이 그들의 통치자에게 자신들의 감정과 열정을 '체념하여 넘겨주는'$^{(resign)}$ 그러한 암묵적 복종보다도".

[445] [역주] 즉, 흄이 지적한 놀라움에 대하여 주목하여 논의를 전개하겠다.

가 주어질 경우에 그 기회를 "당연한 것처럼" 이용한다는 사실과 그러한 사실의 이유를 우리가 밝히는 것은 가능할 수도 있다.

이와 같은 방향에서 우리는 가장 단순한 방법, 즉 사례를 제시함을 통하여 진일보하고자 한다. 이 사례들로부터 우리가 더욱 일반적인 의미를 가지는 것으로 추정하는 어떠한 연관성을 추출하고자 한다. '더욱 일반적인 의미': 이러한 연관성은 권력 형성 과정에서 반복적으로 나타나는데, 이러한 연관성에 대한 고찰은 권력을 장악하게 되는 특정한 기회들이 어떤 것인지를 우선 기술적(記述的)이며 분석적 형태로 보여줄 수 있다.

아래의 사례들은 본인이 [쉽게] 발견한 장소에서 가져왔다.[446] 하지만 다시 되돌아보아 판단할 때, 이러한 사례들이 선택된 것은 [우리의 목적을 위한 적절성 면에서] 충분히 정당할 수 있다.

이 사례들은 흔히 볼 수 있는 세 가지의 [통상적인] 권력 과정에 대한 해석을 미연에 방지할 의도로 선택되었다. 첫째, 권력 형성을 일반적 합의의 표현으로 보는 해석—특히 외부적 위협이 존재하는 경우, 그룹 내 의사결정의 필요성이 높아지게 되는데, 물론 이러한 경우 [단지 예외적으로만 이러한 합의에 의거한 해석은] 더욱 설득력을 가질 수는 있다. 둘째, 권력 형성을 개인이 가지는 「권위의 효과」로 설명하는 해석.[447] 셋째, 단순한 '무력적 강압'(Vergewaltigung)으로서의 해석, 즉, 이미 형성되어 있는 우위성에 근거한, 단순한 [무력적] '실행 행동'(Vollstrekkungsaktion)으로 간주하여 버리는 관점. 합의, 권위, 우월적 무력은 분명히 그 자체로서 설명이 필요한 개념임은 틀림없다. 하지만 이것들은 우리가 현재 모색하는 질문 자체를 너무 성급하게 정형화된 궤도로 밀어 넣기 마련이다.

---

[446] [역주] 이 사례들은 저자가 신중하게 탐색하여 가장 최적의 것이 선택된 것이 아니라, 주위에서 쉽게 찾을 수 있는 그러한 사례를 이용한 것이라는 의미.

[447] [역주] 즉, 개인적 카리스마에 의한 것으로 해석하는 방법.

【187】 우리는, 소수가 다수의 뚜렷한 이해관심과 의도에 반하여 관철하는 권력 형성에 관심을 가지고 있다.

아래에서 제시하는 세 가지 사례—배 안의 승객, 포로수용소, 그리고 교화 시설—는 다소 예외적인 상황을 포함하지만, 그럼에도 이러한 예를 제시함에는 두 가지의 장점이 있다. 첫째, 이 것들은 일종의 "병영화$^{(兵營化)}$되어 있는 사회"$^{(kasernierte\ Vergesellschaftung)}$, 즉, 그 참여자들이 상황을 회피하기 위하여 단순히 [그 장소를] 떠나는 것은 가능하지 않은, 그러한 조건하에서의 「사회화 과정」$^{(Vergesellschaftungsprozeß)}$의 예라고 할 수 있다. 따라서 갈등이 존재하더라도 그 갈등은 [개인이] 단순히 헤어지거나, 사직하거나, 탈퇴하거나, 그만두거나, 떠나가거나, 이사함으로써는 해결될 수 없다. 따라서 [이러한 예에서는] 우리 사회에서 전형적으로 보이는 회피 행위는 배제된다. 둘째, 이 상황에 놓인 모든 사람들은 기존에 자신들이 가지고 있던 통상적인 [사회적] 유대에서 상당 부분 절연된 상태에서, 일종의 '빈손'으로 [그 상황 내로] 들어오게 된다. 즉, 모두가 [최초에는] 동일하다는 가정하에서 시작하는 것이며, 따라서 「사회화 과정」은 처음부터 새롭게 시작되는 것이다.

I. 선상에서의 권력 형성

첫 번째 예시. 한 척의 배가 동부 지중해의 항구에서 항구로 오가며 온갖 종류의 화물과 각양각색의 언어를 쓰는, 다음 항구의 시장이나 사원을 향하는 상인과 관광객, 가족 방문객, 이주자, 난민 등의 승객들을 태운다. 대부분의 승객은 갑판에서 지낸다. 이 이야기에서 등장하는 유일한 사치품이자 유일한 소도구는 다수의 접이식 의자뿐이다. 의자의 수는 승객 수의 약 3분의 1이었다.

【188】 처음 며칠 동안, 즉 서너 개의 항구를 지나는 동안, 의자의 주인은 계속 바뀌었다. 누군가 자리에서 일어나면 그 의자는 자유롭게 사용할 수 있는 것으로 간주되었다. 그리고 예약 표시와도 같은 것은 인정

되지 않았다. 이러한 방식은 완전히 정착하였고, 또한 합리적이었다. 의자의 수는 대략 모든 수요를 충족할 만큼 충분하였으며, 누구나 필요할 때면 대체로 하나를 찾을 수 있었다. 수량이 제한된 내구 소비재였지만 실제로 부족하다는 느낌은 없었다.

그런데 어느 한 항구를 떠난 바로 직후, 언제나처럼 승객들이 교체되었는데, 갑자기 이전의 질서가 무너지게 되었다. 새로 승선한 사람들이 의자를 차지하고서는 그것들에 대한 자신들의 영구적 '점유'를[448] 주장하였다. 심지어 잠시 비어 있는 의자조차도 "점유됨"이라는 선언을 하였다. 여전히 점유 표시 같은 것은 강제력을 가지지는 못하였다. 그러나, 어느 순간 모든 공동 점유자들 간의 공동의 힘의 행사로 이것이 가능하여졌다. 누군가 비어 있는 의자에 조금이라도 의심스러운 모습으로 다가가면, 공동 점유자들은 몸짓, 자세, 고함으로 그들을 쫓아냈다. 이러한 위협적 행동은 매우 깊은 심적 효과를 발휘하여 실제로 물리적 충돌은 발생하지 않았다. 시간이 흐르면서 그 공동 점유자들은 의자들을 서로 더 가까이 붙였고, 결국, 마치 마차로 둥그렇게 둘러싼 방어용 진지처럼 배치되었다. 당장 사용되지 않는 의자들은 접어서 방벽 역할을 하도록 만들었다.

이처럼 일부 그룹이 모두가 두루 원하는 내구 소비재에 대한 독점적 「통제처분강권」을 관철하자, 기존에 보였던, 잡동사니와도 같은 승객들의 혼재는 이제 어떠한 구조를 가지게 되었다. 그리하여 이제 소유자와 무소유자, 긍정적 특권의 소유자[즉, 특권을 가진 자]와 부정적 특권의 소

---

[448] [역주] 독일어 besitzen(명사형 Besitz)의 원래적 의미는 '~의 위에 앉다', 혹은 '점유하다'이다. 즉, 어떤 장소나 사물에 대하여 그 장소에 물리적으로 있음으로써 통제한다는 의미이고, 결국 '소유'를 의미하게 되었다. 아래의 사례에 있어서의 그 물리적 대상은 접이식 의자이기에, 이하에서는 문맥에 따라서 '점유' 혹은 '소유'로 번역하였는데, 원래 독일어 단어는 동일하다.

유자 [특권을 가지지 못한 자]의 두 가지 종류의 계급이 나타났다.【189】이 두 종류의 소그룹을 이전의 질서에 속하였던 전체 승객들과 비교하면, 새롭게 나타난 질서에 있어서의 진징으로 독창적인 특징―최소한 초기 단계에서는―은 바로 '부정적 특권의 형성'이었음이 분명하다. 일부 그룹은 특정 내구 소비재에 접근할 권리를 상실하였고, 반면 특권층은 기존에도 가능하였던 것처럼 이를 자유롭게 사용할 수 있었다. 수요의 수준이 일정하다고 가정하면, 그 특권적 소유자들은 이전에 존재하던 전체 사회에 대비하여 아직은 어떠한 실질적인 이득도 얻은 것은 아니었다.[449] 그 특권자들의 상황이 부러움의 대상이 된 이유는, 첫째, 그들은 여타 다른 사람들과는 다른 그룹에 속하였다는 점 때문이었다. 그리고 둘째, 그들의 지위를 더욱 확장시킬 기량을 가지고 있었기 때문이었다.

다음 단계는 분명 의자의 무소유자에게로의 일시적인 임대일 것이다. 대가로는 현물뿐만 아니라 서비스의 제공도 포함될 것이다. 그리고 그러한 서비스 중에서도 우선적인 것은, 모든 「소유의 주장」(Besitzanspruch)과 함께 생겨나는 '경비원'이라는 역할을 수락하는 것이다. 이렇듯 일부 무소유자에게 경비의 역할을 위임하면 소유자들의 부담이 진정으로 줄어들 뿐만 아니라 [사회의] 내부적 구성을 더욱 풍부하게 분화시킨다. 이제 전체 계층은 소유자, 경비원, 그리고 '단순 무소유자'(Nur-Besitzlosen)라는 세 가지 계급으로 분화될 것이다. 동시에 이로 인하여 다음과 같은 사실이 본질적으로 '명확'하게 보인다: 즉, '단순 무소유자'는 이제부터 자발적으로, 그리고 자신의 잘못으로 최악의 상황에 처하게 되는 것이다.[450]

---

[449] [역주] 그 이전에도 모두가 원하면 의자를 확보할 수 있었기에, 현재 특권을 가진 그룹이 의자에 대한 독점적 사용권을 가진다고 하더라도, 그 구성원들은 어떠한 추가적인 이득을 얻은 것은 아니다.

[450] [역주] 위의 문장에서는 그 '단순 무소유자'가 진정 자발적으로, 그리고 '자신의 잘못'으로 그러한 상황에 처하게 되었음을 자세히 드러내

【190】 우리가 어떻게 이러한 상황이 발생하였는지에 대하여 궁금한 경우, 이 마지막 그룹의 마음에 항상 그리고 어디서나 떠오를 수밖에 없는 표준적인 질문을 단지 다시금 생각하여 보면 된다.[451] 이 과정은 명백히 다수의 의사에 반하여 진행되었으며, 결과 또한 다수에게 불리하다. 반드시 이러한 방식으로 전개될 필요는 없지만, 누구라도 알고 있다시피, 그렇게 전개될 수도 있다. 결국 소수는 자신들의 새로운 질서를 관철할 수 있는 **기회**를 가지게 되었다. 그렇다면 어떻게, 그리고 무엇에 근거하여 이러한 기회가 존재하게 되었는가.

우리가 이러한 고찰을 할 때 우리에게 처음부터 분명하게 보이는 바는, 초기 단계, 즉 「소유의 주장」을 내세우며 그에 따라 전체를 두 부분으로 나누려 함을 관철하려 할 때에 있어서 발생할 수도 있는, 공개적인 힘겨루기와 물리적으로 맞붙는 갈등은 소수에게 있어서는 가장 위험한

고 있지는 않다. 하지만 유추하여 볼 때, 그들은 최초에 강력한 저항을 하지 않았으며, 또한 그들에게 차선의 옵션으로 주어진 '관리자'의 역할을 어떠한 경우에는 거부하였을 수도 있음에도 불구하고 하고 있다. 그러한 의미에서 '자발적'이라는 것이다. 또한, 저항을 하지 않았거나 '관리자'의 역할에 응모하였지만, 탈락할 수도 있는 것이며, 그러한 면에서 그들 자신이 잘못하였다면서, 그 책임을 그들에게 전가할 수도 있다. 저자의 의도는 그 '단순 무소유자'가 처한 최악의 상황은 사실 구조적으로 결정된 운명이지만, 이러한 사실을 은폐된 채, 그 운명은 그들이 자발적으로, 그리고 그들의 잘못에 의하여 초래된 것이라는 식으로 오직 그들 개인의 탓으로 돌리는 것이 가능하게 된다는 것이다.

[451] [역주] 이 문장으로 볼 때는, 그 표준적 질문이 무엇인지에 대하여서는 명확하게 드러내지 않고 있다. 위의 문장에서 '유추'하여 생각하여 본다면, 그 '단순 소유자'들은 왜 이렇듯 다수에게 불리한 상황이 자신들의 의지와는 무관하게 발생하게 되었는지에 대하여 묻는 것이 아마도 그 표준적 질문에 해당될 듯하다.

순간이라는 점이다. 하지만 일단 「봉사 제공 계급」^(Dienstleistungsklasse) [즉, 경비원]이 생겨서 세 가지 종류로 계급 분화가 이루어지면, 공개적인 힘겨루기가 발생할 경우 누가 실제로 소수인지조차도 불분명하여진다. 따라서 우리는 첫 번째 단계에 주목하여야 한다. 이 소수는 어떤 특이한 「잠재역량」을 발휘하여 이러한 [그들에게 위험한 최초의] 단계를 극복하고 관철시켜 나아갈수 있었을까?

1) 기득권자가 가진 우월한 조직화 기량

우리는 새로 합류한 승객들이 언제 자신들의 「소유의 주장」에 대한 [상호] 이해^(理解)에 도달하였는지는[452] 일단 답하지 않고 열어 두도록 하겠다. 단, 처음부터 그것이 일종의 연대적 그룹이거나 혹은 어떤 가족 관계적 부족^(Familienclan)과 관련되었다고 가정하여서는 안 된다. 일련의 분쟁을 거치면서 배 위에서는 두 가지 상반된 「질서의 표상」^(Ordnungsvorstellung)이 상호 충돌한다는 사실이 어느 특정 시점에서는 분명하게 드러났을 것이다.【191】"점유"^(Besetzung)라는 이미 성취된 활동으로부터 영구적인 배타적 「통제처분강권」을 이끌어 낸 사람들은 [이제] 어떠한 이득^(Vorteil)을 주장하기 시작하였다. 그로써 그들 자신은 정당한 권리에 의하여 이미 특권을 가지고 있다고 스스로 이해하고 있었다. 그들과 대치하던 자들은 그러한 특권이 자신에게 있음을 주장하지 않았으며, 오히려 그러한 특권 자체를 근본적으로 부정하였다.

당장은 누가 다수를 구성하는지도 아직은 불분명하였다. 그러나 다수가 가지는 관계들^(Mehrheitsverhältnis)이 어느 정도의 중요성이 있는지에 대하여서는 이미 의문이 제기된다.[453] 하지만 두 그룹을 비교하면, 훨씬 더

---

452 [역주] 즉, 어느 순간에 자신들의 소유 주장을 위하여 상호 간에 단결하게 되었는지.

453 [역주] 즉, 다수가 권력 혹은 영향력을 가지고 있어서 결과를 결정할 수 있는지는 의문시된다.

본질적인 차이가 드러난다: 특권을 가진 사람들은 더 빠르고 효과적으로 조직할 수 있는 기회를 더욱 많이 가지고 있다. 그들의 공동의 이해관심이 반드시 더욱 강렬한 것은 아니지만,[454] 그들은 **더욱 많은「조직화 기량」**을 가지고 있다(organisationsfähiger).[455]

먼저 지극히 단순한 상황을 생각하여 보자. 내가 일시적으로 차지한 접이식 의자가 내가 없는 동안 다른 사람에게 차지되지 않기를 바란다면, 그러나 점유의 표식은 인정되지 않는 경우라면, 내가 할 수 있는 일은 하나뿐이다: 다른 사람에게 이를 감시하며 나의 주장을 대리하여 달라고 부탁하는 것뿐이다. 그러나 이 초기 단계에서의 이 다른 사람은 반드시 또 다른 접이식 의자의 점유자, 즉 내 이웃일 수밖에 없다. [왜냐하면] 오직 그 이웃만이 나를 도와줄 이해관심이 있을 수 있다. 그의 이해관심은 매우 분명하다: 첫째, 그는 유사한 상황에서 나도 그를 도와줄 것을 희망할 수 있고, 둘째,「소유의 주장」이 타당하게 되는 모든 경우는 결국 그 이웃 자신의 기회도 동시에 향상시킨다. 상호 부조 내지는 협력의 필요는 따라서 즉각적으로 강력하게 스스로 표출되기 마련이다. 다른 사람을 도와줌으로써 [점유자인] 우리는 동시에 우리 자신을 돕고, 동시에 [점유권을 주장할 수 있는] 원칙을 지탱하는 셈이다.

협력은 필수적이다: 내가 지속적으로 앉아 있을 수 없는 점유물을 나는 타인의 도움이 없이는 보존할 수 없다.【192】따라서, 협력은 당연하다: 점유자들은 상대방 서로에게 대리, 보호, [점유권의] 확인 등의, **즉시 제공할 것들**이 있다. 이에 따라서, 개인적 이해관심과 공통의 이해관심이 일치하게 된다. 이러한 일치 관계는 즉각적으로 명백하게 보이고, 따라

---

[454] [역주] 초기 상태에서는, 의자의 순수한 사용이라는 측면에서 그들이 가지는 이득은 과거에 비하여 달라진 것이 없었다는 점을 상기할 것.

[455] [역주] 이와 연관되어, 막스 베버는 '소수의 이점'을 말한 바 있다. 각주 198 참고.

서 행동상의 중요성(handlungsrelevant)을 가지게 된다. 접이식 의자의 새로운 점유자들은 자신들의「조직화 필요성」과「조직화 기량」(Organisationsfähigkeit)을 신속히 인식하여야만 하였다.

하지만 무소유자들의 상황은 훨씬 더 복잡하다. 이곳에서도 그 자체로 볼 때는 이해 관심의 공통성은 분명하여 보인다. 그러나 이를 행동으로 옮기려고 시도함에는 의문이 제기된다. 의심할 여지 없이 점유자를 밀어내려는 이해관심은 존재한다. 그러나 이 첫 번째 단계는 다음과 같은 두 번째 단계로 인하여 문제시된다: 만일 공통의 행동이 성공을 거둔다면 어떤 사태가 일어날 것인가? 새로 확보된 접이식 의자들은 어떻게 처분[배분]될 것인가? 소유자를 밀어내려는 기대가 있다고 하더라도 개인들 각자 자신들이 과연 무엇을 얻을 수 있을지에 대한 확신이 그들에게 주어지지는 않는다. 기존의 질서가 **불공정**함에는 의견이 모두 일치할 수 있지만, 그러한 동의가 있다고 하더라도 [기존 소유 질서를 무너뜨린 후 나타나는] 새로운 질서가 공정하다는 일치된 인식을 유도하지는 못한다. 반면 [기존 소유자가 가지는] 기존 질서가 **공정하다는**「일치적 의견」은 [만일 그들이 소유권을 상실한 뒤의] 어떤 새로운 질서의 공정성 여부에 대한 일치된 인식을 즉각적으로 도출할 수 있다. 그것은 즉, '없음'에 해당된다.[456]

우리의 경우, 무소유자들에게 있어서 가장 쉽게 떠오르는 해결책은 그 이전의 질서, 즉 영구적 [점유권의] 주장이 존재하지 않는 순수한 사용권을 회복하는 것이었다. 그러나 그 이미 주어진 상황에서는 이러한 가장 쉽게 떠오르는 해결책은 동시에 가장 어렵고도 가장 현실성이 없는 것이기도 하다.【193】만약 상대방 그룹이 그들의 주장을 고집한다면, [무소유자들이] 접이식 의자를 단 한 차례만 재탈환하는 것은 [그들의] 원칙을 관철하기에는 결코 충분하지 않다. 상대방은 지속적으로 의자를 재점유하고 방어할 수 있기 때문이다. 두 가지 종류의「질서의 구상」상호

---

[456] [역주] 즉, 새로운 질서 자체는 존재할 필요가 없다.

간의 [소위]「자유경쟁」(Freie Konkurrenz)의[457] 상황에서는, 순수한 사용권의 옹호자들은 [이미] 확고하여진 [상대방의]「소유의 주장」에 반대하여 매번 새롭게 자신들의 주장을 관철시켜야만 하며, 또한 그들은 의자를 쓴 후에는 갈등 없이 의자를 비워주어야만 한다.[458] 따라서 결국 그들이 무소유자로 전락하게 될 때마다 갈등 상황은 재차 나타날 것이다. 무소유자들에게 있어서의 "「자유경쟁」"이란, 그 무소유자들 자신 스스로를 '침해자'(Angreifer)이자 평화의 교란자라는 위치로 계속하여서 몰아 가는 것 외에는 아무것도 아니다—무소유자들이 손에 쥔 것이라고는 단지 그들의 원칙뿐이다.[459] 그리하여 이로부터의 결론은 전혀 새롭지 않다: 협동적인 평등 원칙의 옹호자들은 자신들을 '근본적으로' 관철하여야만 [진정 비로소] 자신들을 관철할 수 있다. 그들은 소유라는 사고 자체가 현실적으로 효과를 볼 수 없게끔 억제하는 바에 성공하여야 하거나 (즉, "「재

---

[457] [역주] 이때「자유경쟁」이라는 것은 일종의 반어법적인 표현이다. 위의 예에서는 한쪽은 조직화의 기량을 가지고 있고, 다른 쪽은 그렇지 못한 그러한「권력관계」에서 사실「자유경쟁」이라는 것은 존재하지 않는다. 저자는 이「자유경쟁」의 의미에 대하여 아래에서 다시 설명하고 있다.

[458] [역주] 그리하여 다시 소유를 주장하는 자들이 재차 그 의자를 점유하고자 하는 동기를 제공하게 된다.

[459] [역주] 즉, 원칙적으로 소유권을 거부하고, 단지 순수한 사용권만을 주장하는 무소유자들은 지속적으로 기존의 체제를 부정하고 자신들의 원칙을 고수하게 된다. 하지만 이러한 원칙을 실현하는 수단은 부재하며 따라서 그 무소유자들에 있어서 자유롭게 경쟁한다는 것은 진정으로 자유로운 경쟁을 할 수 있기 위한 어떤 수단도 없는, 간헐적으로 기존의 질서에 도전하는 것이기에 그들은 단순히 침해자 내지는 평화의 교란자로서 간주될 수밖에 없다.

교육」^(Umerziehung)),⁴⁶⁰ [소유권을 주장하는] 타인들이 사용권에서 배제된, 어떠한 폐쇄적 사회를 형성하여야만 한다. 그리하여 어떠한 특정한「질서의 표상」내에⁴⁶¹ "본래부터^(an sich)" 속하여 있는 것처럼 보이는 불관용^(Intoleranz)을 유발하게끔 하는, 그러한 야릇한^(merkwürdig) 형태의 '강압'이⁴⁶² 나타나게 된다. 그러나 실제로 그러한 불관용은 서로 상이한「질서의 표상」간의 관계에서 비롯되는 것에 불과하다.⁴⁶³ 이러한「질서의 표상」간

---

460 [역주] 저자의 견해는, 권력이란 단순히 어떠한 규율을 강요하는 것이 아니라, 대중들을 '교육'하여 생각을 개조하는 일종의 사상교육을 포함한다. 그러한 의미에서 '재교육'이라는 표현을 사용하였다.

461 [역주] 이때, '표상'^(Vorstellung)이라는 표현을 사용한 것은 그것이 어떠한 개념이나 관념이 아니라, 즉각적으로 떠오르는 정돈되지 않은 생각이기 때문이다.

462 [역주] 저자가 '강압'이라는 표현을 사용한 이유는, 그러한 불관용은, 즉, 서로 다른「질서의 표상」간의 갈등에 있어서 상대방이 가진「질서의 표상」을 관용하지 않는 것은 단순한 선택의 문제가 아니라 이미 '구조적'으로 결정되어 있는 필연이기 때문이다. 즉, 이러한 불관용은 개인의 자발성 혹은 단순한 이데올로기에서 비롯된 것이 아니라, 기존 표상들 간의 갈등에서 구조적으로 나타나게끔 되어 있다는 면에서 '강압적'이다. 또한 이러한 강압이 '야릇하다'(혹은 이상하다)라고 표현한 것은, 상호 대립하는「질서의 표상」이 마치 평화적으로 공존 가능한 것처럼 보이더라도 그것은 사실 상호 배척하는 관계를 가지며, 또한 그러한 강압은 어떠한 하나의 표상에 원래 내재되어 있는 것이 아니라, '표상들 간의 갈등'에서 야기되는 것이기에, 그러한 의미에서 피상적인 통상적 생각과는 다른 성격을 가지고 있다. 따라서 저자는 이러한 의미에서 '야릇하다'라고 표현하고 있다.

463 [역주] 그러한 의미에서 불관용은 어떤 특정「질서의 표상」에 내재적으로 존재하는 것은 아니다(표면적으로는 내재적인 것으로 비추어질 수 있을지라도). 만일 단 한 개의「질서의 표상」만이 존재하는 경우라

의 갈등이라는 맥락에서 볼 때, 「자유경쟁」의 게임 규칙은 불가피하게도 불평등한 기회를 만들어낸다. "가짐"$^{(Haben)}$에 반대하는 사람들은 "가지고자 하는" 사람들과 자유롭게 경쟁할 수 없다.

우리의 선상에서는 구질서를 회복하는 것이 비현실적으로 보인다. 왜냐하면, 그러한 시도는 소위 「자유경쟁」하에서는 불가능할 것이며 반면 (매우 전형적인 대안인) [기존의 소유권을 주장하는] 다른 사람들을 배제하는 경우에는 "너무도 급진적"일 것이기 때문이다.【194】 그러나 만일 무소유자들이 계획 없이 혹은 단지 '창의 끝을 상대를 향해 돌려놓으려는' [즉, 게임의 판을 뒤집으려는] 의도만을 가지고 [의자를] 낚아채려 한다면, 모든 사람이 예측 가능할 수 있듯이 재분배$^{(Neuverteilung)}$의 문제가 즉시 제기된다. 이전의 무소유자 일부가 새로이 점령된 의자에 앉게 되면 (혹은 일부 무토지소유자가 점령된 토지에 자신을 위하여 말뚝을 세우면), 그들은 재분배 문제가 이제 개인적으로는 이미 해결되었고 그로 인하여 그러한 [의자를 재탈환하려는] 행동도 종료된 것으로 간주할 있는지 여부에 대하여 묻게 된다. [그들이 품고 있는,] 무소유의, 혹은 순수한 사용권에 대한 생각은 그동안 그 이전에 보여주었던 순수함을 상실하였을 수 있다. 그러나 그것은 [즉, 그러한 시도의 성공은] 여전히 모든 사람을 충족시키지는 못한다. 첫 번째의 성공은 [이전에는 무소유자였던] 그 침해자$^{(Angreifer)}$들이 상이한 이해관심사를 가진 여러 그룹으로 최소한 잠재적으로나마 분화되도록 된다. 그러나 첫 번째 [시도의] 관철$^{(Durchhalten)}$ 직후에 지속되는 어려움들은 [그 이전과도] 유사한 갈등 상황들의 연쇄가 시작됨에 불과하다.^{464} 그 갈등 상황들의 공통된 핵심은, 침해자들은 이전의 방어자들이

면, 다른 것에 대한 불관용이라는 표현 자체는 사실 모순적이다. 불관용은 상호 대립하는 「질서의 표상」들이 존재할 때, 상대방의 표상에 대한 불관용이며, 따라서 관계적인 개념이다.

464 [역주] 즉, 무소유자가 소유자로부터 의자를(혹은 토지 등을) 탈취한

이미 자신들 스스로 해결한 바 있었던 분배의 문제를 재차 [그들 침해자 간의] 격론(Auseinandersetzung) 안으로 재점화시킨다는 사실이다. 그들은 결국 그들이 대항하여 싸우고자 하였던 기존의 현상적 상황(Status quo)으로부터 그 분배의 문제를 상속하여 물려받고 있는 셈이다.

이러한 부담은 예측 가능하다. 우리가 다른 무소유자들과 공동 행동을 하기에 앞서, 우리는 그러한 행동이 우리에게 무엇을 가져올지 묻게 된다. 그러나, 그에 대답은 모호하거나 위험하기도 하다. 상호 부조, 즉, 갈등 행동에서의 협력은 개인 차원에서의 성공을 보장하지는 않는다. 결속(Zusammenhalt)은 개인에게 즉각적으로 보상하지 않으며, 공통성(Gemeinsamkeit)은 우선적으로는 단지 모험을 의미할 뿐이다.[465] 무소유자들이 실세로 서로에게 제공할 수 있는 것은 사실 나중에야 [결과적으로] 결정된다.【195】따라서 연대(Solidarität)는 모든 참여자들이 그다음 단계를 지향함에 달려 있다. 즉, 즉각적 이익이 아니라 **먼 목표**를 향하여, [우리의 예에서는] 실제적인 것이 아닌, 상상 속의 접이식 의자를 지향하여 조직 준비 태세가 구성되어야만 한다. 그것은 단지 '투기적'(spekulativ) 믿음에, 그리고 '투기적 연대'에 기반할 수 있다.ㅡ그런데 이것은 특권자들에게서 요구되는 것에 비하여 비교할 수 없이 높은 수준의 [그리하여 도달하기 쉽지 않은] 과업이다.

그러나 이러한 믿음의 형성은 [기존] 특권자들에게 주어진 특정한 「조

후에는, 그 이전에 무소유자와 소유자 간의 갈등 상황과도 유사한 갈등 상황이 이제는 소유자가 된 과거의 무소유자 그룹 내에서도 연쇄적으로 전개된다.

465 [역주] 이같은 집단행동에서의 문제는 현대 신제도학파(New Institutional Economics)에서도 주장되고 있는데, 그 대표적인 예는, Olson(1965)을 참고할 것. 그리고 역주 198에서 말한 막스 베버의 ''소수의 이점'을 상기할 것.

작의 기회」(Manipulationschance)로 인하여 한층 어려워진다. 특권자들은 [무소속자들의 연대적인 저항에서 비롯되는] 미래의 [투기적] 이점에 대한 희망 대신, [경비원으로서의] 노력 봉사와 충성에 대한 물질적인 보상, 그리고 개인적 상승의 상대적인 기회를 제공하는 등의, 당장 현재에 가능한 이점에 대한 제안을 함으로써 지속적으로 경쟁할 수 있다(즉, 왜 내가 잠시 의자를 사용할 수 있다면 의자를 지키는 것을 돕지 않을 이유가 있겠는가?) 우리는 모든 계층화된 사회에서 보이는 이러한 전략을 알고 있다. 그러한 전략은 부정적 특권을 가진 사람들의 [즉, 무소유자들의]「조직화 기량」[의 형성]에 대한 장애물을 [비록 새로이] 창조하지는 않을지언정, [그러한 장애물이 이미 존재하고 있다면] 그 장애물을 더욱 강화시킨다.

이러한 장애물들은 물론 극복 가능하다. 그러나 긍정적 특권자들이 가진, 거의 자연적으로 발생하는 「조직화 기량」의 수준에 부정적 특권자들이 도달하기 위하여서는 훨씬 **강한 자극**이 필요시 된다. 단순한 행동 준비 태세, 즉, "실행할 결단"만으로는 균형을 이루지 못한다. 이를 위하여 필요한, 장기적으로 지속적인 연대적 행동 준비 태세는 본질적으로 목표 설정과 희망에 있어서의 "과잉성"(Unverhältnismäßigkeit)을[466] 요구한다. (이러한 "과잉성"이라는 의미의 맥락상에 있어서의) 유토피아는, [장애물 극복을 위하여] 필요시 되는 연대가 가진 일종의 투기적 성격을 제대로 다룰 수 있는 현실적인(realistisch) 방법으로 보인다.[467] 【196】 [따라서,] 「조직화 기량의 결핍」(Defizit an Organisationsfähigkeit)은 다른 종류의 현실주의

---

[466] [역주] 이때 독일어 Unverhältnismäßigkeit의 의미는 불균형성이나, 본 맥락에서의 의미는 지나침, 과잉, 혹은 엄청나게 큼을 의미한다.

[467] [역주] 즉, 장애물의 극복을 위한 무소유자들의 연대는 모험적 성격을 가지는 만큼 단순히 현실적인 자세에 의하여서는 결성되기 힘들고, 과잉적 희망을 요구하는 유토피아적 방법에 의존할 수밖에 없다는 면에서, 유토피아적 지향성은 아이러니하게도 오히려 '현실적' 방도이다.

(Realismus)로 메워지게 된다.

우리의 배 위에서도 역시, 어떠한 새로운 질서를 제거하기 위하여서는 '이상할 정도로'(merkwürdig) 거대한 내외적 노력이 필요하였을 것이다. 이상할 정도라고 말하는 이유는 여기에서도 [다수가 아닌] 소수의 주장이 관철되기 때문이다. 이상하게도 거대하다고 함은, 새롭게 승선하면서 나타난 좌석의 점유자들에게는 이점, 즉, 즉 스스로 표출되어 나오는 상호협력의 기회가 마치 무릎에 떨어지는 듯한[468] 반면, 무소유자들은 [자신을 포함하는 구성원 전체에 있어서의] '각자'(jeder)가 각기 원하는 것을 '모두'(alle)가 원하는 것으로 전환시키는 비상한 어려움에 '갑자기' 직면하기 때문이다.[469]

데이비드 흄의 처음 질문, 즉, 왜 소수가 다수를 쉽게 지배하는 경향이 외관상으로 보이는가에 대한 최초의 답변은 다음과 같다: 소수가 소유자이기 때문에, 그리고 그러한 한에서, 소유가—즉, 소유의 방어, 분배 문제의 해결, 그리고 그에 따른 질서 합의가—우월한 조직화 기량을 성립시킬 수 있도록 하기 때문이다. 그들은 이러한 방식으로 우위를 점하기 때문에 지배하며, 지배함으로써 그들은 이러한 우위성을 지속적으로 재생산하고, 아마도 확장할 수 있다. 물론 반대 방향의 과정들도 존재한다: 오늘날 우리가 「민주화」(Demokratisierung)라고 알고 있는 것은 역사적으로 비교할 때, 본질적으로 산업화 과정에서 새롭게 형성된 하위 계층의 예외적인 「조직화 기량」의 산물이다. 이러한 점진적인 변화의 이유를 묻는 것은 그 자체로서도 하나의 과제이다. 우리의 경우, 우월한 「조직화

---

[468] [역주] 노력이 없이 손쉽게 획득하게 되는 모습을 나타내는 은유적 표현. 예를 들어 밥을 먹을 때, 쉽게 무릎에 음식을 흘리게 된다.

[469] [역주] 즉, 각자의 근시적 이기심과 공동의 목표를 조화시키는 어려움을 의미한다. 이때, '갑자기'라는 표현을 사용한 이유는, 그러한 어려움은 사전에 무소유자가 예상하지 못한 것일 수 있다는 것이다.

기량」이 제공하는 "추가적 기회"는 권력 형성의 태동기$^{(status\ nascendi)}$에서 이미 드러난다:【197】새로운 그룹은 처음에는 일반적 내구 소비재에 대한 임시적인 실질적$^{(de-facto)}$ 통제처분[권]만을 가지고 있었으며, 독점적이고 영구적인 「통제처분강권」을 [단지] 주장만을 하였을 뿐이었다: 그러나 이러한 미세한 우위$^{(Vorsprung)}$는 우월한 「조직화 기량」을 형성하기 위해서는 충분하였고, 그에 의하여 다수의 이해관심에 반하는 권력의 축적 과정이 시작되었다.

2) 상호성의 원칙으로부터의 정당성의 타당성의 탄생

권력의 추가적인 확대 경로는 대체로 사전에 예정되어 있는 것처럼 보인다. 부정적 특권을 가진 다수 중 일부는 직접적인 종속에 놓이게 되며, [업무] 수행에 대한 보상관계 혹은 복종을 대가로한 보호 관계 내로 연루된다 (「봉사 제공 계급」의 형성). 이러한 후기의 단계는 [본 절의 이후에] 제시할 두 번째 및 세 번째 사례를 통하여 좀 더 자세히 살펴볼 것이다. 하지만 여기서는 우선 권력 형성의 초기 단계에서 이미 관찰될 수 있는, 그리고 새로 등장한 그룹이 가진 이상야릇한$^{(absurd)}$ '관철의 기량'$^{(Durchsetzungsfähigkeit)}$을 설명하는 바에 기여할 수 있는 한 가지 현상에 주목하고자 한다. 이는 「정당성의 타당성」$^{(Legitimitätsgeltung)}$의 '자발적 생성'$^{(generatio\ aequivoca)}$이라 부를 수 있는 과정이다.

막스 베버적 의미에 있어서는, 특정한 질서, 특히 「지배의 질서」$^{(Herr-schaftsordnung)}$가 "그 자체로 구속력을 가진" 것으로 인정될 때 「정당성의 타당성」을 얻게 된다.[470] 이는 단순한 습관이나 편의$^{(Opportunität)}$를 따르는

---

470 [역주] 베버는 「정당성의 타당성」을 합리적, 전통적, 그리고 카리스마적 특질$^{(Charakter)}$에서 찾고 있다(Weber 1922: 122, 124; 2019: 115, 338, 342; 1978: 53). 하지만 "그 자체로 구속력을 가진 것으로 인정할 때 「정당성의 타당성」을 얻게 된다"는 표현은 막스 베버에는 등장

것을 넘어, 해당 질서가 '지시하는바'(Sinne)에 따라서 행위하도록 하는 추가적인 동기를 형성하는, 그러한 근본적 유형의 승인이다.【198】따라서 「정당성의 타당성」의 정도가 높아질수록 질서에 부합하는 혹은 지배에 부합하는 행동이 나타날 확률도 높아진다. 베버는 이러한 「정당화」를 항상 수직적 사회적 관계로, 즉, 아래에서 위로 및 위에서 아래로 이루어지는 관계로 파악한다. 지배자는 피지배층을 향하여 「정당성의 요구」를 주장하며, 피지배층은 지배자를 향하여 「정당성의 신뢰」를 보내는 것이다. 이러한 방식의 설명은 「정당성의 구조」를 표현하기 위하여서는 의미를 가질 수 있는 단순화이이지만, 「정당성의 규율」의 생성과, 그 과정에 있어서의 인지 가능한 최초의 흔적을 탐구할 때는 다분히 오해를 불러일으킬 여지가 있다.

우리가 예로 들은 배의 위에서는 특정 그룹에 특권을 부여하는 새로운 질서가 점진적으로 형성되었다. 그렇다면 이 새로운 질서는 누구를 위하여 우선적으로 정당하였으며, 어떻게 「정당성의 타당성」이 형성되었을까? 질문만큼이나 답도 단순하다. 이 질서는 우선 특권층 자신에게 정당한 것으로 보였다. 하지만 이는 단순히 특권층에 속한 각자가 자기 자신을, 그리고 자신의 주장과 자신이 정당하게 취득한 권리를 믿었다는 의미는 아니다. 오히려 [정당성의] 인정은 특권층 상호 간의 「**교류 과정**」(Austauschprozeß)에서 「**상호성의 원칙**」(Gegenseitigkeitsprinzip)을 따라서 일어나게 되었다. 이점이 결정적이다. 명백한 자기 이익의 추구에[라는 동기에] 의하여 그들 자신들의 주장을 옹호하기 위하여 그들이 서로 간에 도움을 주듯이, 그들은 자신들이 가진 양심(Gewissen)은 확실히 '좋은 것'이라는 믿음을 형성함에 있어서도 서로 간에 도움을 준다. [그리하여 그들은 다음과 같이 말한다:] 즉, "나는 나의 주장을 인정할 뿐 아니라, 나의 주장을 인정하는 타인의 주장도 인정한다. 내가 타인을 인정하기 때문에 나는 옳다

하지 않으며, 이는 아마도 포피츠의 해석인 듯하다.

(im Recht)⁴⁷¹ 타인도 또한 나를 인정하기 때문에 그도 옳다. 내가 타인을 인정하는 것과도 같이 타인도 나를 인정하기에 우리의 주장은 우리의 올바름(Recht)에 근거하고 있다".

【199】[이와 같이] 동등한 자들 상호 간의 확인으로서 그리고 그들 자신들에게 특권을 부여하는 질서의 타당성(Gültigkeit)에 대한 특권층 간의 합의로서, 「정당성의 타당성」은 최초에는 수평적인 사회관계로부터 형성된다.⁴⁷² 그리고 그들은 최초에는 사회적 장벽을 극복하려고 하지는 않았다. 단지 위와 같은 것들은 정당성을 주요한 이해관심사로 생각하는 이해관계자들 내부에서 일어나는 내부적 과정의 문제였다.

그러나 이러한 내부적 과정은 단순히 그룹 참여자들에게만 확신을 주는 것에 그치지 않고, [그 그룹원들의]「공통적 이해」(Einverständnis)가 지니고 있는 '암시력'(Suggestivkraft)에 의하여 그룹의 외부에도 영향을 미친다. 어떤 것이 옳고 타당하다는 강한 확신(Überzeugung)은 본래 전염성이 강하다. 만약 이러한 확신이 특정 그룹에서 비롯되어 사회적 확신(Gewißheit)으로 [연장되어] 자리 잡게 되면, 그 영향력은 더욱 강력하여진다. 이는 반드시 어느 그룹이 그 그룹의 외부를 향하여 명시적으로 호소하거나 혹은 외부를 향하여 요구하는 것을 전제로 하는 것은 아니다. 「공통적 이해」가 가지는 '암시력'은 [그룹] 내부의 상호 인정의 과정이 [그룹 외부의] 타인에게도 가시적이고 또한 관찰 가능하다면 이미 작동하고 있는 것이다.

---

⁴⁷¹ [역주] 독일어 im Recht는 도덕적으로 '옳다', 혹은 법적, 형식적으로 '정당하다'라는 두 가지 번역이 모두 가능하다. 하지만, 위에서 이미 '양심'의 문제를 논하고 있기에, 본 문맥에서는 '옳다'라는 의미로 번역하였다.

⁴⁷² 당연히, 이 그룹 자체가 한 지도자를 중심으로 편성되어 위계적으로 구성되어 있을 수도 있다. 하지만 그런 경우에도 「인정 과정」은 내부적인 과정으로서 우선 주요한 이해관계자들 사이에서 이루어진다.

즉 과시적 의례 행위를 통한 특권층이 벌이는 정당성의 "연기", 상징화된 표현 행위(예컨대 인사법, 복장, 인정을 표하는 제스처로서 [사람들이 모방하려 하는] 모범적 효과가 있는 것 등)가 그러한 예에 해당한다.[473]

물론 우리의 사례에서는 이러한 과정이 세련되게 이루어지지는 않았다. 우리의 사례에서는 특권층의 상호 인정은 무력적인 요구의 성격을 띠었으며, 이는 집단적 방어의 준비 태세를 드러내는 시위와 직접적으로 결합되어 있었다. 하지만 이미 "타인"은 [우리의 그룹 내부에서] 형성된, 자각된(selbstbewußt),[474] 그리고 또한 공고화된 형태의 「정당성의 타당성」과 마주한다는 사실을 우리가 분명히 깨닫는다면, 이로 인하여 정당성이 점진적으로 확산되는 과정을 이해할 수 있다.

【200】「정당성의 타당성」이 본래의 목표—즉, 아래로부터 위까지의 사회적 수직관계를 아우르는 「정당성의 신뢰」의 수립—에 도달하기 전에도, 그것은 '그곳'$^{(da)}$에 이미 전개된 형태로 존재한다 (강압적 지배조차도 이러한 측면에 있어서는 어떠한 "진정한" 「정당화 과정」이 심지어 개시되기도 전에도 항상 이미 정당한 것이다). 이는 권력 형성의 초기 단계에서부터 권력 형성의 행위주체들에게 주어지는, 독특한 추가적인 기회이다. 즉, 단순한 습관과 이해관심에 의한 것을 초월하는, 「순종」의 동기를 제공하는 의식이 **내부적으로** 형성되는 것이다. 여기에서도 역시 「권력 역량」은 마치 자발적인 것처럼 축적되기 시작한다.

특권자들 간의 상호 인정은, 어떠한 새로운 질서에 대한 「정당성의

---

[473] [역주] 하지만, 저자가 본서 287쪽에서 후술하는 바에 따르자면, 이러한 암시의 효과로 인한 피지배자의 지배자에 대한 인정은 오직 부분적일 뿐이다. 피지배자의 기존 체제에 대한 인정과정에 대한 보다 자세한 설명은 각주 516 참고.

[474] [역주] 이때 '자각되었다'는 것은 이미 그것의 정당함이 확실하다는 의식을 그 그룹 내부자들은 이미 가지고 있다는 의미이다.

발전」을 보여주는 첫 번째 현상일 뿐만이 아니라, 심지어 "그 자체의" 질서가 실제로 완전히 붕괴된 후에도 어떠한 구질서가 남긴 마지막 흔적으로서 오랫동안 지속될 수 있다.[475] 유럽의 귀족 사회가 그 뚜렷한 대표적인 예이다. 여기서도 「정당성의 타당성」의 잔재는 무엇보다도 여전히 인정의 [귀족 사회의] 내부적 「교류 과정」 속에서 유지되고 있다. 이러한 「교류 과정」은 자체적으로 지속적인 힘을 만들어 내며, 또한 처음과 마지막 단계 모두에 있어서 외부적 확인에 의존하지 않고도 오히려 그 자체로부터 일정한 암시력을 먼저 외부로 발산하는 것처럼 보인다.

II. 포로수용소에서의 권력 형성

두 번째 예시. 전쟁의 막바지에 [독일] 포로들은 임시 수용소로 들여보내게 되었다. 평평한 들판을 철조망 울타리로 둘러싼 곳이었고, 그 내부의 어느 곳에서든 사람들은 참호를 파고 들어갔다.[476] 【201】 여러 부대 소속의 포로들이 섞여 있었고, 이미 이전에 서로 알던 포로들은 없었다. 그들을 결속하는 유일한 점은 단순히 포로들은 도망칠 수 없다는 사실뿐이었다. 이제 어느 정도의 동지애가 형성되었는데, 그 동지애는 일반적으로 책들에서 묘사되는 것처럼 크지는 않았지만, 책들에 나오고는 하는 일반적 사실들에 의하여 분명히 촉진되기는 하였다. 그러한 동지애는 포로들이 가진 다수의 충동을 억제하는 바에는 충분하였다. 포로들은 가능한 한 서로 방해하지 않으려 하였고, 특별한 노력이 필요하지 않은 것들은 대체로 그들이 할 수 있는 만큼은 서로 도왔다. 그러나 본질적으로는 각자 스스로는 자신에게만 의존하였다.

---

[475] [역주] 비저는 이를 「역사적 권력」(geschichtliche Macht)이라고 명명하였다 (비저 2024: 379).

[476] [역주] 당시 포로 수용 시설의 부족으로 인하여 막사가 없이 평지에 포로를 수용하였다.

이 무리 속에서 네 명의 남자가 하나의 그룹을 만들었고, 매우 이례적인 연대감을 형성하게 되었다. 이 네 사람은 이전에는 서로를 알지 못하였지만, 어떻게든 함께 모여, 모든 것을 공동의 것으로 이용하였다. 각자가 가져온 소유물은 공동 소유가 되었고, 이에는 수용소에서 화폐의 역할을 하는 담배도 포함되었다. 각자가 기여한 양을 일일이 계산하는 바에도 유념하지 않았다. 이러한 규칙은 다른 노력에도 적용되었다. 작업은 분담되었고, 전문화되었다: 한 사람은 요리사, 다른 사람은 배관공, 셋째는 영어를 할 수 있었고,[477] 넷째는 인상적인 설득력을 가졌고, 적과의 싸움에 능하였다.[478] 이로 인하여 그들 간의 생산적인 협력이 이루어졌고,[479] 곧 이 네 명으로 이루어진 그룹은 수용소 내에서는 일종의 부유한 귀족으로 자리 잡게 되었다. 그들의 가장 중요한 업적은 연료를 최소화하면서 물과 수프를 끓일 수 있는 난로를 만든 것이었다. (식사는 대체로 날 것으로 수용소로 공급되었고, 불을 피우는 것은 금지되었으며, 연료는 매우 부족하였다.) 이 난로 설비를 만들기 위하여서는 오랜 시간,

---

[477] [역주] 저자는 2차대전 말기에 포로수용소에서 지낸 바가 있었는데, 이 당시에는 영어를 할 수 있는 독일인이 많지 않았기에 영어 능력은 귀중한 자산이었다.

[478] [역주] 이때 말하는 적이 누구인지는 불분명하다. 뒷 부분의 이야기 진행상, 수용소 내의 다른 수감자들일 수 있다.

[479] [역주] 오븐을 제작함에 있어 배관공과 같은 설비 기술자는 당연히 필요하다. 요리사가 필요한 이유는 아마도 오븐을 이용하여 생재료를 가공하여 주는 과정이 수반될 수 있기 때문인 듯하다(본문에서는 불분명하다). 그리고 영어 능력은 아마도 수용소 관리자들과의 로비를 위한 것일 듯하며, 마지막으로, 공격적인 자세를 가진 사람은 아마도 여타 포로 등과의 협상 내지는 강압을 행사하면서 독점권을 유지하기 위함인 듯하다.

많은 「숙련성」과 상당한 노동이 필요하였다. 【202】 그 외에도 이 그룹은 수용소의 경계를 넘나드는 수출입도 이루어지는, 수용소의 거래 중심지가 되었다. 제한된 범위 내에서는 생각을 토론하는 장소와 함석으로 제품을 만드는 장소도 나타났다.

이러한 성과들이 보임에 따라 다른 사람들의 [그 그룹에 대한] 의존도가 나타났고, 이러한 의존성은 점차적으로 더 많은 사람들에게 확장되었으며, 그 정도도 또한 심화되었다. 처음에는 [그 그룹의] 외부자들은 난로 사용을 위한 특정 비용을 지불하였으나, 이 비용 지불은 난로 소유자들에로의 서비스 제공으로 바뀌었고, 수요가 증가함에 따라 [난로 사용에 대한 반대급부로서의] 요구 사항도 커졌으며, 결국 누가 난로를 사용할 수 있는지를 선택하는 것 자체가 하나의 은혜를 베푸는 행위로 변질되었다 (물론 서비스 제공은 여전히 존재한다). 그리하여 [난로 사용에 우선적] 특권을 가진 고객층이 생겨나게 되었다. 다른 그룹들은 난로 소유자를 중심으로 한 주위에서 다양하게 「차등화」되었다.

이제 결정적인 점은 이 수용소에서는 두 번째 난로가 만들어지지는 않았다는 사실이다. 여기서 두 가지 단계를 구별할 수 있다. 처음에는 이 추가적인 성과를 이루기 위하여 충분히 긴밀하게 협력할 수 있는 여타의 그룹은 형성되지 않았다. 물론 난로를 만들기에 필요한 개별적인 기술은 이 한 그룹만 가지고 있는 것은 아니었다. 하지만 다른 재능들이 그렇게 긴밀하게 결집되지 않았고, 또한 [그 개별적 기술의 보유자들은] 개별적으로 얻을 수 있는 이익을 그렇게 확실히 포기하려고 하지도 않았다 [그러한 점에서 이 4인의 그룹 구성원 간에 형성된 유대는 성립하지 못하였다]. 이렇듯 장기적인 [이 유일한] 그룹의 노력은 독특한 상태로 남아 있었다. 물론 어느 정도 시간이 지나면 이 그룹의 가시적 성공은 모방을 위한 충분한 자극을 제공하였을 수도 있었다. 그러나 그러한 모방이 이루어지기 전에 이미 그 그룹의 '영향 행사의 기회'$^{(Einflußchance)}$는 커져서 경쟁하는 난로의 제작을 충분히 막을 수 있었다. 두 번째 단계에서 이 그룹은 수많은 자발적 봉사자들과 보복을 가용할 수 있었다.【203】수용소 내에서의 비우호적 행위는 이제 위험하여졌다. 즉, 이제 난로를 새로 제작하려는 시도는 비우호적 행위로 간주되었다. 그리하여 그 그룹의 난로는 독점적 위치에 있게 되었다. 또한 사람들은 그렇게 주어진 권리와 의무의 분배에 점차 익숙하여졌고, 결국 그러한 분배 방식은 수용소 규칙의 일부가 되었다.

우리는 우선 이 그룹이 가진 「수행 기량」(Leistungsfähigkeit)에 대하여, 그 다음으로 이 「수행 기량」을 압도적인 다수에 대하여 행사될 수 있는 권력으로 변환시킬 수 있도록 하는 구체적인 기회들에 대하여 고찰하려 한다.

1) 연대의 중심이 가지는 생산적 우위성

이 수용소에서도 다른 수용소들과도 마찬가지로 시간이 경과하면서 여러 개인적인 관계, 동지애, 친구들의 집합이 분명히 형성되었을 것이다. 그런데 우리가 주목하는 그룹은 그 관계가 더욱 긴밀하였고, 또한 일찍 결성되었다는 점에서만 [다른 모임들과] 처음에는 차별화되었다. 이러한 차별화는 여러 가지 상황으로부터 비롯되었을 수 있다. 그러나 한 가지 조건은 확실히 예견할 수 있다: 우리가 묘사한 [포로수용소라는] 비상적 상황에서는, 적절하지 못한 행동은 생명을 위협할 수 있으며, 또한 모든 긴밀한 관계는 처음에는 드물고 위험하였다. 따라서 그러한 상황에서는, 드물고 위험한 행동들을 감행하려는 경우에만 비로소 아마도 특별한 「연대」가 이루어졌을 것이다. 즉, 필요하였던 것은, 유용하고 가치 있지만 단순한 선의 이외에는 다른 것들을 요구하지 않는 그저 어떤 도움의 제공이 아닌, 만일 [상대방으로부터] 호응받지(erwidert) 못한다면 그 행위주체에게는 극도로 위험할 수 있는 행동인 것이었다.[480]【204】네 명

---

[480] [역주] 어떤 위험한 행동을 그룹이 감행할 경우에는 그 그룹에 속한 타인도 그에 따른 위험을 나누면서 같이 행동을 한다는 믿음이 전제되어만 한다. 그렇지 못한 경우에는 그 개별 행위자는 홀로 그 모든 위험을

의 포로들 간에 발생한 것은 그 상황에서는 어쩌면 무리한, 그리고 감수할 근거가 희박한 모험이었을 수 있고, 또한 「연대의 상호성」$^{(Gegenseitigkeit\ der\ Solidarität)}$을 단순히 전제로 한, 즉 「신뢰로의 도약」$^{(Vertrauenssprung)}$으로서의 행위였다. 그런데 그 신뢰는 검증되지 않은 것이었고 단지 미리 가정되었으며, 그리하여 [그룹에 속한 네 사람] 각자는 자신을 상호적으로 상대방의 손에 맡긴 셈이었다. 그 네 명은 [자신들이] 진정으로 빠져들 수 있을 정도로 어떠한 사회적 관계 속으로 자신을 빠져들도록 하여야만 하였다. 이러한 가정은 적어도 이러한 특별한 연대 관계의 희귀성과 그 [연대 관계 형성의] 예외적인 신속성을 설명하여 준다.

그 그룹은 시간이 지나면서 비상한 성과를 이루었다. 물론 이는 일정한 개인적 차원에서의 「수행 준비태세」가 있음을 전제로 한다. 하지만 우리의 사례에 있어서는, [그룹에 속한] 각 개인의 「수행 준비태세」$^{(Leistungsbereitschaft)}$가 예외적으로 높았다고 가정할 필요는 없다. 연대의 수립이 개별 구성원 각자가 성취 가능한 성과의 합을 넘어서는 수준으로 그룹의 전체 성과를 향상시킬 수 있는 여러 기회를 그룹에게 제공하였다는 것을 단지 분명히 인식하는 것만으로 충분하다. 「수행 준비태세」는 변하지 않았음에도 불구하고 그룹의 「수행 기량」은 그 자체로 개선되었다. 이렇게 될 수 있는 이유를 묻는 것은 사실 오래되고 그 해답의 끝이 보이지 않는 질문이다. 어찌 되었건, 우리는 오늘날 「노동분업」, '전문화', '협력'과도 같은, 그 개별적 이유를 설명하는 여러 가지 개념들을 사용할 수 있다. 하지만 이러한 개념들은 너무도 많은 것을 포괄하려는 경향을 가지고 있다. 우리는 그 그룹에게 새롭게 제공된 가능성$^{(Möglichkeit)}$들을 좀 더 세밀하게 구분하고자 한다.

(1) 우리가 「연대」라는 용어하에 항상 이해할 수 있는 모든 것들의 기초는, **도움**$^{(Helfen)}$**과 나눔**$^{(Teilen)}$이다.【205】 그 양자의 가장 단순하고 자

부담하고 반면 결과는 불투명하기 때문에 행동을 감행하기 쉽지 않다.

발적인 형태도 이미 성과 향상의 기회를 제공한다고 이해할 수 있다: 우리는 서로를 도와 각자의 개인적 결점을 보완하고, 서로를 돌보며, 경우에 따라 서로 돕고, 필요한 경우 나누고, 한 이불 속에서 잠을 자기도 한다.

(2) 이러한 단순한 형태로부터, 조율된「집단협력적 행동」^(Kollektivhandeln)이 발전할 수 있다.[481] 인간은 **공동으로**^(zusammen) 어떤 과제^(Sache)를 착수할^(angreifen) 수 있다: 이는 전형적인 커다란 바위를 길에서 치우기 위하여 함께 외치는 '영차'라는 구호에서부터 집단적으로 사회적 전투 행동을 하는 것까지를 모두 포함한다. 어떤 과업들은 힘의 단순 합산으로부터의 효과에 의하여 가능하여진다. [그러한 단순 합산으로부터] 다소 차별화된 변형은 상호 맞물려 있는 활동들을 연결하는 것이다. 예를 들어, 각자가 홀로 오고 가면서 물자를 나르는 대신, [줄을 서서] 한 사람이 다른 사람에게 전달하는 방식으로 물자를 운반할 수 있다. (우리는 동시적으로, 그리고 동일한 장소에서 수행되는 유사한 활동들의 모든 형태를「집단행동」^(Kollektivhandlung)이라고 칭하고자 한다.)

(3) 유사한 활동들의 합산은「시간적 동일성」^(Einheit der Zeit)을 고려하지 않는 경우에 의미가 있다. 예를 들어, 한 번에 한 사람만 수행할 수 있는 고된 땅파기 작업에서는 교대로 한 사람씩 작업을 진행할 수 있다. 이때, 작업 시간과 휴식 시간을 적절히 배분하여 각자가 최대한의 성과를 공동 과업에 기여하도록 한다. 따라서 이 경우에서는 **유사한 활동들을 시간상으로 배열함**으로써 특별한 효과가 발생한다.

(4)「시간적 동일성」대신「공간적 동일성」^(Einheit des Ortes)을 포기하면

---

[481] [역주] 독일어 Kollektivhandeln(집단협력적 행동)과 본 문단의 아래에 등장하는 Kollektivhandlung(집단행동)은 연관어이지만, 그 뉘앙스상의 차이가 있다. 전자는 집단적으로 어떠한 의사 결정을 내리고 행동을 하는 '과정'을 강조한다. 반면, 후자는 어떠한 그룹의 목적을 달성하기 위한 그룹의 '조직화된 행동'이다(예: 노동자의 집단행동).

서, 사람들은 서로 떨어진 채 동일한 행위를 하기로 합의할 수도 있다 (예: [서로 다른 장소에서] 나무를 각기 훔치거나 상품을 각기 판매하는 것). 【206】이러한 유사한 **활동**의 **공간적 분리**는, 상이한 기회들을 동시에 이용하거나, 누적 가능한 성과를 신속히 얻거나, 한 사람의 실패를 다른 사람의 성공으로 보충할 수 있도록 하기 위한 목적을 가진다. 마지막 경우는 동시다발적으로 시도를 증가시키는 전략으로, 주로 위험을 분산시키는 의미를 가진다.

(5)「**대리 행동**」(stellvertretendes Handeln)를 통하여 노동력을 절약하고 그 절약된 노동력을 다른 목적으로 가용할 수도 있다. 예를 들자면 소풍을 갔을 때, 어느 한 사람이 충분한 물통 용기를 가져갔다면 네 명을 대신하여 물을 긷거나, 또는 한 사람이 네 명을 대신하여 점호를 보고할 수도 있다. 이러한「경감 효과」(Entlastungseffekt)는 비록 특정한 상황에서만 적용 가능하더라도 매우 두드러질 수 있다. 이러한「대리 행동」은「집단협력적 행동」과도 마찬가지로 그룹의 이점을 뚜렷하게, 그리고 쉽게 이해할 수 있도록 보여주는 사례인데, 이는 누구나 단숨에 이해할 수 있는 유머와도 같은 것이다.

지금까지 언급된 조직화의 기회들은, 비교적 경미한 수준의 [노동 간의] 조율(Koordination)만으로도 그 효과를 발휘한다는 특징이 있다. 하지만 그룹 조직화의 위대한 비결은 서로 **상이한 활동**들을 끼워 맞추는, 즉 '협의의「노동분업」을 통하여 비로소 시작된다. 여기에서 발생하는 가능성을 활용하려면 더 높은 차원의 조율이 필요할 뿐이 아니다. 이러한 [단순한「노동분업」이 아닌 고차원적인 협의「노동분업」의] 방향에서 만들어지는 모든 새로운 발견들은「조율적 상상력」(Koordinationsphantasie)을[482] 시험하게 된다.

---

[482] [역주]「조율적 상상력」(Koordinationsphantasie)이란 상이한 요소들을 조율할 수 있는 새로운 창의적인 방안을 만들어 내는 힘을 의미한다.

(6) **「단기적 노동분업」**(kurzfristige Arbeitsteilung)만을 수반하는, 어떠한 공동 과업에 있어서의 단순 협력 작업이라고 할지라도 [그로 인하여] 최소한 시간은 절약할 수 있다. 작업은 더 신속하게 완료되며, 개인이 [혼자 작업하는 경우, 상이한 작업 내용 간에] 작업 활동을 전환하는 과정에서 발생하는 소위 '유휴 시간'(Leerzeit)을 없앨 수 있다. 여기서 본질적 점은 무엇보다도, 통상적인 개인적 성과가 공동 과제와 결합되고, 그 공동 과제가 다시 "인위적으로" 통상적이지 않은 부분들로 분할되는, 그러한 '사고 과정'(Denkvorgang)이 개시된다는 것이다.【207】이를 통하여 개별적으로는 진정 무의미한 활동도 그룹 차원에서의 개인의 역할로 수행될 때에는 생산적일 수 있다는 점이 발견된다. 그리고 이에 상응하여, 많은 종류의 새로운 「대리 행동」, 즉, 어느 한 사람이 모두를 대신하여 수행할 수 있는 활동도 발견된다. 이처럼, "「노동분업」"이란 전체적인 것으로 간주되는 과제를 의식적인 구성을 통하여 「대리 행동」으로 세분화시킴을 의미한다. [이에 더하여] 위에서 언급한 (3) 및 (4)에서의 경우에서처럼 시간 또는 「공간적 동일성」이 포기될 경우, 이에 대한 추가적인 변형이 나타날 수도 있다.

(7) **지속적인 형태의「노동분업」**이 진행되는 경우 추가적인 「전문화 효과」(Spezialisierungseffekt)가 발생한다. 즉, 동일한 작업을 반복 수행하는 사람이 점차 더 빠르고, 더 수월하며, 실수를 더 줄이는 법을 배우게 되는 「숙달의 이익」이 생기게 된다. 그럼으로써 특정한 재능이나 직업적 경험 같은 기존의 「전문화 효과」를 초기에서부터 활용할 수도 있음이 자명하여진다. 이는 우리의 사례에 있어서는 배관공과 요리사의 수년 간의 숙련에 해당된다.

일단 이 수준에 도달하면 (이미 아담 스미스가 관찰하였듯이) 특별한 **혁신의 기회**가 보이게 된다.

(8) 특정되고 분명히 구분된 과제에만 집중하는 경우, [그 전체적 과정의] **하위** [세부]**의 과정에 있어서의 새로운 노동 및 생산 방식**을 발견하기가

더 수월하여진다. (또한 이와 같은 의미에서, 기계화는 무엇보다도 「노동분업」에서 생겨난 혁신적 결과로서 잘 알려져 있다.)

(9) [전체적 과정을] 단순한 실행 과정으로의 분해하는 것과 점차 향상되는 모니터링$^{(Übersicht)}$은^{483} (이미 (6)번에서 언급된 의미에서) 전체 과정을 새롭게 배열하고 조율할 기회를 보여준다.

(10) 【208】 그런데, 우리가 예로 든 그룹은 다른 모든 이들도 하는 일을 훨씬 더 빠르고 능숙하게 수행하기에, 그들의 노동력은 **새로운 과제**를 위하여 풀려나게 된다. 그리하여 [그 풀려난 노동력으로] 그들은 오븐을 제작한다.

우리가 예를 든 그룹이 이러한 「조직화 기회」$^{(Organisationschance)}$를 실제로 모두 발견하고 이용하였는지 여부는 따질 필요가 없으나, 단, 오히려 그렇게 하였을 가능성은 크다고 생각된다. 왜냐하면 그러한 「조직화 기회」들은 궁극적으로는 모두 연대, 도움, [일의] 배분이라는 근본적 형태로부터 발전되어 나오기 때문이다. 따라서 「조직화 기회」들은 단순히 현대적인 발견이 아니라, "전략적으로 불가피한 개연성"$^{(strategische Plausibilität)}$이라는^{484} 성격을 가진다. 즉, 이는 사태가 놓인 환경에 의하여 너무도 강하게 요구되기에 의당 발견될 수밖에 없는, 그러한 「처분 가능성」$^{(Dispositionsmöglichkeit)}$들이다.^{485} 그리고 생산을 위한 「수행 준비태세」가 요구되

---

483   [역주] 실행과정이 단순화될수록, 그 과정을 모니터링하기가 수월하여지고, 문제점을 파악하기가 쉽다.

484   [역주] 원래의 자구적 의미는 '전략적 개연성'이다. 하지만 이때 '전략적'이라 함은, 의식적으로 수립되는 통상적 의미에서의 '전략'을 의미하는 것이 아니라, 구조에 의하여 불가피하게 (어떠한 유리함이 있기 때문에) 선택될 수밖에 없는, 그러한 행동 전략에 내포된 가능성 (개연성)을 의미한다. 따라서 장황하지만 이를 「전략적으로 불가피한 개연성」으로 번역하였다.

485   [역주] 이때 '처분'이라함은, 어떠한 과업을 통제하며 실행한다는 의

는 환경에서는 '사회화의 강도'(Vergesellschaftungs-Intensität)가 특정한 수준에 도달하는 순간, 「조직화 기회」들은 이러한 「전략적으로 불가피한 개연성」이라는 성격을 가지게 된다.[486]

이러한 강도 높은 사회화 과정의 이점은 단순히 "외적인" 종류의 것은 아니다. 실천된 연대는 안전감, 배려되고 있다는 느낌, 그리고 보호받고 있다는 느낌을 만들어 낸다. 그룹의 외적인 안전이 증가함에 따라 내적인 안전감 또한 강화되었을 것이며, 이 두 가지 [외적, 내적] 요소가 [외부인들과의] 관계를 결정하였을 것이라고 우리는 추정할 수 있다. 즉, [우리의 사례에서의] 이 그룹은 아마도 우위적 의식을, 그리고 우월적 행동을 예비하는 일종의 우월감을 발전시켰을 것이다.

그러나 이러한 사실은 이 그룹이 다른 이들에 대하여 권력을 행사하였다는 것을 즉각적으로 의미하는 것은 아니었다. 「권력적 관계」는 외부인의 의존성이 증가함에 따라—즉, 이 그룹의 자비에 대한 외부인들의 의존도가 커짐에 따라—최초로 발전하기 시작하였고, 생산 독점이 관철됨에 따라 공고화되었다. 【209】 그러나 이 그룹의 생산적 우위성은 이미 「권력 잠재력」을 형성하였고, 이는 결국 권력으로 전환될 수 있는 수단을 그들이 통제 처분할 수 있도록 제공한 셈이었다. 생산적 우위성은 높은 「조직화 기량」의 결과였으며, 이러한 높은 「조직화 기량」은 이들과 같은 비상한 연대가 가진, "전략적으로 불가피한 개연성"으로부터의 결과였다.[487]

미이다.

486 [역주] 즉, 사회화가 진전되어 어느 정도에 도달하게 되면, 조직화를 통하여 향상시킬 수 있는 기회가 필연적으로 나타나게끔 된다.

487 [역주] 저자가 말한 인과관계를 요약하자면 다음과 같다: 비상한 연대로 인한 사회화의 강도 증가 ⇒ 조직화를 하여야만 할 「전략적으로 불가피한 개연성」 등장 ⇒ 높은 '조직화 기량' 형성 ⇒ 생산적 우위를

2) 차등화 과정으로서의 권력 획득

이제 더 나아가, 수용소 내에서의 「의존성의 기울기」(Abhängigkeitsgefälle)가[488] 어떻게 생겨나게 되는지를 물어야 한다. 이 과정의 시작에서 있어서는, [우리의 사례에서의] 그 그룹은 생산적 우위에 다다르게 된다. 이 과정의 끝에서는, 그 그룹은 이러한 생산적 우위를 타인이 따라잡는 것을 방해하는 권력을 가지게 된다. 여기서 처음부터 「소유의 주장」에 대한 정당성 여부가 문제시되는 것은 아니다.[489] 그 그룹이 스스로 생산한 시설과 재화를 배타적이고 지속적으로 처분할 수 있다는 사실에 대하여서는 어느 누구도 의심하지 않는다. 마찬가지로, 그 그룹도 다른 이들의, 그에 상응하는 「소유의 주장」을 부정할 필요는 없다. 다만 그 그룹은 다른 이들이 경쟁력을 가진 생산 수준에 도달할 수 없는 상태를 유지하도록만 신경 쓰면 된다. 따라서 그 그룹은, 일반적으로 인정되는 「소유 질서」(Besitzordnung) 내에서—이것이 문제화되는 것을 경계하면서—독점적 지위를 관철한다.

이렇게 형성된 독점은 최초부터 다수의 구성원들이 원하는 것은 결코 아니다. 물론 이 독점은 필연적으로 나타난 것도 아니다. 그러나 그

점함 ⇒ 권력 잠재력의 형성 ⇒ 결국 권력으로 전환. 권력으로 전환되는 마지막 단계는 다음 절의 주제이다.

[488] [역주] '의존성의 기울기'란, 그룹에 따라서 상대방에게 의존하는 정도의 '점진적인'(즉, 경사면을 따라서 서서히 상승하는 것과도 유사하게 점진적이며, 단지 높고 낮은 이분법적인 구분이 아닌,) 차이가 생기게 됨을 의미한다. 의존도가 높은 그룹은 대체적으로 상대에게 종속될 수 있으며, 의존성이 낮은 그룹은 상대방을 지배할 수 있는 우위에 놓일 수 있다.

[489] [역주] 이 점에서 앞의 사례에서 보인 선박 위에서의 「소유권의 주장」과는 차이가 있다.

그룹은 그 과정이 마치 필연적인 것처럼 보이게끔 그 특정한 기회를 [전략적으로] 이용할 수 있다.

【210】 그 그룹은 자신의 생산적 우위를 바탕으로 이미 희소하고 보편적으로 선호되는 재화를 소유하고 있었다. 그 그룹은 또한 생산시설을 보유하고 있는 유일한 자였다. 따라서 그 그룹은 이러한 경제적 우위를 이용하여 일련의 유리한 거래를 수행할 수 있었으며, 오븐을 이용할 수 있는 조건을 점점 더 강화하기 위하여 수요와 공급의 불균형을 악용할 수도 있었다. 또한 몇몇 외부자들을 우대하면서 동시에 그들을 [그 그룹에 대한] 특별한 종속 관계에 빠뜨리는 것도 상대적으로 쉬웠다. 그러나 이러한 조작만으로는 [우리의 사례에서] 이미 나타난 [최종] 결과를 도출하지는 못한다. 즉, 그것만으로는 그 그룹이 어떻게 수용소 전체에 결국 자신들의 「독점의 법칙」$^{(Gesetz\ des\ Monopols)}$을 강요할 수 있었는지를 설명하지 못한다. 어찌 되었든, 경쟁력 있는 오븐을 제작하기 위하여 필요한 것은 조직된 노동력뿐이었기에, 그 그룹이 점차 강하게 행사한 압력은 오히려 다른 이들이 자력으로 노동력을 조직하여 [자체의 오븐을 제작하도록] 이끌 수도 있었다.

따라서 단순히 경제적 이점을 확대하고 개별적인 종속 관계를 형성하는 것만으로는 충분하지 않았다. 어떤 방식으로든, 그 그룹은 자신의 정책을 단순히 그때마다 등장하는 대립하는 자들에게만이 아니라, 잠재적으로도 간여될 수 있는 자들, 즉 수용소의 전체 사회적 집합체를 향하여 맞추도록 하여야 하였다. 즉, 자신들의 권력을 점진적으로 확대하여 나가는 동시에, 그 그룹은 '**반대 연합**'$^{(Gegenkoalitionen)}$**의 형성**을 막기 위한 시도도 병행하여야 하였다.

반대 연합의 결성을 방지하는 수단은 역사적으로 널리 알려져 있다. 즉, 그것은 바로 「분할 통치 정책」$^{(Politik\ des\ Teilens)}$이다. 가장 단순한 형태는, 타인들을 서로 대립하게 만들고 그 갈등을 이용하여 이익을 얻으려는 시도다. 그러나 「분할 통치 정책」은 [권력을 잡은 후 통치하는 목적뿐만 아니라] 권력 장악의 과정 자체와도 직결될 수도 있다. 【211】 즉, 외부에 놓여있는 자들을 **권력 중심과의 관계에 있어서** 차별화하고, 등급을 나누며, 이러한 방식을 이용한 분할을 통하여 [외부자들 간에] 서로 상이한 '이해관심의 상황'을 만드는 것을 추구할 수 있다. 우리는 이를 「차등화」(Staffelung)라고[490] 부르고자 한다.

분할(Teilung)이란 그 최초 의미에 있어서는 이미 상호 간에 대립적인 그룹들이 형성되어 있음을 전제로 한다. 그러나 우리의 사례에서 제시된 수용소는 그러한 상황에 놓여있던 것은 아니었다. 그 권력 중심은 '그룹 편성'(Gruppierung)과 그룹의 분할을 동시적으로 만들면서, 그리고 그것들을 자기 자신을 중심으로 향하여 「차등화」함(staffeln)에 의존하였다.

총 몇 가지 종류의 하위 그룹이 이러한 「차등화」를 통하여 형성되는지는 일반적으로 자연스럽게 단정할 수는 없다. 그러나 아주 단순화하여 말하자면 이러한 「차등화」의 전략적 목표는 대략 세 가지 종류의 하위 그룹을 형성하려는 시도라고 설명될 수 있다. 재차 단순화하여 말하자면, 이 중 두 개의 하위 그룹은 특정한 사회 계층(Sozialschicht)의 초기 형태로 보일 수 있다. 그러나 여기서 [즉, 「차등화」에서] 중요한 바는, 어떠한 포괄적인 구조를 형성시키는 것 자체가 아니라, 이해관심들을 본질적으로 분리(Trennung)하고, 분할(Teilung), 구별(Auseinanderhalten)하는 것이다.[491]

첫 번째로 언급할 하위 그룹 또는 등급(Staffel)은, 경우에 따라, "가담자"(Teilhaber), "측근"(Anverwandte), "간부"(Stab),[492] 혹은 "가신"(Klientel) 등으로 불

---

[490] [역주] 「차등화」는 차별화시키는 전략적 과정을 일컫는데, 이는 어떠한 안정적인 위계 관계가 형성되는 '계층화'(Schichtung)와는 다르다.

[491] [역주] 이 세 용어의 차이점에 대하여서는 용어 해설 IV 참고.

[492] [역주] Stab(스태프)는 '간부' 혹은 '직원'으로의 번역이 모두 가능하지만, 차 하위그룹에 대하여 이야기하고 있는 맥락상 '간부'로 번역하였다.

릴 수 있다. 이 그룹에 속하는 구성원들은 권력 중심에 의존하지만, 일정 부분 이익 배당과 같은 것이 [그들에게] 인정되기도 한다. 특히 과정의 초기 단계에서는, 이들의 위상은 '외부적 구성원'(Außenseiter-Mitglied)의[493] 지위와도 유사할 수 있다. 권력 그룹에 대한 이들의 소속성은 사실 모호하며, 일종의 '예-아니오'의 관계를 가지고 있다.[494]

이 [하위] 그룹이 권력 장악의 과정 전체에서 가지는 중요성은, 그들에게 얼마나 많은, 그리고 어떤 집행 기능(ausführende Funktionen)이 위임될 수 있는가에 본질적으로 달려 있다. 【212】 결정적인 단계는 이 [하위] 그룹이 권력 중심의 지시에 따라 **다른 그룹들에 반대**하는 능력과 준비가 되는 순간에 행하여진다. 특히 권력 중심이 불복종자에 대한 제재 실행—즉, 징벌명령의 집행—을 간부들에게 위임할 수 있다면, 그 권력 중심이 가지는 「권력의 위상」은 말하자면 새로운 질적 차원에 도달한다. (이는 소년들의 모종의 그룹에서의 권력 형성을 살펴보면 쉽게 이해될 수 있다. 반항이 발생하였을 때 우두머리가 더 이상 직접 개입할 필요가 없이, 주

---

[493] [역주] 이때, '외부적 구성원'이란, 그 그룹에 형식적으로 속하기는 하되, 실제로는 그 그룹에서 단절 내지는 배제되어 있고, 소속감을 공유하지도 않는 구성원을 말한다. 어떠한 경우에는 스스로의 선택에 의하여 그렇게 남을 수도 있다.

[494] [역주] 이 문장은 일견 모순적으로 보일 수도 있다. 하지만, 저자가 말하고자 하는 바는 다음과 같다: 즉, 하위 그룹에 관여되어 있는 사람들은 전적으로 중심과 동화되어 있거나 혹은 철저히 배제되거나의 둘 중의 하나가 된다. 따라서 그들의 위치는 이 양극단 사이를 오가고, 그러한 면에 있어서는 명확히 구분이 가능하다. 그런데 상황의 변화와 그룹 중심부의 결정에 따라서, 이들 하위 그룹의 위상은 양극단을 오가고(즉, 중간 단계가 없고), 따라서 그들의 최종 위상은 (변동 폭이 크기 때문에) 불확실(모호)하게 남을 수밖에 없다. 이러한 하위 그룹의 위상에 대한 불확실성은 권력자들이 전략적으로 이용할 수 있다.

먹이 아니라 엄지손가락 신호 하나로 충분하여지는 순간, 그의 위상은 공고하여 진다.) 이러한 위임은 특히 권력 행사에 있어 경제성을 향상시키며, 권력자가 자신의 의지를 관철하기 위하여 자신이 직접 조달하여야 할 비용을 줄이게 된다.

이러한 광범위한 위임이 이루어지기 이전이라도, 이 [하위] 그룹은 권력 중심의 모든 의견, 명령 그리고 행동을 [전기 증폭기와도 같은] "증폭기"$^{(Verstärker)}$의 기능과, 잠재적 실패의 "피뢰침"$^{(Ableiter)}$ 기능을 수행할 수 있다.[495] 이 [하위] 그룹이 가진, 피뢰침으로서의 역할은 다음과 같은 양측 모두에게 있어서 작용한다: 즉, 권력 중심뿐만 아니라 그때마다 [권력에 의하여] 피해를 입은 자들을 위하여, 실패의 책임을 [그 하위 그룹] 자신에게 돌림으로써[496] 권력 정점의 「무오류성」$^{(Unfehlbarkeit)}$을 보존하는 역할을 한다.[497]

주어진 상황에 있어서의 권력 중심의 입장에서는 이러한 간부 그룹

---

[495] [역주] 저자는 강화하고 회피하는 모습을 전기적 현상에 비유하고 있다.

[496] [역주] 즉 이 하위 그룹은 일종의 '속죄양'으로서 권력 중심으로 향하는 비난과 공격을 자신에게 돌리도록 즉, 회피하게 하는 역할을 하면서 그 중심을 보호하고 실수의 책임을 자신이 떠안는 일종의 피뢰침 역할을 한다. 반면, 그럼으로써 피해를 입은 자들이 불만과 공격을 표출할 수 있는 대상이 되기를 자처하기에, 후자들을 위한 기능 또한 수행하게 되는 것이다.

[497] 이는 막스 베버의 관점을 포함하는 다양한 측면에서 종종 설명되어 왔다. 소위 "투영 효과"$^{(Projektionseffekt)}$[(i)], 즉, "반지배적 정서의, 강제적 기구의 구성원에로의 이전$^{(Verschiebung)}$"에 대하여서는 Sigrist(2005/1967: 261 ff.)를 참조할 것.

[역주] (i) 분노 등의, 권력에 대한 저항으로서의 정서가 실제로 그 권력을 가지고 있는 원천이 아니라, 단지 권력의 하위 집단(예: 경찰, 관료 등의 집행 기구 구성원)에게로 옮겨져 이전되어 표출되는 현상이다.

을 고용하는 것은 그다지 어려운 일이 아니었을 것이다. 권력 중심은 그 간부 그룹에게 유리한 가담 자격을 제공할 수 있었다. 문제는, 아마도 다른 경우와도 마찬가지로, [그 간부들의] 자율화 경향과 「권력의 분절화」 (Machtbrechung)를 방지하는 바에 있었을 것이다.

【213】 가장 어려운 과제는 아마도 **두 번째** 등급을 창출하고 유지하며 [그 이후에는 그것을] 점진적으로 축소하는 일이었을 것이다. 이 등급은 중립적인 자들, 관망자들, 그리고 영향받지 않는 자들로 이루어져 있다. 권력 장악은 항상 "공공"(Publikum)을 [갈등의 상황으로부터] 배제하여야 하며, 이 공공에게는, 그 공공 자신들은 권력이 확장되는 전체 과정이나 그 과정 중 발생할 수 있는 갈등과는 무관하다고 시사하여야 한다. 더 나아가, 중립성은 「평화의 특권」(Friedensprivileg)을 보장받는다는 점을 최대한 설득력 있게 제시하여야 한다.[498] 이를 위하여서는 특히 영리한 전략, 즉 매번의 「권력 주장」에 있어서 신중하고 신뢰할 수 있는 처방전의 조제를 필요로 한다. 중립적인 자들이 다시 분할되기만을 기다리는 잔여 그룹으로 전락할 때까지는,[499] 그들이 [권력 갈등으로부터] "배제된 자들"(Herausgehaltenen)로서 오랫동안 [스스로가] 가치 있다고, 그리고 최대한 편안하도록 스스로 느끼도록 유도하여야만 한다.

이러한 중립 그룹을 형성하는 것이 성공을 위하여서는 결정적이다. 결국은 [이들 중립 그룹과도 같이 언젠가는] 영향을 받게 될 사람들 중 상당수가 관망자의 역할을 기꺼이 수행하지 않는 한, 비상한 형태의 권력 장

---

[498] [역주] 즉, 중립성을 지키는 자들은 갈등이나 권력의 투쟁으로부터 보호받을 수 있다는 특별한 권리를 가질 수 있음을 제시함으로써, 그들이 권력 갈등 중에 어느 한편을 지지하지 않고 수동적으로 남아있도록 함을 의미한다.

[499] [역주] 즉, 그 중립 그룹은 시간이 경과됨에 따라 그 중립성을 상실하고 권력자를 추종하도록 된다.

악이란 불가능할 것이다. 그들은 궁극적으로 아마도 권력 장악의 가장 중요한, 그리고 결정적인 일종의 지원군일 것이다. 사회체(soziale Einheit)가 이러한 측면에 있어서의 환상을 가질 잠재성이 클수록, 극단적「권력관계」가 형성될 가능성도 커진다.

세 번째 그룹—물론 이들이 반드시 최후에 형성될 필요는 없다—은 명확한 비특권자들, 즉 "천민"(Paria), "셔츠 없는 자들"(Hemdloser), "예속된 자들"(Höriger)이다.[500] 이 그룹은 간부 그룹의 활약으로 생겨날 수도 있고, 혹은 가장 먼저 등장하여「차등화」과정을 진행시키는 역할을 할 수도 있다. 이러한 비특권자(Unterprivilegiert) 그룹의 형성은 [특권자들에게는] 특정한 이점을 가져다 준다.[501] 그렇기 그러한 [천민과도 같은 비특권자 계층의] 형성은 '영향받지 않는 자들', 다시 말하자면, '비특권자가 아닌 자들'로서 양지에 남아 있는 자들의 [이러한 비특권자 층을 형성하기 위한] 특별한 동의에 일반적으로 의존할 수 있다.【214】이와 연관된 차별의 충동을 굳이 명시적으로 유도할 필요조차 없는 경우가 많다. 이러한 비특권자 그룹의 모집 대상은 어디에나 존재한다. 그들은 바로 새로운 사람들, 외부인들, 그리고 이질적인 자들이다. 심지어 우리가 예로 든 수용소에서도, 이질적인 특징으로 인하여 억압받을 운명을 타고난 자들이 있었을 것이다. 그리고 이러한 억압(Unterdrückung)을 실행하는 권력자들은 결국

---

500 [역주] '천민'(Paria) 인도 카스트 제도하의 최하층 천민이다. '셔츠 없는 자들'(Hemdloser)은 극심한 가난으로 인하여 입는 의복조차 변변하지 않은 층을 지칭한다. '예속된 자들'(Höriger)는 9세기-15세기까지 이어진 독일 봉건 장원제하의 농노를 지칭한다.

501 [역주] 이렇게 됨으로써, 그 특권자들은 결국 사회적「차등화」를 유지 및 강화하며 자신의 위상도 강화할 수 있고, 이렇듯 비특권자들의 경계를 뚜렷이 함으로써「차등화」된 사회의 안정을 도모할 수도 있다.

「일반의지」$^{(volonté\ générale)}$를 집행하는 유리한 위치에 있었다.[502]

우리는 이 세 가지 종류의 분류 혹은 더욱 세분화된 「차등화」가 애초부터 그 '연대적 그룹'이[503] 가진 의식적 목표였다고 전제하지는 않는다. 그러나 권력 장악을 위한 전술적인 개별 행보는 이러한 방향으로 나아갔을 것이다. 이러한 분류 혹은 「차등화」는 경우에 따라서 순전히 부정적으로, 즉 위협적인 반대 연합을 방지하려는 시도 속에서 이미 나타난다. 전반적으로 보자면, 이러한 「차등화」의 기술$^{(Kunstst\ddot{u}ck)}$이란 적합한 사람들을 모집하여 조력자 및 공모자로 채용하는 바에 있는 것이 아니며, 또한 '아무것도 아닌 자들'$^{(Null-Personen)}$로서 이미 운명지어진 자들을 발굴하고 점찍어서 그 위치에 배치하는 바에 있는 것도 아니다. 본질적으로 권력 장악의 특별한 기량은 일시적으로나마 영향을 받지 않는 이들, 즉, **만약** 하나의 '그룹'을 스스로 구성할 경우에는 우월한 다수를 형성할 수 있는 유리한 입장에 놓일 수 있는 [잠재력을 가진] 그룹을 그때마다 적절한 수위에서 배제$^{(Aussparen)}$하고 감소시키는 바에서 드러난다. 이러한 그룹의 형성을 자극하는 행위를 하여서는 안 되며, 오히려 기존 현상태$^{(status\ quo)}$의 [그들에게 가져다주는] 이점이 적절하게 조명되어야 한다. 따라서 「평화의 정책」$^{(Friedenspolitik)}$은 권력 장악을 위한 핵심적인 요소가 된다.【215】더 나아가 개별적인 그룹들 **간의** 어떠한 연대화도 저지되어야만 한다. 그러한 '분할 과정'$^{(Teilungsproze\beta)}$은 권력 그룹과의 「차등화」된 관계를 [각 그룹별로] 정립함을 통하여 다양하고도 [그룹 상호 간을] 분리시킬 수 있는 [각

---

502 [역주]「일반의지」는 다중의 집단적 의지를 뜻하며, 18세기 계몽주의 시대에 특히 루소$^{(Jean-Jacques\ Rousseau)}$가 1762년에 출판한 『사회계약론』$^{(Du\ contrat\ social)}$에 표현되어 있다. 이 문장에서는, 권력자들은 비특권자들 억압하는 등의 자신들의 행동을 마치「일반의지」에 근거한 것처럼 위장시킬 수 있는 유리한 위치에 있음을 이야기하고 있다.

503 [역주] 즉, 우리의 사례에서의 최초 4인으로 구성된 연대.

그룹별] 이해관심의 상황을 그 모든 단계에서 수립하여야만 한다. 이러한 의미에서 [즉, 이렇게 함으로써], 앞서 언급된 세 개의 그룹간의 사회적 거리는 최대화된다.

그때마다의 개별적인 경우에 있어서 종속 관계를 수립하고 [여타 포로들을] 「차등화」할 수 있는 수단으로서의 그 그룹의 「권력 잠재력」은, 희소하고 선망받는 재화를 그 그룹이 통제처분하는 바에 있었다. 다양한 「종속성 관계」^(Abhängigkeitsverhältnis)는 이러한 재화의 차별적인 사용을 통하여 달성되었다. 즉, 간부 그룹은 [권력 그룹에] 특정한 서비스를 제공함을 통하여 [재화에의] 일정한 참여자격^(Teilhaberschaft)을 [즉, 사용자격을] 얻었고, 중립적 그룹과는 [중립적 그룹이 권력 그룹과의 오븐 제작 및 사용에 대한] 경쟁 포기를 대가로 [즉, 전제 조건으로], [오븐 사용과 재화를 교환하는 등의] '정상적' 거래 관계를 맺었다. 그리고 최하위 그룹의 경제적 파탄화와 그에 이어지는 [최하위 그룹으로부터의] 노동력의 수탈^(Ausbeutung)이 자행되었다. 「종속성 관계」의 확장과 심화는, 그리하여 궁극적으로는 재화의 축적이 인간에 대한 권력 행사로 (즉, 세금, 용역의 제공, 저항의 포기, 그리고 「추종 준비태세」로) 전환될 수 있고, 이러한 권력 행사가 다시 재화의 축적으로 전환될 수 있다는 측면에 근거한다. 이는 "「반전의 변증법」"^(Dialektik des Umschlagens)이[504] 아니라, 희소한 재화에 대한 「통제처분강권」이 인간 자체에 대한 「통제처분강권」으로, 그리고 인간에 대한 「통제처분강권」이 다시 희소한 재화에 대한 「통제처분강권」으로 변환되는, 다소 계산된 [즉, 다소 전략적으로 계획된] '변환'^(Umsetzen)[의 과정]이라고 할 수 있다.

이 절에서의 목적은 이러한 과정이 전략적인 '기본 조건'^(Rahmenbedingung)

---

[504] [역주] 이때 '반전'^(Umschlagen)이라함은 상태를 완전히 역전시키는 것을 의미한다. 참고로, 이는 헤겔의 변증법에서 나오는 '지양'^(止揚 Aufhebung), 즉, 극복하고 동시에 보존함으로써 더욱 높은 단계로 상승하는 작용과는 다르다.

에[505] 의하여 지배되고 있다는 점을 보여주기 위함이다. 「차등화」라는 「권력의 전략」(Machtstrategie)은 재차, 타인들의 「사회적 결속화의 결핍」(Vergesellschaftungsdefizit)에 대한 '활용 가능성'(Ausnutzbarkeit)[506] 및 '조작 가능성'(Manipulierbarkeit)에 기초하고 있다.[507]

III. 청소년 교화소 기숙사에서의 권력 형성

【216】세 번째 예시. 이 이야기는 사관후보생 관련 소설에서 나왔을 수도 있고, 청소년 교화 시설에 관한 어떤 영화에서 나왔을 수도 있다. 이 교화 시설에서는, 재사회화되어야 할 14세에서 15세 사이의 소년들로 이루어진 한 그룹에게, 자치가 가진 혜택과 '동료 교육'(Kameradenerziehung)이[508] 가진 치유력에 대한 믿음하에, 상대적으로 자율성이 큰 생활이 허용되었다. 조직적, 공간적으로 이 그룹은 교화 시설의 나머지 운영과는 분리되어 있었다. 우리가 관심을 가지고 있는 시점에서는, 총 13명의 소년들 사이에서 권력 중심이 형성되어 있었고, 그 중심으로부터 명령이 나왔다.

---

[505] [역주] 즉, 의도적, 전략적으로 이용될 수 있는 기본 조건을 뜻한다. 이때 '기본조건'(Rahmenbedingung)이란, 어떠한 결과를 가능하게 하는 직접, 간접적인 조건들로서, 본서에서는 권력의 전략을 가능하게 하는 구조적, 사회적 조건을 의미하는데, 이는 바로 아래에서 말하고 있는, 모두가 원하는 희소한 재화의 통제처분과 권력으로의 전환, 「차등화」의 설정, 사회적 결속력의 「취약성」의 이용 등을 의미한다.

[506] [역주] Ausnutzbarkeit는 수탈, 착취하기 위하여 이용함을 의미하기에, '착취 가능성'으로 번역할 수도 있다.

[507] [역주] 즉, 「차등화」는 결국 타인들이 쉽게 결속하지 못함을 활용하고, 또한 그렇도록 조작함에 근거한다.

[508] [역주] 유사한 상황에 있는 학생들이 통하여 서로 배우고 함께 학습하는 방식.

그 중심부에는 네 명의 소년이 속하여 있었다. 이 네 명 중 한 명인 "보스"는 의견이 갈리는 경우 최종 결정을 내렸다. 두 번째 그룹에 속하는 세 명의 소년은 일종의 '행동 부대'로서, 필요할 경우 '출동 부대'로도 활동하였다. 나머지 여섯 명은 마음대로 부려지고 착취당하였다.

아침 식사로 각 소년은 빵 두 조각을 받았다. 이 빵 조각은 [나중에 사용하기 위하여] 숨겨질 수도 있었고, 혹은 나중에 물에 불린 후, 밤에 이불 아래에서 눌러서 일종의 건빵과도 같이, 오래 보전 가능한 것으로 변환할 수도 있었다. 이러한 발명은 빵의 재분배 체제와 관련되었다: 억압당하는 여섯 명의 소년은 각자 두 조각 중 하나를 권력 중심부에 넘겨야 하였고, 행동 부대가 이를 징수하는 역할을 하였다. 권력 중심부는 이 여섯 조각 중 다섯 조각을 보유하였다 (보스에게 두 조각, 나머지 세 명에게 각각 한 조각씩). 남은 한 조각은 서비스에 대한 보수로 행동 부대의 세 소년에게 주어졌고, 이로써 그들은 개인당 1/3조각의 순이익을 얻었다.

【217】 비슷한 기준에 따라 공동 작업 과제의 개별 분배가 이루어졌고, [착취당하는 6명을 대상으로] 특히 궂은일을 처리하기 위한 특별한 소질을 훈련시켰고, 그 궂은일을 위한 희생양이 선택되었다. 억압받는 소년 중 어느 한 명이 반항하면 처벌이 가하여졌다―예를 들어, 잠자리 이불을 빼앗는 것 등. 심각한 경우에는 행동 부대가 즉시 행동을 개시하였고, 극단적인 공개적이고 반복적인 저항의 경우에는 처벌이 밤에 치러지도록 미루어졌고, 다른 모든 이들은 이에 참여하도록 강요받았다.

이러한 사회적 질서는 우리가 이미 관찰하였던 다른 사례들과 유사한 방식으로 형성되었을 수 있다. 「차등화」의 과정은 지금의 사례에서도 이미 안정된 「계층 구조」(Schichtstruktur)로 굳어졌다. [이전 사례와는 달리] 관망자 그룹은 사라졌고, 중립성이란 이제 태업이 될 것이다. 억압받는 소년들은 주로 새로 합류한 소년들 중에서 차출되었을 가능성이 높고, 따라서 지속적이며 개별적으로 이루어졌다. (이는 입회 의식의 단순한 연장에서 손쉽게 그리고 무의도적으로 발생하기 마련이다.) 보스의 특별한 위상으로부터 우리는 그가 개인적으로, 예를 들어 특별한 「권위의 효과」를 이용하여 권력 구조를 자신 주변에 구축하였다고 결론지을 수는 없다. 최상위 그룹의 내부적 「위계화」$^{(Hierarchisierung)}$는 그들의 권력 확장의 결과와 확장의 '피드백 효과'$^{(Rückwirkung)}$일 수^{509} 있었다.

하지만 여기서 우리가 관심을 가져야 할 것은 그 기원이 아니라, 체제 내에서 계속 전개되는 과정들이다. 「권력의 기울기」가^{510} 확고히 고착되어 있고 더 오랜 기간 동안 본질적으로 변하지 않는다고 가정하더라도, 우리는 권력 형성의 과정들이 어떤 "최종 결과"에서 마치 정지되어 있는 상태에 도달하였다고 가정하여서는 안 된다. 【218】 모든 「권력에 기반한 질서」란, 질서를 수립하는 권력 자체가 끊임없이 다시 새로이 형성되는 체제로 보아야 한다. 비교적 일정한 「권력의 기울기」의 경우, 이는 단지 이미 주어진 권력 분배가 이러한 과정들을 통하여 [지속적으로] 재생산된다는 것을 의미할 뿐이다.

1) 재분배 체제에서의 권력의 재생산

여기에서도 다른 경우와 마찬가지로, [최하위] 여섯 명의 소년들에 대한 수탈은 [대부분의] 재분배 체제에서 보이는 유익하지 못한 특별한 측면일 뿐이다. 우리의 사례에서 도달한 단계에서는, 이 체제는 직접적인 부력의 사용을 통하여 여전히 빈번하게 보호될 필요가 있다. [하지만 이미] 우리가 알고 있듯이, 이러한 조치는 시간이 지나면서 단순한 위협으로 대체될 수도 있다. 그러나 이러한 위협조차도 결국에는 명시적으로 표현될 필요가 거의 없어지며, 자명한 것으로 저절로 이해되게 된다. 재분배 체제는 마치 스스로 작동하는 것처럼 기능하며, 그리하여 독립적이고 자유롭게 작동하는 기능적 안정성을 얻는다. 이제 무력은 단지 간

---

509 [역주] 즉, 권력 확장의 결과가 재차 그 결과를 강화하는 효과.

510 [역주] 그 의미에 대하여서는 각주 128 참고.

혈적으로 발생하는 혼란을 해결하기 위한 비상적 조치로서만 나타난다. [그리하여] 무력은 사실상 (그 무력을 자극하지 않는 한) 더 이상 존재하지 않게 된다. 무력은 체제의 표식이 아니라 오히려 [그 체제에 내재된] 결함의 표식이다.[511]

권력 중심은 빵을 가져가고, 보유하며, 나눠준다. 먼저 「보유」[(Behalten)]: 권력 중심은 가져가는 것보다 훨씬 적게 나눠줄 수 있다. 이는 일반적으로 축적의 기회를 제공한다. 하지만 우리가 제시한 사례의 경우에서는 재분배 체제에서 제외된 빵은 단순히 소비된다고 가정하고 있다.【219】 [우리의 사례보다는] 덜 제한된 상황에서는, 거두어들인 가치의 일부를 투자함으로써 생산적 자본―그리고 그것과 함께 「권력 잠재력」―을 점차적으로 확대할 수 있다.

그러나 **가져감**[(das Nehmen)]**과 나눠줌**[(das Geben)]은 이러한 「권력 축적」의 기회와는 독립적인 어떠한 본질적 의미를 가진다: 이것들은 계획적인 재분배 체제에로 통합될 때, 권력과 주어진 권력 배분관계를 재생산하기에 적합한 방법이다.[512]

---

[511] [역주] 루만도, 무력은 "권력의 사용이 아니라, 그 권력의 실패의 표현일 뿐"이라고 언급한 바 있다: "keine Anwendung von Macht, sondern Ausdruck ihres Scheiterns"(Luhmann 1994: 119; Konertz 2020: 397-398). 하지만 루만과 포피츠 양자에게 있어서는 무력이 권력의 일종임은 부인되지 않는다. 이와는 대비되는 입장은 아렌트에서 찾아볼 수 있다. 그녀에 의하면, "무력과 권력은 반대되는 것이다. 어느 한쪽이 지배적일 때 다른 한쪽은 존재하지 않는다. 무력은 권력이 위태로울 때 나타나는 것이며, 그것이 방치되는 경우 결국 권력의 종언으로 귀결된다"(Arendt 1969: 56). 역자의 견해는, 이 같은 차이는 결국 권력에 대한 정의(定義)상의 차이이다. 즉, 아렌트의 경우는 권력을 「탈취적 권력」이 아닌, 「개선적 권력」으로 한정시키려고 하였음에 기인한다.

[512] [역주] 「권력 축적」의 기회와 독립적이라는 것은 그것과는 전혀 무

권력 정상에게 빵을 '빼앗기는' 자들은 단순히 권력이 행사되는 대상만은 아니다. 동시에, 권력 정상으로 하여금 몰수를 돕는 지원 인력을 확보할 수 있도록 하는 수단, 그리고 권력 정상으로 하여금 **타인**들의 행위를 조종할 수 있도록 하는 수단을 그들은 권력 정상에게 제공한다. 권력 정상으로부터 '빵을 나눠 받는' 이들은 단순히 권력 정상이 가지는 의지의 처분만을 따르거나, 그 권력 정상에게 봉사하는 위치에 자신을 맡기는 것뿐만은 아니다. 그들은 권력 정상이 빵을 징수하는 수단, 또한 마찬가지로 **타인**들의 행위를 조종하는 수단도 동시에 제공한다. 이 두 그룹 각각은 자신의 그룹 스스로 복종함$^{(fügen)}$으로써 동시에 다른 그룹을 복종하도록 만든다.[513] 권력 정상에게 있어서는 어느 한 그룹의 「순종」은 동시에 다른 그룹을 「순종」시키는 수단이기도 하다. 하나의 동일한 경제적 재화를 [권력 정상의] 오른손은 다른 타인들로부터 가져오고 왼손은 그것

관하다는 이야기가 아니고, 단지 그것과는 별도의 현상으로 간주되는, 어떤 본질적 의미가 있다는 의미이다. 즉, 권력의 증가(축적)와 무관하게, 그것들은 어찌 되었든 주어진 권력의 현상태를 재생산하고 유지하는데, 이것이 바로 어떠한 본질적 의미라는 것이다.

[513] [역주] 참고로, 이는 스피노자가 다음과 같이 말한 바와 일맥상통한다: "**다중의 힘**$^{(multitudinis\ potentia)}$에 의하여 구성되는$^{(definitur)}$ 이 권리$^{(jus)}$는 일반적으로 '통치권'$^{(imperium)}$으로 불린다(*Hoe jus, quod multitudinis potentia definitur, imperium appellari solet*)"(Spinoza 1883: 2.17) 로르동은 스피노자의 철학에 근거하여, 지배자의 가지는 권력의 원천은 피지배자가 가진 힘, 즉, '다중의 힘'$^{(puissance\ de\ la\ multitude)}$이며, 지배자는 단지 그 힘을 '포획'한 후 다중에 반$^{(反)}$하여 돌림으로써 다중을 지배하기 위하여 사용하는 것일 뿐이라고 말하고 있다(Lordon 2010; 로르동 2024: 275-277). 비저$^{(Wieser)}$도 또한 다중은 자신들이 실제 그 권력의 형성에 간여하고 있음을 자각하지 못한다고 언급하였다(비저 2023: 161-162).

들을 타인들에게 나눠주게 됨으로써, 권력은 손의 양쪽으로부터 재생산된다.

동시에, 이 예속된 두 그룹은 상호 간 상충되는 이해관심의 상황으로 몰리게 된다. 각 그룹은 각자의 상대방에 대하여 동일한 기능을 수행한다: 즉, 그들은 상대방을 체제 내에 잡아 두는 기능을 수행한다. 이를 위하여 필요한 「권력 수단」—재화와 용역—은 「권력 체제」를 통하여 각기 재배치된다. 【220】권력 중심은 자신에게 공급되는 「권력 잠재력」[의 수단]을 각각 다른 집결 상태로 단지 전환하기만 하면 될 뿐이다.

권력 중심이 재분배의 기준(Schlüssel)을 조금만 변경하여도 각 그룹에 가하여지는 압력을 조정할 수 있다는 것은 명백하다. 한 그룹에 대한 압력을 강화하는 것은 다른 그룹에 포상을 내림으로써 상쇄될 수 있다: 즉, 최하위 그룹으로부터 더 높은 과금을 강요하는 것은 행동 부대에 대한 더 높은 보상으로, 이 행동 부대에게로의 보상을 삭감하는 것은 과금을 삭감하는 것으로 상쇄된다. [권력 중심은] 이와 같은 다양한 방식으로 체제의 "균형 교란"(Gleichgewichtsstörungen) 상태가 균형을 회복하게 하고, 저항의 숨통을 막으며, 순응을 촉진할 수 있다. 이에 더하여, 두 그룹의 특정한 약점을 이용할 기회도 나타나게 된다.

수탈당하는 자들의 약점은 무엇보다도, 그들의 상황이 생존을 위한 최소한의 수준에 한발짝 더 가까워질수록, 수탈의 추가적인 강화는 그들에게 더욱더 공포스럽게 된다는 점에 주로 놓여 있다. 이 경계선, 바로 이 가장자리에서는, 강자의 작은 손가락 하나라도 그 이전에 강자들이 운용하던 강력한 부대만큼이나 위험하여진다. 여기서는 모든 권력 결정의 효과, 부정적인 것뿐만 아니라 긍정적인 것도 증폭되기 마련이다. (두 개의 빵 중 이제 한 개만 남은 상황에서는, 빵 반쪽에 대한 그다음의 결정은 이전에 빵 한 개 전체를 빼앗기는 것보다도 더욱 심각하게 느껴진다.) 이에 따라 미소한 수단을 사용하는 정책이라도 예외적인 성공의 기회를 누릴 수 있다.

행동 부대의 약점은 그들의 「교체 가능성」^(Austauschbarkeit)에 주로 놓여 있다. '도움'은 권력 행사에 있어 전체적으로는 필수적이지만, '도움'을 주는 그 개인 자체는 필수적인 것이 아니다. 【221】 최하위 그룹을 억압하기 위한 행동 부대의 서비스 수행은, 총체로서의 행동 부대가 [행동 부대에 속한 개별 구성원] 개인적으로 언제든지 빠질 수 있는 구덩이를 파는 것을 돕는다는 것을 동시에 의미한다. 그들의 서비스 수행은 비록 보상받을지언정, 그들이 「권력의 기울기」를 구축하기 위하여 더 많은 도움을 줄수록, 그들은 서비스와 포상 모두를, 부정적인 결과에 당면하지 않고서도 동시에 포기할 수 있는 그러한 자유를 상실하게 된다.⁵¹⁴ 행동 부대의 위상은 「권력 체제」가 그들에게 강제하는 관계 내에서만 그들에게 "유익할"^(günstig) 뿐이다.

이러한 종류의 질서는 기계와도 유사한 「권력 기계」^(Machtmaschine)이며, 그 구동 에너지는 지배당하는 이들 자신이 공급한다. 이러한 체제는 더 이상 내부에서 "자발적으로" 파괴될 수 없다. 그들은 외부의 개입에 의하여 파괴되거나, 어떤 새로운 그룹에게 어떤 새로운 기회를 제공하는 경제적 기반상의 변화를 통하여만 파괴된다. 이러한 도움이 제공되지 않는 한, 하위 그룹의 전망은 어둡기 마련이다. 그들의 「조직화 기량의 결핍」은 체계적으로 굳어져 있다. 그리고 중간 및 최하위 그룹 간의 이해관심은 끊임없이 서로 반목하게 될 수 있다. 그럼에도 불구하고 [혹시라도] 생겨날 수 있는, '반대 연합'을 결성하려는 시도는 비교적 쉽게 저지될 수 있다. 다수라는 상황은 이러한 경우에도 역시 무의미하여지며, [동일한] 이해관심의 상황을 [즉, 그러한 상황에 처한 사람의 숫자를] 단순히 합산하려는 모든 산술적 시도는 단지 추상적인 것에 그친다.

---

514 [역주] 즉, 양자 모두를 단념하는 경우, 그들은 하위층으로 전락하게 되어, 자신들이 이미 파놓은 구덩이에 빠지게 된다. 따라서 단념은 어렵고, 그럼으로써 그들은 자유는 없는 셈이다.

2) 기본적 정당성으로서 질서의 질서적 가치

우리의 경험으로도 알 수 있듯이, 아침 식사용 빵을 바치고 가장 불쾌한 일을 하며, 의심스러운 상황이 발생할 때마다 죄를 뒤집어쓰는 그 여섯 명의 소년에게는, 시간이 지남에 따라 바로 그 질서, 즉, 그러한 권리와 의무의 배분 방식을, 마치「공동체적 삶」이 제시하는 구속력 있는 강령으로서 받아들이게 되는 것이 가능하다.【222】그들에게는, 단순히 복종하는 것만이 아니라 섬기게 되고, 그 질서의 규범을 두려워할 뿐만 아니라 내면화하게 되며, 무기력한 습관이 아니라 [따를] 준비태세와「종사단」$^{(Gefolgschaft)}$으로서의 의무를 다하게 되는 것이 가능하여지게 된 것이다. 우리에게 이러한 결과는 가능하여 보이고, 심지어 그럴듯하게 보이는데, 이는 우리가 그 결과를 이미 알고 있기 때문이기도 하다. 그러나 그렇다고 하여서 그 과정 자체가 결코 명백한 것은 아니다. 다시 한번 말을 반복하자면, 이러한 결과는 '부조리'하다. 억압받고 특권 없는 자들이「권력에 기반한 질서」를 내면적으로 인정하는 것은 [그 자체로] 또 다른 권력 과정이라고 할 수 있다. 이는 "명백한" 이해관심과도 반하고, 심지어 다수의 원래적 의지와도 분명히 반하는 방식으로 의심의 여지 없이 전개될 수도 있는,「권력관계」의 공고화와 "심화"의 과정이다. 우리가 지금 예로 들고 있는 교화 시설—혹은 이전에 이야기한 수용소나 배—에서 이러한 과정을 가능하게 하는 권력 장악의 기회들은 도대체 무엇인가?

우리의 이전 논제였던「정당화 과정」의 첫 단계는 특권층 간의 상호인정이다. 이러한 인정의「교류 과정」은 사회적 확신을 형성하며, 이는 그 이후에 외적으로 그에 속하지 않는 자들에게까지도 '암시적'$^{(suggestiv)}$ 작용을 미친다.[515] 이러한 종류의 외부 효과는, 예를 들자면 반대 신념을 억제하고, 의견 형성을 어렵고 또한 불확실하게 만들 수 있다. 그리고 이

---

515 [역주] 본서 258쪽의 내용 참고.

는 동의와 「순종」이라는 특정한 성향을 구축하는 바에 기여할 수 있다. 그러나 「정당성의 신뢰」가 확산되는 과정이 단지 이러한 암시적 효과만으로 충분히 설명될 수 있으리라고 가정하여서는 안 된다.[516]

---

[516] 극도로 억압받는 그룹의 경우에서조차도, 정당성에 대한 믿음의 발단은 이미 언급된, 특권자들의 「자기인정」과도 유사성을 보일 수 있다. 즉, 극도로 억압받는 자들도 결국 「권력에 기반한 질서」의 정당성을 인정하기 시작할 수 있다. 왜냐하면 [아래의 설명에 의하면] 그들 자신 스스로도 [그 정당성을] 인정하게 되기 때문이다.

이러한 과정은 우리가 예시한 교화 시설의 경우에서도 발생하였을 수 있다. 여섯 명의 소년은 끊임없이 복종하여야만 하였고, 그들의 「순종」은 반복적으로 강요되고 철저히 훈련되었으며, 그들 자신의 의지는 꺾이고 저항은 그 싹부터 억압되었다.

하지만 이렇듯 계속 반복적으로 의지가 좌절되는 경우에는 그 의지는 더 이상 존속될 수 없다. 압도적인 강압에 대한 지속적 저항은 결국은 그 강압 자체에 대한 의문이 아닌, [억압된 자의,] 자기 자신에 대한 의문을 제기하도록 만든다. 이로써 일종의 전회가 일어날 요건이 주어지게 된다. 지속적으로 굴욕당한 자는 자신의 「순종」을 '자발성'(Freiwilligkeit)으로 재해석하고, 그가 「순종」하는 그 질서의 「당위적 성격」(Verbindlichsetzung)에 의거하여 자신의 이러한 자발성을 「합당화」한다. 그의 「순종」이란 그 질서가 요구하는 봉사를 제공함에 다름 아니다.

이러한 틀 안에서는, 권력자들과의 관계는 [다음과 같은 세 가지 유형으로 신화화되어] 다양하게 해석될 수 있다. (1) 막스 베버가 말한 바 있는 "「지배의 신화」"(Herrschaftslegende)에 비유되는 소위 「열등성의 신화」(Unterlegenheitslegende)의 발전: 권력자와 권력에 복종하는 자들은, 같은 차원에서는 비교될 수 없는, "정체적으로"(政體的 konstitutionell) [즉, 근본적으로] 상이한 그룹이다. 혹은 (2) 「기능적 평등이라는 신화」(Legende der funktionalen Gleichheit): 모두가 각자가 놓인 위치에서 질서를 위하여 봉사하며, [그들 각자의] 모든 기여는 그 질서의 유지를 위하여 [똑같이] 필

【223】 이에 추가로 작용할 수 있는 효과들과 상호작용들은 아마도

요하다. (3) 마지막으로 「기회 균등의 신화」(Legende der Chancengleichheit): 각자 모두는 스스로의 운명의 개척자이며, 모두는 가장 밑바닥으로부터 시작하여야 한다.

이 모든 경우에 있어서, [서로 다른] 두 그룹의 행위는 질서에 내재적인 것으로서 「합당화」될 수 있다. 즉, 권력자들이 이 질서의 의미 안에서 '그들이 원하는 것을 하여야만' 하듯, 복종하는 자들도 '그들이 하여야만 하는 것을 원할' 수 있다. 이로써 복종하는 자들의 「자기인정」의 과정이 완성된다: 즉, 이러한 방식으로 복종하는 자는 [이제는 그 복종이 자발적이기에 역설적으로] 더 이상은 지속적으로 복종 당하지 않게 된다.(ii) 여기서도 결국, 권력에 복종하는 그룹 내의 구성원들이 공유하는 상호 확인은—즉, 타인 또한 [자신과도 마찬가지로] 예속되어 있음에 대한 인정은—[그러한 예속에 관한] 사회적 확신(Gewissheit)의 생성에 있어서 중요한 의미를 가질 수 있다. 더 나아가, 권력에 복종하는 자들의 이러한 「자기인정」은, 반대로 특권자들이 가지는 「정당성의 확신」(Legitimitätsgewißheit)을 형성시키는 암시적 작용을 한다고도 추측할 수도 있다.(iii)

[역주] (i) 막스 베버는 「지배의 신화」라는 표현을 사용한 바가 없다. 단지, 베버의 저술들에서 유추하여 해석할 수 있을 따름이다. 이에 관하여 그의 『경제와 사회』에서 나오는 유사한 문구는 다음과 같다:

지배란 '지배자'의 어떠한 표출된 의지(명령)가 타인들(피지배자들)의 행동에 영향을 미치려고 하고, 그리고 실제로 그러한 방식으로 영향을 미쳐서, 마치 피지배자들이 그 명령의 내용을 자신들의 행동에 있어서 그 자체로서 좌우명(Maxime)으로 간주하는 것처럼(즉, 복종) 그러한 행동들이 사회적으로 유의미한 정도로 발생하는, 그러한 사실(Tatbestand)로 이해되어야만 한다(Weber 1922: 606; 1978: 946, 강조 역자 추가).

이 문구에서는 지배자의 명령이 피지배자에게 내면화되어 일종의 '좌우명'이 된다는 점을 강조하고 있다.

아직 충분히 조망되지는 않았다. 그러나 「정당화 과정」의 관철에 필요한 조건일 수 있을 듯한 현상들의 범위를 정하는 것은 어쩌면 가능할 것이다.[517] — 물론, 이 질문에 대하여 아주 평범한 수준에서 접근할 용의가 있는 한에서만 그러하다.

우리 사례의 교화 시설에서 그 그룹이 유지하는 「권력 체제」는 장기간 동안 질서를 제공하는 경우 결국은 인정받게 될 것이다. 더 정확히 말하자면, 지속성과 질서가 의식 형성에 있어서 중추적 의미를 가질 수 있을 때에는 그러할 것이다. 이때, '질서를 제공한다'는 것은 우선적으로 「질서의 확실성」(Ordnungssicherheit)을 제공한다'는 뜻이다. 참여자들이 자신과 타인이 무엇을 하여도 되고, 또한 무엇을 하여야 하는지에 대한 확실한 지식을 가질 때; 모든 참여자가 실제로 그들 각자로부터 기대되는 바대로 행위할 것을 충분히 신뢰할 만큼 예상될 수 있다고 그들 스스로가 확신을 가지게 될 때; 위반 행위가 일반적으로 처벌받을 것이라고 예상할 수 있을 때; 이익을 얻거나 인정을 받기 위하여 무엇을 하여야 하는지를 예측할 수 있을 때; 그러한 경우들에 있어서 참여자들은 「질서의 확

(ii) 이는 16세기에 라 보에티(La Boétie, Etienne de)가 "자신들의 예종 상태를 허락하거나 오히려 그러한 예종 상태를 초래하는 자들은 바로 주민들 자신들"이라고 언급하였을 때 주목한 점이다 — Boétie(1998/1548: 194), 룩스(2004: 124)에서 재인용. 스피노자 철학에 근거하여 이러한 차발적인 예속의 구체적인 메커니즘에 대하여 분석한 최근의 저서는 로르동(2014)을 참고할 것. (iii) 이는 본서 258쪽에서, 지배자 그룹의 확신이 피지배자들에게 일종의 암시 작용을 한다고 표현한 바와는 반대 방향의 암시 작용이다.

[517] 우리는 여기서 막스 베버적 의미에서의 「카리스마적 정당화」(charismatische Legimitätsgeltung)는 제외하지만, 그 정당화가 일상화되는 과정은 포함시킬 수 있다.

실성」을 느낀다. 이는 한마디로, 자신이 처한 위치를 알아야 한다는 것이다.[518] 이러한 의미에 있어서의「질서의 확실성」은 분명히 전제적 정체 하에서도 발전할 수 있다. 또한 이는 억압과 수탈과도 완벽하게 양립 가능하다. 강력하고 어디에나 편재하는 그러한 권력 중심에 대한 신뢰성은 그 권력 중심이 '질서를 창출'하고 또한 유지한다는 바로 그 사실에 기반하는 경향이 있다.

우리 사례의 교화 시설에서의 그 그룹에서도 그러한「질서의 확실성」은 의심의 여지 없이 관철될 수 있다. 심지어 최하위 그룹의 구성원들도 시간이 지나면 그에 적응하게 될 것이다.【224】또한 그들은 무엇을 기대하여야 하는지, 암초를 어떻게 회피할 수 있는지, 어떻게 하여야만 비교적 인내하며 지낼 수 있는지를 결국은 알게 된다. 그렇게 함으로써 그들은 기존 질서 내에서 자신들이 지향하는 바를 어느 정도 신뢰할 수 있고, 또한 예상되는 반응에 대하여서도 어느 정도 예측할 수 있게 된다. 기존 조건들은 그 조건들이 지속되는 한 그들에게도「질서적 가치」(Ordnungswert)를 가지게 된다.

하지만 이러한 확신이 확보되자마자, 그들 역시 기존 질서에 이해관심을 '투자'하기(investieren)[519] 시작한다. 그들은 억압적으로 부과된 질서 속에서도 불구하고 평범한 시민들이 '물 위에 계속 떠 있기 위하여' [즉, 생존을 위하여] 하는 바와 똑같은 일을 한다: 그 사회에서 특정 직업 전망을

---

[518] 「질서의 확실성」(Ordnungssicherheit)—즉, '지향성'(Orientierungssicherheit)과 '실현의 확실성'(Realisierungssicherheit))—이라는 개념에 대하여서는 Geiger (1964: 101ff.)를 참조.

[519] [역주] 즉, 기존 질서를 인정하고, 그 속에서 자신의 이해관심을 추구한다는 의미인데, 저자는 이를 (도박판, 투자활동 등과 같이) 어떤 것을 걸고 투자하는 행위와 비유하였다. 이때 투자하는 것은(거는 것은) 자신의 '이해관심'이고, 투자하는 (거는) 대상은 기존의 질서인 셈이다.

제공하는 교육을 이수하고, 일정 소득을 보장하는 직장을 확보하며, 어지간한 주거를 얻기 위하여 기다리고, 상사들의 신뢰를 얻으며, 자신이 타인에게 해를 끼치지 않도록 조심한다. 우리가 예로 든 그룹의 모든 구성원들도 아마 유사한 시도를 할 것이다 – 예를 들어, 자신이 비교적 잘하는 일에 특화하여 가능한 한 남들이 자신과 견줄 수 없게 되려거나, 권력자 중 한 명과 특별한 보호 관계를 맺는 등. 이 모든 것을 달성하기 위하여서는 기존 질서와의 유대의 그물을 더욱 단단히 엮는 수많은 사소한 일상적 행동들이 필요하다. 이러한 행동들은 기존 질서에 대한 긍정을 전제로 하지도, 특별한 기회주의적 자세를 요구하지도 않는다. 다만 영웅주의를 피하기 위한[520] 불가피한 순응일 뿐이다. 하지만 그러한 행동들은 순응 그 이상을 함의한다: 어느 누구도 자신의 행동으로부터 얻은 수익을 잃지 않으려는 이해관심을 가지듯이, 그들은 자신들의 그러한 행동들이 "예금되어 있는" [기존] 질서가 지속되는 것에도 이해관심을 가지게 된다. 【225】 그들의 투자는 이 질서가 지속되는 시간에 따라 [예금이 증가하는 것처럼] 단순히 증가한다.[521]

그리하여 또 다른 「질서적 가치」가 형성된다: 그것은 기존 질서에의 **「투자 가치」**(Investitionswert), 즉 참여자들이 그 질서 내에서의 순응적 행동을 통하여 쌓아 올린 "고정자산"(Anlagevermögen)의 가치이다. [물론] "고정자산"의 양의 상대적 크기는 그것이 가진 주관적 가치를 대변하지는 못한다. 오히려 중요한 점은 개인의 일상적 노력은 기존에 주어진 조건들과 필연적으로 [같이 뜨개질 한 것처럼 서로 얽혀서] 연루되어 있다는(verstrickt)

---

520 [역주] 즉, 기존 질서에 반항하는 모습으로 보이는 것을 피하고 순응하기 위한.

521 [역주] 기존의 질서 자체를 일종의 '은행'에, 그리고 자신들의 일상적 행동을 일종의 '예금'에의 투자에 비유하였다. 따라서 시간의 경과에 따라 예금의 원리금은 증가한다.

사실이다. 그렇기에 따라서 더욱 나은 다른 질서를 제안하는 주장은 설득력을 얻기 어렵다. 이는 단순히 현실의 질서를 상상적인 질서로 교환하는, 이미 문제점을 가지고 있는[522] 물물교환적 거래에 관한 사안은 아니다. 무엇보다 기존 질서에 이미 잠겨있는 개별적 투자의 가치를 걸고 도박을 하여야 한다는 부담이 작용하기 때문이다. 외부의 실제적 위협에 대한 [대중들의] 잘 알려진 반응—예를 들어, 심지어 특권을 누리지 못하는 자들 사이에서도 "우리의 질서", "우리 사회"를 지키고 싶어 한다는 긍정적 반응을 갑자기 보이는 모습—은 무엇보다도 이러한 '무리한 부담'(Zumutung)이 갑자기 명백히 느껴지기 때문에 연유할 것이다.

그런데 「질서의 확실성」과 「투자 가치」에 근거하는 「질서적 가치」는 실제 '현실적 내용'(Realitätsgehalt)과는 매우 상이할 수도 있는, '주관적으로 주어진 여건'(Gegebenheit)이다. 하지만 다른 측면에 비하여 이러한 측면에 있어서는, 우리의 사회적 의식은 환상에 덜 사로잡힌다는 가정을 지지하는 몇 가지 이유가 있는 것처럼 보인다. 【226】 우리가 예시한 교화 시설 내의 그룹에 있어서도 「질서적 가치」는 권력 중심이 몇 가지 실제적 전제 조건을 만들어 낼 각오와 능력이 있을 경우에 있어서만 형성될 수 있을 것으로 짐작된다. 첫째, 그 그룹은 억압을 체계화하여야 한다. 즉, 그 세부 사항들을 [구성원들이] 예측 가능하도록 만들어야만 한다. 어느 정도의 자의성은 다수가 느끼는 「질서의 확실성」을 해하지 않을 수 있지만, 이 자의성은 특정한 영향받는 자들에게만 제한적으로 적용되거나 혹은 최소한 그러한 [자의성에 대한] 제한이 존재함을 모두가 충분히 예상할 수 있도록 하여야만 한다. 둘째, 권력 중심은 부정적 특권을 가진 자들[즉, 사회의 하층]이 거는 투자에도 어느 정도의 가치를 부여하려고 시

---

[522] [역주] 현재와 미래를 바꾸는 것 자체는 내재된 불확실성 때문에 이미 그 자체로서 문제가 있다는 의미. 이는 후술하는 내용(개별적 투자 가치를 걸고 새 질서에로 도박하는 것)과는 서로 독립적인 문제점이다.

도하여야 한다. 물론, 여기에서 우리는 그 한계가 어디까지인지를 일반적으로 정할 수는 없다. 어떤 계급에 대하여서는 "[그들을 묶고 있는] 쇠사슬 이외에는 잃을 것이 없다"라는[523] 표현이 그 한계를 표시할 수는 있지만, 이 이야기는 거의 문자 그대로의 상황에만 유효한 이야기에 불과하다. 이러한 점들 이외에도,[524] 그것들와 관련된 성과들은[525] 권력 중심 자신이 내리는 결정뿐만 아니라 외부 조건, 경제적 발전, "비자발적 자의성"(unfreiwilligen Willkür)이[526] 존재하는 사건들에 달려 있다. 셋째, 권력 중심은 기존 질서에 지속성을 부여하는 바에 성공하여야 한다. 중요한 점은 그 질서가 유지되는 것이다. [권력이] 얻어낸(Gewinn) 것 중 가장 가치 있는

---

[523] [역주] 마르크스의 『공산당 선언』에 등장하는 유명한 문구인, "프롤레타리아트 계급은 쇠사슬 이외에는 잃을 것이 없다"라는 표현을 인용한 것.

[524] [역주] 즉, 권력 중심에 의한 시도 이외에도 그 권력 중심이 통제할 수 없는 것들이 있다는 의미.

[525] [역주] 체계적인 통제, 하위층에게도 그들의 노력에 대한 투자가치를 부여하는 것, 그리고 다음 문구에서 나오는 권력 질서에 있어서의 지속성 등의 제 요인으로부터 비롯되는 결과(성과)를 의미. 이 결과들은 단순히 인위적으로 통제하여 산출되는 것만은 아니라, 이 문장에서 언급하는 여러 구조적 요건에 달려있다고 저자는 주장하고 있다.

[526] [역주] 저자는 자의성이 비자발적일 수도 있다는, 즉, 의도적이지 않은 자의성이 존재한다는, 일견 파라독스적인 표현을 하고 있다. 그런데 그러한 예를 들자면, 경제적 공황, 자연 재해 등의 예측이나 통제가 불가능한 구조적, 자연적 상황은 존재하며, 그것들은 인간의 의도와는 무관하다는 면에서 자의적일 수 있다. 저자의 의도를 유추하자면, 가장 압제적인 권력 질서조차도 이러한 자의성을 통제하기는 어렵다는 것이다.

것은 바로 시간이다.[527]

권력 중심이 위와 같은 전제 조건들을 제공할 수 있다면, 「질서적 가치」가 인정됨으로써 전체 체제가 인정받을 가능성도 높아진다. 처음에는 특정 내용적 가치는 중요하지 않다. 인정은 정치적 신념—심지어 명시적으로 제시된 것들을 포함하는 것들—과는 별도로 발전할 수 있다.[528] 기존 질서의 「질서적 가치」는 일상적 경험을 통하여 명백하여지는 것이며, 그 「질서적 가치」의 조건들—즉, 현존하는 「권력에 기반한 질서」—역시 이러한 경험에 포함된다. 【227】 관철되어야만 하는 것은 이러한 조건들 자체의 인정이 아니라 그 조건들의 해석과 의미 부여이다.[529]

---

527 [역주] 즉, 권력의 크기는 그 권력이 지속되는 시간과 비례한다. 시간이 경과함으로써 기존의 무력과 강압은 오히려 습관, 그리고 정당성으로 바뀔 수 있고, 혼돈은 예측 가능한 질서로 바뀔 수 있다. 즉, 어떤 「권력 체제」가 시간을 획득할 수 있다면 그 체제가 가지는 권력의 크기는 증가한다. 비저는 '역사적 권력'의 중요성을 강조하면서 동일한 측면에 주목한 바 있다. 즉, "역사적 권력이란 인간의 정서를 지속적으로 지배할 수 있는 시간, 그럼으로써 자신의 강인함을 증대시킬 충분한 시간을 누려 왔던 권력을 말한다"(비저 2023/1926: 380).

528 [역주] 예를 들자면, 독재 치하에서 그 정치적 체제에 동의하지 않더라도, 개인은 이미 그 체제에 투자하였고, 그것을 물속의 고기가 물을 대하는 것처럼 그것이 생존조건이기 때문에, 「인정 관계」가 존재한다.

529 [역주] 즉, 「권력 체제」가 유지되기 위하여 필요한 것은 단순히 그러한 권력을 지탱하는 조건들을 사람들이 의식적으로 인식하는(인정하는) 바에 있는 것이 아니라, 그러한 조건들이 어떠한 방식으로 해석되는지, 그리고 그에 대하여 사람들이 어떠한 가치를 부여하는지에 달려 있다. 예를 들자면, 독재자가 권력을 지속적으로 유지하기 위하여서는, 사람들이 그 독재 자체를 인식하는지의 여부가 중요한 것이 아니라, 그 독재가 과연 무엇을 위한 것인지를 해석하고(그것이 사회적 안

여기에서는, [「질서적 가치」의] 내면화 과정이 구체적으로 어떻게 전개될 수 있는지에 대한 논의는 열어 두기로 한다. 하지만 「질서적 가치」의 인정은 막스 베버가 '습관적 순응'(Gewohnheitskonformität)과 '이해관심에 따른 순응'(Interessenkonformität)으로 이해한 것을[530] 넘어서는 어떠한 「의식의

정을 위한 것인지 아니면 독재자의 욕심에 의한 것인지), 그리고 그러한 독재의 가치가 무엇인지에 대한 의미 부여를 하는 것(사회적 번영을 위한 불가피한 비용인지, 아니면 대중들의 희생인지)이 중요하다. 다시 말하자면 권력의 질서가 존속하기 위하여서는 그 권력 자체가 존재한다는 것을 사람들이 인식하는 것이 아니라, 그 권력이 제시하는 '이야기'를 권력자가 원하는 방식으로 해석하고 의미 부여를 하게 하는 것이 중요하다.

[530] [역주] 막스 베버는 직접적으로는 이 두 개념을 언급하지는 않았으나, 베버가 내린 '지배'의 정의에는 이 두 가지가 간접적으로 언급되고 있다. 인용하자면 다음과 같다:

「지배」(Herrschaft)란 어떤 특정한 내용을 가지는 명령(Befehl)이 어떤 주어진 사람들에 의하여 복종될 기회로 불린다. (…) 지배('권위')는 이와 같은 의미상, 개별 경우에 있어서의 「순종」(Fügsamkeit)의 다양한 동기들―무감각한 습관(dumpfe Gewöhnung)으로부터 시작하여 순수한 목적합리적 고려(zweckrationale Erwägung)에 이르기까지―에 근거할 수 있다. 모든 진정한 지배 관계에서는 일정한 최소한의 복종 의지(Gehorchenwollen), 즉 (외적이거나 내적인) 복종(Gehorchen)을 하고자 하는 이해관심이 포함된다(Weber 1922: 122; 2019: 338; 1978: 53, 역자 강조).

단, 베버가 사용한 용어는, 보다 개인 심리적 의미를 가지는 「순종」임에 반하여 저자는 순응(konformität)이라는, 사회적 규범 등의 사회적 기준에 따르는 행위를 묘사하는 단어를 사용하고 있다. 그리고 위의 인용문에서 나오는 '목적합리적'(zweckrationale)과 유사한 막스 베버의 표현은 '이해관심 지향적'(interessenbedingt)이라는 용어인데(Weber 1922: 15;

상태」(Bewußtseinslage)에 대한 특징을 명확히 부여한다.[531] 하지만, 「질서적 가치」의 인정은 막스 베버가 말한 「정당성의 타당성」의 유형들에서 보이는 「내용적 확정성」(Bestimmtheit)에는[532] 아직 도달하지 않고 있다.[533] 이 중

2019: 106; 1978: 29), 모두 어떠한 목적(혹은 이익)을 위하여 합리적으로 행동을 조직하는 것을 의미한다. 따라서, 저자가 막스 베버의 의견이라고 해석한 '이해관심에 따른 순응'은 충분한 근거가 있다.

[531] [역주] 저자에 따르면 사람들은 그 체제에 이미 '투자'되어 있는 '자산'이 존재하기에 일종의 심리적인 연대를 느끼고, 그러한 경험이 체화되어 있기에, 이제는 그러한 체제가 당연하고 자신에게 필요한 것으로 의식하게 된다. 이때의 「의식의 상태」는 단순히 수동적인 습관에 의한 것도 혹은 베버가 말한 '이해관심에 따른 순응'에서 보이는 철저한 합리성에 의한 것도 아니다. 즉, 적극적인 것이되 그 적극성은 이미 의식의 변형, 혹은 자연화에 의한 것이다. 이러한 의미에서 포피츠의 견해는 부르디외(Pierre Bourdieu)가 말한 자연화(naturalisation), 아비투스(habitus)의 형성과도 유사하다. 단 부르디외의 경우에는 '사회화'가 그러한 의식의 형성에 중요한 반면, 포피츠의 경우에는 이미 그 체제에 '투자'된 것이 있기 때문에 서서히 그렇게 그 체제를 인정하고자 하는 의식이 형성된다는 점에서 차이가 있다.

[532] [역주] 하지만, 합리적-법적(rationale, legale), 전통적(traditionale), 카리스마적(charismatische)이라는, 베버식의 정당성에서 보이는 특정한 형태와 내용을 가지지는 않는, 보다 경험적이며 실천적인 것이라는 의미이다.

[533] 또한 이것은 "「사회행복주의적 정당성의 형태」"(sozialeudämonistische Legitimitätsform)가(i) 가지는 그러한 내용적 명확성에는 도달하지 못한다. 아놀드 겔렌은 이러한 형태를 새로운 형태의, 현대의 지배적 유형으로 설명하고 있다(Gehlen: 1963: 255). 아놀드 겔렌의 Winckelmann(1952)에 대한 논평, 그리고 그에 대한 Winckelmann의 반론(Winckelmann 1956: 383-401)을 참고할 것.

간 상태를 설명하기 위하여는 「기본적 정당성」(Basislegitimität)이라는 표현을 쓸 수 있다.[534] 그것이 '기본적' 정당성인 이유는 이를 바탕으로 「내용적 확정성」이 정초 될 수 있기 때문이기도 하다.

이 「기본적 정당성」은 우리가 "부르주아적"이나 "농민적", 또는 (논쟁적 의도로) "소부르주아적"이라고 부르는 다양한 「정신적 상황」(Mentalitätslage)과도 결합할 수 있다.[535] 우리는 권력의 "하위 임차인"(Untermietern der

---

[역주] (i) 지배자가 가진, 구체적이며 물질적인 '복지'(혹은 행복)(Eudämonie)를 피지배자에게 구현할 수 있는 능력에 근거한 정치적 정당성의 유형을 의미한다. 베버가 말한 형태의 형식적-법적 정당성, 혹은 전통에 의거한 정당성, 그리고 카리스마적 정당성 등의 추상적 형태와는 달리, 이러한 형태는 그 정당성의 근원을 구체적이고 실질적인 복지(예를 들자면, 빈곤의 해소, 사회 보장 등)에 두고 있으며, 그러한 복지에 대한 피지배자들의 기대에 못 미치는 경우 지배자는 정당성을 상실할 위험에 처하게 된다.

534 [역주] 즉, 베버식의 아주 구체적인 「내용적 확정성」을 가지는 정당성에 도달하기 전 단계의 정당화로서, 체제 내에 존재하는 사람들의 일상에서 발생하는 것들에 대한 실천과 경험에서 발생하는 정당성이다. 사람들은 그 체제가 가지는 정당성을 실제로 믿기 때문에 이데올로기적으로 동조하는 것은 아니고, 자신들이 그 체제에 이미 투자하였기 때문에 그러한데, 이러한 의존성은 시간이 지남에 따라 점차 체화되고, 따라서 사람들은 이데올로기와는 무관하게 체제의 안정성을 받아들일 수 있다.

535 [역주] 즉, 이러한 각자의 유형에 따라서 「질서적 가치」를 인정하는 방식도 다양할 수 있다. 부르주아적 정신세계는 그 질서에 내재된 경제적 안정, 개인의 「재산권」, 합리적 법적 체계의 중요성을 부각하려고 할 것이며, 농민층은 전통, 위계, 그리고 보다 보수적인 사회적 질서가 중요하다고 여길 수 있다. 소부르주아들은 안정성, 위계 상승, 그

Macht)들^{536} 모두에게서 다양한 형태로 그것을 발견하게 된다.

세 가지 사례에 대한 정리

우리의 사례에서 추출한 여섯 가지 연관성은 당연히 다양한 방식으로 상호 연결될 수 있다. 더 나아가 이론 형성의 가능성도 열려 있고, 이러한 추상적 유령들 중 하나를 붙잡으려는 시도는 매력적일 것이다. 하지만 여기서는 기술적$^{(記術)}$-분석적 고찰의 틀 안에 머무르려 한다. [따라서 아래의] 몇 가지 결론적 언급은 [이제까지 말하여 온 바에 대한] 단지 조금 더 쉽게 전반으로 조망하기 위한 것이다.

【228】「권력 행사」라는 동작$^{(Akt)}$, 즉, 타인들의 행위를 [우리가] 원하는 방향으로 변화시키는 것은 위에서 제시된 사례에서는 [다음과 같은] 세 가지 상호 구별 가능한 관련성을 통하여 보인다: 특정 그룹이 가지는 우위적 혹은 열위적인 조직화 기량과의 관련성; 정도의 차이는 있을지언정, 희소하고 또한 갈구 되는 재화에 대한 배타적인 (타인을 배제하는) 「통제처분강권」과의 관련성("소유"$^{(Besitz)}$, "소유권"$^{(Eigentum)}$); 그리고 새로운 질서의 「인정 과정」과의 관련성(이를 우리는 정당성이라는 개념과 관련시켰다)

「조직화 기량」과도 같은 표현은 물론 사회적 조직의 [즉, 사회적 조직을 구성하는] 다양한 현상들을 표현할 수 있다. 하지만 우리 사례에서는 [그 「조직화 기량」이 가지는] 각각의 경우에 있어서의 의미가 분명히 드러난다.

리고 보다 실용적인 질서에 중요성을 부여할 수 있다.

536 [역주] 하위 임차인은 임차인으로부터 임대를 받은 자를 의미하는데, 그들은 주인을 직접적으로 마주치지는 않는다. 따라서 여기에서 의미하는 바는 직접적인 권력자와 마주치지 못하고 그 하수인들만을 마주칠 수 있는 일반적 대중들 모두를 지칭한다.

우월한 조직화 기량의 기반은 세 경우 모두 「연대」를 위한 핵심적 행위인 '도움'과 '나눔'에 있었다. 두 번째 사례 ([포로수용소에서의] 연대된 그룹이 가지는 노동[분업의] 조직)에서는 이러한 행위가 자발적인 수준에서 시작하여 계획적으로 반복되고, 차별화되며, 또한 조율된 행위로 발전하여 높은 수준에 이르게 된다. 반면 첫 번째 사례에서는 [접이식 의자의] 점유자들이 의자에 대한 감시를 교대하고 필요시 침해자로부터 [자신들의] 소유를 방어하는 것만으로도 충분하다. 이 첫 번째 사례에서는 단지 두 가지 종류의 조직 활동이 필요한데, 그러한 활동은 일종의 이해$^{(理解)}$ Verständigung)와 합의$^{(Abrede)}$를 필요로 한다: 즉, 동일한 활동의 시간적 순서상의 교대, 그리고 「집단행동」(즉, 같은 장소에서 발생하는 동일하고 동시적인 활동 간의 조율)으로서의 방어가 그것들이다. 세 번째 사례(교화 시설)의 경우에 있어서는 우리는 권력 중심의 조직을 더 깊이 분석하지는 않았다.【229】다만, 권력 확장에 있어서의 가능한 '피드백 효과'로서[537] 내부적인 「위계화」를 추가로 가정하였을 뿐이다. 세 가지 사례 모두에서 결정적인 것은 조직화 기량의 격차다. "타인들"의 「조직화의 결핍」$^{(Organisationsdefizit)}$은 첫 번째 사례에서는 [무소유자들이 의자의 점유권을 탈환한 후] 사실상의 '점유의 배분'$^{(Besitzverteilung)}$에서 비롯되었고, 두 번째 사례에서는 권력 확장 과정에서 추가적으로 조작되었으며 (「차등화」의 전략), 세 번째 사례에서는 비교적 고착화된 권력의 구성$^{(Gefüge)}$ 내에서 체계화된다 (재분배 체제)

「소유의 주장」은 「권력의 기울기」가 발전되는 배 위에서 일어나는 갈등에 나타나 있는 주제이다. 수용소에서 그것은 참여자들에 의하여 문제시되지 않았고, 교화 시설에서의 빵의 탈취는 합법화된 수용$^{(收用)}$의 성격을 띠었다. 그러나 [그와 같이] "문제시되지 않는" 수용소의 사례가 가장 무해한 상황은 결코 아니다. 오븐의 소유는 이미 「생산수단」에 대한 「통

---

[537] [역주] 각주 509 참고.

제처분강권」으로 해석될 수 있으며, 따라서 재화를 축적하면서 동시에 의존 관계를 합리적으로 명백히 만들 수 있는 기회가 그 경우에 있어서 특히 크다고 볼 수 있다.

조직화 기량의 이점과 **소유의 이점**을, 권력으로 전환될 수 있는 「권력 수단」으로서 이해할 수 있음은 당연하다. 예를 들어, [선상에서의] 접이식 의자의 소유자들의 [다른 승객에 비하여] 훨씬 더 강한 결속(Zusammenhalt)은 그들의 소유에 반하는 공격을 제지하기에 충분하다—즉, 다른 이들의 행위를 [그 점유자들이] 원하는 방향으로 바꿀 수 있다. [수용소에서] 오븐의 소유는 그에 딸린 노동에 대한 대가를 지불하는 잔돈을 제공한다. 그런데, 역으로, 이렇게 획득한 권력은 다시 「권력 수단」으로 역 전환되어 그 [권력의] 과정을 작동시키는 이점들을 더욱 확장하기 위하여 쓰일 수 있다.[538]

---

[538] 「조직화 기량」과 '소유'를, 일종의 도구적 성격(Werkzeugcharakter)을 시사하는 "「권력 수단」"으로 분류하는 것에는 어느 정도 문제의 소지가 있다. 이러한 두 종류의 사회적 관계는 권력을 얻기 위하여 임의로 사용되거나, 혹은 반대로 권력에서는 자유로운 영역에 남아 있을 수도 있다.

이러한 생각을 수정하기 위하여는, 조직화 기량과 소유 자체는 이미 다른 종류의 "권력"이거나 혹은, 언어적으로 이를 구분하자면 일종의 "「위임권」"(Vollmacht)(i)으로서 이해될 수 있음을 상기하여야 한다. 재화에 대한 「통제처분강권」은 이미 타인들에 의하여 '양보된'(konzedierte) 「위임권」이라고 할 수 있다—즉 타인들이 자신들이 배제당할 수 있도록 스스로 양보한 것이다. 그룹의 조직화 기량은—적어도 우리가 제시한 사례로 한정하여 말하자면—개인이 그룹의 결속에 따르면서 또한 자신의 힘을 [그 그룹에] 바친다는 의미에서의, 개인이 그룹에 위임한 「위임권」에 기반한다.

동일한 생각을 공식화하여 보다 더 근본적으로 표현하자면 다음과 같다: 모든 사회 교류상의 관계에 있어서는, 행위의 상호 의존(Interdepen-

【230】하지만 이러한 사례들에서 우리가 특히 관심 가졌던 바는 [위의] 두 가지 "「권력 수단」" 간의 다양한 연관성, 즉, 그들 간의 상호 전환 가능성이었다. 두 번째 사례(수용소)에서는 그러한 연관성이 처음에는 매우 평범하였다: 더 효과적인 노동 조직은 권력 장악의 과정이 시작되기도 전에 이미 우월한 소유 상태를 만들어내었다. 첫 번째 사례(선상)에서는 반대로 소유의 이점으로부터 조직적 이점이 발생하지만, 여기서는 이미 권력 갈등에 의하여 도전받고 있었으며, 따라서 방어의 필요성이 존재하였다. 이같은 두 가지 사례를 더 추적하고, 특히 세 번째 사례(교화 시설)까지로 포함하여 살펴보자면, 소유의 이점과 조직적 이점 간의 상호 전환 가능성은 권력 과정을 개시하도록 할 뿐만 아니라, 권력 과정의 진행을 통하여 **생산적으로 매개**되고 강화된다는 사실이 명백히 보

denz)으로서 의존성(Abhängigkeit)이 내재되어 있다. 그 의존성은 만일 「조직화 기량」과 소유가 "「권력 수단」"으로서 사용될 수 있는 경우라면 이미 심화된 상태이다.(ii) ("권력이 자라지 않는"(machtsteril) 사회적 현상이란 존재하지 않는다.) 따라서 권력 장악의 원죄(Sündenfall)를 이러한 심화(Verdichtung) 자체—즉, "소유의 발생"이나 특정 조직 형태("노동의 분업")의 발전—속에서 찾는 것이 타당할 듯하다.

이러한 점에서 출발하는 거대 이론들은, 권력 과정에 대한 모든 분석이 어느 정도는 따라가야 할 새로운 길을 열어놓았다고 할 수 있다. 권력 집중의 발생에 대한 보다 진보된 이론은—우리가 '내생적 요인'에(iii) 국한한다면—이같은 두 가지 "「권력 수단」"의 영역 간에 발생하는 상호작용에 관한 조건을 구체화하여야만 할 것이다.

[역주] (i) 즉, 그 자체로서 권력이 아니라, 권력을 대리하여 (즉, 그것을 통하여 권력을) 표현한다는 의미이다. (ii) 이 두 가지의 「권력 수단」은 사회에 내재한 상호 의존성을 더욱 심화시킨다. (iii) 저자는 외부적 침범 등에 의한 외생적 요인과 대비하여 내적으로 발생되는 원인들을 '내생적 요인'으로 칭하고 있다.

인다. 달리 말하자면, 타인에 대한 권력은, 소유의 이점을 채용하여 조직적 이점을 향상시키고, 조직적 이점을 채용하여 소유의 이점을 증대시키는 방식으로 조종될 수 있다. 타인들의 행위가 더욱 통제 가능할수록 점점 더 이러한 전환의 조작이 가능하여진다. 궁극적으로는 이러한 전환을 수행하는 자들은 [오히려] 권력에 복종하는 자들이다. 이는 [즉, 이러한 조작은] 권력 장악의 행위주체들에게 권력의 수익을 이용하고 공격 수단을 선택하는 어떠한 「결정의 기량」$^{(Entscheidungsfähigkeit)}$을, 즉, 권력이 증가함에 따라 점점 더 명백하여지는 전략적 우위성을 설명하는 '기동의 공간'$^{(Manövrier-Spielraum)}$을 [가질 수 있도록] 돕는다.

추가로, 「인정 과정」$^{(Prozesse\ der\ Anerkennung)}$에 대한 「조작 가능성」도 존재한다. 우리 사례에서는 이와 같은, 더 넓은 「권력 수단」의 영역에 존재하는 특정한 '영향의 방법'$^{(Beeinflussungsmethod)}$을 탐구할 필요는 없었다. 【231】 [이미] 기술$^{(記述)}$된 「인정 과정」은 사실 별다른 도움이 필요 없는 것들에 속한다. 그것들은 특정 조건하에서는 저절로 이루어진다. 이러한 조건들 중 하나는, 우리 사례의 모든 행위주체들은 더 큰 사회로부터 그 같이 작은 사회로 가져온 관습적 「행위의 전형」$^{(Verhaltensmuster)}$을 따랐다는 사실이다. 「권력관계」의 주장과 그것의 수용은 [그렇듯] 익숙한 모델을 [따라서] 반복되었다. [그렇듯 초기에는 어떤 반발 없이 이미 익숙하여진 모델을 따랐기 때문에] 저항의 정서적 반응—절망이나 노골적인 분노—는 그 [권력] 과정의 매우 후기 단계, 즉, 저항 기량이 크게 약화된 상태에서야 예상될 뿐이었다.[539] 학습된 방법을 포함하는 「**학습된 반응**」$^{(gelernte\ Reaktion)}$으로서의 저항 준비태세는 존재하지 않았다. 그것은 [즉, 그러한 저항준비

---

[539] [역주] 초기 단계에서는 주어진 관행 등에 의존하는 등, 저항 의지가 약하였으나, 아이러니하게도 시간이 경과함에 따라 그들의 저항의 기량이 약하게 되었을 때야 비로소 강한 정서적 반응으로 나타날 수 있다는 의미.

태세는] 그 [권력] 과정의 매우 초기 단계에서 거의 확실히 성공하였을 수도 있었을 것이다.[540] 이러한 의미에 있어서 "마치 필연적으로" 그리고 "아이러니하게도$^{(absurd)}$ 당연하게 간주된" 것으로 진행된 세 가지 종류의 권력 장악은 사실 필연적인 것은 절대로 아니었다. 단지 '부조리'$^{(absurd)}$한 것들이었을 뿐이었다.

---

[540] [역주] 저항이 성공하기 위하여서는 단지 정서적 반응(분노 등)이 아닌, 체계적인 저항의 방법을 배워야만 한다. 그런데, 그 예들에서는 피지배자들은 그러한 학습된 저항의 방법을 몰랐고, 만일 그러한 저항의 방법을 그들이 알았더라면 이미 초기에 그 저항이 성공할 수도 있었을 것이다. 그러지 못하였기에 권력에 순응할 수밖에 없었다.

9. 권력과 지배

권력의 제도화 단계

【232】 "권력"(Macht)과 "지배"(Herrschaft)는 다양한 방식으로 서로 연관되어 왔다. 여기서 본인은, 지배란 제도화된 권력이라고 이해한다. 막스 베버도 이와 같은 관점을 취하였다.[541] 이는 특히 그가 제시한 [다음과 같은] 예시에서 드러난다[542]: 은행이 대출 조건(예를 들어 어떠한 유동성과 관련된 어떠한 조건을 받아들일 것 등)을 부과하는 경우, 대출자가 상황

---

[541] [역주] 역자의 의견으로는 '지배'가 과연 무엇인가라는 문제는 다분히 그 '지배'라는 단어의 정의(定義)의 문제라고 여겨진다. 저자와 베버의 경우에는 지배(Herrschaft)를 일종의 '제도화된 권력' 내지는 '통치'라고 간주하는 반면, 스티븐 룩스는 지배(domination)를 '강자의 이해관심에 맞추어 순응하도록 하는 권력'으로서,(룩스 2024: xlix) "지배로서의 권력은 권력자의 이해관심을 증진시키거나 적어도 그것을 해치지 않는 경우라면, 혹은 그 권력에 예속된 타인들의 이해관심에 부정적으로 영향을 미치는 경우라면 그 어디든 존재"한다고 보았다(룩스 2024: 130). 이러한 차이는 한국어로는 동일하게 '지배'로 번역되는, 독일어 단어 Herrschaft와 영어의 domination의 의미의 차이에 기인한다. Tribe교수가 지적한 바대로, Herrschaft는 영어의 '통치'(rulership)에 가깝고, 영어의 '지배'(domination)의 의미는 아니라는 것이다. (따라서 Tribe교수가 번역한 베버의 『경제와 사회』 번역본(Weber 2019)에서는 Herrschaft를 모두 '통치'(rulership)로 번역하고 있다.) 따라서 저자나 베버가 말하는 바의 '지배'와 룩스가 말하는 '지배'는 한글로는 동일하게 번역되었지만, 사실 서로 다른 대상을 지칭하는 셈이다. 용어 해설 XI 참고.

[542] [역주] 아래의 인용 문장들은 모두 Weber(1922: 605; 1978: 944)에 수록되어 있다.

상 그 조건을 받아들일 수밖에 없다면, 은행은 '권력'을 행사하는 것이다. 그러나 대출받는 기업의 감사위원회에 은행 자신이 이사를 임명하여 보다 나은 통제를 관철할 수 있다면 '지배'를 행사하는 것이다.

> 감사위원회는 (...) 경영진이 「복종의 의무」(Gehorsamspflicht)가 있으므로, 경영진에 권위 있는 '명령'(Befehle)을 내린다.[543]

마찬가지로 석탄 조합으로부터 공급받는 석탄 상인들의 경우는 다음과 같다:

> 지속적인 발전 과정에서 그들은 점차 공급업체의 봉급을 받거나 수당을 받는 에이전트로 전락할 수 있다.

그리하여 "경영자의 권위"에 사실상 복종(unterworfen)하게 된다. 혹은 장인(Handwerker)의 의존성 변화는 다음과 같다:【233】"시장 상황에 밝은 상인에게 의존"하던 단계에서 "가내 공업적(hausindustriell) 종속"으로, 그리고 마침내 "권위적 작업 시간 규정하의 재택 노동(Heimarbeit)으로" ["점진적인 이행을 하게 된다".[544]]. 여기서도 권력은 지배로 응고된다(gerinnen)[545]

베버는 지배의 "가장 순수한 유형"(reinster Typus)을 "가부장적, 관료적, 군주적 강권(Gewalt)"이라고 명명하였다.[546] 이는 일견 명확한 듯 보일 수도

---

[543] [역주] 이 문장은 막스 베버가 내린 '지배'(Herrschaft)의 공식에 따라 구성되어 있다(각주 530 참고).

[544] [역주] 인용에서 생략된 부분이다.

[545] [역주] 즉, 지배라는 확고한 형태를 가지게 된다.

[546] [역주] 이 문단에서 인용된 베버의 전체 문장은 다음과 같다:
> 지배함(Herrschen)의 모든 형태, 조건, 그리고 그 내용을 가장 넓은 의미에서 포괄적으로 다루는 것은 여기서는 불가능하다. 따라서 우리

있다. 그러나 베버는 권력 행사자(Machtausübenden)와 권력 복종자(Machtabhängigen) 간의 구체적 관계―그가 소위 '지배'라 부르는 것―를 개념적으로 정확히 규정함에는 성공하지 못하였다. 그는 "명령의 강권"(Befehlsgewalt)과 "「복종의 의무」"를 틀에 박힌 듯 반복하며, 간혹 그 위에 모호한 연관을 가지는 "권위"를 덧붙일 뿐이었다.[547]

는 수많은 가능성들 중, 양극단으로 상반되는 두 가지 지배(Herrschaft)의 유형이 존재한다는 점만을 상기하고자 한다. 한편으로는 '이해관심의 경합'(Interessenkonstellation)에 의한 지배 (특히 독점적 위치에 따른 지배), 다른 한편으로는 권위에 따른 지배('명령의 강권'과 「복종의 의무」)가 그것이다. 전자의 가장 순수한 유형은 시장에서의 독점적 지배이며, 후자의 가장 순수한 유형은 가부장적, 관료적, 군주적 강권(Gewalt)이다(Weber 1922: 604; 1978: 943)

[547] Weber(1922: 604; 1978: 943ff.). 여기서 베버는 처음에는 "「이해경합에 의한 지배」"(Herrschaft kraft Interessenkonstellation)와 "「권위에 의한 지배」"(Herrschaft kraft Autorität) (즉, '명령의 강권'과 「복종의 의무」에 의한 지배)를 구분한다.[(i)] 하지만 그는 결국 '이해경합에 근거하고 있는 권력의 형태'를 배제하고 오직 "권위적 명령의 강권"의 경우로 지배 개념을 제한하고 있다. 이러한 의미에서 그는 지배 개념을 그의 저술 『경제와 사회』의 1부에서의 핵심 용어로도 포함시킨 바 있다.[(ii)]
[역주] (i) 각주 280 참고. (ii) 참고로, 베버의 『경제와 사회』(Wirtschaft und Gesellschaft)는 미완의 저술이며, 그의 사후 미망인에 의하여 편집되어 출판되었는데, 책의 목차는 각 부분의 저술 시점을 따르고 있지 않다. 위에서 언급한 「이해경합에 의한 지배」를 논하는 부분은 초기에 집필된 원고에 나오는데, 나중에 미망인에 의하여 편집되어 출판된 『경제와 사회』에서는 뒷부분에서야 등장한다. 반면, 책의 초반에 위치한 1부는 후기에 집필된 부분으로서 베버가 생전에 완성하였다. 그런데 그 1부에는 따라서 「이해경합에 의한 지배」는 언급되어 있지 않다.

그런데 여기서 우리가 의도하는 바를 어떻게 더 정확히 파악할 수 있을까?

I. 제도화

"제도화된 권력"(institutionalisierte Macht)—이것은 하나의 과정, 즉 제도화의 과정을 보여준다. 대략적으로 묘사하자면, 이 과정에서는 다음과 같은 세 가지 경향이 보인다: 첫째, 점증하는 「권력관계」의 **「비인격화」**(Entpersonalisierung) 권력은 현재 '목소리를 내는'(das Sagen hat) 어떤 특정 개인에 따라서 발생하거나 사라지지는 더 이상 않는다. 그것은 점차 초개인적 성격을 가진 특정 기능과 위상과 연결된다. 둘째, 점증하는 **「형식화」**(Formalisierung) 권력 행사는 규칙, 절차, 의례에 점점 더 강하게 의존하게 된다. (그렇다고 하여서 이는 자의성이 없어진다는 이야기는 아니다. 그러나 자의성과 사면(Gnade)는 그러한 자의적 결정과 사면 행위가 규범적 기준을 위반하는 경우에만 오직 문제가 될 수 있다.) 셋째, 권력의 점진적 제도화의 세 번째 특징은 「권력관계」가 포괄적인 질서 속으로 **「통합화」**(Integrierung)되는 것이다. 【234】 권력은 "기존 관계들"과 톱니처럼 맞물려 있다. 권력은 자신 스스로를 [기존 관계들로] 속박한다. 그러면서, 권력을 지탱하면서 동시에 권력에 의하여 지탱되는, 그러한 사회 구성 속으로 「통합화」된다.

「비인격화」, 「형식화」, 「통합화」: 이 모든 것은 전체적으로 안정성(Stabilität)의 향상을 의미한다. 이러한 가운데 달성되는 특수한 「권력 증식의 형태」(Art von Zugewinn an Macht)는 동시에 안전장치 역할을 하기도 한다. [즉, 이미] 달성된 것은 공고하여지고, 「권력의 위상」은 확장되면서 또한 강화된다. 이러한 종류의 과정은 되돌리기가 상대적으로 어렵다. 이러한 과정들은 지속적 구조, 신뢰성(Verläßlichkeit), 그리고 불변성(Konstanz)을 만들어 내도록 고안되어 있다.

제도화를 다른 말로 표현하자면, "「견고화」"라는 표현이 가장 적절하여 보인다. 권력은 단단하여지고, 단단한 형태를 취하게 되며, 더욱 단단하여진다. 「권력의 제도화」는 사회적 관계를 "「견고화」", "확정"[(Festlegung)], 그리고 "확인"[(Feststellung)]하는,[548] 따라서 우리가 아는 인간의 「공동체적 삶」의 구성방식[(Verfaßtheit)]를 구성하는 본질적인 과정에 속한다.

이제 「권력의 제도화」[(Macht-Institutionalisierung)] 과정은 종종 다른 종류의 「권력 증식의 형태」로 이어지는 과정들과 결합된다. 막스 베버의 사례들도 이를 보여준다.[549] 우리는 이러한 연관들을 주목하여야 하지만, 동시에 여기서 우리가 관심을 가지는 「권력의 제도화」의 특정 경로와, 그와는 다른 종류의 「권력 효과」의 보강'[(Verstärkungen)]을 구별하여야 한다.

위에서 언급한 다른 종류의 「권력 증강」[(Machtsteigerung)]은 주로 다음과 같다: 범위의 확대(더 많은 사람들 또는 더 넓은 영역에 대한 권력), 권력 의지가 가지는 명망[(Geltung)] 제고(더욱 확실하게 순응을 기대할 수 있음), 그리고 마지막으로 「권력 효과」의 '강도'의 보강.【235】이때 작용 강도는 다음과 같이 특히 중요한 두 가지 변형을 가진다: 「관철력」[(Durchsetzungskraft)] (저항에 대하여 권력자가 자신의 의지를 어느 정도의 강도로 관철할 수 있는가?), 그리고 「혁신력」[(Innovationskraft)](권력자가 가진, 기존 것을 타파하고 새로운 것을 의무화시킬 수 있는 힘은 어느 정도인가?)

이러한 나열은 무의미한 것이 아니다. 「권력의 제도화」에 관한 사례

---

[548] [역주] 번역에서 사용된 '확정'과 '확인'에 해당하는 독일어 단어의 정확한 의미는 다음과 같다: '확정'[(Festlegung)]이란 경계를 정하거나 어떤 것을 정의(定義)하는 행동이며, '확인'[(Feststellung)]이란 어떤 것을 인지하고 공표하는 행동을 의미한다.

[549] [역주] 저자가 구체적으로 어떠한 막스 베버의 사례들을 언급하는지는 불명확하다. 아마도 위에서 언급한 사례들(은행, 석탄 상인, 장인의 사례)를 언급하는 것으로 생각된다.

중에서 「권력 효과」의 범위, 「권력 효과」의 명망도, 혹은 「권력 효과」의 강도가 동시에 강화되지 않는 경우를 찾아보기는 거의 힘들 것이다. 이러한 사실은 1970년대 미국 언론에 실렸던 한 이야기로 설명할 수 있다.

명백히 다음과 같은 일이 발생하였다: 대도시 삶에 지친 젊은 가족들이 미국 중서부로 이주하여, 어느 쇠락한 폐금광 마을에서 새로운 삶을 꾸리려 하였다. 그들은 자연과의 교감, 평등, 그리고 자유를 그들의 기치로 내걸었다(물론 깃발 자체는 실제로는 존재하지 않았다). 그중 한 명인 제임스 프레더릭은 트랙터를 소유하고 있었다. 그는 이 트랙터를 특정 대가와 맞바꿔 빌려주었다. 모두가 그것을 필요로 하였기 때문에, 대여 관행은 규제될 필요가 있었다. 그러나 이러한 규제는 마을의 작업 전반을 더 잘 조율하지 않고서는 제대로 이루어질 수 없었다. 따라서 제임스 프레더릭은 [마을의 작업 전반의] 조직화를 책임지게 되었고 몇 가지 시급한 공동 작업을 도입하여 보완하였는데, 그 「집단 작업」(Kollektivarbeit)에는 당연히 모든 사람이 참여하는 것이 의무화되도록 하였다. 만일 [누군가가 이에 대하여] 노력을 기여하지 않는 경우 어떠한 처벌이 불가피하였다. 그는 종종 자리를 비웠는데—이미 판매까지 맡게 되었기 때문이었다—다행히 그의 아내가 대신하여 핵심 조직화 업무를 처리할 수 있었다. 【236】 행정 업무가 너무 커져서 가족이 감당할 수 없게 되자, 몇 명의 전업 보조원들이 채용되었으며, 제임스 프레더릭은 그들의 작업을 신중하게 조율하였다. 그동안 마을 공동체는 놀랍도록 확장되어 다양한 생산 시설을 설립하였고, 도로와 하수 시설을 건설하였으며, 자체적인 신분증 제도도 도입하였다. 신문 보도에 따르면, 제임스 프레더릭은 새로 지은 마을회관에서 기자들을 맞이하였는데, 그는 신속하게 지시를 내리고, 양심적으로 분쟁을 해결하며, 새로운 계획을 검토하고 있는 등, 집중적으로 업무에 몰두하고 있었다. 그런데 마을회관 앞에 초라하게 서 있던 트랙터는 이미 녹슬어 있었다. 그것은 오히려 분명히 기념물로 의도된 듯하였다.

이 이야기는 가장 다양한 종류의 「권력 증강」을 보여준다. 그러나 동시에, 다른 종류의 권력 획득과도 함께,[550] 「권력의 제도화」 과정을 묘사하고 있다.

II. 산발적 권력과 규범화의 권력

1) 산발적 권력

제도화를, **점증하는** 「비인격화」, 점증하는 「형식화」, 그리고 점증하는 「통합화」로 이해한다면, 이 과정은 「단계적 모델」(Stufen-Modell)의 관점에서 설명될 수 있어야만 한다. 이점이 본인이 이하에서 보여주려고 시도하려는 바이다.

첫 번째 단계 또는 예비 단계로서, 우리는 「**산발적 권력**」(sporadische Macht)을 가정하게 된다. 「산발적 권력」의 행사란 단일 사례 혹은 몇 개의 사례로만 제한되어 행사되며, 그 반복을 기대할 수 없는 경우를 말한다. 예를 들어, 어두운 숲에서 우리의 가슴에 총을 겨누는 잘 알려진 [즉, 이야기 속에서 흔히 등장하는] 강도의 경우가 그에 해당된다. 【237】 대도시에 존재하는 익명성에서도[551] 비슷한 상황이 자주 발생한다. 「권력에 의한 선택지」를 통하여,[552] 누군가가 단지 지금, 지금 이 한 번만 타인의 행동을 조

---

550 [역주] 즉, 이 예문에 앞서 논의하였던 세 가지의 다른 종류의 보강을 의미.

551 [역주] 어떠한 행위가 익명적인 성격을 가진다면, 그 익명성 때문에, 상대방과 어떠한 지속적이고 규칙적인 관계를 가지지 못한다. 따라서, 권력의 행사는 일회성에 그치고, 따라서 이는 「산발적 권력」에 해당한다.

552 [역주] 상대방이 권력자 자신이 행사하는 권력에 의하여 선택지 중의 하나를 택할 수밖에 없는, 그러한 상황에서의 선택지를 의미한다. "만일 여기에 주차를 하면, 나는 경찰을 부르겠다"라는 아래의 예는 다시

종할 수 있는 위치에 놓여있는 상황이 그러한 경우에 해당한다. (예를 들자면, "여기에 주차하면 경찰을 부르겠다".)

왜 이렇게 자주「권력 행사」는「산발적 권력」의 단계에서 머무르게 되는가? 비록 더 나아가려는 권력 의지가 전제된다고 하더라도 어떠한 경우에 있어서 단순한 일시적 효과를 넘어서는 바에 성공하지 못하는가? 아래의 네 가지 조건 중 어느 하나라도 충족되지 않는 경우에는 그렇게 되기 마련이다.

1. 통제처분을 위한「권력 수단」이 너무 빨리 소모되지 말아야만 한다. 협박 편지범의 경우, [상대방이 나에 의하여] 강요된 행위를 함에 대한 대가로 상대에게 협박 수단이 되는 문서를 넘겨주었다면, 그는 자신의 [더 이상의]「권력 수단」을 이미 포기한 것이라고 할 수 있다.

2. 권력 행사는 반복 가능한 상황과 관련되어야 한다. 단순히 특정한 일회성 상황—예를 들어 대도시 정전 시의 [일시적] 혼란, 타인들의 일시적 무방비 상태—을 활용하는 것은 [일회적으로는] 돈벌이는 될지언정, 여전히「일회성 권력」(Einzelfall-Macht)에 머물며, 그때그때의 상황이 좋고 나쁨에 의존할 수밖에 없다.

3. 권력 행사자는 반복 가능한, [상대방에게 지속적 의무의] 이행(Leistung)을 관철할 수 있어야 한다. 누설할 수 있는 [권력 행사자의] 비밀을 의존자가 단 하나만이라도 알고 있거나, [권력 행사자 스스로가] 자신의 힘을 고갈시키는 일을 하여야만 한다면, 의존자로부터의「순종」의 이용[가능성]은 곧바로 소진되기 마련이다. 새로운 기량이란⁵⁵³ 발견되고 또한 이용될 수

말하자면, 상대를 위협함으로써 선택지 중 주차를 하는 선택지를 택하지 못하게 하는 권력을 행사하는 셈이다. 각주 222 참고.

553 [역주] 이 문장으로서는 그 기량의 소유자가 권력 행사자인지 아니면 의존자인지는 불분명하다. 전자인 경우에는 권력 행사자가 의존자로부터 착취하는 기량이 발달함을 이야기하며, 후자인 경우에는 의존자

있기 마련이다. 하지만 어떠한 지속성도 확립할 수 없다면, 권력 행사는 사례별로 산발적 효과를 가질 수밖에 없는 한계에 머문다.【238】극단적인 경우, 권력 행사자가 의존자에게서 뽑아낼 수 있는 모든 것을 뽑아낸 후에는 "그 의존자는 더는 쓸모가 없게 된다".[554]

4. 권력 행사자는 성공적으로 약자를 붙잡고, 도망치지 못하게 하며, 사직하지 못하게 하고, 가방을 싸지 못하게 하여야만 한다. 모든 권력은 공간적으로 제약된다(지금까지는 그래 왔다). 더 강도 높은 권력 행사를 하기 위한 조건은 의존자의 이동성을 제한하는 것이다.

권력 의존자의 이동성이 제한되거나 부정될 때, 그는 권력 소유자에게 개인적으로 속박된다—이같은 속박은 「권위 관계」를 통하여, 또는 특정 이해관심때문에 묶여 있거나 혹은 강제적으로 도주가 막힐 때 발생한다. 이해관심에 의한 구속의 예는 예로부터 농업 노동자, 즉 농민에게서 찾아볼 수 있다. 그들의 이동에 있어서의 자유는 "부동산"에 대한 속박으로 인하여 비정상적으로 제한된다. 심지어 권력자의 어떠한 작위가 없더라도 그들의「삶의 활동」은 그들을 단단히 거머쥔다. 따라서—이 때문에도—그들은 비교적 쉽게 지속적으로 복속될 수 있다. 이동의 자유에 대한 억압적 제한의 예는 억압의 형태만큼이나 다양하다. 그러한 억압적 제한은 아테네의 은광에서 평생 갇혀 살아야만 하였던 국가 노예부터, 국토를 떠나지 못하게 하는 현대 국가에 있어서의, '지역에 국한시키

가 가지고 있는 새로운 기량을 권력 행사자가 이용하는 경우에 해당한다. 양자 모두의 해석이 가능하다.

[554] [역주] 극단적인 경우라 함은 권력 행사자가 극단적 강압 등을 이용하여 의존자가 가진 모든 것을 단 한 번에 모두 빼앗고, 그리하여 그 의존자에게는 남은 것은 더 이상 없는(그래서 그가 쓸모없게 되는) 경우이다.

는'(territorial) '거대 감옥'(Großgefängniss)에[555] 이르기까지 찾아볼 수 있다.

어떠한 방식으로 의존자가 의존적 관계에 속박되어 있든, 권력자가 「산발적 권력」의 한계를 넘어서기 위하여서는 그는 여하의 구속시킬 수 있는 힘도 철저히 활용할 수 있어야만 한다.

이렇듯 언급된 네 가지 조건 각각에서 권력은 한계에 다다를 수 있다. 물론 이 조건들은 서로 긴밀하게 연결되어 있기에, 다음과 같이 말할 수도 있다: [오로지]「산발적 권력」만을 행사하는 자는 대부분 그 네 가지 조건 중 어느 것도 충족시키지 못한다.

2) 규범화의 권력

【239】두 번째 단계를 우리는 "**규범화의 권력**,"(normierende Macht)이라고 부른다. 권력을 가진 자는 권력 의존자의 행위를 단순히 조종할 수 있을 뿐만 아니라, 그것을 규범화할 수도 있다.

언제 이러한 것들이 가능하여지는가? 지금까지의 논의를 바탕으로 보면 대답은 쉽다: 앞서 언급한 네 가지 조건이 모두 충족될 때이다. 권력 의지가 여전히 그 이전과 같다고 전제되는 경우, 권력자는 자신의 요구를 제시하고 이행을 명할 것이다. 이러한 요구들은 즉각적으로는 소모되지 않는,[556] 제재 등의「권력 수단」의 투입과 그것의 사용에 대한 위협을 통하여 강화될 수 있다. 더 나아가, 권력자는 동일한 상황에서는 동일한 행위방식을 관철할 수 있다(즉, 행위의 규칙성). 이러한 상황-행위의 표준화는 영향받은 사람들이 권력의 영역에서 벗어나려 하지 않거나 혹은 벗어날 수 없기 때문에 정착될 수도 있다.

---

[555] [역주] 거대 감옥은 하나의 은유로서, 시민의 국외로의 이동성의 자유를 제한하는 현대의 권위주의 국가를 의미한다.

[556] [역주] 실제적인 무력을 행사하지 않는 한, 물질적 권력 자원은 소모되지 않는다.

이렇게 하여서 「순종」은 그 「순종」하는 이들이 의무화된 행위를 내적으로 인정하든 그렇지 않든 상관없이 규범적으로 「견고화」 된다.

권력은 이제 예측 가능한 이행이 기대될 수 있도록 확장된다. 복종은 특정 상황에 맞추어 조정된다. '당장-여기'(Hier-und-Jetzt)의 「순종」은 「언제나-그러면」(Immer-wenn-dann)의[557] 「순종」으로 변한다. "그때그때의 순응"(Konformität von Fall zu Fall)으로부터 규범화된 행위로 되는 것이다.

[이같은 규범화의] 장점은 분명하다. 첫째, 「행위 조종」(Verhaltenssteuerung)에 필요한 노력이 감소한다. 권력자는 매번 새로운 지시를 내릴 필요가 없으며, 항상 현장에 있을 필요도 없다. 올바른 행위는 이미 사람들에게 알려져 있고, 따라서 각자는 자신이 처한 개별적 상황에 있어서 그러한 올바른 행위가 무엇인지는 추론될 수 있다. 【240】 권력 행사는 효율성의 향상, 그리고 노력의 감소라는 측면에서 더욱 경제합리적으로 된다. 더 나아가, 순응적 행위는 더욱 유용하게 이용 가능하여진다. 「상황적 요인」에 의하여 유발된 행위가 예측 가능하여졌을 때야 비로소, 그것은 포괄적인 계획—예를 들어 대규모 작업 조직의 조율 체계—에로 끼워질 수 있다. 표준화 가능한 수행만이 체계적으로 조율될 수 있다. 따라서 권력 행사는 효율성 향상, 즉, 더 높은 수익이라는 의미에서도 더욱 경제합리적으로 된다.

추가적인 이점은, 반복을 통하여 그리고 습관이 정착하는 기회를 통하여 숙달로부터의 이익을 높일 수 있다는 것이다. 숙련된 것은 자연스러워(selbstverständlich) 진다.[558]

「산발적 권력」에서 「규범화의 권력」으로의 단계는 모든 종류의 「산

---

[557] [역주] 달리 표현하자면, "X인 경우는 언제나, Y이다".

[558] [역주] 즉, 숙련이 된 것들은 어떠한 의식적이 개입하지 않더라도 자연적으로 행할 수 있게 된다. 참고로, selbstverständlich의 원래적 의미는 '자명한'이다.

발적 권력」을 행사하는 것을 포기하여야 한다는 뜻은 아니다. 그렇게 된다면 매우 비실용적일 것이다. 모든 윗사람들은 행동 규범을 만들고 통제할 뿐만 아니라 개별 사례에 대한 결정도 내린다. 만약 그들이 각 상황에 따라 행위를 조종할 수 없는 경우라면 융통성을 완전히 상실하게 될 것이다. 따라서 더 높은 단계의 권력 행사는 이전 단계에서 이미 달성된 「영향가능성」(Wirkungsmöglichkeit)을 자신 내로 흡수하여 포괄한다.[559] 우리가 여기서 발전시키는 「단계적 모델」은 일반적으로 이러한 원리를 따른다.

하지만 어떻게 ― 어떤 경로로 ― 이 「규범화의 권력」이 발생될 수 있을까? 우리의 「단계적 모델」은 특정한 순서를 시사한다: 먼저 「권력 수단」, 그리고 결속력을 강화함에 성공한다. 이렇게 되면, 권력자는 이전에는 간혹적으로만 관철할 수 있었던 행위 방식들을 표준화할 수 있다. 이때, 산발적인 「순종」 위로 「언제나-그러면」(Immer-wenn-dann)이라는[560] 틀이 덮여 씌워진다. 이같은 방식은 충분히 생각 가능하지만, 항상 잘 통할 수 있는 것은 아니다. 【241】「규범화의 권력」은 종종 요구자(Prätendent)가 우선적으로 '규범화'에 적합한 활동'을 고안하지 않고는 만들어질 수 없다.[561] 이에 관한 예를 들어 보자.

---

[559] [역주] 즉, 규범화하는 권력은, 이미 규범화 되기 이전에 산발적으로 행사되었던 권력이 가지고 있던, 상황에 따른 융통성을 없애버리는 것이 아니라 그것도 자체 내에 간직하게 된다. 즉, 헤겔식의 용어를 사용하자면 「규범화의 권력」은 「산발적 권력」이 지양(止揚 aufheben)된 형태의 권력이라는 뜻이다.

[560] [역주] 그 의미에 대하여서는 각주 477 참고.

[561] [역주] 즉, 그러한 「규범화의 권력」이란 것은 하늘에서 갑자기 떨어지는 것이 아니라, 그러한 권력이 생성되기 위한 촉매의 역할을 하는 어떠한 활동을 먼저 시작함으로써 생성되기 시작하는 것이다. 저자는 아래의 예로서 이 과정을 설명하고 있다.

청소년들의 모여서 단순히 빈둥거리는 모임에서는 사실상 아무 특별한 일도 발생하지 않는다. 그들은 만나서 서성거리며, 조금 수다를 떨 뿐이다. 그런데 그중어떤 한 소년이 약간 두드러진다고 하자. 그는 반론을 용납하지 않으며 가끔 자기 마음에 들지 않는 다른 이들을 그룹에서 밀어내기도 한다. 그는 위압적 자세와 위협으로 때때로 자기 뜻에 맞지 않는 바를 그룹이 하지 못하게도 한다. 이 소년이 '보스'의 위상으로 격상되기 위하여서는 무엇이 필요한가? 우선적으로 그는 조직화 가능한 행위 방식들과 질서화 가능한 상황(Konstellation)을 만들어 내야만 한다. 단순히 빈둥거리는 그룹에서는 어떠한 높은 수준의 「권력 주장」도 정착되지 못한다. 그래서 그는 볼링을 위한 만남을 제안하기 시작하고, 함께 축구 경기를 보도록 흥미를 불러일으키며(그리하여 입장권을 할인하여 구매할 수 있는 방법을 아는, 그룹의 어떤 멤버도 나타났다), 심지어 대마초 거래에의 관여를 여기에서도 [그룹 멤버에게] 특수한 임무를 할당함으로써 도모한다. 그리고 물론, 그는 외부 세계(소규모 농장 주인들, 운전자들, 경찰, 그리고 결국은 인근의 경쟁하는 조직들)와의 소규모 갈등을 유발한다. 이러한 활동들을 제안하는 자는 동시에 그 활동들을 조직화할 수도 있다. 그리고 그것들을 성공적으로 조직화하는 자는, 그에 필요한 공정성의 규칙과 일종의 역할 분배와 같은 것이 관철되도록 하여야 할 것이다. 이러한 것들로부터 한 단계 진일보하면 바로 통제 권리의 인정, 그리고 「제재적 무력」의 인정에 이른다. 이제, 그는 규범화하는 권력을 이용하여 그룹의 행위를 감시하는 보스가 되었는데, 그는 자신의 권력을 가능하게 만든 바로 그 활동들의 최초 주도자의 위치로부터 스스로 발전하게 된 것이다.

【242】 동일한 연관성은 보다 큰 규모에서도 나타난다. 초기 '하곡 문명'(河谷文明 Stromtalkultur)에 있어서의 거대한 강의 수위 조절 과업은 새로운 형태의 노동 조직이 없이는 상상할 수 없었다. 여기서도 아마 조직화를 위한 주도가 효과적이었을 것이며, 그러한 주도로부터 그 노동 조직을

지속적으로 안정화하고, 동시에 그 조직에 의하여 지속적으로 안정화되는 그러한 지배의 형태가 발전하였을 것이다.

따라서 「산발적 권력」에서 「규범화의 권력」에 도달하는 다양한 경로가 생각될 수 있다―물론, 단순한 [무력적] 제압을 통하여 그러한 예비 단계를 건너뛰는 경우도 당연히 가능하다.

하지만 어느 한도에서 이러한 「규범화의 권력」의 단계가 「권력의 제도화」의 시작이라고 볼 수 있는가?

「비인격화」는 최초의 흔적에서도 드러난다. 임시 방편적 명령이 규범으로 대체되면, 권력자는 끊임없이 관여할 필요가 없어지고, 뒤로 물러나 있을 수 있으며, 오히려 권력을 위임할 수 있다. 그리하여 권력 행사는 일상적으로 된다. 권력자와 권력 의존자의 관계는 정형화될 수 있고, 개인의 「교체 가능성」도 엿보이게 된다.[562]

권력 행사의 **「형식화」**는 사실 권력자의 자기 이익에서 비롯되는 것이다. 권력 의존자의 행위가 규칙에 따르도록 하기 위하여서는, 권력자 역시 [그에 상응하는] 대가를 치러야 한다. 그가 권력 의존자들 규범에 복종하도록 만든 상황에서는, 권력자 자신도 지속적으로 자기 마음대로 모든 것을 다른 것으로 바꿀 수는 없다. 영향을 받는 자들이 단지 규범화된 행위를 학습 가능하도록 만들기 위하여서라도 그는 자신의 의지마저도 일정한 틀에 따르도록 하여야만 한다. 이러한 틀은 물질적 규칙 외에도, 권력 의지를 표현하고 명확하게 하는 '형식적 규정'(Formvorschrift)과[563] 의식(儀式)을 종종 포함하게 된다.

---

[562] [역주] 즉, 그 권력자의 자리를 차지하고 있는 개인이 누구인가에 의존하지 않게 되고, 다른 사람으로 교체되더라도 체제는 안정적으로 유지된다.

[563] [역주] '규정'이란 규칙(Regeln)에 비하여 보다 「형식화」되고 세부적인 지침을 의미한다(예: 법적, 행정적 맥락).

【243】 물론, 여기서 상급자의 「자기구속」이란 단지 일종의 '경향'으로만 이해되어야 한다. 그리고, [권력자가] 「규범화의 권력」을 행사하는 것이 [권력자의] 권력 행사 그 자체를 「규범화」(Normierung)하는 것으로 간주하여서는 안 된다. 그러한 간주는 권력자 자신도 자신의 일탈에 대한 제재를 두려워하여야만 한다는, 그러한 [자기]모순을 초래한다. 그러한 위험은 전혀 존재할 필요가 없다. 「형식화」의 경향과 「자기구속」의 경향은, 예를 들어 주인과 노예의 관계에서처럼 약자가 어떠한 자율적 권력도 소지하지 못한 상황에서도 발전될 수 있다.[564] 권력자가 [권력 의존자들의] 순응의 일상화를 통하여 얻는 자기의 이해관심은 그 권력자 자신이 행사하는 끔찍한 독단과도 충분히 양립할 수 있다.

마지막으로, 「규범화의 권력」으로의 전환은 [권력관계가] 보다 더 포괄적인 사회적 질서로의 통합될 가능성을 향상시킨다. 이러한 「규범화」를 통하여 「권력적 관계」는 당사자들뿐만 아니라 외부자들(이웃, 사업 파트너, 관공서, 법적 기관 등)에게도 예측 가능하게 된다.

예측 가능한 것들은 이미 존재하는 예측성에 더 쉽게 끼워 넣어질 수 있다. 내부적 관계가 완전히 무질서하게 보이는 혼란스러운 그룹과는 아무것도 같이 시작할 수도, 어떤 것에도 동의할 수도 없고, 또한 어떤 계획도 같이할 수 없다.

많은 비순응적 그룹들은 모든 종류의 「권력 규범화」(Macht-Normierung)에 대한 반대뿐만 아니라 그들이 가지는 [여타 사회적] 관계를 [자신들 내부적으로] 「규범화」하는 것 자체에도 강하게 반대하는 편향성을 가지고 있다. 그러한 반감은 그들이 가지는 (올바른) 직감에서 비롯된다: "사회적 질서"를 내부적으로 「규범화」하기 시작하는 순간, 그들은 이미 새끼손가락

---

[564] [역주] 다시 말하자면, 노예가 아무런 반항을 하지 못하는 상황에서도 주인은 권력 행사의 방식을 규범화함으로써 보다 효율적으로 노예를 통치할 수 있다.

을 내미는 것이다.⁵⁶⁵ 【244】 그렇게 함으로써, 그들은—반드시 기존 질서에 내용적으로 동의하는 것은 아니더라도—사회적 질서 그 자체에는 스스로를 맡기게끔 된다. 그리고 이는 결국, 그들이 멸시하는 기존 질서의 근저에 원칙적으로 깔려 있는 그러한 구성원리에 자신 스스로를 노출시키는 것을 의미할 뿐이다. 따라서 이들은 자신들 그룹의 생활을 가능한 한 "사회적 순수성"의 상태로 유지하려고 시도하게 한다.

이러한 고찰을 일반화한다면 다음과 같이 주장할 수 있다: 점진적인 「권력의 제도화」를 향한 모든 과정, 그리고 그로 인한 안정성의 증가는 모든 경우에 있어서 행위 패턴의 반복성, 예측 가능성, 그리고 규칙성을 제고하는 방향으로 나아갈 수밖에 없다. 그러나 이는 곧, 그러한 과정은 필연적으로 「규범화」의 단계를 거쳐야 함을 뜻한다. 권력자의 관점에서 보자면 모든 권력은 「규범화」를 지향하여 진력한다.

III. 권력에의 지위 부여: 지배

세 번째 단계: 「권력에의 지위 부여」(Positionalisierung von Macht)**, 그리고 지배.** 특정한 「규범화의 권력」이 가지는 기능"이 "초개인적 「권력의 위상"(Machtstellung)으로 응축될 때, 「규범화의 권력」은 「지위적 권력」(positionelle Macht)으로⁵⁶⁶ 발전한다.

---

565 [역주] 은유적인 표현으로서, 사소한 양보를 함으로써 이미 그 속에 계속 빠지게 된다는 뜻.

566 [역주] 이를 어떤 위계 조직 내에서의 지위가 가지는 우러러보는 '위상'에서 나오는 권력인, '위상적 권력'으로도 번역할 수 있겠으나, 본 문장에서의 의미는 그러한 위상에서 나오는 권력이 아닌, 단지 어떠한 위치에 결부되어 있는 권력을 의미하기에 「지위적 권력」으로 번역하였다. 예를 들어 사장은 '위상적 권력'을 가지고 있다고 말할 수 있지만, 말단 간부는 '위상적 권력'을 가지고 있다기보다는 그의 역할 혹은

"초개인적「권력의 위상」": 사회적 구성(Gefüge) 내에서는 특정한 위상(Stellung), 새로운「위상가치」(Stellenwert), 즉, 양도 가능하며, 임용되어야만 하는 자리(Platz)가 형성된다. 이에는 전임자와 후임자가 존재한다. 비어 있는 곳(Nichtbesetzung)은 공석으로 인식된다. 각각의 [자리의] 보유자들로부터 특정한 "「규범화의 권력」의 기능"을 수행할 것이 기대된다.【245】예를 들어, 초월적인 힘이 가지는 의지의 해석, 전통에 대한 권위 있는 해석, 사업권과 중재, 공동 행동의 조직, 불확실한 상황에서의 구속력 있는 지시 등이 여기에 해당한다. (단, 여기에서는 어떠한 "기능성"도 미리 전제되지 않는다. 권력의 이러한「견고화」가 과연 유용한지, 그리고 그러한 경우에는 어떤 목적을 위하여 필요한지는 열려있는 질문이다.)

「지위 부여」(Positionalisierung)는 과정으로 관찰될 수 있다.「권력의 지위」를 설정하려는 시도의 전형적인 예는 권력자가 옷, 상징물, 의례 등을 통하여 자신의 권력에 초개인적인 휘광을 부여하려는 시도이다. 또는 보다 직접적으로, 후계자를 지명하기 위한 모든 노력—결정 위임이나 대표의 권한 부여 등—이 여기에 속한다. 이는 아마도「권력에의 지위 부여」(Macht-Positionalisierung)를 하기 위한 가장 강력한 원동력, 즉, 권력을 상속하고, 이를 통하여 자신의 권력을 어떠한 형태로든 영구화하려는 욕망일 것이다. 우리 사회에서처럼 권력 상속이 불가능한 경우, 이러한 핵심적 관심사는 후계자를 적어도 직접 선택하려는 야심으로 나타난다.

「권력에의 지위 부여」의 성공은 무엇보다도 먼저, 권력을 정초한 최초의 권력자의 뒤를 이어 유사한 기능을 승계받는 두 번째 권력자가 단순히 등장하는 것에서 보인다. 그러나 첫 번째 승계가 성공하더라도 다음 단계, 즉,「승계 규칙」(Nachfolge-Regeln)의 관철은 종종 실패한다. 이는「권력에의 지위 부여」에 있어서의 실제적인 '위험 임계점'(Risikoschwelle)이

기능에서 나오는「지위적 권력」을 가지고 있다.

다.^567 막스 베버는 이를 강력하게 보여주었고, 그와 더불어, 행사되는 권력의 성격이 승계 문제의 압박(Zwang) 속에서^568 어떻게 변할 수 있는지 설명한 바 있다. 【246】 (즉, 그는 개인적 카리스마가 「직위적 카리스마」(Amtscharisma) 또는 「혈통적 카리스마」(Gentilcharisma)로 일상화됨에^569 대하여 논의한 바 있었다.)

이제 지배의 형성은 어디에서나, 매우 다양한 조건 아래 관찰될 수 있다. (지배의 관철이 어디에서나 편재하는 우리 사회에서는, 스카트^570 클럽에 있어서조차도 「권력에의 지위 부여」가 당연히 수반되기 마련이다.) 그러나 여기서 우리는 일반적인 또는 가장 일반적인 조건을 찾으려는 것이 아니라 역사적으로 다음과 같은 질문을 던지려 한다: 사회 역사의 과정에서 지배는 언제 발생하였는가?

문화 발전의 초기 단계에서는, 특정 유형의 「권력의 위상」들이 두드러지게 자주 발견된다. 이를 유형화시키자면, "가부장", "재판관", 그리고

---

567 [역주] 즉, 「승계 규칙」을 확실히 정립할 수 있는 지의 여부가 「권력에의 지위 부여」의 성공이나 실패 여부를 가늠할 수 있는 가장 핵심적 요인이다.

568 [역주] 권력을 승계하는 과정에서 나오는 여러 가지 제약과 문제점을 극복하는 과정에서 권력의 성격은 변할 수 있는데, 아래에서 열거한 「직위적 카리스마」 혹은 「혈통적 카리스마」가 그러한 문제점을 극복하는 한 형태이다.

569 [역주] Weber(1922: 142, 144, 775; 2019: 378 이하; 1978: 216, 1111). 「직위적 카리스마」는 개인의 우월한 성격에서가 아닌 직위 자체의 신성적, 전통적 권위에서 나오는 형태의 카리스마이다. 「혈통적 카리스마」는 개인의 능력이 아닌, 특정 가문의 신성하거나 영웅적인 조상으로부터 물려받은 혈통에 기반한 카리스마이다.

570 [역주] 세 사람이 하는 독일의 카드 게임의 일종.

"군사적 지도자"(Heerführer)의 권력으로 요약될 수 있다. (군사적 지도자의 권력은 보다 더 일반적으로는, 위험 상황에서의 지휘자(Anführer)가 가지는 권력이다.) 이러한 지위들은 종종 '신성함'(das Numinose)의 「명성」을 지니며 종교적 의식과도 연결된다. (여기에서 사제의 모습이 결코 지워진 것은 아니다. 그러나 사제, 주술사, 마법사가 「지위적 권력」을 얻는 것은 그들의 신성한 기능이 가부장, 재판관, 군사적 지도자의 기능과 결합될 때에서야 비로소 가능하다.)

이제 이 세 가지의 「권력의 지위」는 명백히 사회화에 내재적인(konstitutiv) 문제, 즉 모든 사회에서 반드시 제기되는 핵심 질문들과 연관되어 있다.

모든 사회, 즉, 최소한 부분적으로나마 생물학적으로 [스스로를] 재생산하고 새로 탄생한 인구를 사회적으로 통합시키는 외부적으로 폐쇄적인 그룹에서는, 세대 간에 걸친 사회적 연속성의 유지라는 문제(그리고 따라서 연속성의 위협이라는 문제)가 발생하기 마련이다. 이 문제에 대한 한 가지 대응 방안이 바로 가부장적 유형이 가지는 「권력의 지위」이다.

【247】 모든 사회에서는 사회적 행위의 「규범화」(그리고 따라서 이 「규범화」에 대한 위협)이라는 문제가 발생한다. 규범 위반은 항상 존재하는데, 이는 위반자와 그로 인한 피해자 사이의 이해관심 간의 대립을 표현하거나 유발한다. 따라서 모든 사회는 이러한 「규범의 갈등」(Normkonflikt)을 극복하는 과제를 해결하기 위한 준비가 필요하다. 이 문제에 대한 한 가지 대응 방안을 재판관 유형이 가지는 「권력의 지위」에서 찾을 수 있다.

모든 사회는 외부로부터 위협받을 수 있으며, 현존하는 다소 간의 안보적 위험 속에서 존재한다. 사회는 위협의 가능성에 대하여 회피, 조공, 또는 적극적 방어로 대응할 수 있다. 하지만 [상대방에 의한] 정복이나 무력적 강압의 문제가 발생하는 것을 막을 수 있는 처방전이란 없다. 이 문제에 대한 한 가지 대응 방안은 군사적 지도자, 즉 위험 상황에서 지휘자가 가지는 「권력의 지위」이다.

신석기 시대 문명에서의 지배의 발생

이러한 지위들은 언제 형성되었는가? 이러한 대응 방안들이 최초로 나타난 시기는 언제였을까? 구석기 시대, 즉 채집 및 수렵인들이 방랑하던, 소규모의, 아마도 주로 매우 부침이 큰^(fluktuieren) 그룹에서는 이러한 현상이 발생하지는 않았을 것 같다. 물론, 그 시기에도 규범화, 연속성, 방어라는 구성적인^(konstitutiv) [즉, 본질적인] 「질서적 문제」^(Ordnungsproblem)는 분명히 존재하였을 것이다. 그러나 개별적으로 그리고 그룹에 있어서도 이동성이 있었기에, 유연성은 높았을 것이다. 갈등은 그룹의 분할이나 [타 그룹으로의] 합류를 통하여 비교적 쉽게 회피될 수도 있었다. 어머니와 어린아이들 간의 관계를 넘어서는 수준의 사회적 응집력^(Verdichtung)은 아마도 거의 발전하지 못하였을 것이다.

【248】 반면, 신석기 시대(기원전 8,000~3,000년경)에는 정착 농경 문화와 함께 지배가 형성되기 시작하였음을 시사하는 상황들이 등장하기 시작한다. 사회생태학적 이유에서 고찰하여 볼 때, 앞서 언급한 핵심 문제들은 [이 시기에 이르러] 전적으로 첨예하게 나타나게 되었을 것이다. 그리하여 권력을 통하여 확고하게 수립된, 지속적 해결책이 보다 가능하여졌다.[571]

---

[571] 신석기 시대에 관한 연구의 입문을 위하여서는 Mueller-Karpe(1976), 그리고 Sachsse(1974)를 참고할 것. 이하에서 기술할 내용들은 충분한 근거는 있지만 어찌 되었건 추측^(Vermutung)일 뿐이며, 이 추측들은 또한 상대적인 것으로서^(relativiert) [즉, 제약이 있는 것으로서] 간주되어야만 한다―본인은 토끼가 [즉, 사태가] 본인이 여기서 재구성한 바대로 항상 달렸다고는 [즉, 발생하였다고] 단 한 순간도 생각한 적이 없었다. 신석기 시대의 (이집트부터 터키에 걸쳐있는) 소위 "비옥한 초승

먼저 **가부장**(Patriarch)이라는 지위의 유형부터 살펴보기로 하겠다. (이 유형에는 가족 및 씨족과 연관된 광범위한 「권력의 위상」이 속하여 있으며, 장로 중심의 협의체나 모계 중심의 다양한 변형체도 이에 포함된다.)

가부장은 산 자와 죽은 자를 연결하는 매개자 역할을 한다. 그는 사회적인 '정착감'(定着感 Verortung)이라는 의식(意識), 즉 소속성의 확신을 대표한다. 본질적으로 친족적 연계를 통하여 구조화된 사회에서는, 이러한 사회적 정착감은 단순히 '현재 있는 상태'(Ist-Zustand)만을 (즉, "나는 내가 지금 함께 살고 있는 이 그룹에 속한다"만을) 의미할 수는 없다. 필연적으로 소속성은 또한 혈통적 연계에로의 소속성, 조상에로의 소속성, 즉, 일종의 「연속적 소속성」(Kontinuitäts-Zugehörigkeit)을 의미한다. 인간이란 본질적으로 그가 나온 곳으로부터 말미암아 존재하게 되는 것이다.

가부장이란 이러한 '과거를 거슬러 오르는 연결'(Rückbindung)의 상징일 뿐만 아니라, 도래의 공통 기원에 대한 '권위 있는'(maßgebend) 지식이 응집된 존재이다. 그는 씨족이 오랫동안 따라온 의식(儀式)과 규범을 알고 있다. 그는 관습(Hergebracht)의 의미에 의거하여, 현재에 벌어지는 것들을 해석하거나 정당화하거나 혹은 비판하면서 조상의 유산을 전달하며 경험을 계승한다. 가부장의 역할이란, '있었던 것'(was war)의 계속으로서의 '있을 것'(was wird)을 지켜내는 것이다.

달"(fruchtbares Halbmond) 지역에 있던 마을들의 경우에서도 기후적-생태적 조건이 얼마나 다양하였는지 생각하여 본다면, 통일된 발전 과정을 가정하는 것은 터무니없는 일로 생각된다. 오직 확실히 말할 수 있는 바는, 도시 건설과 하곡 문명이 나타난 청동기 시대 이전에 이미 어느 정도의 지속성을 가진 「권력에의 지위 부여」를 이따금씩 발생시킨 사회들이 등장하였을 가능성 정도이다.

아래의 그 이외의 부분에 관하여서는 본인은 내생적인 권력 형성의 이유에 대하여서만 논의하려 한다.

올바른 규범을 알고 전달하는 자는 전통 사회에 있어서의 규범의 제정자이다.【249】이는 특히 그가 훼손된 전통을 복원하여야만 한다는 주장을 설득력 있게 제시할 때 두드러진다.

정주$^{(定住)}$의 시작과 함께 더 큰 사회적 단위가 형성되어 마을을 이루어 같이 살게 되었고, 이러한 농경 문화에서는, 복잡한 친족 관계의 구성$^{(Gefüge)}$을 파생시킨 혈통적 계보가 인식되고 있었음에는 그 어떤 의심의 여지도 없다. 이러한 농경 사회의「삶의 활동」$^{(Lebenstätigkeit)}$은 연속성에 대한 관심으로 가득 차 있다. 노동의 수고와 그 결과는 시간적으로 멀리 분리되어 있었기에 이로 인하여 [그들이 가지는] 시간적 지평은 확장되었다. 그리고 이제 농민은 [수확의 시간을] 기다려야만 하였다.

기다릴 수밖에 없는 사람은, '걱정되는'$^{(gesorgt)}$ 미래로서의 미래, 시간을 필요로 하는 것에 대하여 걱정하여야만 하는 미래와 특별한 관계를 맺게 된다. 이러한 점이 바로, 지속적인 것에 대한 애착, 낯선 것에 대한 저항, 보존에 대한 이해관심 등의, 전형적으로 농민적인 것으로 오늘날까지도 느껴지는 특성들을 이해할 수 있도록 하는 것이다. 농민이 행하고 기대하는 모든 것을 지배하기 마련인 희망이란, "아무것도 방해하지 않기를" 바라는 희망이다.

연속성에 대한 이해관심은 경작된 땅에 대한 주장과도 연결된다. 땅을 가꾸기 위하여서는, 그리고 특히 곡물 농사의 경우에는 장기적 정주를 필요로 한다. 인간이 일구는 대상이며 애착적 유대의 대상으로서의 토지는 (그 땅의 소유권 형태가 어떤 것인지와는 상관없이) 인간이 점유하고 또한 단단히 붙잡고자 하는 대상으로 된다.

이러한 배경에서 볼 때, 혈통적 계보는 삶을 결정하는 중요한 의미를 가지게 된다.【250】일단, 아이들은 노동력으로서 중요하여진다. 그러나 무엇보다도, 조상과 그의 후손은「상속의 계보」$^{(Erbnachfolge)}$를 형성하게 된다. 인간이 소유한 것은—토지, 가옥, 가축, 도구, 저장물 등은—본질적으로 물려받은 것이기도 하다. 따라서「삶의 활동」과 노동의 연속성은 토지에 대한 결속과 연결되며, 더 나아가 사회적 유대감의 연속성과 세대 간의 연속성과도 연결된다.

비록 증명할 수는 없지만, 이처럼 연속성에 대한 지배적 이해관심은, 그러한 이해관심을 상징적으로 나타내고 그것의 실제적 관철의 확실성을 제고시키는 위치들에 의하여 강화되고 보장되었을 가능성이 매우 높다. 혈통과 연결된「승계 규칙」은 상대적으로 쉽게 발견된다.

[가부장에 이어 두 번째로 언급하고자 하는] **재판관**이라는 지위의 유형도 역시 일부 신석기 농경 사회에서 아마도 발생하였을 것이다.

재판관은 본질적으로「평화의 개시자」$^{(Friedensstifter)}$이다. 그는 규범 위반 여부와 그에 상응하는 적절한 제재를 결정함으로써, 특히 사법권$^{(Recht-sprechung)}$이 '강제적 몽둥이'$^{(Erzwingungsstab)}$를 수반하지 않는 경우에는 그의 판결에 대한 수용과 그 판결의「관철력」이 불안정할 수 있음에도 불구하고, 그는 항상 상존하고 있는, 규범 위반이 끝없는 갈등으로 이어질 위험을 감소시킨다. 그렇기에, 사법적 기능의 초기적 형태 내에 어떠한 권력이 포함되어 있는지를 판단하기가 종종 어려운 경우가 많다. 또한, 관련 당사자들 사이를 오가면서 중재하는 중재자$^{(go-between)}$라는 모습도 잘 알려져 있다. 그런데, 그 중재자는 단순한 전달자 역할을 하는가, 아니면 그의 제안이 중요한「명성」을 가지기 때문에 사실상 판결에 해당하는가.[572]

【251】그런데, 일부 신석기 농경사회에서는 재판관 위치의 형성이 상당히 진전되었을 것이라는 가정에는 근거가 있다. 수렵-채집인들에 비하여 이러한 사회에서는 내부 갈등의 위험은 극적으로 증가하였을 것이다. 그들의 존재[기반]은「소유권」과「소유의 주장」에 근거하고 있었다. 물질적 가치에 대한 통제처분[의 방식]은 [이전 구석기 시대에 비하여] 비교

---

[572] [역주] 즉, 중재자가 가진 권력에 대하여 (혹은 그 권력의 수준에 대하여서는) 판단하기는 어렵다는 의미이다.

할 수 없을 정도로 다양하여졌다. 토지와 가축, 집과 농장뿐만 아니라 다양한 도구와 저장물들을 지켜야만 하였다. 이로 인하여 가장 평범하면서도 오늘날까지 가장 빈번한 규범 위반―소위 도둑질(혹은 도둑질 의심에 대한 논란)―이 지속적으로 나타나게 되었다. 무엇인가가 모여진 곳에서는 없어지는 것도 생기기 때문이다. 또한 간통과 「신부납치」^(Frauenraub)573 역시 물질적 이해관심과 결부되며 더 큰 중요성을 가지게 되었으며. 아마도 자식의 정당성에 관한 문제도 어떠한 역할을 하기 시작하였을 것이다.⁵⁷⁴

이러한 '삶과 직결된'^(vitale) 갈등의 원천들과 상응하여 '이동 불가능성'^(Immobilität)도 극적으로 증가되어 나타나게 된다. 인간들은 더 이상 갈등을 피하여 단순히 떠나버릴 수 없었고, [한 장소에] 단단히 묶여서 같이 거주하여야만 하였다. 이주는 극단적인 경우에만 발생하였을 것이다.

따라서 갈등 해결의 필요성은 매우 컸다. 보존, 유지, 그리고 지속성을 기반으로 하는 이 사회에서는, 그 결과로써 모든 성공적인 평화의 실현은 [사람들에게] 특별한 인상을 남겼을 것이다. 헤로도토스^(Herodotus)는 (비록 [그가 신석기 시대가 아닌] 그 이후 시대에 대하여 이야기하고 있지만) 이러한 결과에 대하여 다음과 같이 기록하고 있다.

메디아인^(Meder)들은⁵⁷⁵ 마을에 흩어져 살았는데, 폭력과 무질서가 만

---

573 [역주] 여성을 강제로 납치하여 결혼하는 관습으로, 역사적으로 전 세계 다양한 문화권에서 존재하였는데, 그 이유는 (신붓값을 지불하지 못하는 경우부터 동족혼을 막기 위하여 다른 부족과 교류하는 형식적 행위에 이르기까지) 다양하였다.

574 [역주] 친자의 정당성 확인은 소유의 상속과 그에 연관된 분쟁 등의 예방과 연관되어 중요한 의미를 가지게 된다.

575 [역주] 메디아인^(Meder)은 기원전 1000여 년에 걸쳐 메디아^(Media)(현재 이란 북서부 지역)에 거주하였던 고대 이란계 민족으로서 기원전 7~6

연하였다. 그중한 마을에서 '데이오케스' (Dejokes, Daiukku)라는 인물이 두려움 없이 공정한 재판을 하며 재판관으로서의 두각을 나타내었다. 그의 명성이 커지자 다른 마을 사람들까지 그에 의하여 분쟁을 중재받기 위하여 그를 찾아오기 시작하였다. 【252】 사람들은 그의 서비스를 점점 더 필요로 하였고, 결국 그를 통치자로 세우자는 결정을 내리게 되었다. 공정한 재판관 데이오케스는 이에 응하여 성을 세우고 전제적 통치를 시작하였다.[576]

이같은 사례는 「평화의 개시자」로의 성공적 「명성」이 [그다음의 단계로] 확장될 가능성을 보여주는 예시일 뿐이다. 우리의 관심이 끄는 시기의 경우에서는, 고령에 달한 데이오케스는 아들에게 자신의 지혜를 전수하며 후계자로 세우는 바에 만족하였을 것이다. 그 이후, 그 마을 공동체는 분쟁의 경우에 처하였을 때 찾아갈 수 있는, 어쩌면 즉각 찾아가야만 하는 고정된 주소가 존재한다고 기대하게 되었을 것이다. 그러나 그러한 '견고함'을 [이후에] 정초할 수 있었던 성공의 기반은 단순히 헤로도토스가 전하는 어느 단 한 사람이 가지고 있었던 두려움 없는 정의감 때문이었을 뿐만이 아니라, 또한, 그리고 무엇보다도, '권위 있는'(maßgeben) 지식이 가지는 「명성」 때문이었을 것이다. 올바른 판결은 초월적 의지와 전통의 보존이라는 「정당함」을 필요로 하였다. 재판관이라는 유형의 「권력의 지위」도 대부분 신성한 기능과 연결되어 형성되었을 것이다.

마지막으로 [세 번째 유형인], **군사적 지도자**로서의 지배의 유형에 대하여 논하고자 한다. 개인적 권력을 얻을 기회는 자연재해, 기근, 적대적 그룹의 위협과도 같은 집단적 위기에서 특히 커진다. 종종 위기로부터의

세기에 메디아 왕국을 형성하였으며, 이후 키루스 대제(Cyrus the Great)에 의하여 페르시아 제국에 흡수되었다.

[576] Mumford(1961: 60-61; 1980: 54)에서 인용.

구원자는 지속적인 특권(Vorrecht)도 획득한다.

전쟁의 위험이 임박하면, 모든 희망과 신뢰는 **단 한 사람**에게 집중되는 것이 가장 자연스럽다.【253】한 사람에게 권력이 집중되는 것은 실용적인 이유에서도 분명하다: 신속하고 명확한 결정이 가지는 합목적성(Zweckmäßigkeit)이 명백하기 때문이다. 이에 더하여, 또한 [적에 대한] 불안과 믿을 수 있는 어떠한 한 사람에 대한 신뢰의 욕구도 작용한다. 군사적 지도자는 자연스럽게 [타인으로부터의]「복종 준비태세」(Unterwerfungsbereitschaft)를 기대할 수 있으며, 일거에 "모든 것"을 얻을 수도 있다.

농경 사회는 일반적으로 평화를 추구한다. 신석기 농경 사회에 이르러서 처음으로, 인간 그룹은 지속적인 전쟁적 정복의 위험 속에서 살아야만 하는 상황이 나타나게 되었다.

「저장 경제」(Vorratswirtschaft)는 농민의「현존재 보존을 위한 대비」의 방안에 속한다. 어찌 되었든 최소한 곡물 농업에 있어서는, 수확과 수확 간의 시간적 간격을 견뎌내기 위하여서는 (그리고 당연히 종자의 확보를 위하여서는) 저장은 필수적이다. 농민들은 어떠한 것, 즉, 생존의 유지를 위하여 보존되어야만 하는 '가재'(家財 Hab und Gut)를 "가지고 있다"(haben)[577] 하지만 이 저장물들은 동시에 [적들이] 탐내는 약탈의 대상이다. 농민들은 본래 약탈의 희생자가 되기 쉽다.

다양한 형태의 방어벽 등에서 보이는 흔적들을 통하여, 우리는 이미 신석기 농민들이 이러한 위협 속에서 살았음을 알 수 있다. 하지만 그들은 약탈적 유목민의 공격에 대하여 언제나 무력으로 저항을 한 것은 아닐 것이다. 하지만 반면 언제나 저항하지 않은 것 또한 아니다. 따라서 전쟁 위협에 대항하기 위한 지휘자의 필요성은 비교적 빈번히 발생하였

---

[577] [역주] 저자가 '소유하다'(besitzen, 영어 possess)라는 다소 형식적인 용어 대신, 일상적인 표현인 '가지다'를 사용한 이유는 그 '가짐'을 필요로 하는 직접성, 일상적 절박성을 표현하기 위함으로 생각된다.

으며, 이러한 지휘자가 언제든 필요할 수도 있다는 전통적 경험도 다분히 생겨났을 것이다. 따라서 이와 같은 종류의 권력은 적어도 하나의 유형(Typus)으로서 알려지게 되었다.

드물기는 하지만 또 다른 인상적인 경험은, 새로운 땅을 찾아 떠나는 이주에 있어서의 지도자의 필요성이었다. 【254】 이러한 이주는 과잉 인구 (이는 아마도 신석기 농경 문화에서도 이미 전형적인 문제였을 것이다), 토양 고갈, 기후 변화, 더욱 강력한 그룹을 피하기 위함 등에 의하여 촉발될 수 있었다. 종종 수년에 걸친 이주를 성공적으로 이끈 지휘자, 더 유능한 길잡이이자 조직가, 승전한 군사 지도자는 강렬한 인상을 남겼을 것이다. 이러한 경험들, 그리고 특히 이러한 경험들로부터 신석기 후기에는 아마도 왕권 제도가 형성되었을 가능성이 있다.

저장물을 보호하기 위함이든 또는 새로운 땅을 찾기 위함이든, 위기로부터의 구원자로 인하여, 이렇듯 변화된 생활 조건 하에서는 권력 집중이라는 새로운 개념이 생겨나게 되었을 것이다. 이러한 권력이 지위적으로 정착화된 것은 자연스러운 일이었다. 그를 위하여서는 무엇보다도 역시 무력 수단, 즉, 무기와 그 운용자들의 축적이 필요하였을 것이다. 군사적 지도자가 자신의 주위에 군사적 「종사단」의 결집에 성공한 경우, 그는 자신의 권력을 보존할 수 있었다. 귀환한 승리자, 전쟁 사령관은 이 군사적 「종사단」을 이용하여 「평화수호의 지도자」(Friedensfürst)로서 스스로 자리매김할 수 있었다.

이러한 사실들이 가부장, 재판관, 군사적 지도자가 (종종 그들이 가지는 신성한 기능과 결합하여) 지배의 원형이라는 가정의 근거이다. 그들은 모든 사회를 구성하고 있는 문제들, 즉 세대 간 계승에 있어서의 불연속성, 규범상의 갈등 그리고 외부에 의한 정복 등의 문제에 대하여 대답을 제시하였으며, 그들은 특정 사회 유형에서 이러한 문제들이 첨예하게 되는 순간 뚜렷이 등장하게 된다.

IV. 지배의 장치

【255】「권력의 제도화」 과정에서 가장 중요한 전환점은「지위 부여」이다. 즉, 규범적 기능이 초개인적「권력의 위상」으로 응축되는 것이다. 지배(Herrschaft)라는 개념은 이 전환점에 대하여 명확히 밝혀야만 한다. 제도화에 있어서 보다 더 진전된 단계들은 지위적「견고화」가 확장되는 것으로서 이해하여야 한다.

네 번째 단계는 지배의「지위적 구성」(Positionsgefüge), 즉, "「지배의 장치」"의 발생에 해당되는데, 이「지배의 장치」는 지배자의 중심적 지위를 둘러싸고 형성된다.

'위대한 무사'(Haudegen), 도적 두목, 영감 가득 찬 종교 지도자의 주위에는 언제든지 추종자 집합, 혹은 금방 모였다 흩어지는 일시적 패거리 등의 무리가 모일 수 있다. 우리는 "「종사단」"을, 군주에 대한 결속이 지속성을 가질 수 있도록 구상된 경우, 즉 일반적으로 추종자들(Anhänger)에게 지속적인 부양을 제공할 가능성이 있을 경우에 대하여 지칭하도록 하겠다. 그들「종사단」 존재의 단순한 [시간적] 지속, 그리고 경험과 관행의 증가로 인하여, 그「종사단」은 분업적으로 조직화될 가능성이 높아진다. 결국 이러한 분업을 전형(Muster)으로 하여, 승계 가능한 형태의,「지배를 위한 행정」(Herrschaftsverwaltung)을 위한 관할(Kompetenz)의 전형도 생겨날 수 있다.

이러한「종사단」은 주로 사전적으로 이미 구조화된 관계에서, 즉 최초에는 혈연 공동체 내부에서 형성된다고 일견 생각되기 쉽다. 확실히 이러한 종류의 지위적 구조는 씨족 집단(Gentilverbände) 내에서도 발생하였다.【256】그러나 전통적 사회에 있어서는, 이례적으로 투입 가능하고 즉시 전투 준비태세를 갖춘「종사단」은 씨족 소속원으로부터는 형성되지 않는다는 지적이 타당하다고 생각되어져 왔다.[578] 친족 관계는「권력

---

[578] Hess(1977: 762ff.).

주장」을 [오히려] 제한하며,[579] 「복종 준비태세」는 특정한 형태의 [그 친족 집단 내에서] 물려받은 전형적인 모습을 벗어나기 어려운 법이다

급진적 권력 장악을 위한 도구로서 적합한 「종사단」은 극단적 궁핍 상태나 극단적 사회적 고립에 처해 있는 사람들의 유입으로 인하여 생겨난다. 전통적 사회에 있어서의 사회적 고립은 혈연관계가 붕괴되고, 도움이 필요한 이들을 위한 안전판으로서의 1차적 연대가 사라지는 위기 상황의 결과로서 발생한다. 그리하여 흩어지고 추방당한 자, 난민, 그리고 잔존자들은 새로운 유대를 찾는다. 이러한 새로운 유대는 전례가 없는 것이었다.[580] 연대에 대한 필요성이 클수록 조직화 가능성도 커진다. 상황이 더 낯설수록, 낯설고도 들어보지 못하였던 방식에 의하여 자신 스스로를 구속할 준비태세도 더 커진다. 앞서 언급한 군사적 지도자는 이러한 유형의 추종자들을 모집할 수 있다. 이에 성공한 자는 자신의 권력을 확장시킬 수 있는 비상한 도구를 손에 쥐게 된다. 갑작스럽고도 선례가 없는 것처럼 보이는 바로 그 지배의 형성은 이러한 구도에서 아마도 발생하였을 것이다.

하지만 여기서 역사적 논의를 전개하는 것은 접어두기로 한다. 이러한 맥락에서, 지배 집단, 도시 국가, 대제국의 발생을 논하는 것은 논의를 과다하게 확장시키는 것일 듯하다. 우리 모델의 네 번째 단계에 있어서의 결정적인 전환점은 「종사단」 내에서의 분업이 「견고화」됨에 따라 그것이 [후임자에게] 승계 가능한(übertragbar) 「권력의 위상」으로서의 「지위적 구성」으로 자리 잡고 지속성을 얻게되는 것이다. 【257】 그리하여 지

---

[579] [역주] 즉, 친족 관계 내에서는 권력에 의하여 정하여진 엄격한 규율 등을 따르도록 하기는 쉽지 않다.

[580] [역주] 즉, 친족 관계나 기존 사회적 유대 등의 기존 사회 구조나 전통적인 관계망에서 유래한 것이 아니라, 새로운 상황에서 새롭게 형성된 유대이기에 이에는 참조할 만한 기존의 전례가 없다는 뜻이다

배의 하수인들(Herrschaftsfunktionäre)은 교체 가능하게 되지만, 그 지배 기능(Herrschaftsfunktion) 자체는 불변한다.

이에 따라「비인격화」,「형식화」,「통합화」의 경향도 더욱 발전하게 된다. 물론 이러한 "「비인격화」"는 지배자나 그의 부하들이 "비인격적"이거나 얼굴 없이 존재한다는 뜻이 아니다. 그들은 [여전히] 개인적인 영광과 위엄으로 통치할 수 있다. 하지만 권력의 기반은 더 이상 개인에 얽매이지 않는다. 이러한 사실은 세 번째 단계에서 보였던 개별적「지배의 지위」(Herrschaftsposition)에 비하여,「지배의 장치」(Herrschaftsapparat)하에서 더욱 강하게 드러난다.「권력의 위상」의 "보유권"(Inhaberschaft)은[581] 권력 분배와 그것이「정당함」을 이루는 구조적 원리가 된다. 마찬가지로「형식화」경향도 더욱 지속된다. 분업화된 권력 행사에서는, 형식과 규칙은 아무리 그것들이 부패와 자의로 얼룩질 수밖에 없더라도 필수적인 행정 원리가 된다. 마지막으로, 분업이 심화될수록 지배는 사회적 질서 속으로 점점 더 강하게 통합되며, 동시에 그 질서를 자신의 구조에 맞추어 바꾸게 된다. 무엇이 유효하고, 무엇이 유효하지 않은지는 대체로「지배의 장치」의 재생산 조건에 따라 가늠된다.

이 단계에 있어서는,「권력의 제도화」과정은 다른 종류의 권력 증대와 특히 뚜렷하게 결합한다.「지배의 장치」의 발전과 함께 일반적으로「권력 효과」의 중요도(Geltung)와 강도도 또한 증가한다. 무엇보다도「종사단」의 생계를 위한 조달은 권력 기반을 안정화 시키도록 한다. 장기적인 생계 조달에 대한 보장이 없이는 [「종사단」에게로의]「지위 부여」는 관철될 수 없다.【258】이는—예외적인 경우에 있어서는 잠시 공동 전리품의 분배에 대한 기대만으로 충분할 수 있더라도—지배의「지위적 구성」

---

[581] [역주] 독일어 Inhaberschaft를, 법적 뉘앙스가 강한 '소유권' 대신, 보다 중립적인, 법적 소유가 아닌 의미로 사용가능한「보유권」으로 번역하였다.

의 발달은 토지와 농경 인구에 대한 통제를 전제함을 의미한다. 이러한 방식을 통하여서만이 비생산적인 권력의 전문가들을 위한 지속적 수입원이 확보될 수 있다. 반대로, 더 넓은 영역에 걸친 [강압적] 지배(Dominanz)는 「지배의 장치」의 발달이 없이는 불가능하다. 따라서 「권력의 제도화」에 있어서의 네 번째 단계는 일반적으로 영토의 지배(Gebietsherrschaft)와 밀접히 결합되어 있다.

국가의 지배: 중앙 집중적 지배의 일상화

마지막으로 **다섯 번째 단계: 국가적 지배**와 「중앙 집중적 지배의 일상화」. 본인의 견해 및 막스 베버에 따르자면, 국가적 권력 확장의 특징은, 중앙 집중적 영토 지배의 독점화가 결과한 비범한 효과에 있다고 볼 수 있다.[582]

중앙의 「지위적 구성」은 세 가지 고전적 규범 기능, 즉, 규범 설정

---

[582] [역주] 이에 관련하여 막스 베버의 유명한 문구를 인용하자면 다음과 같다:

> 국가는 일정한 영토(Gebiet) 내에서 (성공적으로) '정당한 물리적 강제력의 독점'(Monopol legitimer physischer Gewaltsamkeit)을 주장하는 인간 공동체이다(여기에서 '영토'란 [국가의] 특징 중 하나이다). [국가의] 현대적인 특수성은 다음과 같다: 다른 모든 단체나 개인에게 물리적 강제력을 행사할 권리는 오로지 국가가 허용하는 범위 내에서만 인정된다. 국가는 강제력에 대한 '권리'의 유일한 원천으로 간주된다(Weber 1919: 4).
>
> 국가는, 그 행정 관료(Verwaltungsstab)가 그 질서를 관철하기 위하여 정당한, 물리적 강제력의 독점을 성공적으로 주장할 수 있을 경우, 그리고 그러한 범위 내에서, 정치적인 '제도적 운영체'(Anstaltsbetrieb)로 불려야 한다(Weber 1922: 29; 2019: 135; 1978: 54).

(입법, 법규), 사법권(제재의 독점), 규범 집행(무력의 독점 포함)의 모두에 걸쳐 「독점적 주장」(Monopolisierungsanspruch)을 성공적으로 관철한다. 이러한 배타적 결정권의 관철은 여하한 종류의 지역적, 부문적 세력자들을 포함한 모든 경쟁 권력의 배제를 전제로 한다. 이러한 관철은 성공적으로 [여타 세력들을] 탈 권력화시킨 결과물이다. 유효한 규범과 그러한 규범의 통제에 대한 단일화(Vereinheitlichung)가 그로부터 결과된다.

하지만 중앙 기관을 통한 규범 기능의 독점화는 원칙적으로 제한적이라는 점을 잊어서는 안 된다. 어떤 중앙 기관이라도, 사회에서 효력을 가지는 모든 규범을 제정할 수는 없다.【259】또한 어떤 중앙 기관도 발생되는 모든 갈등을 판단할 수 없으며 모든 행동을 감시할 수도 없다. 유효한 규범과 그 통제의 표준화는 절대로 모든 것을 포괄할 수는 없다. 마찬가지로 비국가적 권력의 탈 권력화도 항상 불완전할 수밖에 없다. 누구라도 알다시피, 중앙 집중적 지배 기관의 독점화에의 성공은 모든 비국가적 권력의 집중을—제도적 혹은 준 제도적인 종류의 것이든 상관없이—제거하는 것은 결코 아니다. 그 경계는 유동적이고 논쟁의 여지가 있다. 국가 사회에서 전형적으로 나타나는 많은 마찰과 좌절은 바로 이 경계에서, 즉, 국가가 가지고 있는 「관철의 권력」(Durchsetzungsmacht)이 과다하거나 혹은 부족하다는 인식에서 비롯된다. 마지막으로, 독점화가 성공적으로 이루어진다고 하더라도, 「대항 권력」의 제도화에 대한 헌정적(憲政 verfassungspolitisch) 고려와 중앙의 「지위 구조」(Positionsstruktur) 내의 부문 간 권력 분립을 통하여 제어될 수 있다.

그러나 개별 사례에 있어서의 경계가 어떻게 설정되든, 중앙 기관 산하의 조직들이 거의 모든 곳에 편재한다는 사실, 그리고 그들이 우리의 일거수일투족을 당연히 규정한다는 사실은 부인할 수 없다. 이것이 바로 우리가 여기서 관심을 가지는 「권력의 제도화」가 심화되는 특수한 모습, 즉, 본인이 **「중앙 집중적 지배의 일상화」**(Veralltäglichung zentrierter Herrschaft)라고 부르는, 제도화 과정에 있어서의 하나의 새로운 단계이다. 이 과정은 문명화된 삶의 영위에 필요한 재화 공급의 중앙 집중화와 동반된다. 아침에 시계를 보며 중앙에서 정한 시간을 확인하고, 중앙에서 공급된 물, 전기, 난방을 (바라건대) 중앙에서 통제된 가격에 사용하며, 혼인법 및 가족법의 틀 안에서 그다지 기분이 내키지 않은 채 아침 식탁에 마주 앉아 식사하고, 집을 나서면 도로 교통법규들이 흘러가는 수로에 합류하게 된다.[583] 【260】 심지어 누군가가 내 차고 앞에 주차하여도 자력구제는 허락되지 않는다.

「중앙 집중적 지배의 일상화」는 일관적인 순응의 증가를 무조건적으로 의미하지는 않는다. 새로운 현실은 "법의 [강압적]지배"(Dominanz des Rechts), "기관에로의 지향성",[584] 그리고 개인의 "탈 권력화"와 "부담 경감"(Entlastung)[585] 사이의 긴장과도 같은 개념으로 더 잘 포착된다.[586] 우리는 많은 삶의 상황, 특히 「규범의 갈등」이라는 상황 속에서 우리에게 발생하는 사태를 자신의 손으로 해결할 권리를 잃었지만, 동시에 다른 누군가가 그 위험을 대신 떠맡아 주도록 요청할 권리를 얻게 되었다. 이렇게 제도화의 특징적 경향이 우리 일상에 스며든다: 우리 삶을 결정하는 판단은 점점 더 「**비인격화**」되며, 지위의 "보유자"(Inhaber)들에 의하여 보편적으로 구속력 있는 **규칙**에 따라 내려지고, 많은 사례 중의 하나로서 포함되어 중앙 집중적 지배의 체계로 통합된다. 이처럼 개개인이 제도화된 권력의 단일하고도 포괄적인 그물망에 통합되는 모습은, 희망적으로도, 혹은 아마도 더욱 큰 불안 속에서, 그리고 상상할 수고를 더욱 적게 들이고도 얼마든지 마음대로 묘사될 수 있다. 그러나 원칙적으로, 오늘날 우

---

583 [역주] 모든 거리에서 교통법규를 따라야 한다는 것을, 교통법규가 강물처럼 모든 거리에 흘러가는 것으로 비유하였다.

584 [역주] 모든 해결을 기관에게 의존하려는 자세.

585 [역주] 자력 구제를 할 필요성 혹은 그러한 부담의 경감을 의미.

586 Trotha(1982: 19ff.), Spittler(1980/1), Popitz(1980: 52ff. 86ff.).

리가 아는 일상 속에서 중앙적 권력이 관철되고 있다는 사실은, 우리가 「권력의 제도화」의 최종 단계에 이미 도달하였음을 의미한다.

역자 해제

1. 하인리히 포피츠의 약력

가계

하인리히 포피츠는 1925년에 독일 베를린에서 부유한 부르주아지 가정에서 태어났다. 그의 부친인 요하네스 포피츠는 바이메르 공화국의 마지막 재무장관으로서 보수적 성향을 보이고 있었고, 최초에는 나치와 협력하였다. 하지만, 후에는 나치에 반대하여 히틀러 암살 시도의 주역인 그라프 스타우펜베르크(Graf Stauffenberg)를 지지하였고, 그 유명한 1944년 히틀러 암살 실패로 인하여 공범으로 체포되어 제2차 세계 대전의 종전 이전인 1945년 나치에 의하여 처형당한 바 있었다. 그때 포피츠는 겨우 19살이었다.

학문적 경력

전후에 그는 하이델베르크대학과 괴팅겐대학(Göttingen)에서 철학, 역사학, 경제학을 전공하였으며, 1949년에 스위스 바젤대학(Basel)에서 저명한 실존주의 철학자이자 심리학자인 칼 야스퍼스(Karl Jaspers)의 지도하에 『소외된 인간: 청년 마르크스의 시대 비판과 역사 철학』(Der entfremdete Mensch: Zeitkritik und Geschichtsphilosophie des jungen Marx)이라는 논문으로 철학 박사학위를 취득하였다. 이는 청년 마르크스에 대한 중요한 최초의 저술로서 1953년에 출판되었고 이후 1968년에 재출판되었다(Popitz 1968/1953).[587]

비록 포피츠는 사회학에 있어서의 전문 교육은 받은 바는 없었으나, 이후 1951년에 도르트문트대학(Dortmund)에서 사회 연구원으로 취직하였으며, 아직까지도 탁월하다고 평가를 받고 있는 서독의 철강 노동자들

---

[587] 이 저술은 두 권으로 나뉘어져 황태연 교수에 의하여 번역되었다: 포피츠(2009) 및 포피츠(2023) 참고.

의 삶에 관한 두 권의 산업사회학 저술의 공저자로 참여하였다(Popitz et al. 1957). 훗날 그는 사회학을 직접 현장에서 배웠다고 회고하고 있다 (Göttlich & Dreher 2017: X). 그의 현실주의, 경험주의적 접근법은 이러한 현장에서 습득된 것이라고 볼 수 있다.

이후 1957년에 프라이부르크대학(Freiburg)에서 Arnold Bergsträsser의[588] 지도하에 교수자격 논문을 통과하였고, 바젤대학에서 첫 교수직에 임용되었으며, 1964년에 다시 프라이부르크대학으로 돌아와 당시 새로 설립된 사회학 연구소의 교수로 임명되었다. 그는 1970-1971년 동안 프랑크푸르트 학파 이주민들에 의하여 설립된 미국 뉴욕 소재의 대표적 진보성향의 대학인 뉴스쿨(New School for Social Research)에서 지내던 시간을 제외하고는 정년 때까지 프라이부르크대학에서 연구 활동을 계속하였고, 2002년에 영면하였다.

참고로, 포피츠는 아렌트의 절친한 친구로 알려져 있으나, 권력론에 대하여서는 상호 간에 이견이 존재하였다(각주 511 참고).

---

[588] (1896-1964). 막스 베버적 시각에 입각한 비교 정치학, 문화 사회학의 대가.

2. 학문적 지향성

초기 연구의 방향

사회학 분야에 있어서의 그의 초기 작업들은 주로 구체적이며 관찰 가능한 사회적 현실에 대한 경험적이며 실용적인 연구였는데, 이는 자신의 전쟁 경험에서 비롯된, 이데올로기와 역사철학에 도출된 사변적 이론들에 대한 그의 회의를 반영한 것이도 하였다(Göttlich & Dreher 2017: XI, XII). 앞서 언급한 그의 서독의 철강 노동자들의 삶에 관한 산업사회학(Popitz et al. 1957)은 다양한 혁신적인 해석학적 방법을 이용한 관찰과 인터뷰 등을 통한 자료 수집 방법에 근거하여 '자기 소외'라는 관념적 마르크스주의 개념과 실제적인 기술과 산업 노동과의 연관성을 분석한 기념비적인 연구로 손꼽힌다(Göttlich & Dreher 2017: XII).

철학적 인류학의 탐구

그의 후기 연구는 Bronisław Malinowski, Ruth Benedict, Margaret Mead 등의 '문화 인류학'(cultural anthropology)과 칸트, 막스 쉘러, 헬무트 플레스너, 아놀드 겔렌에서 비롯된 '철학적 인류학'(philosophische Anthropologie)의 전통을 계승하고 있다(Göttlich & Dreher 2017: XIII; Harrington 2018). 철학적 인류학이란 다양한 인류학적 현상들의 배후에 존재하는 보편적인 인간 존재의 구조와 조건을 탐구하는 분야인데, 이는 다음과 같은 칸트의 언명으로 거슬러 올라갈 수 있다(Kant 1800: AA Bd. 9, S. 25.):

> 세계시민적인 의미에서 철학의 영역은 다음과 같은 질문들로 환원될 수 있다:
>
> 나는 무엇을 알 수 있는가? (Was kann ich wissen?)
> 나는 무엇을 해야 하는가? (Was soll ich thun?)
> 나는 무엇을 희망할 수 있는가? (Was darf ich hoffen?)

인간이란 무엇인가? (Was ist der Mensch?)

첫 번째 질문에는 형이상학이, 두 번째는 도덕이, 세 번째는 종교가, 네 번째는 인류학이 답한다. 그러나 사실상 이 모든 것은 인류학(Anthropologie)으로 간주될 수 있다. 왜냐하면 처음의 세 질문은 결국 마지막 질문과 연관되어 있기 때문이다.

참고로, 철학적 인류학은, 부르디외(Pierre Bouridue) 류의, 철학적 개념이 가지는 인류학적 측면에 대한 분석인 '인류학적 철학'(anthropological philosophy)과는 다른 입장이며, 양자는 상호 보완하는 측면을 가진다.

포피츠의 "후반 연구의 중대 관심사는 어떻게 하여 인간 행동이 가지는 인류학적 특성으로부터 인간의 사회 교류적 성격이 도출되는가"에 관한 것이라고 할 수 있다. 그리하여 그는 인류학적으로 볼 때 인간행동에 있어서의 네 가지의 필수 불가결한 본질적 현상을 도출하는데, 그것은 규범, 권력, 기술 그리고 인간의 창발성이고, 이것들이 포피츠의 이론적 구성의 근본 주춧돌이며 동시에 '사회적인 것'의 핵심 영역이라고도 할 수 있다(Göttlich & Dreher 2017: XIII).

그에 의하면, 인간은 사회적 질서, 즉, 규범과 권력의 구조를 조형한다. 그러나 그에 그치지 않고, 기술을 개발하고 창발성을 활용하는 능동적인 측면을 가지고 있다. 따라서 문화나 사회적 규범은 상대적인 것이며 인간에 의하여 끊임없이 변형되며, 인간은 자신의 창발성을 이용하여 삶의 환경을 끊임없이 개선한다. 주어진 것과 인간의 상상력이 지향하는 것 간에는 따라서 지속적인 긴장이 존재하게 된다. 그가 생각하는 사회에 대한 일반 이론은 규범과 권력의 창출이라는 사회적 질서의 형성뿐만 아니라, 창조적 행위를 통하여 긴장을 극복하고, 그러한 질서를 개혁하고 변형하는 모습을 포착하려고 한다.

그는 루만처럼 어떠한 학파를 형성하지는 못하였지만, 그의 사상은 전후 독일 사회학에 있어서 지대한 영향을 미쳤다. 그의 저술들, 특히 본서는 현재도 독일에서 사회학 과정에 있어서 필수 도서 목록에 속한다(Göttlich & Dreher 2017: XI).

3. 본서에 관하여

본서의 출판

본서는 1968년에 출판된 『권력 형성의 과정』(Prozesse der Machtbildung), 그리고 그것을 기반으로 1986년에 출판된 『권력의 현상』(1판)(Phänomene der Macht: Autorität, Herrschaft, Gewalt, Technik)을 더욱 확장시켜 1992년에 2판으로 출판되었다. 그 과정에서 그 내용적 범위는 크게 확대되었다. 본 번역은 이 2판을 대상으로 하였다.

본서의 초판은 원래 1986년에 총 129페이지의 분량으로 출판되었으나, 본 번역의 대상인 제2판은 총 279페이지 분량으로 저자에 의하여 1992년에 확장 증보되어 출판되었다. 1판의 목차는 '권위적 속박'(본서 5장)—'권력과 지배'(본서 9장)—'무력'(본서 3장)—'기술적 행동'(본서 7장)의 순서로 되어 있다. 따라서 본 번역의 1, 2, 4, 6, 8 장은 제2판에서 새로이 추가된 부분이다. 또한 제2판에서는 각 장의 배열 순서도 새롭게 바뀌었는데, 이는 본서 2장에서 개진된 기본적 네 가지 권력의 형태에 상응하여 그에 대한 각론이라고 할 수 있는 3장부터 7장까지를 저자가 재배치하였기 때문이다.

각 장들은 그 이전에 저자가 발표한 논문을 기초로 하였는데, 그럼에도 불구하고 총 9장의 내용들은 일관성을 유지하고 있기에 통상적으로 개별 논문을 모아서 출판하는 경우에서 보이는 일관성과 연결성의 취약함은 찾아볼 수 없고, 전체로서 완결성을 가지고 있다.

본서의 지명도

포피츠의 본서는 그간 독일어권에서는 사회학 분야에서 오랜 동안 핵심 텍스트로 사용되어 왔으며, 유럽에서의 민족지학적이며, 인문학적인 전통과 역사적 접근법에 기반함과 동시에 영미권 연구 전통의 특징으로 여겨지는 분석적 시각을 겸비한 명저이다(Harrington 2018). 참고로, 본 역자가 이미 번역 출판한 스티븐 룩스의 『권력이란 무엇인가?』(룩스 2024)는, 영미권의 분석적 시각하에 대륙의 철학적 깊이를 통합한 저술이라는 면에서 포피츠와 룩스의 저술은 그 출발점은 다르지만, 양자는 공통점을 가지고 있다. 즉, 이 두 권의 저술은 영미권의 다원주의적/행태주의적 저술들이 가지는 깊이의 부족함과, 반면 유럽의 저술들에서 보이는, 사변적 성격에서 비롯되는 논리적, 분석적 방법의 결핍을 크게 보완하고 있으며, 오히려 양자의 장점인, 유럽계 저술에서 발견되는 통찰과, 영미권의 분석력을 취합한 결과라고 말하여도 과언은 아니다.

그런데, 본서는 1992년에 독일에서 출판되었음에도 불구하고 (초판은 1986년 출판), 2017년에서야 뒤늦게 영어로 번역되었기에 독일어권에서의 극찬에도 불구하고 영미권에서는 제대로 다루어지지 않는 것이 사실이다. 하지만, 본서의 출판 이후에 나온 수많은 서평에서도 볼 수 있듯이, 영미권에서도 이제 지속적인 관심을 가지게 되었으며, 본서에서 개진된 저자의 날카로운 성찰은 비단 철학뿐만 아니라, 사회과학 전 영역에서 응용될 것으로 기대된다.

본서의 제목인 '권력의 현상'의 의미

본서는 푸코 등에서 볼 수 있는 '권력으로서의 사회적 삶'에 대한 분석이 아니라, '권력의 현상'이라는 시각에서 조망한 인간의 사회적 삶'이라고 말할 수 있고, 본서의 제목인 '권력의 현상'은 다름 아닌, '사회적 삶의 단면으로서 보이는 권력 현상'이다. 즉, 다른 측면에서의 조망도 가능하다는 면을 시사하고 있으며, 또한 본서의 제목에서 등장하는 '현상'이라는 표현은 헤겔이나 후설이 사용하는 철학 용어로서의 '현상'은 아니라는 점에 유념할 필요가 있다.

4. 본서 각 장의 요약

권력의 개념

인류학적 측면에서 볼 때, 권력은 인간의 사회화 과정에서 보편적으로 보이는 요소인데, 이를 인간의 행동을 야기하는 「본원적 역량」으로 환원시켜 철학적으로 분석하는 것이 본서의 목적이다. 이때 보이는 인류학적으로 권력이 관철되는 형태는 「행동 권력」, 「도구적 권력」, 「권위적 권력」, 「데이터설정 권력」이라는 더 이상은 환원될 수 없는 형태로 귀착되며, 권력이 관철된 이후 그 권력은 안정화 및 제도화되고 정당화된다.

권력 현상을 인지함에 있어서 세 가지 핵심적 전제는 (i) 신이나 자연이 부여한 것이 아닌, 인간적 소산으로서의 권력, (ii) 권력의 편재성, (iii) 권력에 의한 인간 자유의 제약이다.

권력의 기본적 인류학적 형태

권력의 관철은 인간이 가진 권력 행사의 기량과, 그렇게 행사된 권력을 감수하도록 만드는 필수적 의존성(혹은 취약성)에 근거한다. 이러한 기량과 의존성에 근거하여 볼 때, 모든 권력의 형태는 네 가지 형태로 귀착된다.

「**행동 권력**」은 물리적 가해를 할 수 있는 권력인데, 이는 인간이 가진 물리적 취약성에 근거한다. 이 유형의 권력은 '처벌'과 '보상'이라는 물리적 수단을 사용한다. 「**도구적 권력**」이란 물리적 강제의 실제적 실행을 동반하지 않는, '위협'(공포)과 '약속'(희망)을 수단으로 사용하는 권력이며, 다시 말하자면, 인간이 가진 불확실성을 이용하는 권력이다. 그럼으로써 상대방을 권력자의 의지의 도구로 만든다. 권력자는 '네' 혹은 '아니오'의 이분법적인 대답을 강요하는데, 이 권력의 효과는 권력자의 위협과 약속이 얼마나 신빙성이 있는지에 달려있다.

인간의 「자기존중감」은 어떠한 기준에 자신이 부합하였을 때 만들어진다. 그렇다면 인간은 자신의 행동의 기준을 필요로 한다. 이러한 기준을 설정하는 자는 타인에게 인정을 부여할 수 있고, 따라서 권력을 가지게 되는데, 이것이 「**권위적 권력**」이다. 권위는 인정을 부여하는 자의 우월성과, 인정에의 갈망이라는 (즉, 인간 취약성) 이중적 인정의 과정에 근거한다. 이때의 권력의 수단은 인정의 부여와 인정의 철회라는 이분법적인 방법이다. 마지막으로 인간의 창조물을 통하여 행사되는 권력을 「**데이터설정 권력**」이라고 칭한다. 인간은 인간적 창조물에 의존할 수밖에 없다. 따라서 이러한 인간적 창조물을 만드는 자가 권력을 가진다. 단, 이는 사물이 인간에게 행사하는 권력은 아니고, 데이터설정자가 사물을 매개로 하여 행사하는, 사물에 체화된 권력이다.

사회적 권력이란 이렇듯 인간의 「필수적 의존성」(혹은 취약성)과 「구성적 행동기량」과의 상호 작용에서 탄생한다.

> 「필수적 의존성」이란 인간의 「취약성」, 미래에 대한 걱정, 기준과 인정에 대한 필요성, 그리고 그들의 인위적 창조물에 대한 의존성에 기인하며, 「구성적 행동기량」(konstitutive Handlungsfähigkeit)은 [타인에게] 해를 가할 수 있는 기량, 불안과 희망을 만들어낼 수 있는 기량, 기준을 설정할 수 있는 기량, 그리고 기술적 행동을 수행할 수 있는 기량이다(본서 40쪽).

그러함으로써,

> 인간은 타인들에게 직접적인 영향을 미칠 수 있으며, 나아가 그러한 직접적 영향 이외에도 타인들의 기대, 기준, 그리고 타인들을 위한 인위적 창조물을 결정적으로 변화시킬 수 있다 (본서 40쪽).

「도구적 권력」과 「권위적 권력」은 피권력자의 행위를 조종한다: 「도구적 권력」은 외적 이익과 불이익의 선택지를 통하여 행위를 유도하고, 「권위적 권력」은 인정과 그 인정의 철회를 통하여 상대방의 마음자세에 영향을 미침을 통하여 작동한다. 「행동 권력」과 「데이터설정 권력」은 피권력자의 상황과, 그로 인하여 가능한 행위의 범위를 변화시킨다. 「행동 권력」은 직접적으로, 「데이터설정 권력」은 간접적으로 영향을 준다.

이러한 「권력 형태」들은 언제든지 사회화의 모든 형태를 조형할 수 있다. 권력자는 보상과 처벌, 희망과 공포, 그리고 인정을 갈구하는 인간의 심리적 취약성과 의존성을 이용하여 인정 부여와 인정 철회를 제공하는 등의 다양한 선택지를 제시할 수 있기에, 그러한 기회를 활용하고, 그럼으로써 피권력자에게 지대한 영향을 끼칠 수 있다. 결국 권력자는 그렇듯 상대에 영향을 미치는 다양한 무대장치를 활용하여 상대방을 조작할 수 있다.

이 네 가지 유형의 권력은 각기 독립적으로, 혹은 혼재하여 나타날 수 있다. 그리고 한 유형의 권력이 강화되거나 혹은 한 유형의 권력이 다른 유형의 권력을 유발하는 등의 「권력 형태의 상호끌림 경향」이 나타나기도 한다. 그리고 권력형태들은 일반화된다―즉, 한 종류의 권력에서 우월한 경우, 다른 종류의 권력에서도 그렇게 되는 경향이 있다. 또한 각 유형의 권력이 서로 보완 및 강화하면서 동시에 작동하여 피권력자의 출구를 완전히 차단할 수도 있다.

무력

이 장에서는 「행동 권력」에 대한 더욱 상세한 분석이 전개된다.

「가해 가능성」과 「취약 용이성」에 의하여 인간은 서로에 대하여 불안을 느끼며, 그것들이 「행동 권력」을 탄생시킬 수 있는 전제들이다. 세 가지의 중심적 권력 행동은 (i) (사회적) 참여 배제, (ii) 물질적 피해, (iii) 신체적 상해이다. 그리고, 모든 권력 행동은 지속적인 「권력의 기울기」

를 만들거나 강화하는 것을 목표로 할 수 있다".

　　인간이 가진 상상력에 의하여 무력은 어떤 제약이 없이 확장될 수 있다(즉,「탈 경계적 확장」된다). 이는 두 가지 인류학적 사실에 기인한다 (i) 인간은 본능에 구애되지 않고, 자유로운 선택을 할 수 있다. 인간에게는 무력을 강박적으로 행사할 필요도, 혹은 자제하여야만 할 이유도 없다. 무력은 다양한 목적을 위하여 누구에게도 행사될 수 있다(「본능으로부터의 탈 연계성」). (ii) 상상 속에서는 그 무력은 과장되고 그에 대한 어떠한 저항과 위험은 간과되기 마련이다. 따라서 상상함으로써 무력은 현실이 되며, 억제와 도덕이라는 장벽을 초월할 수 있다(「현실로부터의 탈 연계성」).

　　인간은 살해를 실행할 수도 있다.「완전한 권력」은 "살해 행동이 속세에서 가지는 이러한 '최종적인 결정성'(Definität)을 통하여 드러나는 권력"(본서 73쪽)이며, "더 이상 넘어설 수 없는 무력, 즉,「절대적 무력」을 실행하는" 권력이다. 하지만, 인간은 죽음의 위협을 무력화시킬 수 있는데, 그 극단적인 예는 급진적인 '능동적' 저항의 상징인 암살자와 급진적인 '수동적' 저항의 상징인 순교자이다. 전자는 권력자도 마찬가지로 죽음 앞에 무력할 수 있음을 보여주며, 후자는 권력자가 가진 생사 결정권을 무력화시킨다.

　　이러한 무력의 행사를 피하고자「질서의 관념」이 탄생한다. 홉스는 피해자의 시각에서 질서가 필요함을, 프로이트는 가해자가 가지는 '죄책의식'에 의하여 질서가 발생한다고 설명한 바 있다. 또한 질서는 질서 자신을 지키기 위하여「질서 자신의 무력」이 필요하다. 즉, "사회적 질서는 무력의 억제를 위한 필수 조건이며, 반면 무력은 사회적 질서를 유지하기 위한 필수 조건이다"(본서 82쪽). 그리고, 그러한 질서 유지를 위한 무력의 자의성을 제약하기 위하여서는「대항 권력」과「대항 무력」이 필요하다. 무력을 극복하기 위한 비무력적인 방법을 기대하는 것은 한낱 경건한 꿈에 불과하다. 무력 극복을 위한 무력이 필요하고, 이렇듯 악순환은 불가피하게 끊임없이 새롭게 다시 나타나는 법이다.

행사된 무력의 「미화」와 (즉, 정당화) 희생자의 고통에 대한 「무관심」(즉, 양심의 가책으로부터의 해방) 그리고 무력 집행의 「기술화」라는 (즉, 인간 무력을 확장하는 기량) 세 가지 요소는 상호 보강하여 하나의 「행동 역량」으로 통합되는 복합된 모습으로 나타나며, 이러한 「복합군」은 「총체적 무력」이라고 정의될 수 있다. 그 「총체적 무력」이 가지는 거대한 [파괴적] 잠재력은 지속적으로 축적되고 있다.

위협함과 위협받음—「도구적 권력」

이 장은 「도구적 권력」에 대한 더욱 상세한 분석이다.

「도구적 권력」은 위협(두려움)과 약속(희망)을 통하여 작동하는 권력이다. 「행동 권력」과는 달리, 이 「도구적 권력」은 지속적이며, 위협의 요소는 위협하는 자, 위협받는 자, 그리고 그 위협의 정보로 구성된다. 이 「도구적 권력」은 양자택일적 선택지를 제시하고(즉, 프레임을 제시하고) 그에 대한 대답을 강요한다(강제된 선택지). 또한 위협하는 자도 자신의 언명에 스스로 구속된다(자기구속). 위협받는 자는 위협하는 자의 통고가 실제로 실행될지 여부에 대한 불확실성을 느끼기 때문에, 위협은 사실 "불확실성의 강요"(Oktroyierung von Ungewißheit)이기도 하다"(본서 110쪽). 그리하여, 위협을 통하여 순응을 확보하는 경우, 그 위협이 진정으로 실행력이 있는지의 여부는 영원히 검증되지 못한다. 위협은 "결국 실제적인(real) '힘의 관계'(Kräfteverhältniss)를 수용하는 것(Annahme)을 순전한 관습으로 굳어지게 한다.

그리고 우리의 일상적인 상호작용의 구조가 바로 「위협의 구조」"이다. 위협은 편재되어 있는데, 많은 경우 그것이 이미 관습화되어 있기에 느끼지 못하며, 우리는 비상적인 상황에서만 그 「위협의 구조」를 깨닫게 된다.

위협은 직접적 제재에 비하여 권력 자원, 즉 「제재의 역량」을 소모시킬 필요가 없고 예방적으로 작용하기에 경제성을 가지고 있으며(위협의 「채산성」), 또한 확장성을 가진다(「확장성」).

그리고 위협은 상대의 마음 상태를 조형할 수 있다. 위협을 통하여 상대방에게 두려움과 희망을 만들어내고, 심적 상태를 변화시킬 수 있기에 효율적으로 권력을 행사할 수 있다. 특히, 인간은 쉽게 적응할 수 있는 특성을 가지고 있는데, 권력자는 그러한 성격을 이용할 수 있다. 예를 들자면, 상대의 삶의 조건을 조작하고, 그 새로운 조건에 맞게 인간의 기대 자체를 아주 낮게 하향 조정하면, 인간은 작은 보상이나 제재에도 민감하게 반응할 수 있다. 즉, 권력자는 위협을 이용하여 인간의 두려움과 희망을 조작할 수 있는 것이다. 또한 성공과 실패의 기준을 조작하여 변화시킴으로써 동일한 효과를 얻을 수 있다. 그런데 물론 이러한 두려움과 희망은 또한 문화에 의하여 결정되는데, 권력자는 그러한 문화의 변화에 따라서 자신들이 권력을 행사하는 새로운 기회를 포착할 수 있다.

결국, 인간은 (i) 타인을 위하여 자신의 행동 기량을 바칠 수 있고 (ii) 자신의 기대를 최소화할 수 있기에 훌륭한 노예가 될 수 있는 「예속적 적합성」을 가지고 있다.

권위적 속박

제5장과 6장은 「권위적 권력」에 대한 부분이다. 제5장은 「권위적 권력」의 발생이 이중적 인정(권위를 부여하는 자에 대한 인정과, 권위자로부터의 인정추구)에 의하여 발생됨을 설명하고 있다. 제6장은, 개인이 추구하는 인정의 유형, 즉 '무엇으로서 인정받고 싶은가'의 역사적 변천에 대한 설명을 담고 있다.

권위는 일상적인 것이며, 시공을 초월하여 존재하였고, 또한 선과 악이라는 구분과는 무관하다. 그리고 (「행동 권력」이나 「도구적 권력」에서 볼 수 있는 바와 같은) 단순히 처벌에 대한 두려움에서 행사되는 권력이 아니라,「내적 권력」의 일종이다. 권위 의존자는 권위자의 우위성을 인정하며, 권위자에게 자신이 보이지 않는 곳에서도 순응하며, 권위자의 기준에 따라 자기 자신을 감시한다. 따라서 권위는 강압적 수단에 의거할 필요가 없다.

「권위적 권력」이 발생하는 이유는 우리가 자기 인정을 추구하는, 즉 자신을 끊임없이 평가하며 또한 현실을 바꾸는 자긍심을 추구한다는 인류학적 사실에 연원한다. 그런데 이러한 자기 인정은 결국 타인의 눈을 통하여 객체화시킴으로써, 즉, 반성적 성찰을 통하여 가능하게 된다. 그리하여 우리는 궁극적으로 우리 자신이 타인의 눈을 통하여 사회적 인정을 받을 때「자기 존중감」을 가질 수 있기 때문에, 즉, 자신이 가치 있다고 느낄 수 있기 때문에, 타인의 인정을 추구하게 된다. 그러한 사회적 인정을 부여하는 자가 권위자이며, 우리는 그 권위자에게 심적으로 고착되게 되며, 그에게 의존적으로 된다. 그러한 권위자에게 인정받는 것이 사회적 성공인 셈이다.

권위자란 권위의존자들에 의하여 우위성을 인정받은 자이다. 즉, "더 높은 존재가 가지는「명성」"을 가지고 있는 자이다. 전통적인 권위의 개념이란 이렇듯, "우위성을 인정하고 그에 따른 영향을 받아들일 준비 태세"에 연원한다. 이렇듯 인정이란 타인의 우위성을 인정하고 그에게 명성을 부여하는 과정과, 그 권위자로부터 인정을 받고자 하는 이중적인 인정의 과정이다.

누가 권위를 획득하는지는 쉽게 일반화하여 설명하기는 쉽지 않다. 하지만, 권위자가 가지는 자기확신, 명확성, 권위자의 반응 준비태세, 그리고 평가의 절대성에 대하여 믿기 때문에 피권위자들은 그 권위자로부터 인정을 구하는 것이다. 피권위자들은 상상을 발휘하여 그 권위자가 피권위자 자신을 판단한다는, 권위자와의 상상적 인정관계를 맺는다. 궁극적으로 이러한 인정관계는 종교적인 성격을 가지게 된다. 그럼으로써 피권위자는 권위자에게「권위적 속박」된다.

그리하여,「권위적 권력」이란, 타인의「인정 필요 욕구」, 그리고 타인의
「인정에의 심적 고착성」을 [권위자가] 그 타인들의 행위와 마음자세에 영
향을 주기 위하여 의도적으로 활용할 때 발생한다(본서 172쪽).「권위적
권력」은 타인의 인정에 의하여 좌우되는 인간의 취약성을 이용한다. 그
리고「권위적 권력」은 인정의 부여와 인정의 철회라는 선택지를 이용하
여 타인을 조종한다. 즉, 권위적 인정을 통하여 타인을 순응하게 만들고,
그러한 인정을 철회함으로써 타인이 세상에서 소외되는 정서를 가지게
끔 한다. 따라서 이러한 메커니즘은 미세한 수단, 약한 위협으로도 강력
한 순응 효과를 창출하며, 세상에 질서를 만든다. 단, 이는 선과 악이라
는 구분법과는 무관하다.

권위의 필요성: 사회적 주관성의 변화

이러한「권위적 권력」은 유형화시킬 수 있다. 제도적 권위란, 신으로 부
터 부여받은 '종교적 초월'로서의「신성적 권위」, 그리고, 부권적 권위나
혈연관계 등에 기인하는, 소위 '현세적 초월'로서의「태생적 권위」를 포
함한다.

반면, 이러한 제도적 권위의 쇠퇴 후에 추구되는 인정의 모습은「사
회적 주관성」의 유형에 따라서 달라진다.「사회적 주관성」이란, 사회적
인정을 추구하는 자아인데, 그「사회적 주관성」이 자신이 '무엇으로서'
인정을 받고 싶어 하는지에 따라서 여러 유형으로 나뉘고, 우리는 이를
「사회적 주관성의 유형」이라고 칭한다. 반면,「사회적 주체」란 어떠한 주
어진 사회적 행동 전형을 따르는 행위자이다. 어떤 특정「사회적 주관
성」이 자신이 그것으로서 인정받고 싶어 하는 그 '무엇'을 '인정에 대한
수요'라고 한다면, 사회에서 바라는 전형이라고 할 수 있는「사회적 주
체」란 '인정의 공급'의 역할과 유사하다. 이러한 수요와 공급은 사회화와
교육에 의하여 수요가 공급에 맞게 조정됨으로써 균형을 이룬다.

「사회적 주관성」이 추구하는 인정의 형태와 그 인정을 부여하는 권

위는, 역사적 발전에 따라 다섯 가지로 나뉜다. (i) 소속의 인정 - 가부장, 성직자 혹은 그룹 권위, (ii) 정착 농업사회에서의, (출생적 지위에 따른) 부여된 역할에서의 인정—제도적 권위, (iii) 청동기 이후 노동분업의 도입으로 인하여, (직업적 역할과도 같이) 성취한 역할에서의 인정—이미 그 분야에서 자신의 성공을 입증한 능력자의 권위, (iv) (대중을 청중으로 하는) 공적 역할에서의 인정—공공의 권위, 그리고 (v) 사회적 개방성의 증가와, 도시화로 인한, (남과는 다른 존재로 인정받고 싶어 하는) 개별성에 대한 인정과 그러한 인정을 부여하는, 상호성에 입각한 권위가 그것들이다. 이러한 「사회적 주관성」들은 시간적으로 뒤의 것이 앞선 것을 완전히 대치하는 것이 아니라, 선행되는 것들은 약하더라도 산발적으로 남아있는 등, 병렬적으로 중복되어 존재한다.

그렇다면 이 중 마지막 단계인, 「개별성」에 대한 인정은 누가 부여하는가. 일단, 「개별성」이란 타인에 의하여 완전히 파악 불가능하고, 어떠한 특성들의 단순합도 아닌 전체적 통일체이며, 그것은 「사회적 주체」라는 전형화된 모습으로 파악될 수 없다. 즉, 개별성과 사회적 표준화는 양립 불가능하다. 이러한 '인정'은 상호성에 있어서 어느 정도 자율성이 있는, 친밀하고, 지속적이며, 상호성이 높은 소규모의 개별적인 사회 교류적 공간에서만, 그리고 그것도 가장 서로 친밀한 타자에 의하여서만 어느 정도 가능하다. 즉, 이때의 권위 관계란 '상호성에 입각한 권위 관계'이며, 오직 부르주아지 사회의 발전 과정에 이르러서야 보편화되었다. 이 또한 '제도화된 유대관계'로 되기 시작하는데, 단, 구래의 제도적 권위의 부활은 아니다. 오히려, 개별성의 인정과, 그 개별성의 사회적 실현에 대한 기대를 반영하는 제도화이다. 상호성에 의거한 권위 관계에서도 물론 권력은 존재한다. 하지만, 평등을 지향하는 경향도 역시 존재한다.

기술적 행동

본 장에서는 「데이터설정 권력」에 대하여 세밀하게 논하고 있다.

「인위적 창조물」을 만들어내는 행동으로서의 기술적 행동은 「사용」, 「변형」, 「제작」으로 나뉘는데, 이 각각은 단순히 주체-객체(물)의 관계만을 반영하는 것이 아니라, 그를 통한 주체-주체의 관계를 반영한다. 즉, 사용=소유권, 변형=사회적 권력의 행사, 제작=노동분업 이라는 사회적 조건을 설정하게 한다. 기술적 행동은 최초부터 권력과 결부되어 있었으며, 기술적 진보는 권력의 강화 과정과 깊이 관련되어 있다.

기술적 대상은 원칙적으로 희소한 재화이며, 미래의 삶을 유지하기 위한 대비 수단이다. 따라서, 미래에 대한 '계획적 선견'을 기반으로 미래에 있어서의 장기적 반복 사용을 목적으로 한 것이다. 그렇기에, 누가 미래에 그것들을 소유하는가, 즉, '사용권'의 문제가 핵심 사안이 된다. 이러한 입장에서 볼 때, 기술적 대상과 더불어 존재하는 사회의 질서는 동시에 「소유권적 질서」이다. 그 「소유권적 질서」는 세 가지 종류가 있다: (i) 제작자와 소유자가 동일한 경우, (ii) 제작자가 자신이 속한 그룹에 소유를 양도하며, 동시에 다른 소속원들과 함께 그 혜택을 누리는 경우, (iii) 소유자가 제작자가 다른 경우로서, 노예제처럼 제작자가 주인에 의하여 소유된 경우와, 임노동자와도 같이, 제작자가 생산수단의 및 노동 결과물의 소유로부터 분리된 경우가 있다.

물질적 대상의 세계를 '변형'하는 자로서의 인간은 사회적으로 행사되는 권력을 잠재적으로 소유하고 있다. 인간은 자신이 변형시킨 "「인위적 창조물」의 세계에로 유폐"되는 경향이 있다. "인간은 이제 오직 인간이 성취해 낸 현실 속에서만 움직인다"(본서 221쪽). 그리하여 우리의 행위는 타인의 삶의 조건 또한 변화시킨다. 이 과정에서 타인들은 우리가 설정하는 데이터에 노출되며, 우리는 이때 「데이터설정 권력」을 행사하고 있는 셈이다. 즉, 이러한 권력은, 의도적이건 아니건, 계획이건 우연적이건 우리가 변형시킨 물질적 대상을 통하여 행사된다.

인간은 (i) 조직행동을 하는 기량과 (ii) 통찰$^{(Einsicht)}$의 재능이 있기에, 이미 주어진 것을 변형하고 사용 가능하게 만들고 개선시킬 수 있다. 즉, 인간은 분업을 통하여 제작을 조직화하고, 동시에 통찰력에 의하여 지식을 축적하여 제작에 반영한다.

기술적 행동은 행위자의 의도, 기량 그리고 상상에 형상을 부여하는, 즉, 객체화'하는 행동 유형이다. 그 객체화되는 유형은 크게 다섯 가지 종류가 있다: (i) 우회적 행동인 생산 수단 (ii) 비축 수단 (iii) 주거 등, 삶의 외피를 감싸고 타인과 경계를 설정하는 기술적 창조물, (iv) 운송수단, (v) 무기. 이것들 간에는 (a) 공간에로의 제한과 공간의 극복, (b) 생산과 파괴라는 두 가지 커다란 긴장이 존재한다.

기술적 진보와 궤를 같이하여 권력 잠재력도 증가한다. 즉, "기술적 진보는 기술적 무력 도구의 효율성 향상", 그리고 그 권력의 영향력 범위의 엄청난 확장도 동시에 의미한다. 단 한 번의 무력행사로 많은 인구를 절멸시킬 수 있다.

기술 발전은 진행형이다. 그 가능성은 열려 있고, 따라서 인간에 대한 잠재적 위험도 그러하다. 권력 잠재력은 더욱 증가한다. 따라서 권력통제의 핵심은 이제 기술적 행동의 통제가 된다. 그리하여 그러한 위험을 예방하기 위하여서는 이념적 및 제도적 혁신들과도 같은 것들이 필요하다.

권력 형성의 과정

본 장에서는 독일의 사회학, 정치학 강단에서 매우 빈번히 인용되는 유명한 세 가지 가상적 에피소드를 통하여, 현실에서 권력이 어떻게 형성 및 재생산되는지를 보여줌으로써, 흄이 제기한 질문, 즉, 왜 소수가 다수를 지배하는지에 대한 질문에 답하고 있다.

세 가지 경우 모두 참여자들이 도망칠 수 없는, 소위 병영화된 사회로서, 그 사회에서의 최초 상태는 모두 빈손으로 들어온다는 점에서 모든 이가 동일하다고 가정된다.

첫 번째 사례는 크루즈 선상에서 의자의 점유를 둘러싼 소유자와 무소유자 간의 갈등을 보여주고 있다. 원래는 모두가 공평히 나누어 쓰던 의자들을 새로이 승선한 소수의 승객들이 점유하고 자신들의 점유권을 주장하기 시작한다. 이때, 소수는 뛰어난 「조직화 기량」과, 그룹 구성원 상호 간에 자신들의 행동의 정당화에 대한 믿음을 공유하고 있다는 점에서 다수의 그렇지 못한 승객들과 차별화가 된다.

「조직화 기량」은 그 소유자들 서로 간에 상호부조, 즉, 「도움」과 「나눔」을 통하여 연대감을 형성하고 무소유자를 배제하고 의자를 독점적으로 점유함으로써 그들 그룹 구성원 서로가 이득을 얻을 수 있기에 자연적으로 형성된다. 또한, 소유자들의 상호 교류 과정 중에서, 정당하다는 믿음이 상호 간의 확인 과정을 통하여 공통으로 형성된다. 즉, 내가 정당하다고 믿기에 그룹내의 타인도 그렇게 믿고, 타인이 그렇게 믿기에 나의 믿음이 옳고, 그렇게 나와 타인 모두가 옳기 때문에 우리 모두가 옳음이 확인되는 과정이다. 이렇듯 특권층 내에서 정당성의 타당성이 확인되면, 그리고 그러한 타당성의 확인이 다른 계층에게도 가시적으로 보여져 암시되면, 다른 층으로 그러한 믿음이 전염된다. 그리하여 그 확신이 사회적 확신(Gewißheit)으로 확산되어 자리 잡게 되면, 그 영향력은 더욱 강력하여진다. 이러한 두 가지 특성이, 최초의 우위를 확보하게끔 하였던 잠재 역량이다.

반면, 무소유자들은 현상이 불공평하고 정의롭지 못하다고 느끼더라도, 그에 항거하는 집단행동의 결과로 개인적으로도 이득을 얻을 수 있다는 확신, 즉, 소유의 재분배에 대하여 확신을 할 수 없고, 반대로 집단행동에 따르는 개인적 위험만을 부담할 수 있다. 그들을 단결시키기 위하여서는 유토피아와도 같은 원대한 이상으로 무장시킬 필요가 있는 것이다. 또한 소유자들은 무소유자의 일부를 회유하여, 자신들의 소유권을 방어하기 위한 경비원으로 고용하여, 현행 소유권 체제를 안정화할 수 있는 장점을 가진다.

이 사례를 통하여 볼 때, 소수는 다수에 비하여 최초에는 소유를 주장만 하였고, 그러한 점에서 이해관심의 일치를 가진 미세한 차이를 가지고 있음에 불과하였으나, 이는 「조직화 기량」의 우위를 가지게끔 하였고, 이를 바탕으로 최초의 소유권을 가진 후, 그 소유권을 통하여 지배함으로써 지속적으로 우위를 유지하게 된다. 그리하여 다수의 이해관심과 반하는 권력의 축적이 시작된다.

두 번째 사례는 포로수용소에서 상호 간에 심정적으로 긴밀히 결합된, 즉, 상호 신뢰의 연대를 형성한 4인의 포로가 분업을 통하여 수용소에서는 허용되지 않는, 그러면서도 모두가 사용하고 싶어 하는 오븐을 위험을 감수하면서 만든 뒤, 다른 사람들이 제2의 오븐을 만들지 못하게 하면서 오븐 시설을 독점하며 전개되는 이야기이다.

단순히 기능적으로 서로 보완하는 사람들을 조직하는 것은 흔히 할 수 있다. 하지만, 상호 간의 '긴밀성'을 통하여, 상호 신뢰의 '연대'를 구축하고 그를 바탕으로 남들이 꺼리는 위험적 행동을 집단적으로 수행하는 것은 희소한 자원이라고 할 수 있다. 그리고 그러한 긴밀성은 그 4인 그룹을 신속하게 움직일 수 있도록 하며, 그들은 그들 간의 작업의 조직화, 그리고 분업을 통하여 그러한 장점을 전략적으로 활용할 필요를 느끼게 된다. 그리고 이러한 조직화의 기회는 향후 그들의 생산물에 대한 타인들의 의존성이 심화되는 경우 권력화될 수 있는 잠재력을 가지게 된다. 즉, 그렇게 형성된 우월한 「조직화 기량」으로 인한 분업을 통하여 유용한 생산 수단을 창출, 소유하고, 사회적으로 계층을 차등화시켜서 경쟁하는 생산 수단의 출현을 저해하고 기존의 생산 수단을 독점함으로써, 그러한 독점을 권력 수단으로 활용하게 된다. 이러한 인과의 연쇄는 다음과 같이 요약된다: 비상한 연대로 위험을 무릅쓴 감행 → 사회화의 강도 증가 → 조직화를 해야만 할 「전략적으로 불가피한 개연성」 등장 → 높은 「조직화 기량」 형성 → 생산적 우위를 점함 → 권력 잠재력의 형성 → 결국 권력으로 전환.

이 경우 소유권 자체의 정당성은 의심시되지 않는다. 이러한 점에서 선박 위에서의 의자의 점유 사례와는 차별화된다. 즉, 이 그룹이 가진 배타적 소유권이나, 타 그룹이 가진 배타적 소유권의 주장에 대한 이견은 존재하지 않는다. 이 그룹의 목적은 경쟁의 배제이다. 따라서, 그들은 "일반적으로 인정되는「소유 질서」(Besitzordnung) 내에서—이것이 문제화되는 것을 경계하면서—독점적 지위를 관철한다"(본서 270쪽). 저자는 이 사례를 통하여 자본주의의 발전단계를 비유하면서, 자본주의에서의 소유권과 자유 경쟁이 가지는 허구를 드러낸다.

일단 이러한 지위를 관철한 후, 그 지위를 유지하기 위하여 중요한 전략은 피지배자들 간의 갈등을 유발시켜 단결을 저해하는「분할 통치 정책」이다.「분할 통치 정책」은 곧「차등화」이다. 즉, "외부에 놓여있는 자들을 권력 중심과의 관계에 있어서 차별화하고, 등급을 나누며, 이러한 방식을 이용한 분할을 통하여 [외부자들 간에] 서로 상이한 '이해관심의 상황'을 만드는 것을 추구"하는 것이다(본서 272쪽). 차등화는 "이해관심들을 본질적으로 분리(Trennung)하고, 분할(Teilung), 구별(Auseinanderhalten)하는 것이다"(본서 272쪽).

차등화정책에서 중요한 점은, 측근의 양성, 다수 중 일부인 '공공'에게, 소위 중립성의 대가로「평화의 특권」이 보장함을 설득함으로써, 그들을 중립적 관망자로 유지시키는 것이다. 왜냐하면, 적이 될 수 있는 잠재력을 가진 그룹을 무력화 내지 중립화 하여야만 하기 때문이다. 그리고 나머지 천민을 수탈의 대상으로 만드는 것이다. 즉, 그룹 간의 연대를 저지하고, 각 그룹을 차등화하고 분리시키는 것이 권력 장악에 있어서의 핵심이다.

이렇게 획득된 권력은 재차 희소한 재화에 대한 독점적 소유를 위한 도구로 활용되며, 기존「권력관계」및 종속성을 확장하고 심화시키게 된다.

마지막 사례는 청소년 교화소 기숙사에서, 소년들 간의 권력 형성에 관한 에피소드이다. 이 사례는 (권력의 기원에 대한 설명은 없이 그것이 일단 주어졌다고 가정하였을 때) 구성원 간의 '재화의 재분배'를 통하여 권력이 재생산 가능하게 되는 이유를 추적하고 있다.

재화의 재분배란, 착취 대상으로부터 '빼앗아 와서' 권력의 시녀들에게 '나눠줌'을 의미한다. 권력의 시녀들은 그를 통하여 물질적 혜택을 얻을 수 있지만, 그들은 언제라도 착취 대상으로 강등될 수 있는 운명에 처하여 있다. 이러한 구조를 통하여 권력자는 소수임에도 불구하고 권력을 재생산할 수 있는데, 그 근본적 이유는 피착취자와 시녀들은 모두 권력자가 자신들 모두를 조종할 수 있는 수단을 제공하기 때문이다. 즉, 이 두 하위 계층 모두는 스스로의 무덤을 파는 격이라고도 할 수 있다. 이러한 과정에서 권력자는 그 재분배 원칙을 미소하게 수정함으로써 피지배자인 두 계층 모두에 큰 영향력을 행사가능하다. 그리고 이 두 하위 계층은 서로에게 반목하며, 그들 간의 저항의 연합은 불가능하여진다. 또한 양자 각자 모두 자체 내의 「조직화 기량」은 결핍되어 있다. 따라서, 이러한 '권력 기계'는 안정적으로 작동된다.

그런데 권력의 안정화를 위하여 보다 중요한 것은 기존의 질서가 가지는 소위 「질서적 가치」이다. 기존 질서가 도덕적으로, 정치적으로 옳고 그름을 떠나서, 이미 그 질서 하에 있는 자들은 그 질서 체계 내에 자신들의 삶의 발을 들여놓은 셈이다. 현상이 도덕적으로 옳지 못하더라도, 이미 그들은 현상의 질서에 이해관심을 가지고 있게 되는데, 이는 마치 그들이 현존의 질서에 예금을 한 것에 비유될 수 있다.

(선상의 경우에서처럼) 지배층 내의 상호 인정은 "반대 신념을 억제하고, 의견 형성을 어렵고 또한 불확실하게 만들 수 있다. 그리고 이는 동의와 「순종」이라는 특정한 성향을 구축하는 바에 기여할 수 있다". 하지만, 그러한 지배층이 가진 "「정당성의 신뢰」가 암시효과로 인하여 피지배층으로부터 확산되는 과정만으로는 그 질서의 전반적 확산과 안정화를 설명할 수 없다. 핵심적인 바는 피지배층이 기존 권력 질서가 확실하다고 (설사 그것이 도덕적으로 그르다고 하더라도), 그 질서에 자기

자신의 이해관심이 걸려있다고 믿도록 하는 것이다. 이때, 「질서의 확실성」은 그 권력 체제가 유지되는 기간이 길 수록 보다 커진다. 그리고 그러한 상태가 오랜 기간 지속되면, 인간은 예속을 자신 스스로의 자발적인 것으로 믿게 된다.

이러한 '질서적 가치의 인정'에 의하여 생겨나는 정당성을 「기본적 정당성」이라고 칭하며, 이는 막스 베버가 말한 세 가지 정당성의 유형(합리적, 전통적, 카리스마적) 보다는 덜 정당하고 덜 구체적이며, 상황 의존적인 그러한 정당성이며, 반면, 역시 막스 베버가 말한 단순한 습관적 순응이나, 이해관심을 따르는 순응보다는 보다 구체적인 정당성이라고 할 수 있다.

이렇듯 세 가지 에피소드는 「조직화 기량」, 소유권, 그리고, 현행 체제의 질서적 가치의 인정, 혹은 「기본적 정당성」이 권력의 탄생과 그 재생산에 있어서 중요한 요소임을 드러낸다. 특히 「조직화 기량」은 기본적으로 그룹 구성원 간의 도움과 나눔을 통한 연대 관계의 형성에서 탄생한다. 약자는 열등한 「조직화 기량」을 가지고 있다. 이러한 「조직화 기량」과 소유권의 확립은 권력의 획득에 있어서 필수적인 권력 수단이다. 그리고 이렇게 획득된 권력은 재차 권력 수단화되어 기존 권력 질서를 강화시킨다. 그리고, 「기본적 정당성」에 의하여 기존 권력 질서는 안정화된다.

이러한 세 가지 권력 장악의 과정은 사실 필연적인 것은 아니고, 초기부터 조직적으로 다수가 저항하였다면 회피될 수도 있는 것들이었다. 그런 의미에서 필연적인 것은 아닌, 단지 부조리한 것일 뿐이다.

권력과 지배

막스 베버의 정의에 따를 때, 지배란 제도화된 권력이다. 그런데, 지배자와 피지배자 간의 제도화된 「권력관계」에 대하여 막스 베버가 언급한 것보다는 정확히 분석이 필요하다. 이는 제도화에서 보이는 세 가지 경향을 규명하고, 지배의 단계는 역사적으로 크게 다섯 가지로 정리될 수 있음을 보여줌으로써 보완될 수 있다.

제도화의 세 가지 중요한 경향은 「비인격화」, 「형식화」, 그리고 「통합화」이다. 「통합화」란, 기존 관계들의 포괄적 질서 속에 권력이 통합되어, 그 기존 질서와 권력이 상호 간을 지지하게 되는 것을 의미한다. 그리하여 이 세 가지 경향을 통하여 제도의 안정성과 견고화가 도모된다. 즉, 제도는 지속적 구조, 신뢰성, 불변성을 가지게 되며(안정성), 사회적 관계를 "견고화", "확정", 그리고 "확인"하여, 인간의 공동체적 삶을 견고하게 구성할 수 있도록 한다(견고성). 그리고 이같은 제도화는 궁극적으로 권력 관철력의 증강과, 권력이 가진 혁신력의 증강 등의, 「권력 증강」으로 이어진다.

이러한 「비인격화」, 「형식화」, 「통합화」를 통한 권력 제도화에 있어서의 다섯 가지 단계는 다음과 같다: 「산발적 권력」 → 「규범화의 권력」 → 권력에의 지위 부여 → 지배 장치의 발생 → 국가적 지배.

「산발적 권력」은 말뜻 그대로 산발적으로 발생하여 지속되지 않는 권력이다. 이러한 산발성을 극복하는 단계가 「규범화의 권력」이다. 권력 의존자의 행위를 조종함에 더하여, 그것을 규범화시키는 경우, 「규범화의 권력」이라고 칭한다. 이는 다음의 네 가지 조건이 모두 충족되어야 한다: (i) 권력수단 소모의 최소화 (ii) 권력 행사의 반복 가능한 상황의 존재, (iii) 상대로 하여금 이행을 하도록 함을 지속적으로 관철함(행위의 규칙성), (iv) 자발적, 혹은 강제적으로 의존자의 이동성 제한함으로써 탈출구의 봉쇄. 이러한 경우, 피지배자의 순종은 규범적으로 견고화된다.

이러한 규범화는 경제 합리적이다. 즉, 올바른 행위에 대하여 의존자들이 이미 숙지하고 있기에, 매번 행위 조종을 하기 위한 노력은 불필요하다. 또한 피지배자들의 행위를 예측 가능하고, 표준화 가능하기에, 보다 대규모 작업을 위하여 끼워질 수 있다. 그리하여 수익성이 향상된다. 마지막으로 피지배자들이 숙달됨으로써 그로부터 경제성이 발생한다. 이러한 규범화 권력은 다음과 같은 경로로 발생한다: 권력 수단, 결속력의 강화 → 간헐적으로 행사되는 행위 방식의 표준화 가능 → '언제나, 그러면'(Immer-wenn-dann)이라는 방식의 순종 행위의 정착. 그런데 이에 필수적으로 수반되어야 하는 것은 규범화에 적합한 활동을 고안하는 것이며, 예를 들자면, 하곡 문명에서 보였던 대규모 치수 작업이다. 이러한 작업을 통하여 노동 조직의 지속적 안정화, 그리고 결국 지배의 안정화가 성취된다. 결론적으로 말하자면, 권력의 제도화, 안정성을 위하여서는, (i) 행위의 반복성, 예측 가능성, 규칙성을 높여야 하고, (ii) 권력의 규범화를 먼저 진행하여야만 한다.

이러한 규범화된 권력에 대하여 특정 '지위'를 부여하는 것이 세 번째 단계이다. 이는, 초개인적「권력의 위상」을 수립함을 의미하는데, 즉, 「규범화의 권력」을 수행하고, 신과 전통에 대한 해석, 불확실한 상황에서 구속력 있는 지시를 내릴 것으로 기대되는 양도 가능한 지위가 형성됨을 의미한다. 그리고 그러한「권력에의 지위 부여」가 성공하기 위하여서는 적절한 승계의 규칙이 관철되어야 한다.

이러한 지위적 권력의 원형은 (i) 전통, 소속성 의 확인, 그리고 연속성의 필요성에 의한 가부장, (ii) 소유와 관련된 각종 갈등의 해결을 위한 재판관, (iii) 외부의 침략에 대한 혹은 대량 이주를 위한 군사적 지도자에게서 찾아볼 수 있다. 그리고 그것의 형성 시기는, 그들의 필요성이 표면화되었던 신석기 시대 정착 농경 문화의 탄생 이후라고 추정된다.

이러한 세 번째 단계는 특정 개인에게로의 '개별적 지배의 지위'의 부여인데, 이러한 개별 특정인에게 부여되는 지위를 극복하는 것이,「지배의 장치」가 형성되는 네 번째 단계이다. 이는 지배자 주위에 종사단이 형성되고, 그들 간에 분업화, 행정 관할이 성립되며, 지위가 후임자에게 승계 가능한 것으로 됨으로써 지위가 지속성을 얻게 됨을 의미한다. 즉, 지배의 하수인들은 교체 가능하게 되지만, 그 지배 기능 자체는 불변한다. 그 결과, 앞서 언급한 지배의「비인격화」,「형식화」,「통합화」의 경향도 더욱 발전되고, 「권력 효과」의 중요도$^{(Geltung)}$와 강도도 또한 증가하여 더 넓은 영토의 지배가 가능하여진다.

　마지막 다섯 번째 단계는, 국가의 지배로서, 중앙 집중적 지배의 일상화이다. 국가는 "세 가지 고전적 규범 기능, 즉, 규범 설정(입법, 법규), 사법권(제재의 독점), 규범 집행(무력의 독점 포함)의 모두에 걸쳐 「독점적 추장」을 성공적으로 관철"하며(본서 335쪽), "규범의 통제에 대한 단일화"에 성공하게 된다. 물론, 그러한 독점화가 완전할 수는 없고, 또한 독점화에 따른 자의성을 견제하기 위한 「대항 권력」의 제도화 및 권력 분립도 등장한다. 이러한, 「중앙 집중적 지배의 일상화」는 제도화 과정에서의 새로운 단계이며, 이러한 지배는 편재한다. 즉, 산하 조직들이 편재하여 감시가 일상화되며, 재화 공급과 분쟁 해결도 모두 중앙 집중화된다. 이러한 체제는, (i) 법의 [강압적] 지배"$^{(Dominanz\ des\ Rechts)}$, (ii) 모든 해결의 행정 기관에로의 위탁, (iii) 개인의 "탈권력화"와 [자력 해결의] "부담 경감", (iv) 삶에 대한 판단의 「비인격화」 및 중앙 집중적 지배 체계로 통합으로 특징지어질 수 있다. 우리는 현재 「권력의 제도화」의 최종 단계에 이미 도달되어 있다.

5. 본서의 주요 논점

권력은 불가피한 인간 조건: 철학적 인류학의 시각

본서는 권력에 대한 철학적 인류학의 백미로서, 어떠한 특정 시점에서의 권력의 모습을 분석하는 것이 아니라, 인류학적으로 발견되는 특징들의 저변에 존재하는 보편적 타당성을 가지는, 권력에 대한 철학적 연구이다. 즉, 어떤 특정한 역사적 형태의 사회가 아닌, '보편적 사회'를 인간과 더불어 상존하는 권력과의 연관하에 분석하고 있다. 저자는 다음과 같이 언급하고 있다:

> 권력 개념에 암묵적으로 포함된 「인류학적 개념화」는 이론적으로 명확히 밝혀져야 한다. 그리고 이렇듯 상정된 권력에 내재된 보편성도 [다음과 같은 질문에 답함으로써] 정초 되어야만 한다: 즉, 인간이 인간에 대하여 가지는 권력은 무엇에 기반하는가? 어떠한 「행동의 본원적 역량」과 "능력"이 타인을 압도하기 위하여 우리에게 처분 가능한가? 왜 「권력관계」는 구성 가능하고 또한 재구성 가능한가?(본서 20쪽).

포피츠에 의하면 "권력은 인간 조건에 깊이 뿌리박혀 있으며, 따라서, 모든 사회관계의 한 단면이라고 할 수 있다. 따라서, 권력이 존재하지 않는 사회란 말뜻 그대로의 유토피아에 불과하다"(Göttlich & Dreher 2017: XV).

그리하여 저자는 다음과 같이 말한다: "그리하여 권력은 편재한다. 「권력으로부터 자유로운 공간」이나 지배로부터 자유로운 담론을 찾는 것은 단지 사변적으로만 고민할 필요가 있는 하나의 난제에 불과하게 된다"(본서 12쪽). 이러한 그의 입장은, 하버마스(Jürgen Habermas)적 견해와는 상반되며, 포피츠에 의하면 (하버마스의) '지배에서 자유로운 담론'(herrschaftsfreier Diskurs)이라는 것은 단순한 사변적 상상이다(Göttlich &

Dreher 2017: XXIII).[589]

그럼에도 불구하고, 포피츠는 (마치 전기 푸코의 입장에서 엿볼 수 있는) 인간은 권력에 항상 지배될 수밖에 없다는 일종의 숙명론에 도달하지는 않는다. 권력이란 인간 행동에 의하여 필연적으로 결과되는 것이며, 또한 인간에 의하여 변화될 수도 있는 '인간적 소산'이기 때문이다. 즉, 권력 구조는 인간에 의하여 만들어지며, 따라서 변화될 수 있기 때문이다(Teymoori 2020: 170).

권력의 정형화

포피츠의 권력의 정의는 다음과 같은 막스 베버의 고전적 정의로부터 출발한다(각주 40 참고).

> 권력이라는 것은, 어떠한 사회관계 내에서, 그 권력의 행사에 있어서 [상대방의] 저항에도 불구하고 [상대방에 대하여] 자신의 의지를 관철할 수 있는 여하한 원천의 '기회'들을 의미한다. 그 기회가 무엇에 근거하고 있더라도 그러하다(Weber 1922: 13f; 1978: 53; 2019: 134).

그런데, 막스 베버는 "모든 생각 가능한 어떤 한 인간의 특질과 모든 생각 가능한 상황들도 어떤 사람을 그 주어진 상황에서 자신의 의지를 관철할 수 있는 위치에 놓이게 할 수 있기에" '권력'이라는 개념은 사회학적으로 보았을 때 '무정형적'이라고 언급하였다(Weber 1922: 603; 1978: 942). 그리하여 베버는 권력이 아닌 '지배'의 형태를 규정하고자 하였으며, "그[권력]에 비하여 사회학적으로 볼 때 지배(Herrschaft)라는 개념은 더 정확하며, 어떤 명령에 대한 순응을 찾을 수 있는 기회만을 의

---

[589] 각주 39 참고.

미할 수 있다"(Weber 1922: 603; 1978: 942)라고 언급하였고, 지배의 형태를 그 유명한, 전통적 지배, 합법적 지배, 카리스마적 지배라는 세 가지 이데알 타이프(Ideal Typus)로 분류한 바 있다. 이때, 이데알 타이프는 현실적으로는 존재하지 않을 수 있지만, 우리의 '이해'를 돕기 위한 하나의 도구이며 현실에서는 이러한 구분이 명확하지 않고 혼재되어서 나타난다고 생각하였다.

반면, 포피츠에 의하면, 권력은 "무정형한 것"이 아니며, 권력이 관철되는 모습을 기준으로 할 때, 그는 네 가지의 더 이상 환원할 수 없는 근본적 형태로 정형화하여 분류될 수 있다고 보았다. 포피츠의 의미에서는 이 같은 네 가지 형태는 베버식의 이데알 티푸스는 아니고, 인류학적인 측면에서 실제로 현실에서 관찰되는 모습이다.

그 네 가지 권력의 형태에 대하여 간단히 말하자면, 「행동 권력」이란 '상과 벌'을 통하여 행사되는 물리적 무력적 권력이며, 가장 직접적인 권력 행사의 방식이라고 할 수 있다. 「도구적 권력」이란, '위협과 희망(약속)'을 통하여 행사되는 권력이고, 그러한 면에서 「행동 권력」과 비교하였을 때 실제적인 물리적 무력을 행사하지 않는 권력이다. 「권위적 권력」이란, 피권위자의 심리상 내면화를 동반하는 「내적 권력」으로서, 다시 말하자면 피권위자에 대한 '권위적 속박'으로서의 권력이다. 이는 앞서 말한 두 가지 차원의 권력에서 보이는 행태적인 측면과는 다른 차원의 권력이라고 할 수 있다. 마지막으로 「데이터설정 권력」이란, '인공적 창조물'의 통제 및 조작을 통하여 타인의 행위를 지배하는 권력이다. 이때의 '데이터'란 인간에 의하여 창조된 것을 말하며,[590] 이러한 종류의 권력은 다시 말하자면, 인간의 '기술적 행동의 권력'이다(본서 2장에서는 이같은 네 가지 권력에 대한 개요를 제시하고 있으며, 이후 3장-7장에

---

[590] 그 의미에 대하여서는 각주 107 참고.

서는 각각에 대한 상세한 분석을 하고 있다). 참고로, 이「데이터설정 권력」에 대한 저자의 분석은, 저자가 본서에서 대상으로 삼는 각종 인간의 창조물뿐만 아니라, 현재 디지털/인공지능 시대에 있어서 기술이 인간의 행태를 조종하는바에 있어서 유용한 분석 도구라고 할 수 있다(Teymoori 2017: 174).[591]

이 네 가지 형태의 권력 관철의 모습은 모두 인류학적인 근거를 가지고 있다. 또한 유아로부터 성인으로의 발달 과정에서도 발견된다(Göttlich & Dreher 2017: XVII). 그런데, 포피츠의 연구는 이러한 인류학적 현상들의 관찰에 그치는 것이 아니라, 그에 대한 철학적 분석을 시도하고 있다.

이같이 막스 베버에 의하여 '무정형적'이라고 간주되었던 권력을 '정형화'하려는, 즉, 형태를 부여하는 시도는 스티븐 룩스에 의하여서도 시도된 바 있다(룩스 2024). 룩스는 그에 따라 **1차원적**, **2차원적**, 그리고 **3차원적** 권력으로 분류하였는데, **1차원적 권력**이란 갈등과 권력 행사가 관찰 가능한 경우에 있어서의 권력이며, **2차원적 권력**은 소위 '기울어진 운동장'의 권력, '체제의 편향성'을 동원하는 권력, 내지는 '조직적으로 어떠한 사안을 배제'(organized-out)하거나 '포함하는'(organized-in) 권력(Schattschneider 1960:71)이다. 다른 말로는 '의제 설정 권력'(Agenda Setting Power)라고 불릴 수 있으며(Strange 2015/1988: 31), 관찰 가능하지 않을 수 있다. **3차원적 권력**이란, "상대의 의식과 선호를 통제하거나 욕망과 신념을 조형하여 [스피노자적 의미에서] 상대가 자신의 본성과 판단에 따라서 사는 것을 저해함으로써 상대방의 선택을 제약하고, 자발적 동의, 즉 순응을 확보하는 역량"으로서의 권력이다(룩스 2024: 129). 이는 다시 말하자면, '타인 또는 타인들의 의지와 기쁨'(pleasure)에 대한 지속적 의존관계를

---

[591] [역주] 이에 관련된 중요한 현대적 저술은 Zuboff(2019, 한글 번역: 주보프 2021)이다.

만드는 권력"이다(룩스 2024: xlix).

포피츠가 정형화하려고 시도한 바는 권력이 '관철되는 방식', 즉 상대에게 권력이 어떠한 방식으로 실행되는가에 따른 분류인 반면, 룩스는 권력이 의식으로부터 은폐되는 정도에 따라 분류하고 있다는 점에서 차이가 있다. 그리하여 포피츠와 룩스의 분류법은 물론 정확히 상응하지는 않는다. 양자는 권력의 서로 다른 측면에 중점을 두고 있기 때문이다. 대체로 룩스의 3차원적 권력은 포피츠의 권위적 권력과 그 범위가 유사하다고 말할 수 있을 뿐이다.

포피츠와, 마이클 만(Michael Mann)의 소위 IEMP 모델에 포함된 네 가지 권력의 원천, 즉, 이데올로기적(Ideological), 경제적(Economic), 군사적(Economic), 그리고 정치적(Political) 권력을 비교하는 것도 유익하다. 만의 입장은 권력과 지배를 이러한 네 가지 사회적 조직화의 '결과'로서, 즉, 권력을 조직화 역량으로서 조망하는 거시적 입장이라 할 수 있다. 반면, 포피츠의 입장은 인간의 인류학적 특성에서 출발하는 미시적 입장을 견지하고 있다(Hearn 2017).

데니스 렁(Dennis Wrong)도 또한 막스 베버의 권력에서 시작하여, 그 유형을 무력(force), 조작(manipulation), 설득(persuasion), 그리고 권위(authority)로 분류한 바 있는데(Wrong 2002), 특히 그가 말하는 권위는 대체로 막스 베버의 지배(Herrschaft)에 해당된다. 막스 베버, 그리고 포피츠와도 마찬가지로 그는 권력자의 행동이 타인에게 미치는 영향과 통제에 주목을 하고 있다. 중요한 차이점은 데니스 렁의 경우에는 '왜 우리는 따라야 하는가'라는 측면에 주목하고 있다면, 포피츠는 '왜 우리는 따르게 되는가'라는 측면에의 강조라고 할 수 있고, 전자는 포피츠에게서 보이는 위협과 공포, 희망 등의 미시적 분석이 없다(Hearn 2017).

특히 마이클 만과 데니스 렁의 경우에 있어서는 권력을 일종의 체제의 속성으로 간주하고 있는 반면, 포피츠는 미시적으로 그것을 인류학적인 인간 조건으로 간주하고 있다는 점이 큰 차이이다. 즉 포피츠에 의하면, 인간은 권력에 취약하며 이렇듯 권력에 의하여 규정된다는 면은 인간의 실존적 상황이라고 할 수 있다.

위와 같은 다양한 권력론의 중요한 공통점은, 그들 모두는 막스 베버에서 출발하는 권력에 대한 인과론적 관점을 유지한다는 사실이다. 이를 권력에 대한 '원인-결과' 모델, 'A-B' 모델, 혹은 'Agency Model'이라고도 칭할 수 있다. 즉, 권력의 행사에는 것은 어떠한 원인, 혹은 작용인이 존재한다는 것이다. 이는 마치 당구공이 움직이기 위하여서는 어떠한 충격이 가해져야만 함을 의미한다. 이는 권력을 '소통을 위한 매개체'로 보는 루만의 권력론과는 그 출발점이 상이하다고 할 수 있다.[592] 하지만, 본서에서 역자가 강조하였듯이, 루만과 포피츠가 가지는 기본적 통찰에서는 많은 유사한 점을 발견할 수 있는데, 특히, 제재의 위협과 포상, 희망과 두려움 등의 양자 택일적 선택지의 제시에 의한 권력 행사, 권력의 원천으로서의 불확실성 등이 그 예에 속한다.

인정의 메커니즘

포피츠에 있어서는 공포와 희망, 그리고 인정(Anerkennung)이라는, 인간의 실존적, 심리적 요소가 '권력의 작동 메커니즘'으로 등장한다. 공포와 희망은 (그것이 실제로 행사되는지 여부에 있어서는 차이가 있을지라도) '행동 권력'과 '도구적 권력'에서, 그리고 '인정'은 '권위적 권력'이 작동하는 핵심 요소로서 나타난다. 이때 인간이 가진, 인정을 구하는 취약성은 결국 그러한 인정을 부여하는 자에게 권력을 부여한다. 물론 '인정'의

---

[592] [역주] 참고로, 루만의 권력론(Luhmann 2012)은 그 압축성, 사변성으로 인하여 매우 난해한 저술로 알려져 있기에, 일반 독자들에게는 절대로 권하고 싶지 않다.

메커니즘은 피히테나 헤겔에서도 보이나, 이러한 '인정'을 통한 권력 형성이라는 인과성은 포피츠의 체계에서만 보이는 독특한 측면이다.

현실적 상황으로의 구체화: 세 가지 에피소드

본서에서 포피츠는 이러한 권력에 대한 단순한 철학적 분석에 머무르지 않고, 이를 현실적 상황에서 구체화시킨다. 그러한 목적을 위하여 가상의 세 가지 에피소드를 제시한다: **크루즈 선상**에서의 우월한 조직력을 바탕으로 한 의자의 점유 및 소유, 그리고 그러한 소유권의 지속, **포로수용소**에서 연대감의 형성과 노동분업을 통하여 유용한 생산 수단을 제조하고, 타인들의 경쟁을 배제함으로써 독점의 유지, 그리고 **청소년 교화소**에서 계층적 질서의 유지를 통한 지배관계의 재생산이 각각의 예이다.

이러한 예들은 물론 실제적 상황은 아닌, 일종의 가상적 현실이지만 그럼에도 불구하고, 이러한 예들은 우리 주변의 현실적 상황에서 흔히 발생할 수 있는 것들이다. 그리고 이러한 예들을 통하여 저자는 네 가지 형태의 권력이 어떻게 실제적으로 실행될 수 있는지를 묘사하고 있으며 궁극적으로는 데이비드 흄의 질문, 즉, "왜 소수가 다수를 지배할 수 있는가"에 대한 대답의 단초를 제공하고 있다.

참고로, 저자의 이 세 가지 에피소드는 독일의 사회과학 강단에서는 자주 인용되는 유명한 사례이다(Göttlich & Dreher 2017: XIX).

권력의 제도화: 비인격화, 형식화, 통합화

앞서 언급한 행동 권력과 도구적 권력 그 자체로만은 「권력관계」의 안정성과 지속을 보장하지는 못한다. 소수의 다수에 대한 「권력관계」의 지속과 안정을 위하여서는 그 이외의 추가적 요소가 필요한바, 소수의 유대감, 협동, 그리고 우월한 조직 역량이 필요하고, 희소하면서 유용한 자원에 대한 통제, 그리고 소수그룹 내부의 상호 인정이 중요한 메커니즘으로 보인다. 그리고 이러한 권력 질서가 안정적으로 정착이 되는 경우, 그 권력 질서는 사람들에게 「질서적 가치」를 가지는 것으로서 인정의 대상이 되며, 이를 포피츠는 '기본적 정당성'이라고 부른다.

본서의 마지막 장에서 저자는 권력이 제도화되는 모습, 즉, **비인격화**, 「**형식화**」, 그리고 사회 질서에 **통합**되는 과정을 인류학적, 역사적 시각에서 조망하고 있다. 그리하여 권력은 우리 삶에 일상화된다. 이러한 '권력의 제도화'는 막스 베버가 말한 '지배'(혹은 통치)의 양상에 대하여 내용적 깊이를 더하고 있다.

본서의 입장

본서는 베버와 마르크스적인 권력 연구의 패러다임을 결합한 연구라고 할 수 있다(Harrington 2018). 물론 본서에 가장 지대한 영향을 미친 것은 막스 베버라고 하여도 과언은 아니다. 이는 본서에서 베버가 자주 인용되고 있음에서도 엿볼 수 있다. 그런데, 권력이라는 '개념 그 자체'에 대하여서는 막스 베버적인 입장에서 출발하고는 있지만,[593] 상세한 분석은 다루고 있지 않다.

본서에 영향을 미친 또 다른 축은 니체의 '권력에의 의지'라고 보는 견해도 충분히 납득될 수 있다. 비록 니체와는 동일하지는 않더라도, 저자가 어떤 형태의 인간의 상호 교류하에서도 한 인간이 타인에 권력을 행사하려는 모습을 보여준다는 면에서 볼 때, 비록 니체로부터의 영향은 본서에는 직접적으로 명시되어 있지는 않지만, 그 저변에 흐르는 생각이라고 간주될 수 있다(Göttlich & Dreher 2017: XX).

전술한 바와도 같이 저자는 권력은 편재하고 있다고 주장함에 있어서는 푸코와도 유사하나, 막스 베버적 입장의 권력에 출발하고 있다는 점에서 저자는 다분히 권력은 의식적으로 권력자의 '의지'에 따라서 행

---

[593] 본서 13쪽을 참고.

사된다는 입장을 취하기에 차이가 있다. 푸코에 의하면, 권력의 "네트워크의 그물망 사이에는 원초적 자유(libertés élémentaires)가 들어설 범위란 존재하지 않는다"(Foucault 1980: 142). 그리하여 "권력은 어디에나 편재하며 그 [권력의] 효과와 독립적으로 형성되는 인격이란 존재할 수 없다"(Foucault 1980: 150). 푸코에 의하면 권력은 인간 주체와 지식을 조형하며, 주체를 대상으로 만드는 '대상주체화'(subjectification)를 행하여 '유순한 신체'(corps dociles)를 만들며, 이로부터는 권력자와 피권력자 모두가 자유롭지 않다.

본서는 권력자가 어떻게 최소의 힘의 지출을 통하여 최대한 경제적 방법으로 권력을 획득하며, 보존하고, 신빙성 있는 권력의 구조를 형성하는가에 대한 논의에 중점을 두며, 반면 옳고 그름, 자유, 올바른 삶, 계몽 등의 어떠한 규범적 가치 판단은 내리고 있지 않다. 이러한 점에서 일부 독자들은 불만스럽게 느낄 수도 있다(Harrington 2018). 그리고 저항의 문제에 대하여서, 그리고 혹은 주어진 「권력관계」에 따라 인간의 마음이 변형되는 과정에 대하여서는 모호하게 남아 있는 것도 사실이다(Teymoori 2020: 173).

또한 동시대의 주요한 권력 이론, 즉, 루만, 룩스, 푸코, 그람시, 하버마스, 아렌트, 그리고 데니스 륑 등에 대한 언급이 없다는 점은 아쉬운 점이라고 할 수 있다(Poggi 1986: 555). 이러한 가치 판단의 문제와 여타 권력 이론가들과의 비교라는 두 가지 측면은, 본 역자가 이미 출판한 룩스의 『권력이란 무엇인가』(2024)를 독자들이 함께 겅우 충분히 보완될 수 있으리라고 생각한다.

본서의 확장성

본서의 장점은 단순히 사변적 철학 이론에 그치는 것이 아니라, 본서에 등장하는 각종 사고와 분석의 틀을 현실 세계를 이해하는 도구로서 활용될 수 있다는 점에 있다. 최근의 예를 들자면 본서의 통찰을 적용한 최근 연구는, 권력이 도시계획에 있어서 미치는 영향에 대한 분석(Balestrieri 2014), 무력에 대한 연구(Beck 2011), 디지털 시대에 있어서의 권력에 대한 분석(Garrett 2018), 파농(Fanon. F.) 등에서 보이는 '비판적 현상학'(Critical Phenomenology)과의 접목(Pearl 2018), 국가와 무력 독점의 문제(Anter 2020) 등이 있으며, 역자의 견해로는 본서에서 제시된 통찰은 향후 정치학, 사회학, 경제학 등의 영역으로 확장될 수 있을 것으로 믿는다.

역자 용어 해설

I. 권력(능력), 힘(에네르기), 무력(폭력, 강권, 위력)

독일어에서는 Macht(권력, 능력), Kraft(힘, 에네르기) 그리고 Gewalt(무력, 폭력, 강권, 위력)가 구분되어서 사용된다. **Macht**는 주로 인간 간에 행사되는 힘이나 영향력이다. 단, 본서의 용법에서의 Macht는 동물이나 환경에도 적용가능한 능력 또한 포함하는 포괄적 개념인데, 사회적 맥락에서 행사되는 권력은 별도로 「**사회적** 권력」^(soziale Macht)이라고 칭하고 있다. 반면 독일어 **Kraft**는 주로 물리적, 신체적인 힘, 혹은 사물에 내재된 고유의 에네르기를 지칭한다. 그리고 **Gewalt**는 주로 무력이나 폭력을 동반하여 행사되는 힘^(Kraft)으로서의 권력^(Macht)을 말한다. 타 언어에서의 용법에 관하여서는 각주 65, 67, 69 참고.

II. 능력, 본원적 역량, 기량, 가능성, 잠재력, 잠재역량, 증강역량

본서에서는 능력 내지는 「역량」을 지칭하는 Potential, Potenz, Potenzierbarkeit, Können, Vermögen, Fähigkeit 등의 다양한 용어들이 등장한다. 이들 간의 차이는 미묘한데, 그럼에도 불구하고 차별화하기 위하여 번역상 다음과 같이 구분하였다.

(1) **Potential(잠재력)**은 일종의 가능성으로서, 현재에는 나타나지는 않지만 미래에는 발현될 수 있는 성질의 것이다. '잠재력'으로 번역하였다 (예: 국가의 성장 '잠재력').

(2) **Potenz(잠재역량)**은 일반적으로 어떤 대상이 내재적으로 가지고 있는 힘이나 효능을 지칭하며 즉시 작용될 수 있는 것이다. 이는 「역량」 혹은 "효능"으로 번역하였다 (시민운동의 「잠재역량」, 약의 "효능").

(3) **Potenzierbarkeit(증강역량)**은 힘이나 효과를 증대시키거나 강화할 수 있는 가능성을 의미한다.

(4) **Können(능력)**은 어떤 행동을 하기 위한 실용적 기량 내지는

실제적 능력을 의미하는데, 구체적이고도 특정한 상황에 적용되고, 당장 실현 가능하며, 내재되어 있는「역량」이 아니라 후천적으로 습득한 것을 주로 지칭한다(예: 피아노를 치는 능력, 그의 영어 능력). 참고로, 본서에서 자주 등장하는 **Fähigkeit**는 다소 '기량'의 의미가 강하지만 많은 경우 Können과 구별 없이 사용되고 있기에 이 또한 '능력'으로 번역한 경우도 있다.

(5) **Vermögen(본원적 역량)**은 능력(Können)에 비하여 보다 **내재적인** 보편적 추상적 능력을 지칭하는데, 철학적 맥락에서 많이 사용된다. 위의 '능력'과 구분하기 위하여 다소 어색하더라도 이를 "「본원적 역량」"으로 번역하였다. 이는 물리적, 지적, 그리고 사회적인 것을 모두 포괄하며(예: 인간이 가진 언어적「본원적 역량」), 경제적인 면에 있어서는 '자산'을 의미한다. 본서에서는 칸트가 권력 행사를 가능하게 하는 내재적인 보편적 역량을 의미하는 용도로 (마치 그가 오성이 현상들을 이해할 수 있도록 하는 순수 개념으로서 '범주'(Kategorie)를 도입한 것과도 유사하게) 사용하고 있는 문구를 인용하고 있다(본서 23쪽).

(6) **Fähigkeit(기량)**은, 능력에 비하여 보다 구체적이며 후천적으로 개발되거나 교육될 수 있는 능력이며, 기술적 능력이라고도 볼 수 있다. Können(능력)은 이러한 기량을 발휘할 수 있는 자질이다(예: 피아노의 건반을 두드리는 '기량'과 피아노 연주를 잘할 수 있는 '능력'의 차이).

(7) **Möglichkeit (가능성)**: 주로 어떤 것이 실현될 확률 혹은 개연성의 의미에서의 가능성을 의미한다.

(8) 그리고 이 단어들을 사용한 복합어들은 Handlungspotenz(행동 역량), Handlungsfähigkeit(행동 기량), Handlungsvermögen(행동의 본원적 역량), Durchsetzungsvermögen(관철의 본원적 역

량) 등과 같이 번역하였다.

III. 관념, 개념, 표상

본 번역에서는 점진적으로 개념적 엄밀성이 증가되는 정도에 따라 '**표상**'(혹은 상상)^(Vorstellung), '**관념**'^(Idee), 그리고 '**개념**'^(Begriff)을 구분하였다. 저자는 대체로 칸트-헤겔적인 용법을 따르고 있는데, '표상'이란 주관적, 직관적이며 가끔 부정확한 사물에 대한 인식이며, '관념'은 보다 고차원적인 인식인데, 이는 종종 (실제로는 실현되지 않을 수도 있는) 대상의 목적과 규범적 측면을 강조하고 있다. '개념'이란 가장 정확하고 체계적이며 분석적인 철학적 인식을 의미한다. 참고로 '표상'은 경우에 따라서는 '상상'으로 번역하였다.

IV. 분리, 분할, 구별

이 세 가지 형태는 다른 뉘앙스를 가진다. '**분리**'^(Trennung)는 하나로 있던 것을, 경계를 설정하여 나누는 행동이다(예: 정치와 종교의 분리). '**분할**'^(Teilung)은 부분으로 쪼개어 각기 독립적으로 기능하게 하는 구조적인 성격을 가진다(예: 영토의 분할). '**구별**'^(Auseinanderhalten)은 상이함 혹은 차별성을 유지시키는 행위를 말한다.

V. 사용, 씀, 이용, 유용함, 활용

본서에서는 「**사용**」^(Verwenden)과 '**씀**'^(Gebrauch), 그리고 '**이용**'^(Nutzen)을 구분하여 번역하였다. 「사용」은 목적 혹은 의도를 가지고 쓴다는 의미를 가지고 있으며, 보다 형식적이며, 구체적인 대상을 지칭하지 않는다는 면에서 추상적이다. 반면 '**씀**'은 보다 구체적으로 어떤 특정한 것을 실용적으로 이용한다는 의미를 가지고 있고, 일상적으로 사용되는 표현이다(동사형은 '쓰다'). '**이용**'은 어떤 효용을 얻기 위하여 어떤 것을 쓰는 행위이다. 독일어 Nutzen은 문맥에 따라 '유용함'으로 번역하기도 하였다. 마지막으로 **'활용'**^(명사형 Ausnutzung, 동사 ausnutzen)의 독일어 원래의 뜻은 자기 이기심을 위하여 충분히 이용하다, 혹은 '착취하다' 내지는 '악용하다' 등의 다소 부정적인 뉘앙스를 가지고 있는데(영어의 take advantage of, exploit), 위의 '이용' 혹은 '사용'과 구분되는 한국어로 적절한 번역어가 없기에, 다소 부정확하더라도 '활용'으로 번역하였다.

VI. 소유, 소유권, 재산권

독일어의 소유^(Besitz), 소유권^(Eigentum), 「재산권」^(Eigentumsrecht)은 각각 다른 의미를 가진다.

(1) 「**소유**」(혹은 「점유」)란 법적 소유와는 상관없이 어떤 대상을 실제로 사용 및 통제함을 의미하며, 예를 들어 세입자는 그 집에 대한 「소유권」이 없더라도 그 집을 점유하고 사용할 수 있다. 참고로, 독일어 besitzen(명사형 Besitz)의 원래적 의미는 '~의 위에 앉다', 혹은 '점유하다'이다. 즉, 어떤 장소나 사물에 대하여 그 장소에 물리적으로 있음으로써 통제한다는 의미이고, 결국 '소유'를 의미하게 되었다.

(2) 「**소유권**」은 어떤 대상을 소유하고 있음에 대한 법적 지위이며, 그 소유권자에게 그 대상을 사용, 이전, 그리고 타인을 배제할 수 있는 권한을 부여한다.

(3) 반면, 한국어에서는 적절한 번역어가 없어 부득이 「**재산권**」으로 번역한 Eigentumsrecht은 「소유권」에서 파생된 개별 특정 권리를 일반적으로 의미하며, 그 개별 요소에 대한 권리로서의 「재산권」은 그 「소유권」을 상실함이 없이 수정되거나 제한되거나 혹은 이전될 수 있다. 예를 들어, 주택의 「소유권」에 근거하여 그 주택을 임대하거나, 혹은 저당을 잡히는 경우, 그

기간동안 주택을 내가 사용하거나 혹은 매각하는 「재산권」은 제약되지만 「소유권」은 불변한다.

VII. 조형 가능성, 가소성, 성형성, 반응성

본서에서 언급되는 「가소성」(可塑性 Plastizität), 「조형 가능성」(Modellierbarkeit), 「성형성」(成形性 Formbarkeit), 그리고 「반응성」(Reagibilität)은 유사한 의미를 가지나, 약간의 뉘앙스의 차이가 존재하기에 굳이 구분하여 번역하였다. 「가소성」이란 물체가 외부의 힘에 의하여 변형된 형태가 유지될 수 있음을 의미한다. 「조형 가능성」은 어떤 목적에 맞게 '의도적'으로 변형될 수 있음을 의미한다. 그리고 「성형성」이란 외부적 힘에 의하여 변형될 수 있는 소질이지만 그 바뀐 성질이 지속적으로 유지될 필요는 없음을 의미한다. 「반응성」은 다양한 종류의 사회적 구도, 혹은 사회 체제를 쉽게 받아들여 적응하는 성질을 말한다.

VIII. 자기존중감, 자기감, 자기의식

본서에서는 유사한 의미를 가지는 다음의 세 가지 단어를 구분하였다. (1) 「**자기존중감**」(Selbstwertgefühl): 자기 존재가 가치 있음을 느끼는 것. (2) **자기감**(Selbstgefühl): 자기가 존재하고 있음을 단지 즉각적, 감정적으로 느끼는 것. (3) 「**자기의식**」(Selbstbewußtsein): 위의 '자기감'에 비하여 보다 성찰적이고 깊은 인식.

IX. 정당, 정당성, 정당함, 정당화, 정당화 과정, 합당

본서의 번역상, '**정당**'과 '**합당**'을 구분하였다. 예를 들어, 본서에서 사용된 전자의 용법은 '정당함'(Legitimation)/「정당화」(Legitimierung)/ '정당성'(Legitimität), 그리고 후자의 경우는 「합당화」(Rechtfertigung)/「합당화」된'(rechtfertigt)이 있다. '**정당**'은 그것이 어떤 행위가 주어진 사회적, 정치적,

법적 질서에 비추어 '**외적**'으로 사회나 타인에 의하여 부합되는지 혹은 **사회나 타인에 의하여 인정**되는지의 여부에 관한 판단이며, '**합당**'은 그 행위가 합리적, 도덕적, 사회규범적, 법적으로 방어될 수 있는지에 관한 주로 '**내적 추론**'에 관련된 것이다.

독일어 「정당성」, 「정당함」, 「정당화」, 「정당화 과정」(Legitimierungsprozeß)은 각각 다소 상이한 의미를 가지고 있다. 「**정당성**」은 '**내재적 속성**'을 의미하며, 도덕적, 정치적 혹은 사회적인 것을 포괄한다. 「**정당함**」으로 번역한 'Legitimation'는 그렇게 되어 있는 '**상태**'를 의미한다. 「**정당화**」는 그렇게 되어가는 **과정**을 표현하는 것으로서, 「**정당화 과정**」(Legitimierungsprozeß)과 거의 유사한 의미로 사용된다(단 후자는 그 과정에 대하여 보다 강조하는 차이를 보인다.).

X. 존재, 존재양태, 현존재

헤겔 철학에 있어서의 **존재**(Sein)는 순수한 존재 그 자체임에 반하여, 「**존재양태**」(So-Sein)는 어떤 것이 존재하는 특정한 방식을 지칭하는데, 종종 '그렇게 있음'으로 번역되기도 한다. 그리고 「**현존재**」(Da-Sein)는 순수한 존재(Sein)임을 넘어서, 어떠한 특정한 방식으로 결정된 존재, 혹은 '여기 있음'을 의미한다. Dasein은 문맥에 따라서 '생존'으로 번역하기도 하였다.

XI. 지배, 강압적 지배, 통제, 통제처분

독일어 Beherrschung(통제, 영어 control), Verfügung(통제처분, 영어 control and disposal), Herrschaft(지배, 영어 rulership, domination) 그리고 Dominanz(지배, 영어 domination)는 종종 구분 없이 '지배'로 번역되고는 한다. 하지만 각자의 뉘앙스에는 다소 차이가 존재한다:

(1) Beherrschung(통제)는 주로 단기간에 어떤 것을 통제하는 행위 자체, 혹은 그렇게 통제하는 능력을 치칭한다(예: 대중의 통제,

행위의 통제).

(2) **Verfügung(통제처분)**은 단순히 통제하는 것이 아니라 그것을 마음대로 '사용하거나 처분한다'라는 의미를 가진다.

(3) **Herrschaft(지배)**는, 저자의 사용법에 따르자면, 보다 체계화되고 제도화된 형태의 지배를 지칭한다.

(4) 반면 **Dominanz(지배)**는 라틴어 *dominium*에서 유래된 단어로서, 대체로 자연적, 기질적 우월성에 근거하여 타인을 지배함을 의미한다. 라틴어 *dominium*은 원래 주인, 혹은 노예 소유자의 뜻이며, 이는 *domus*(형용사로서 '가족의', '가계의'의 의미)에서 유래되었는데, 후자는 집에서 일하는 하인을 지칭할 때 쓰였다. 따라서 다소 '**강압적**'인 형태의 지배라는 뉘앙스를 가진다.

(5) **Herrschaft와 Dominanz**는 영어 번역 시에는 구분이 없이 모두 domination으로 번역되는 경향이 있으나, Tribe교수가 Max Weber가 사용한 Herrschaft라는 용어에 대한 해석에 따르자면, Herrschaft의 정확한 번역은 오히려 rulership(통치권)이 되어야 한다고 한다. 왜냐하면 domination[Dominanz]으로 Herrschaft를 번역하면 '강압적' 성격이 너무 강조된다는 것이다(Weber 2019: 472-3).

(6) 본서에서의 Herrschaft의 용법이 과연 Max Weber적인 용법인 '**통치권**'[rulership]의 의미를 따르고 있는지를 판단하는 것은 역자의 능력 밖의 사안이다(물론 저자는 막스 베버에 의하여 강하게 영향을 받았다)

(7) 마지막으로 언급할 바는, 한국어에서는 Herrschaft와 Dominanz를 각각 구분할 단어가 적당하지 않기에 양자 모두 '**지배**'로 번역하되, 원문이 **Dominanz**로 표기된 경우에 한하여서는 독일어를 병행 기재하고, 그 앞에 중괄호로 '**강압적**'을 삽입하여 구분하기로 한다.

XII. 행동과 행위

행위$^{(Verhalten)}$는 **무의식적** 작위도 포함하는 포괄적 개념임에 반하여 행동$^{(Aktion,\ Hanndlung)}$은 **의식적** 작위이다.

소포클레스 안티고네 인용문 전문

다음은 소포클레스의 안티고네 중, 본서에서 인용된 부분의 전문이다(Sophocles 1962: 331-375). 본서에 실린 독일어 번역이나, 영문본에서 사용한 기존의 번역은 모두 그리스어 원문을 '의역'한 것이기에, 정확한 원래의 의미를 파악하기 어렵다. 아래의 번역은 역자가 그리스어 원문을 가급적 '직역'한 것이다.

(331-337)

세상에는 막강한 [혹은 놀라운, 무서운] 것들$^{(tà\ deinà)}$이 많지만,

인간보다 막강한 [혹은 놀라운, 무서운] 것은 없다.

그는 회색빛 바다를 건넌다.

남풍을 타고,

거센 파도에 둘러싸여,

신들$^{(theôn)}$의 격랑 속에 잠기면서도.

(338-341)

그리고 모든 신들 중 가장 높으며,

영원하고 결코 지치지 않는 대지$^{(Gân)}$

회전하는 쟁기와 길든 말을 이용하여,

해마다 그녀를 일군다$^{(apotrýetai)}$.

(342-353)

가벼운 정신[혹은 깃털]을 가진 새 무리를,

그물로 감싸 붙잡고,

야생 야수 무리와

바다의 해양 종류들을,

정교하게 짜인 그물로 [붙잡는],

영리한$^{(periphradês)}$ 인간.

[그는] 또한 기술[혹은 도구]$^{(mēkhanâis)}$로써

야생을 조종[혹은 정복]한다$^{(krateî)}$,

산을 떠도는 무성한 갈기를 가진 야수들을.

그리고 멍에로

거친 갈기를 가진 말과

산에 사는 거친 황소를 조종[혹은 정복]한다.

(354-359)

그는 언어$^{(phthégma)}$를 배운다.

그리고 바람처럼 빠른 생각$^{(phrónēma)}$과,

도시$^{(ásty)}$를 다스리는$^{(nómos)}$ 열정$^{(orgás)}$을,

밖의[혹은 열린 공간의]$^{(hypaíthrios)}$ 가혹한 서리와

화살 같은 비를 피하는 법을.

(360-364)

그는 모든 자원을 가지고 있기에 [혹은 풍부하기에]$^{(pantopóros)}$

미래$^{(to méllon)}$를 제외하고는

나아감에 있어 '수단 없는'$^{(áporos)}$ 경우가 없다.

오직 한 가지, 저승$^{(Háidēs)}$만은 피하지 못한다.

[그리고] 치유할 수 없는 병도 치료한다.

(365-367)

창의로운 자$^{(to mēchanóen)}$는 현명하다$^{(sophós)}$

예상$^{(elpís)}$을 뛰어넘는 기술$^{(tékhnē)}$을 가지고,

때로는 악$^{(kakós)}$을 향하여,

때로는 선$^{(esthlós)}$을 향하여 나아간다.

(368-374)

대지의 법$^{(nómos)}$과

신$^{(theós)}$들에게 맹세된$^{(énorkos)}$ 정의$^{(díkē)}$를 어길$^{(pareírō)}$ 때,

그가 대도시(hypsipolis)에서 아무리 높은 자리에 있어도
그는 '나라 없는' [혹은 도시가 없는, 시민이 아닌](ápolis) 자이니라.
비천함과 함께하는 자,
무모한 짓을 위하여
악한 자와 서슴없이 어울리는 자는,
그러한 자는, 나와 함께 같은 난롯불(hestía)을 쬐지도,
같은 생각을 가지도록 허락되지도 못할지니.

희랍어 원문은 다음과 같다:

331 πολλὰ τὰ δεινὰ κοὐδὲν ἀν-/ θρώπου δεινότερον πέλει·/ τοῦτο καὶ πολιοῦ πέραν/ 335 πόντου χειμερίῳ νότῳ/ χωρεῖ, περιβρυχίοισιν/ περῶν ὑπ' οἴδμασιν, θεῶν/ τε τὰν ὑπερτάταν, Γᾶν/ ἄφθιτον, ἀκαμάταν ἀποτρύεται,/ 340 ἰλλομένων ἀρότρων ἔτος εἰς ἔτος,/ ἱππείῳ γένει πολεύων./ κουφονόων τε φῦλον ὀρ-/ νίθων ἀμφιβαλὼν ἄγει/ καὶ θηρῶν ἀγρίων ἔθνη/ 345 πόντου τ' εἰναλίαν φύσιν/ σπείραισι δικτυοκλώστοις,/ περιφραδὴς ἀνήρ· κρατεῖ/ δὲ μηχαναῖς ἀγραύλου/ 350 θηρὸς ὀρεσσιβάτα, λασιαύχενά θ'/ ἵππον ὀχμάζεται ἀμφὶ λόφον ζυγῷ/ οὐρειόν τ' ἀκμῆτα ταῦρον./ καὶ φθέγμα καὶ ἀνεμόεν/ 355 φρόνημα καὶ ἀστυνόμους/ ὀργὰς ἐδιδάξατο καὶ δυσαύλων/ πάγων ὑπαίθρεια καὶ/ δύσομβρα φεύγειν βέλη/ 360 παντοπόρος· ἄπορος ἐπ' οὐδὲν ἔρχεται/ τὸ μέλλον· Ἅιδα μόνον/ φεῦξιν οὐκ ἐπάξεται·/ νόσων δ' ἀμηχάνων φυγὰς/ ξυμπέφρασται./ 365 σοφόν τι τὸ μηχανόεν/ τέχνας ὑπὲρ ἐλπίδ' ἔχων,/ τοτὲ μὲν κακόν, ἄλλοτ' ἐπ' ἐσθλὸν ἕρπει,/ νόμους παρείρων χθονὸς/ θεῶν τ' ἔνορκον δίκαν/ 370 ὑψίπολις· ἄπολις ὅτῳ τὸ μὴ καλὸν/ ξύνεστι τόλμας χάριν·/ μήτ' ἐμοὶ παρέστιος/ γένοιτο μήτ' ἴσον φρονῶν/ ὃς τάδ' ἔρδοι.

참고문헌

참고: 문헌의 출판 연도 옆의 (*) 표시는 역자가 추가한 문서를 의미한다.

Agamben, Giorgio (1970), "Sui limiti della violenza", In Arendt, Hannah, *Macht und Gewalt* (Munich: Piper).

Albert, Hans (1978), *Traktat ueber rationale Praxis* (Tübingen: Mohr).

Albrecht, Ulrich (1983), "Atomwaffen sind gar keine Waffen", In *Den Atomkrieg fuehrbar und gewinnbar machen?*, In Mechtersheimer, Alfred & Barth, Peter (ed). (1983) (Reinbek bei Hamburg: Rowohlt).

Ambler, Eric (1981), *The Care of Time* (New York: Farrar, Straus and Giroux); (1983), *Mit der Zeit*, Zürich (Diogenes Taschenbuch).

Anter, Andreas (2020)*, "The Modern State and Its Monopoly on Violence", In *The Oxford Handbook of Max Weber*, Hanke, Edith; Scaff, Lawrence; Whimster, Sam (eds.), Oxford University Press.

Arendt, Hannah (1951),* *The Origins of Totalitarianism* (New York: Harcourt, Brace).

Arendt, Hannah (1968), "What Is Authority?", In *Between Past and Future: Eight Exercises in Political Thought* (New York: Viking).

Arendt, Hannah (1969)*, *On Violence*, New York: Harcourt, Brace and World.

Arendt, Hannah (1970), *Macht und Gewalt*, München.

Aristotle (1995), *Politics*, trans. Richard Robinson (Oxford: Clarendon); Politik (Viertes Buch).

Aristotle (2000), *Politics*, trans. Trevor J. Saunders (Oxford: Clarendon); Politik (Etstes Buch).

Aristotle, Politik (Drittes Buch, Kap. 6).

Bahrdt, Hans Paul (1982), *Grossvaterbriefe* (Munich: Beck).

Balestrieri, Mara (2014)*, "Relations between Planning and Power", *European Scientific Journal* February 2014 /SPECIAL/ edition vol.2 ISSN: 1857-7881.

Barbalet, J. M., (1985),* "Power and Resistance", *The British Journal of Sociology*, Vol. 36, No. 4 (Dec., 1985), pp. 531-548.

Beck, Teresa Koloma & Brandt, Willy (2011)*, The Eye of the Beholder: Violence as a Social Process, *IJCV* : Vol. 5 (2) 2011, pp. 345-356.

Bethe, Hans A. (1985), "The Technological Imperative", *Bulletin of the Atomic Scientists* 41, no. 7.

Bettelheim, Bruno (1963), *The Informed Heart: Autonomy in a Mass Age* (Glencoe, Ill.: Free Press, 1963); (1964), *Aufstand gegen die Masse*, München.

Boétie, E. de La (1998/1548),* "On Voluntary Servitude", trans. D. L. Schaefer, In D. L Schaefer (ed.), *Freedom over Servitude: Montaigne, La Boétie, and "On Voluntary Servitude"*, first published (in Latin), 1574. Westport, CT: Greenwood Press.

Böhm-Bawerk, Eugen von (1912)*, *Kapital und Kapitalzins: Positive Theorie des Kapitales*, Innsbruck, Wagner; (1930) *The Positive Theory of Capital*, William Smart (tr.), G.E. Stechert & Co, New York.

Boulding, Kenneth E. (1963), "Toward a Pure Theory of Threat Systems", *American Economic Review* 53, no. 2.

Burckhardt, Jacob (1950), *Reflections on History* (London: George Allen and Unwin); (1978), *Weltgeschichtliche Betrachtungen*, München (dtv).

Canetti, Elias (1983/1978), "Macht und Ueberleben", In *Das Gewissen der Worte: Essays* (Munich: Hanser).

Childe, V. Gordon (1950), "The Urban Revolution", *Town Planning Review* 21, no. 1 (1950): 3-17.

Cubitt, R. P., & Sugden, R. (2003)*. "Common Knowledge, Salience and Convetion: A Reconstruction of David Lewis' Game Theory". *Economics and Philosophy* / Volume null / Issue 02 / October 2003, pp 175-210.

Dixon, Robert (1986),* Uncertainty, unobstructedness, and power, *Journal of Post Keynesian Economics*, 8: 4, 585-590.

Eisenstadt, Shmuel Noah (1998), *From Generation to Generation: Age Groups and Social Structure* (Glencoe, Ill.: Free Press); (1977), Von Generation zu Generation, Altersgruppen und Sozialstruktur, München 6.

Elias, Norbert (2000), *The Civilizing Process: Psychogenetic and Sociogenetic Investigations* (Oxford: Blackwell, 2000); (1977), *Über den Prozeß der Zivilisation*, Bd. 1, Kap. 10: Über Wandlungen der Angriffslust, Frankfurt (StW).

Engels, Friedrich (1887), "The Role of Force in History", In *Collected Works of Marx and Engels* (Moscow: Progress Publishers).

Eppler, Erhard (1983), *Die toedliche Utopie der Sicherheit* (Reinbek bei Hamburg: Rowohlt).

Eschenburg, Theodor (1976), *Über Autoritaet* (Frankfurt: Suhrkamp).

Faber, Karl-Georg (1990), "Macht, Gewalt", In *Geschichtliche Grundbegriffe*, ed. Otto Brunner, Werner Conze, and Reinhard Koselleck (Stuttgart: Klett, 1990).

Fanon, F. (2008)*, *Black skin white masks*. New York: Grove Press.

Festinger, Leon (1983), *The Human Legacy* (New York: Columbia University Press): (1985), *Archäologie des Fortschritts*, Frankfurt, NewYork.

Foucault, M. (1980),* *Power/Knowledge: Selected Interviews and Other Writings, 1972-77*. Brighton: Harvester.

French, John R. P. Jr. & Raven, Bertram (1959), "The Basis of Social Power", In *Studies in Social Power*, ed. Dorwin Cartwright (Ann Arbor: University of Michigan Press).

Freud, Sigmund (1983), *Totem and Taboo* (London: ARK): (1974), *Totem und Tabu*, Studienausgabe, Frankfurt.

Friedrich, C. J. (1941),* *Constitutional Government and Democracy: Theory and Practice in Europe and America*. Boston, MA: Ginn.

Garrett, Erik (2018)*, Heinrich Popitz and the Power of Violence and Technical Action in the Revolutionary and Information Ages, *Human Studies* (2018) 41: 493-502.

Gehlen, Arnold (1963), *Studien zur Anthropologie und Soziologie*, ed. Heinz Maus and Friedrich Fuerstenberg (Neuwied am Rhein: Luchterhand).

Geiger, Theodor (1964), *Vorstudien zu einer Soziologie des Rechts* (Neuwied am Rhein: Luchterhand).

Goethe, Johann Wolfgang von (1995), *Wilhelm Meister's Apprenticeship*, trans. Eric Blackall (Princeton: Princeton University Press); *Wilhelm Meisters Lehrjahre*. Zweiter Teil.

Göttlich, Andreas; Dreher, Jochen (2017)*, "Editors' Introduction", In Popitz, Heinrich (2017), *Phenomena of power: authority, domination, and violence*, Columbia University Press.

Guenther, Horst, (1990), "Freiheit", In Brunner, Conze, and Koselleck (1990), *Geschichtliche Grundbegriffe*.

Hall, John (2017)*, "Heinrich Popitz. Phenomena of Power: Authority, Domination, and Violence", *Canadian Journal of Sociology/Cahiers canadiens de sociologie* 42(3) 2017.

Hamilton, Alexander & Madison, James & Jay, John (2014), *The Federalist Papers* (New York: Dover); (1958), *Der Föderalist*, Wien.

Harrington, Austin (2018)*, Review: Heinrich Popitz, 'Phenomena of Power: Authority, Domination, and Violence', *Theory, Culture & Society*, SAGE Publications Ltd 16/01/2018.

Harris, Laurence (1983), "Forces and Relations of Production", In *A Dictionary of Marxist Thought*, ed. Tom Bottomore (Worcester: Blackwell).

Hearn, J (2017)*, 'Heinrich Popitz's Phenomena of Power', *International Political Anthropology Journal*, vol. 10, no. 2, pp. 7-12. https://www.politicalanthropology.org/2-uncategorised/119-ipa-journal-10-2.

Hegel, Georg W. F. (1981), *Lectures on the Philosophy of World History* (Cambridge: Cambridge University Press); (1966), *Politische Schriften*, hrg. von Jürgen Habermas, Frankfurt.

Hegel, Georg Wilhelm Friedrich (1920), *Vorlesungen ueber die Philosophie der Weltgeschichte* (Leipzig: Meiner, 1920), hrg. von Lasson, Georg.

Heinze, Richard (1960), "Auctoritas", In *Vom Geist des Roemertums*, ed. Erich Burck (Darmstadt: Wissenschaftliche Buchgesellschaft).

Hess, Henner (1977), "Die Entstehung zentraler Herrschaftsinstanzen durch die Bildung klientelaerer Gesellschaft: Zur Diskussion um die Entstehung staatlich organisierter Gesellschaften", *Koelner Zeitschrift fuer Soziologie und Sozialpsychologie* 29, no. 4 (1977).

Hobbes, Thomas (1969/1651), "Philosophical Elements of A True Citizen-Liberty, Chapter I, Of the State of Men Without Civil Society", In *The English Works of Thomas Hobbes of Malmesbury—Philosophical Rudiments Concerning Government and Society*, Sir William Molesworth (ed.) (John Bohn, Covent Garden, London).

Homer, *The Iliad*, trans. Samuel Butler (New York: Dover, 1999); (1979), übers. von Landmann, Georg Peter, Stuttgart.

Horkheimer, Max (1972), *Gesellschaft im Uebergang: Aufsaetze, Reden und Vortraege 1942-1970* (Frankfurt: Athenaeum Fischer Taschenbuch).

Hume, David (2021/1777), Beauchamp, Tom L. & Box, Mark A. (eds.), *Essays, Moral, Political, and Literary: A Critical Edition*, Oxford University Press.

Jouvenel, Bertrand de (1963), *The Pure Theory of Politics* (New Haven: Yale University Press); (1967), *Reine Theorie der Politik*, Neuwied und Berlin.

Kant, Immanuel (1800)*, *Logik. Ein Handbuch zu Vorlesungen*.

Kant, Immanuel (1948/1790), *Kritik der Urteilskraft*, Hamburg.

Kant, Immanuel (1969/1784), *Beantwortung der Frage: Was ist Aufklärung?* Ausgewählte kleine Schriften, Hamburg.

Keynes, John Maynard (1937),* "The General Theory of Employment", *The Quarterly Journal of Economics*, February 1937.

Kluth, Heinz (1957), *Sozialprestige und sozialer Status* (Stuttgart: Enke).

Konertz, Paul (2020)*, "Niklas Luhmann's Theory of Power", *Archiv für Rechts- und Sozialphilosophie / Archives for Philosophy of Law and Social Philosophy*, 2020, Vol. 106, No. 3, pp. 384-405.

Lee, Richard B. & Vore, Irvin de, (eds.), (2009/1977), *Man the Hunter: The First Intensive Survey of a Single, Crucial Stage of Human Development-Man's Once Universal Hunting Way of Life* (Chicago: Aldine).

Leopold, Lewis (1913), *Prestige: A Psychological Study of Social Estimates* (London: Unwin).

Lewis, D. K. (1969)*. *Convention: A philosophical study*. Cambridge, MA: Harvard University Press.

Linton, Ralph (1964/1936), *The Study of Man: An Introduction* (New York: Appleton-Century-Crofts).

Lordon, Frédéric (2010)*, "La puissance des institutions", *Revue du Mauss permanente*.

Lorenz, Konrad (1977), *Behind the Mirror: A Search for a Natural History of Human Knowledge* (London: Methuen).

Lorenz, Konrad (2002), *On Aggression* (London: Routledge.); (1963), *Zur Naturgeschichte der Aggression*, Wien.

Luhmann, Niklas (1994)*, *Soziologische Aufklärung* 4, 2nd edition.

Luhmann, Niklas (2012),* *Macht*, UTB GmbH; 4. Auflage.

Mann, Michael (1986)*, *The Sources of Social Power, Volume I: A History of Power from the Beginning to A. D. 1760*, Cambridge: Cambridge University Press.

March, James G. (1966), "The Power of Power", In *Varieties of Political Theory*, ed. David Easton (Englewood Cliffs, N.J.: Prentice-Hall).

Marx, Karl (1843-4), *Zur Kritik der Hegelschen Rechtsphilosophie*, Marx-Engels-Studienausgabe I.

Marx, Karl (1909), "Part VIII. The So-Called Primitive Accumulation", In *Capital: A Critique of Political Economy*, ed. Friedrich Engels (Chicago: Charles H. Kerr).

Marx, Karl (2000), *Selected Writings*, ed. David McLellan (Oxford: Oxford University Press); (1966), *Zur judenfrage* (Deutsch-Französische jahrbücher 1844) MarxEngels-Studienausgabe I, Frankfurt (Fischer), 1966.

Marx, Karl & Engels, Friedrich (1962/1890),* *Das Kapital, Kritik der politischen*

Ökonomie, Erster Band, Buch I. (Werke Band 23), Dietz Verlarg Berlin.
Matheron, Alexandre (1969)*, *Individu et communauté chez Spinoza*, Editions de Minuit.
Mead, George Herbert (1968), *Geist, Identität und Gesellschaft*, Frankfurt.
Mead, George Herbert (1980), *Gesammelte Aufsätze*, Bd. 1, Frankfurt:.
Mead, George Herbert (2015), *Mind, Self and Society: The Definitive Edition*, ed. Charles W. Morris (Chicago: University of Chicago Press):.
Meier, Christian (1990a), "Macht, Gewalt", In Brunner, Conze, and Koselleck (1998), *Geschichtliche Grundbegriffe*.
Meier, Christian (1990b), *The Greek Discovery of Politics* (Cambridge, Mass.: Harvard University Press); (1980), *Ein antikes Äquivalent des Fortschrittsgedankens: Das "Könnens"-Bewußtsein des 5. Jahrhunderts v.Chr.*, In: DERS., *Die Entstehung des Politischen bei den Griechen*, Frankfurt 1980, S. 468ff.
Menger, Carl (1871)*, *Grundsätze der Volkswirthschaftslehre*, Vienna, Wilhelm Braumüller.
Mueller-Beck, Hansjuergen (1981), "Der Mensch-ein Techniker: Uranfaenge und Entwicklung der Technik zur menschlichen Lebenssicherung", In *Kindlers Enzyklopaedie* (Zurich: Kindler).
Mueller-Karpe, Hermann (1976), *Geschichte der Steinzeit* (Munich: Beck).
Mumford, Lewis (1961), *The City in History: Its Origins, Its Transformations, and Its Prospects* (Middlesex, UK: Penguin, 1961); (1980), *Die Stadt*, Band 1, München 2 Aufl.
Mumford, Lewis (1980), *Die Stadt, Geschichte und Ausblick*, München, 2. Aufl.
Nadolny, Stan (2005), *The Discovery of Slowness* (Philadelphia: Paul Dry); (1983), *Die Entdeckung der Langsamkeit*, München, Zürich 2.
Olson, Mancur, (1965)*, *The Logic of Collective Action: Public Goods and the Theory of Groups*, Harvard University Press.
Paris, Rainer & Sofsky, Wolfgang (1987), "Drohungen: Ueber eine Methode der Interaktionsmacht", *Koelner Zeitschrift fuer Soziologie und Sozialpsychologie* 39, no. 1 (1987).
Parsons, Talcott (1967), "Some Reflections on the Role of Force in the Social Process", In *Sociological Theory and Modern Society* (New York: Free Press).
Pearl, J. Leavitt (2018)*, "Popitz's Imaginative Variation on Power as Model for Critical Phenomenology". *Human Studies* 41, 475-483 (2018).
Plato (1997), In *Complete Works*, ed. John Madison Cooper (Indianapolis: Hackett);

8. Brief.

Plato, *Staat*, (Achtes Buch).

Plessner, Helmuth (1964), "The Emancipation of Power", *Social Research* 31, no. 2: (1966), Die Emanzipation der Macht, In: *Diesseits der Utopie, Ausgewählte Beiträge zur Kultursoziologie*, Düsseldorf, Köln.

Poggi, Gianfranco (1986)*, "Phenomene der Macht: Autorität-Herrschaft- Gewalt-Technik", *Contemporary Sociology*, Vol. 17, No. 4 (Jul., 1988), pp. 554-556.

Popitz, Heinrich (1968/1953)*, Der entfremdete Mensch. Zeitkritik und *Geschichtsphilosophie des jungen Marx, Verlag für Recht und Gesellschaft*, Basel.

Popitz, Heinrich (1972), *The Concept of Social Role*"; (1975), *Der Begriff der sozialen Rolle als Element der soziologischen Theorie*, Tübingen 4.

Popitz, Heinrich (1980), "Zum Verstaendnis von Autoritaet", In *Lebenswelt und soziale Probleme: Verhandlungen des 20. Deutschen Soziologentags zu Bremen*, ed. Joachim Matthes (Frankfurt: Campus 1981).

Popitz, Heinrich (1987), Die Autoritätsbindung" und, Autoritätsbedürfnisse, Der Wandel der sozialen Subjektivität", *Kölner Zeitschrift für Soziologie und Sozialpsychologie*, 39-3 (1987).

Popitz, Heinrich (2000), "Zur Ontogenese des Selbstbewußtseins: Die Erfahrung der ersten sozialen Negation", In *Wege der Kreativitaet* (Tübingen: Mohr); In: Wolfgang, Martin Baethge (1983), (Hrsg.), *Soziologie: Entdekkungen im Alltäglichen, Festschrift zum 65. Geburtstag von Hans Bahrdt*, Frankfurt, NewYork.

Popitz, Heinrich (2017)*, *Phenomena of Power-Authority, Domination, and Violence*, Poggi, Gianfranco (tr.), Columbia University Press.

Popitz, Heinrich; Bahrdt, Hans P.; Jüres, Ernst A. ; Kesting, Hanno (1957)*, *Das Gesellschaftsbild des Arbeiters. Soziologische Untersuchung in der Hüttenindustrie, Mohr*, Tübingen.

Sachsse, Hans (1974), *Anthropologie der Technik: Ein Beitrag zur Stellung des Menschen in der Welt* (Munich: Beck).

Schadewaldt, Wolfgang (1960), "Der Begriff 'Natur' und 'Technik' bei den Griechen", In *Natur, Technik, Kunst* (Göttingen: Musterschmidt).

Schattschneider, E. E. (1960)*, *The Semi-Sovereign People: A Realist's View of Democracy in America*. New York: Holt, Rhinehart & Winston.

Schelling, Thomas C. (1960), *The Strategy of Conflict* (Cambridge, Mass.: Harvard

University Press).

Sigrist, Christian (2005/1967), *Regulierte Anarchie, Untersuchungen zum Fehlen und zur Entstehung politischer Herrschaft in segmentaeren Gesellschaften Afrikas* (Berlin: LIT).

Simmel, Georg (1910), "How Is Society Possible?", *American Journal of Sociology* 16, no. 3; (1908), im *Exkurs über das Problem: Wie ist Gesellschaft möglich?*.

Simmel, Georg (1950), "Domination. A Form of Interaction", In *The Sociology of Georg Simmel*, ed. Kurt H. Wolff (New York: Free Press);.

Simmel, Georg (1958), *Soziologie* (Über- und Unterordnung). Berlin.

Simmel, Georg (1971), "Group Expansion and the Development of Individuality", In *Georg Simmel on Individuality and Social Forms*, ed. Donald Levine (Chicago: University of Chicago Press); (1958), Die Erweiterung der Gruppe und die Ausbildung der Individualität, In: *Soziologie*, Berlin 4 (1958).

Sonnemann, Rolf & Richter, Siegfried & Brentjes, Burchard. eds. (1987), *Geschichte der Technik* (Cologne: Aulis Verlag Deubner).

Sophocles (1962), "Antigone", In *The Plays and Fragments*, ed. Sir Richard Jebb (Amsterdam: Adolf M. Hakkert).

Spinoza, Benedict de (1883)*, *Political Treatise*, trans. A. H. Gosset, G. Bell & Son.

Spittler, Gred (1980), "Streitregelung im Schatten des Leviathan. Eine darstellende Kritik rechtsethnologischer Untersuchungen", *Zeitschrift für Rechtsethnologie* /1.

Spitz, René A. (1957), *No and Yes: On the Genesis of Human Communication* (New York: International University Press).

Spitz, René A. (1970), *Nein und Ja, Die Ursprünge der menschlichen Kommunikation*, Stuttgart.

Strange, Susan (2015/1988)*, *States and Markets*, Bloomsbury Academic.

Swedberg, Richard (2005)*, *The Max Weber Dictionary Key Words and Central Concepts*, Sandford University Press.

Teymoori, Ali (2020)*, *Reviews: Heinrich Popitz, Phenomena of Power: Authority, Domination, and Violence*, International Sociology Reviews 2020, Vol. 35(2) 170-177.

Thucydides (1996), *The Landmark: A Comprehensive Guide to the Peloponnesian War*, ed. Robert B. Strassler (New York: Free Press); (1960), *Geschichte des Peloponnesischen Krieges* (Bürgerkrieg in Kerkyra), übers. von Landmann, Georg Peter, Zürich und Stuttgart.

Thucydides (2013), *The War of the Peloponnesians and the Athenians*, ed. Jeremy Mynott (Cambridge: Cambridge University Press): *Geschichte des Peloponnesischen Krieges*, Zweites Buch, 43.

Trotha, Trutz von (1982), *Recht und Kriminalitaet: Auf der Suche nach Bausteinen fuer eine rechtssoziologische Theorie des abweichenden Verhaltens und der sozialen Kontrolle* (Tübingen: Mohr).

Vierkandt, Alfred (1959), "Sozialpsychologie", In *Handwoerterbuch der Soziologie*, ed. Alfred Vierkandt (Stuttgart: Enke).

Walter, Eugene Victor (1969), *Terror and Resistance: A Study of Political Violence* (New York: Oxford University Press):.

Weber, M. (1978),* *Economy and Society*, ed. G. Roth and C. Wittich. Berkeley, CA: California University Press.

Weber, Max (1919),* *Politik als Beruf*, Verlag Duncker & Humblot.

Weber, Max (1922),* *Wirtschaft und Gesellschaft*, J.C.B Mohr (Paul Siebeck).

Weber, Max (2019/1922),* Tribe, Keith (ed.), *Economy and Society*, A New Translation, Harvard University Press.

Weberr, Max (1980/1922), *Wirtschaft und Gesellschaft*, Tübingen, 5. Aufl., 2. Halbband.

Weiss, Peter, (1962), *The Leavetaking* (New York: Harcourt, Brace and World): (1966), *Abschied von den Eltern*, Frankfurt.

Weizsaecker, Carl Friedrich von (1976), *Wege in der Gefahr: Eine Studie ueber Wirtschaft, Gesellschaft und Kriegsverguetung* (Munich: Carl Hanser).

Wieacker, Franz (1944), *Vom Roemischen Recht: Wirklichkeit und Ueberlieferung* (Leipzig: Koehler).

Wilimann, Isidor & Tatsis Nicholas Ch. & Zito, George V.(1977),*, "On Max Weber's Definition of Power", *Australian and New Zealand Journal of Sociology*, 13 (Oct 1977), pp. 231-235.

Williams, David (1977), *The Enlightenment* (Cambridge: Cambridge University Press):.

Williams, Jerry (2018),* "The Philosophical Anthropology of Heinrich Popitz", *Human Studies* 41 (3):503-511 https://doi.org/10.1007/s10746-018-9466-8.

Winckelmann, Johannes (1952), *Legalitaet und Legitimitaet in Max Webers Herrschaftssoziologie* (Tübingen: Mohr).

Winckelmann, Johannes (1956), "Die Herrschaftskategorien der politischen Soziologie und die Legitimitaet der Demokratie: Von den strukturbedingten Risiken der Massendemokratie", Ar*chiv fuer Rechts- und Sozialphilosophie* (ARSP), 42, no. 3 (1956): 383-401.

Wrong, Dennis H. (2002)*, *Power: Its Forms, Bases and Uses*, London: Transaction.

Zimmermann, Klaus (1982/1925), "Der Anthropologische Ursprung der Geschichte", In *Kindlers Enzyklopaedie: Der Mensch*, vol. 5 (Zurich: Kindler, 1982-1925).

Zuboff, S. (2019)*, *The Age of Surveillance Capitalism: The Fight for a Human Future at the New Frontier of Power*. London: Profile Books.

라 보에티, 에티엔 드 (2014),* 자발적 복종. 박설호 역, 울력.

로르동, 프레데리크 (2024),* 자본주의와 자발적 예속, 현동균 역, 진인진.

룩스, 스티븐 (2024/2021),* 권력이란 무엇인가. 제3판. 현동균 역. 진인진.

박상섭 (2015)*, 정치적 경험의 다양성"에 관하여, 정치와평론 *Journal of Political Criticism* 16 (2015.05), 215-224.

비저, 프리드리히 폰 (2023/1926)*, 권력의 법칙. 현동균 역. 진인진.

엘리아스, 노르베르트(2002)*, 문명화과정, 박미애 역, 한길사.

주보프, 쇼샤나 (2021)*, 감시 자본주의 시대, 문학사상. Zuboff (2019)의 번역판.

포피츠, H. (2009)*, 청년 마르크스의 휴머니즘, 황태연 역. 중원문화 아카데미 신서 22, 중원문화.

포피츠, H. (2023)*, 소외된 인간-청년 맑스의 시대적 비판과 역사 철학, 황태연 역. 중원문화 아카데미 신서 23, 중원문화.

독일어 원문, 영어 번역본 쪽 수 대조표

독일어	영어	독일어	영어	독일어	영어	독일어	영어	독일어	영어
1	na	27	13~14	56	35~35	82	54~55	108	74~74
2	na	28	14~15	57	35~36	83	55~55	109	75~75
3	na	29	15~15	58	36~37	84	56~56	110	75~76
4	na	30	15~16	59	37~37	85	56~57	111	76~77
5	na	31	16~17	60	38~38	86	57~58	112	77~78
6	na	32	17~17	61	38~39	87	58~59	113	78~78
7	na	33	18~18	62	39~40	88	59~59	114	78~79
8	na	34	18~19	63	40~40	89	59~60	115	79~80
9	na	35	19~20	64	40~41	90	60~61	116	80~81
10	na	36	20~21	65	41~42	91	61~62	117	81~81
11	1~1	37	21~21	66	42~43	92	62~62	118	81~82
12	1~2	38	22~22	67	43~44	93	63~63	119	82~83
13	2~3	39	22~22	68	44~44	94	63~64	120	83~83
14	3~4	43	25~25	69	44~45	95	64~65	121	84~84
15	4~5	44	25~26	70	45~46	96	65~65	122	84~85
16	5~5	45	26~27	71	46~46	97	66~66	123	85~86
17	5~6	46	27~28	72	46~47	98	66~67	124	86~86
18	6~7	47	28~29	73	47~48	99	67~68	125	87~87
19	7~8	48	29~29	74	48~49	100	68~68	126	87~88
20	8~8	49	29~30	75	49~49	101	69~69	127	88~89
21	8~9	50	30~31	76	49~50	102	69~70	128	89~89
22	9~10	51	31~32	77	50~51	103	70~70	129	89~90
23	10~11	52	32~32	78	51~51	104	71~72	130	90~91
24	11~11	53	32~33	79	52~52	105	72~72	131	91~91
25	11~12	54	33~34	80	52~53	106	72~73	132	92~92
26	12~13	55	34~35	81	53~54	107	73~74	133	92~93

독일어	영어	독일어	영어	독일어	영어	독일어	영어	독일어	영어
134	93~94	160	112~112	186	132~132	212	150~151	238	169~170
135	94~95	161	112~113	187	132~133	213	151~152	239	170~171
136	95~95	162	113~114	188	133~133	214	152~152	240	171~171
137	95~96	163	114~115	189	134~134	215	152~152	241	172~172
138	96~97	164	115~115	190	134~135	216	152~153	242	172~173
139	97~97	165	115~116	191	135~136	217	153~154	243	173~174
140	98~98	166	116~117	192	136~136	218	155~155	244	174~174
141	98~99	167	117~117	193	136~137	219	155~156	245	175~175
142	99~100	168	118~118	194	137~138	220	156~157	246	175~176
143	100~100	169	118~119	195	138~138	221	157~158	247	176~177
144	101~101	170	119~120	196	138~139	222	158~158	248	177~177
145	101~102	171	120~121	197	139~140	223	158~159	249	177~178
146	102~103	172	121~121	198	140~140	224	159~159	250	178~179
147	103~103	173	122~122	199	141~142	225	160~160	251	179~179
148	103~104	174	122~123	200	142~142	226	160~161	252	180~180
149	104~105	175	123~123	201	142~143	227	161~162	253	180~181
150	105~106	176	124~124	202	143~144	228	162~162	254	181~182
151	106~106	177	124~125	203	144~144	229	162~163	255	182~182
152	106~107	178	125~126	204	145~145	230	163~164	256	182~183
153	107~108	179	126~126	205	145~146	231	164~164	257	183~184
154	108~108	180	127~127	206	146~147	232	165~165	258	184~185
155	109~109	181	127~128	207	147~147	233	165~166	259	185~185
156	109~110	182	128~129	208	147~148	234	166~167	260	185~186
157	110~110	183	129~130	209	148~149	235	167~167		
158	110~111	184	130~130	210	149~150	236	168~168		
159	111~111	185	131~131	211	150~150	237	168~169		

색인

참고: 쪽수가 표시되지 않는 항목들은 주제어가 아니라, 번역어의 원어를 표기하기 위한 것이다.

가능성 Möglichkeit [possibility]
가부장 Patriarch [patriarch], 34, 183, 189, 305-306, 321-322, 324, 326, 330, 356, 365
가사 활동 家事活動 Haushalt [budgeting]
가소성 可塑性 Plastizität [plasticity]
가정 假定 Annahme [assumption]
가치 우위성 Wertüberlegenheit [superiority in value]
가해 가능성 Verletzungsmächtigkeit [capacity to harm], 52, 89, 99, 350
가해적 권력 Verletzungsmacht [injury power], 52, 65, 79, 94, 96
각성을 위한 운동 Erweckungsbewegung [movements toward awakening], 16-17
갈등 전략 Konfliktstrategie [conflict strategy], 100
갈등 준비태세 Konfliktbereitschaft [readiness to conflict], 125-128
강압 - 절대적 absoluter Zwang, 107
강압 Zwang [coercion]
강압적 권력 [coercive power], 41
강제 조건화 모델 [force-conditioning model], 47
개념 Begriff [concept]
개별성 Individualität [individuality]
개별성에 대한 인정 주장권 Anerkennungsanspruch der Individualität [claim to recognition of individuality], 197, 207
개별성의 의식 Individualitätsbewußtsein [awareness of individuality], 200, 207
개별성의 인정 Individualitätsanerkennung [recognition of individuality], 204, 207-208, 356
개별성의 전형 Individualitätsmuster [patterns of individuality], 205
개별성의 표출 Individualitäts-Darstellung [representation of individuality], 204-206
개별화 Individualisierung [individualization], 200, 202, 211
개선적 권력 [power-to], 18, 282
개성 Persönlichkeit [individuality], 184
개인적 권위 Autorität - persönliche [personal authority], 182-183, 189, 194
객관적 적 Objektiver Feind [objective enemy], 108
객체화 현상 Phänomen der Objektivation, 228
객체화 Objektivation [objectification], 34, 214, 228, 231, 233, 236, 354, 358
걱정 Sorge [anxiety]
게누스 무틈 genus mutum, 90
게누스 보칼레 genus vocale, 90
게누스 세미보칼레 genus semivocale, 90
겔렌, 아놀드 Gehlen, Arnold, xv, 2,

133, 296, 343
견고화 Verfestigung [solidification], 42, 82, 308, 314, 320, 331-332, 364
결사체 Assoziation [association], 12, 192, 209
결속 Zusammenhalt [cohesion], 40, 128, 135, 198, 253, 260, 279, 300, 315, 326, 331, 365
경감 효과 Entlastungs-Effekt [relieving effect], 115, 266
계급 갈등 Klassenkonflikt [class conflict], 17, 244, 270, 293
계층 구조 Schichtstruktur [stratification], 280
공간적 동일성 Einheit des Ortes [unity of place], 265, 267
공격성 Aggression [aggression], 59, 61-62, 168, 233
공공 - 권위로서의 Publikum als Autorität [audience as authority], 195
공공 Publikum [public]
공공의 인정 Publikums-Anerkennung [public recognition], 196
공동 소유권 Gemeineigentum [ownership-in-common], 218, 220
공동체적 삶 Zusammenleben [human coexistence], 5, 52, 73, 82, 92, 213-214, 232, 286, 308, 364
공동체화 Vergemeinschaftung [communalisation], 209
공적 권위 Autorität - öffentliche [official authority], 167, 170
공적 역할 öffentliche Rolle [public role], 194-196, 198, 210, 356
공통 특성 Einheit [unity], 141
공통성 Gemeinsamkeit [commonality]

공통적 이해 (일치적 의견) Einverständnis [common understanding, agreement]
공통지식 Interaktionswissen [common knowledge], 105
공포 Schrecken [horror]
과도한 갈등 준비태세 Konfliktbereitschaft exzessive [excessive conflict readiness], 125
과정적 노동분업 prozessuale Arbeitsteilung [processual division of labor], 225
관념 Idee [notion]
관습 Hergebracht [convention]
관습적 제재 Sittensanktion [custom sanction], 55
관조적 인식 Zur-Kenntnis-Nehmen [contemplative consideration], 156
관철력 Durchsetzungskraft [enforcement power]
관철의 권력 Durchsetzungsmacht, 124, 335
괴테 Goethe, Johann Wolfgang von, 54, 147, 171
교류 과정 Austauschprozeß [exchange process], 257, 260, 286, 359
교체 가능성 Austauschbarkeit [interchangeability], 285, 317
교회적 형벌 Kirchenstrafe [ecclesiastical penalty], 178
구성적 행동기량 konstitutive Handlungsfähigkeit, 40, 349
구속적 행동 권력 bindende Aktionsmacht [binding action power], 57-58

구원운동 Erlösungsbewegung [salvation movement], 17
구원적 지식 Heilswissen [knowledge of salvation], 170, 178
국가적 지배 Staatliche Herrschaft [state rule], 84, 334
군사적 지도자 Heerführer [military leaders], 322, 328-330, 332, 365
권능, 포테스타스 potestas, 23, 140, 145
권력 - 가해적 Verletzungsmacht [injury power], 52, 65, 79, 94, 96
권력 - 강압적 [coercive power], 41
권력 - 개선적 [power-to], 18, 282
권력 - 관철의 Durchsetzungsmacht, 124, 335
권력 - 구속적 행동 bindende Aktionsmacht [binding action power], 57-58
권력 - 권위적 autoritative Macht [authoritative power], xvi, xxiv, 30, 33, 36, 39, 41-43, 45-47, 49, 159, 172-174, 177, 348-350, 353-355, 369, 371-372
권력 - 규범화의 normierende Macht [norm-making power], 310, 313-315, 317-320, 364-365
권력 - 기준설정 Maßsetzende Macht [standard setting power], 34
권력 - 내적 innere Macht [inner power], 33-34, 41, 138, 140, 145, 354, 369
권력 - 대항 Gegenmacht [counterpower], 10, 77, 85, 335, 351, 366
권력 - 도구적 instrumentelle Macht [instrumental power], xxiv, 28-30, 32, 36, 39, 41-43, 45-46, 49, 103, 107, 172, 179, 348, 350, 352-353, 369, 372-373
권력 - 보상적 [reward power], 41
권력 - 불안을 야기하는 Macht des Angstmachens [fear-making power], 31, 111
권력 - 사상의 Macht der Ideen [the power of ideas], 10
권력 - 사회적 soziale Macht [social power], 22, 32, 40, 214, 233-236, 349, 357, 379
권력 - 산발적 sporadische Macht [sporadic power], 310-311, 313-315, 317, 364
권력 - 살해의 Todesmacht [power to kill], 65, 71, 73-74, 96
권력 - 순수 행동 bloße Aktionsmacht [pure action power], 56, 58
권력 - 역사적 geschichtliche Macht [historical power], 260, 294
권력 - 완전한 vollkommene Macht [perfect power], 66, 69-70, 79, 351
권력 - 외적 äußerer Macht [external power], 33, 140, 145
권력 - 위협의 Macht der Drohung [power of the threat], 111, 128
권력 - 유동자산의 Macht des beweglichen Eigentums [power of mobile property], 10
권력 - 이성의 Macht der Vernunft [power of reason], 10
권력 - 인격성의 Macht der Persönlichkeit [power of personality], 139
권력 - 인류학적 기반과 형태 Macht - anthropologische Grundlagen und Formen [power anthropological], 3,

22, 43, 58, 155, 221
권력 - 일상적 Alltagsmacht [power of everyday life], 32
권력 - 일회성 Einzelfall-Macht [one-off power], 311
권력 - 준거적 [referend power], 42
권력 - 지속적 Macht auf Dauer [durable power], 28, 32, 103, 235, 237
권력 - 지위적 positionelle Macht [positional power], 319, 322, 365
권력 - 질문 제기의 Macht der Fragestellung [question-setting power], 106
권력 - 탈취적 [power-over], 18, 282
권력 - 행동 Aktionsmacht [power of action], xxiv, 26, 28, 32, 39, 43, 45, 47, 49, 52-53, 56-57, 348, 350, 352-353, 369, 372-373
권력 규범화 Macht-Normierung [power normativization], 318
권력 기계 Machtmaschine [power machine], 285, 362
권력 수단 Machtmittel [means of power], xxiv, 52, 110, 119, 123-124, 127, 134, 284, 300-302, 311, 313, 315, 360, 363, 365
권력 역량 Machtpotenz [power potency], 259
권력 잠재력 Machtpotential [power potential], 10, 235, 237, 269-270, 278, 282, 284, 358, 360
권력 정치 Machtpolitik [power politics], 129, 133
권력 주장 Machtanspruch [power claim], 18, 110, 118, 275, 316, 332
권력 증강 Machtsteigerung [power increase], 308, 310, 364

권력 증식의 형태 Art von Zugewinn an Macht [form of power enhancement], 307-308
권력 체제 Machtsystem [power system], 7, 32, 284-285, 289, 294, 363
권력 축적 Machtakkumulation [power accumulation], 46-47, 282
권력 통제 Machtkontrolle [power control], 84, 237
권력 형성 Machtbildung [power formation], xxiv, xxv, 241-243, 256, 259-260, 273, 279, 281, 324, 346, 358, 361, 373
권력 형성의 과정 Prozesse der Machtbildung [process of power formation], xxiv, xxv, 241, 281, 346, 358
권력 형태 Machtform [form of power], 42-43, 45-47, 50, 52, 172, 350
권력 효과 Machtwirkung [power effect], 46, 308-309, 333, 366
권력관계는 인간적 소산 Machbarkeit von Machtverhältnissen [feasibility of power relations], 4, 6-7, 19-20, 348, 368
권력에 기반한 질서 Machtordnung [power-based order], 4, 19, 281, 286-287, 294
권력에 길들이기 [power conditioning], 128
권력에 대한 의심 Machtverdacht [suspicion of power], 12, 14
권력에 대한 의심의 일반화 Generalisierung des Machtverdachts [generalization of the suspicion of power], 12
권력에 의한 선택지 Machtalternativ [power alternative], 31, 173, 310

권력에의 의지 Willen zur Macht [will to power], 126, 374
권력에의 지위 부여 Positionalisierung von Macht, Macht-Positionalisierung [positionalization of power], 319-321, 324, 364-365
권력으로부터 자유로운 공간 machtfreier Raum [power-free space], 12, 118, 367
권력의 광산 Macht-Mine [power mine], 38
권력의 국가화 Verstaatlichung von Macht [statization of power], 9
권력의 근거 및 형태 - 관철의 본원적 역량으로서의 Grundlagen und Formen - als allgemeines Durchsetzungsvermögen [foundation and forms of power as general ability to enforce], 22
권력의 근거 및 형태 Grundlagen und Formen [foundations and forms], 2, 22, 43
권력의 기울기 Machtgefälle [power gradient], xxv, 55, 281, 285, 299, 350
권력의 분절화 Machtbrechung [fragmentation of power], 275
권력의 비인격화 Entpersonalisierung von Macht [depersonalization of power], 307, 310, 317, 333, 336, 364-366, 373-374
권력의 완전성에 내재된 이율배반 Antinomie der Machtvollkommenheit [antinomy of the perfection of power], 73
권력의 위상 Machtstellung [power status], 273, 307, 319-321, 324, 331-333, 365
권력의 정의 - 그리스, 로마에서의 의미, 22
권력의 정의 - 룩스의 3차원적 권력의, 371
권력의 정의 - 막스 베버의, 13
권력의 정의 - 사회적 권력으로서의, 32
권력의 정의 - 일반적 인류학적 의미, 22
권력의 정의 - 칸트, 23
권력의 정의 - 포피츠의, 13, 368
권력의 제도화 Macht-Institutionalisierung [power institutionalization], xxv, 40, 304, 308, 310, 317, 319, 331, 333, 335, 337, 365-366, 373-374
권력의 지위 Machtposition [power position], xxv, 179, 320, 322-323, 328
권력의 타율성 Heteronomie der Macht [heteronomy of power], 78
권력의 통합화 Integrierung von Macht [integration of power], 307, 310, 333
권력의 확고화 Macht-Konsolidierung, 122
권력형태의 결합 Kombination der Machtformen [combination of power forms], 45-47
권위 - 개인적 Autorität - persönliche [personal authority], 182-183, 189, 194
권위 - 공적 Autorität - öffentliche [official authority], 167, 170
권위 - 그룹 Gruppenautorität [group authority], 190-191, 356
권위 - 믿음을 만들어내는 ad fidem

faciendam auctoritas, 144
권위 - 부권적 auctoritas paterna, 180, 355
권위 - 신성한 divina auctoritas [sacred authority], 177-179, 182
권위 - 제도적 Autorität - institutionelle [institutional authority], 160, 177, 179, 181-183, 189, 191, 207, 210, 355-356
권위 - 지위적 Positionsautorität [positional authority], 182
권위 - 최측근의 Autorität des Nächsten [authority of the neighbour], 206
권위 - 태생적 generative Autorität [generative authority], 177, 179-180, 182, 355
권위 - 후대에서의 Autorität der Nachwelt [authority of posterity], 169-170
권위 개념 - 관습적 konventionelles Autoritäts-Konzept [conventional concept of authority], 151
권위 관계 - 상호성에 입각한 Autoritätsbeziehung auf Gegenseitigkeit [authority relationship of reciprocity], 207, 356
권위 관계 Autoritätsbeziehung [authority relation], 35, 49, 137, 143, 160, 166-167, 171, 177, 191, 197, 199-200, 206, 208-211, 312, 356
권위 의존자 Autoritätsabhängig [authority-dependent person], 141-143, 145, 152, 163-167, 173, 354
권위 주장권 Autoritätsanspruch [claim to authority], 181-182
권위 현상 Autoritätsphänomen [phenomenon of authority], 141, 151-153, 164-165, 182-183, 185, 211
권위 형태 Autoritätsform [forms of authority], 182, 190
권위 Autorität [authority]
권위에 대한 경험 Autoritätserfahrung [authority experience], 158, 165, 170-171
권위에 의한 지배 Herrschaft kraft Autorität [domination by virtue of authority], 136-137, 306
권위의 귀속 Autoritätszuschreibung [attributions of authority], 159-160
권위의 원 Autoritätszirkel [authority circle], 179, 189
권위의 이미지 Autoritäts-Bild, Autoritätsbild [image of authority], 162, 165
권위의 인류학적 기초 Autorität - anthropologische Grundlagen [authority - anthropological foundations], 155
권위의 필요성 Autoritätsbedürfniss [need for authority], xxiv, 175, 177, 183, 211, 355
권위의 효과 Autoritätswirkung [effect of authority], 137, 141-143, 145, 152-153, 159-160, 165, 172, 196, 242, 281
권위의 힘 Kraft von Autorität [force of authority], 176
권위자 Autoritätspersonen [authority figures]
권위적 권력 autoritative Macht [authoritative power], xvi, xxiv, 30, 33, 36,

39, 41-43, 45-47, 49, 159, 172-174, 177, 348-350, 353-355, 369, 371-372
권위적 성향 Autoritätsdisposition [dispositions toward authority], 211
권위적 속박 - 불완전한 unvollständige Autoritätsbindung [incomplete authority bond], 167, 170
권위적 속박 - 잠재적인 latente Autoritätsbindung [latent authority bond], 167
권위적 속박 Autoritätsbindung [binding of authority], xxiv, 35, 41, 50, 136, 142, 152-154, 162, 165, 167-169, 171-174, 208, 346, 353-354, 369
권위적 인정 autoritativen Anerkennung [authoritative recognition], 152-153, 355
권위체험의 기량 Autorität - Erfahrungsfähigkeit von [capacity for experience of authority], 158
권한규범 Kompetenznorm [norms of competences], 85
규범의 갈등 Normkonflikt [normative conflict], 322, 336
규범적 질서 Normative Ordnung [normative order], 5, 34, 80, 120, 318, 322
규범화 - 권력 행사의 Normierung der Machtausübung [norming of power exercise], 84-85, 318
규범화 Normierung, 313-319, 322-323, 364-365
규범화의 권력 - 산발적 Macht normierende - sporadische [norm-making power - sporadic], 310
규범화의 권력 - 완전한 Macht normierende - vollkommene [norm-making power - complete], 66, 78
규범화의 권력 - 자연에 대한 Macht normierende - über die Natur [norm-making power - over nature], 36, 224
규범화의 권력 - 편재성, 보편성 Macht normierende - Omnipräsenz Universalität [norm-making power - omnipresence universality], 9, 20, 44
규범화의 권력 normierende Macht [norm-making power], 310, 313-315, 317-320, 364-365
그 자신이 말하였다 autós épha [he has said this], 150
그룹 권위 Gruppenautorität [group authority], 190-191, 356
그룹 Gruppe [group]
극복 Bewältigung [overcoming]
근절적 무력 Ausrottungs-Gewalt [violence of eradication], 101
긍정적 의존성 bejahte Abhängigkeit [affirmative dependency], 139
기관에로의 지향성 Instanzenorientierung [instance orientation], 336
기능적 평등이라는 신화 Legende der funktionalen Gleichheit [legend of functional equality], 287
기본적 정당성 Basislegitimität [basic legitimacy], xxv, 286, 297, 363, 374
기술적 대상 technische Objekt [technical object], 213, 215-217, 220, 228-229, 234, 357
기술적 외피 Technisches Gehäuse [tech-

nical framework], 231-232

기술적 행동 Technisches Handeln [technical action], xxiv, 37, 39-40, 45, 213-214, 217, 220-221, 226, 228-229, 233, 236-237, 346, 349, 357-358, 369

기술화 Technisierung [technization], 85-86, 93, 95, 97, 230, 352

기준설정 권력 Maßsetzende Macht [standard setting power], 34

기준에 대한 필요성 Maßstab-Bedürftigkeit, Maßstabsbedürftigkeit [need for standards], 34, 39, 44, 153

기회 균등의 신화 Legende der Chancengleichheit [legend of functional equality], 288

내용적 확정성 Bestimmtheit [specific contents], 296-297

내적 권력 innere Macht [inner power], 33-34, 41, 138, 140, 145, 354, 369

냉담 Gleichgültigkeit [coldness], 86, 89

넬슨 제독 Nelson, 162

노동분업 - 과정적 prozessuale Arbeitsteilung [processual division of labor], 225

노동분업 - 단기적 kurzfristige Arbeitsteilung [short-term division of labor], 267

노동분업 - 사회전반적 gesamtgesellschaftliche Arbeitsteilung [societal division of labor], 225

노동분업 Arbeitsteilung [division of labor], 193, 195, 210, 214, 222, 225, 264, 266-268, 356-357, 373

노동분업의 형태, 224, 265

노예 Sklave [slave], 15, 55, 57, 71-72, 90, 130-131, 135, 184, 219, 312, 318, 353, 357, 385

능력 Können [ability]

능력의 탈 경계적 확장 Entgrenzung des Könnens [unbounding of ability], 65

단계적 모델 Stufen-Modell [stage model], xxv, 194, 310, 315

단기적 노동분업 kurzfristige Arbeitsteilung [short-term division of labor], 267

단위세포를 형성하는 사회화 원리 Das zellenbildende Prinzip der Vergesellschaftung [the principle of sociation via cell formation], 188

단체 Verein

당위적 성격 Verbindlichsetzung [obligatory nature], 287

대리 행동 stellvertretendes Handeln [acting by proxy], 266-267

대자적 존재 Fürsichsein [being-for-oneself], 202

대중 현상 Massenphänomenen [mass phenomenon], 168

대중의 원초적 힘 elementaren Gewalt der Volksmassen [the elemental force of the popular masse], 10

대항 권력 Gegenmacht [counterpower], 10, 77, 85, 335, 351, 366

대항 무력 Gegengewalt, 85, 351

데이오케스 Dejokes, Daiukku, 328

데이터 설정자 Datensetzer [data setter], 38, 48-49

데이터설정 권력 Macht des Datensetzens [data-setting power], xvii, xxiv,

36, 38, 40, 42-43, 45-46, 49, 220, 222, 235-237, 348-350, 357, 369
도구적 권력 instrumentelle Macht [instrumental power], xxiv, 28-30, 32, 36, 39, 41-43, 45-46, 49, 103, 107, 172, 179, 348, 350, 352-353, 369, 372-373
도야 Ausbildung [cultivation]
독일헌법론 Verfassung Deutschlands, 16
독점 - 구원적 지식의 Monopolisierung des Heilswissens [monopolization of knowledge of salvation], 178
독점 - 국가의 지배의 Monopolisierung der staatliche Herrschaft, 334
독점 - 생산 수단의 Monopolisierung des Produktionsmittel, 269, 271
독점의 법칙 Gesetz des Monopols, 271
독점적 주장 Monopolisierungsanspruch [claims to monopoly], 335, 366
동일시에 의한 속박 Bindung kraft Identifizierung [bond via identification], 142, 152
두려움 Furcht [fear]
등급 Staffel [rating]
디나미스 dynamis [δύναμις], 22
레오폴드, 루이스 Leopold, Lewis, 146, 149
로렌츠, 콘라드 Lorenz, Konrad, 61-62
루만, 니클라스 Luhmann, Niklas, xv, 29-31, 105, 108, 110, 115, 282, 344, 375
루소, 장자크 Rousseau, Jean-Jacques, 277
룩스, 스티븐 Lukes, Steven, xvi, xxi, 13, 15, 31-32, 42, 130, 289, 304, 347, 370-371, 375, 402

리비도적 속박 libidinöse Bindung [libidinal bond], 142, 152
마르크스 Marx, Karl, xvi, xvii, xxi, 10, 16, 219, 228, 293, 341, 343, 374, 402
마음자세 Einstellung [mental attitude]
마음자세 Einstellung [mindset], 33, 36, 43, 91, 126, 143, 151, 172-173, 177, 350, 355
만, 마이클 Mann, Michael, 371
맹자, 139
메디아인 Meder, 327
명망 Ansehen, Geltung, Ehre [reputation]
명성 - 더 높은 존재로서의 Prestige - des höheren Seins [prestige of higher being], 146
명성 Prestige [prestige], 145, 150, 160
명성의 효과 Prestigewirkung [effects of prestige], 151
모범성 Vorbildhaftigkeit [exemplarity], 151
목적 합리성 Zweckrationalität [purposive rationality], 60
목적론적 원칙 Prinzip der Zweckbestimmung [principle of purposiveness], 226
몽테스키외 Montesquieu, 7
무감각의 과잉 Exzess an Indolenz [excess of indolence], 92
무관심 효과 Indifferenz- Effekt [indifference effect], 92
무관심 Indifferenz [indifference], 85-86, 89, 92-93, 97-98, 101-102, 212, 352
무관심의 태도 Indifferenz-Haltung

[attitudes of indifference], 90
무기 개발 Waffenentwicklung [weapon development], 65, 93-94, 101-102, 232-233
무기 Waffe
무력 - 근절적 Ausrottungs-Gewalt [violence of eradication], 101
무력 - 대항 Gegengewalt, 85, 351
무력 - 신성한 heilige Gewalt, violenza sacra [sacred violence], 88
무력 - 절대적 absolute Gewalt [absolute violence], 66-67, 71, 74, 79, 85, 87, 107, 351
무력 - 질서 자신의 Eigengewalt der Ordnung [inherent violence of order], 82, 351
무력 극복의 악순환 circulus vitiosus der Gewalt-Bewältigung [vicious circle of the repression of violence], 82
무력 -제재적 Sanktionsgewalt [violent sanction], 178, 316
무력 Gewalt [violence], 26, 52, 58, 145
무력을 극복하는 무력 gewaltbewältigende Gewalt [violence repressing violence], 84
무력의 상상 Gewaltvorstellung [imagination of violence], 64
무력의 자의성 Gewalt-Willkür [arbitrariness of violence], 84, 351
무력의 한정 Eingrenzung von Gewalt [limitation of violence], 80
무오류성 Unfehlbarkeit [infallibility], 274
무제한성 Unbegrenztheit [boundlessness], 73

미드, 조지 허버트 Mead, George Herbert, 156, 203
미래 지향성 Zukunftsorientiertheit [future orientation], 30
미약성 Ausgeliefertheit [exposedness]
미화 - 무력의 Glorifizierung von Gewalt [glorification], 85-89, 93, 97-98, 101-102, 352
민주화 Demokratisierung [democratization], 255
믿음을 만들어내는 권위 ad fidem faciendam auctoritas, 144
바로, 마르쿠스 테렌티우스 Varro, Marcus Terentius, 90
반대 연합 Gegenkoalitionen [counter-coalitions], 271, 277, 285
반성적 성찰 Reflexivität [reflexivity], 155-156, 354
반응성 Reagibilität [responsiveness]
반전의 변증법 Dialektik des Umschlagens [dialectic of the subversion], 278
배척 Ausgrenzung
법적 제재 Rechtssanktion [legal sanction], 55
베버, 막스 Weber, Max, xvi, 13-15, 22, 60, 94, 136, 160, 171, 248, 253, 256, 274, 287-289, 295-297, 304-306, 308, 321, 334, 342, 363, 368-372, 374, 385
변형 - 기술적 Verändern - technisches [technical change], 36-37, 40, 213, 220, 228
병영화된 사회화 Kasernierte Vergesellschaftung [barracked society], 243
보상 Belohnung, Belohnen [reward],

29, 39, 44, 53, 65, 86, 114, 120-122, 129-130, 133-134, 171-172, 253-254, 256, 284-285, 348, 350, 353

보상적 권력 [reward power], 41

보에티 La Boétie, Etienne de, 289, 402

보유 Behalten [keeping]

보유권 Inhaberschaft, 333

보유자 Inhaber

복종 Gehorsam [obedience]

복종의 의무 Gehorsamspflicht [duty to obey], 305-306

복합군 複合群 Syndrom [syndrome], 85-86, 96, 98, 100, 102, 352

본능설 (콘라드 로렌츠의) Triebtheorie, 61

본능으로 부터의 탈 연계성 Instinktentbundenheit, 65, 351

본원적 역량 - 관철의 Durchsetzungsvermögen [assertive capacity], 22, 25, 381

본원적 역량 Vermögen [ability], xxiii, xxiv, 22-24, 75, 133, 135, 222, 348, 379-380

봉사 제공 계급 Dienstleistungsklasse [service class], 247, 256

부권적 권위 auctoritas paterna, 180, 355

부르디외, 피에르 Bourdieu, Pierre, 2, 296, 344

부르주아지 사회 bürgerliche Gesellschaft, Bürgertum [bourgeoisie civil society], 207, 356

부르주아지 해방운동 bürgerlichemanzipatorische Bewegung, 211

부르크하르트, 야코프 Burckhardt, Jacob, 18, 70, 72

부여된 역할 zugeschriebene Rolle [ascribed role], 190-192, 210, 356

분할 통치 정책 Politik des Teilens [policy of dividing], 271, 361

불명확한 위협 unbestimmte Drohung [indeterminate threat], 111

불복종 Unbotmäßigkeit [insubordination]

불안 Angst [anxiety]

불안을 야기하는 권력 Macht des Angstmachens [fear-making power], 31, 111

불완전한 권위적 속박 unvollständige Autoritätsbindung [incomplete authority bond], 167, 170

불확실성 Ungewißheit [uncertainty], 31-32, 110-111, 115, 163, 273, 292, 348, 352

불확실성의 강요 Oktroyierung von Ungewißheit [imposition of uncertainty], 110, 352

비소행자에 대한 차별 Diskriminierung des Nichttäters [discrimination against the non-guilty], 108

비순종 Nichtfügsamkeit [noncompliance]

비아커, 프란츠 Wieacker, Franz, 144

비옥한 초승달 fruchtbares Halbmond, 324

비인격화 Entpersonalisierung [depersonalization], 307, 310, 317, 333, 336, 364-366, 373-374

빌헬름 마이스터 Wilhelm Meister, 147, 149

빌헬름 마이스터의 수업시대 Wilhelm Meisters Lehrjahre, 147

사법권 Rechtsprechung [jurisdiction], 326, 335, 366

사상의 권력 Macht der Ideen [the power of ideas], 10

사용 - 기술적 생산물의 Verwenden technischer Produkte [use of technical products], 37, 39, 213, 215-217, 220, 357

사용 Verwenden [employment]

사용권 Verwendungsrecht [right of use], 214, 217-219, 245, 249-250, 252, 357

사제 Priester [priest], 34, 178-179, 181, 322

사회의 이빨 Zähnen der Gesellschaft [society's teeth], 120

사회적 결속화의 결핍 Vergesellschaftungsdefizit [defective sociation], 279

사회적 권력 soziale Macht [social power], 22, 32, 40, 214, 233-236, 349, 357, 379

사회적 성공 sozialer Erfolg [social success], 154, 158, 354

사회적 역할 - 공적인 Soziale Rolle - öffentliche [public social role], 195, 210

사회적 역할 - 부여된 Soziale Rolle - zugeschriebene [ascribed social role], 190, 210

사회적 역할 - 성취한 Soziale Rolle - erworbene [acquired social role], 192, 194

사회적 역할 Soziale Rolle [social role], 185-186, 196, 204

사회적 인격체성 soziale Personhaftigkeit [social personality], 184-185

사회적 인정 soziale Anerkennung [social recognition], 152, 156, 180, 184-187, 197, 354-355

사회적 주관성 soziale Subjektivität [social subjectivity], xxiv, 175, 182, 185-188, 190, 192, 194, 196-200, 204, 209-211, 355

사회적 주관성의 개별화 Individualisierung sozialer Subjektivität [individualization of social subjectivity], 200, 204

사회적 주관성의 다양성 Pluralität sozialer Subjektivitäten [plurality of social subjectivities], 198, 211

사회적 주관성의 유형 Typus sozialer Subjektivität [social subjectivity type], 185, 211, 355

사회적 주체 soziales Subjekt [social subject], 185-187, 190, 204, 210, 355-356

사회적 주체의 유형 sozialer Subjekt-Typus [social subject type], 186

사회적 질서의 탄생 Genesis sozialer Ordnungen [genesis of social orders], 81

사회적 참여자격, 소속감 Soziale Teilhabe, Zugehörigkeit [social participation belonging], 27, 53-54, 91, 180, 188

사회적으로 인정받음 soziales Anerkanntsein [being socially recognized], 152

사회전반적 노동분업 gesamtgesellschaftliche Arbeitsteilung [societal division

of labor], 225
사회화 - 권력의 Vergesellschaftung von Macht [sociation of power], 9, 44, 52
사회화 원리 Vergesellschaftungsprinzip [principle of sociation], 91
사회화 Vergesellschaftung [sociation], xxiii, 2, 9, 12, 20, 43-44, 52, 90, 187, 190, 243, 269, 279, 296, 322, 348, 350, 355, 360
사회활동 Ökonomie
산발적 권력 sporadische Macht [sporadic power], 310-311, 313-315, 317, 364
살해 - 집단적 Töten Triumpfdes Tötens - von Kollektiven [murder of collectives], 71
살해 능력 Töten-Könnens [ability to kill], 66
살해 Töten, Triumpf des Tötens [killing triumph of killing], 27, 65, 71, 85
살해의 권력 Todesmacht [power to kill], 65, 71, 73-74, 96
삶의 활동 Lebenstätigkeit [vital activity], 193, 312, 325
상상력 Vorstellungskraft [imagination], 58, 63-65, 79, 159, 166, 170-172, 344, 351
상상의 강권 Vorstellungsgewalt [violence of imagination], 64
상상의 기량 Vorstellungsfähigkeit [capacity of imagination], 63-64
상속의 계보 Erbnachfolge [lines of inheritance], 325
상징적 대상 symbolische Objekt [symbolic objects], 215, 228
상투적 기대 Erwartungs-Klische [clichéd expectation], 49
상해의 효율성 증강 Technische Verletzungseffizienz [technical injury efficiency], 27, 65, 93, 96
상호성에 입각한 권위 관계 Autoritätsbeziehung auf Gegenseitigkeit [authority relationship of reciprocity], 207, 356
상호성의 원칙 Gegenseitigkeitsprinzip [reciprocity principle], xxv, 256-257
상황 통제적 기량의 상징적 과시 symbolische Demonstration der Fähigkeit zur Kontrolle der Situation [symbolic demonstration of the ability to control the situation], 57
상황적 요인 Situationsmerkmal [aspects of the circumstances], 59-61, 314
생산수단 Produktionsmittel [means of production], 90, 219, 229-230, 233, 299, 357
생활세계 Lebenswelt [life world], 132
선택적 친화성 Wahlverwandtschaft [elective affinity], 171
설명적 지식 Erklärungswissen [explanatory knowledge], 227
성취 기준 Leistungsstandards [performance standards], 121
성형성 成形性 Formbarkeit [malleability]
세계개방성 Weltoffenheit [openness to the world], 133
소속감의 주관성 Zugehörigkeits-Subjektivität [subjectivity based on membership], 192

소속성의 구조화 Strukturierung von Zugehörigkeit [structuration of belonging], 91

소속의 인정 Zugehörigkeitsanerkennung [recognition of affiliation], 188-189, 204, 356

소속자격에 대한 확실성 Zugehörigkeitssicherheit [security of their membership], 189

소수의 우위성 Überlegenheit der kleinen Zahl [superiority of the small number] 참고 - 소수의 이점, 94

소수의 이점 Vorteil der kleinen Zahl [advantage of the small number] 참고 - 소수의 우위성, 94, 248

소유 질서 Besitzordnung [order of possessions], 249, 270, 361

소유권 - 공동 Gemeineigentum [ownership-in-common], 218, 220

소유권의 주장 Eigentumsanspruch [claim to ownership], 214, 219, 270, 361

소유권적 질서 Eigentumsordnung [ownership order], 220, 357

소유의 주장 Besitzanspruch [claim for possession], 245-248, 250, 270, 299, 326

소유의 폭력 Gewalt des Eigentums [force of property], 10

소포클레스 Sophocles, 25-28, 36-37

속박 - 동일시에 의한 Bindung kraft Identifizierung [bond via identification], 142, 152

속박 - 리비도적 libidinöse Bindung [libidinal bond], 142, 152

속박 - 완전한 권위적 vollständige Autoritätsbindung [complete authority bond], 167, 170

솔제니친 Solzhenitsyn, 53

수렵-채집인 Wildbeuter [hunter-gatherers], 190-191, 224-225, 326

수탈 Ausbeutung [exploitation]

수행 기량 Leistungsfähigkeit [capacity for action], 263-264

수행 준비태세 Leistungsbereitschaft [willingness to perform], 264, 268

숙달의 이익 Übungsgewinn [benefit of a practice], 27, 267

숙련성 Kunstfertigkeit [skilful putting into being], 213, 223, 226, 228-229, 262

순교자 Märtyrer, 74, 76-78, 351

순수 행동 권력 bloße Aktionsmacht [pure action power], 56, 58

순응 - 관찰되지 않은 Konformität Fügsamkeit - unbeobachtete [unobserved conformity], 33, 143

순응 - 마음자세의 Konformität Fügsamkeit der Einstellung [of attitude], 33, 143

순응 Konformität [conformity], 33, 120, 122, 124, 143, 314, 336

순종 - 은폐된 verdeckte Fügsamkeit [covered-up compliance], 116, 118

순종 준비태세 Fügungsbereitschaft [willingness to submit], 138

순종 Fügsamkeit [conformity compliance], 29, 106, 118, 139, 259, 283, 287, 295, 311, 314-315

쉘러, 막스 Sheller, Max, xv, 2, 133, 343

스피노자 Spinoza, xxi, 33, 130, 289, 370

승계 규칙 Nachfolge-Regeln [rules of succession], 320-321, 326
시간적 동일성 Einheit der Zeit [unity of time], 265
시민혁명 bürgerliche Revolution, 8-9, 16
신공화주의자 [neo-republican], 15
신뢰로의 도약 Vertrauenssprung [leap into trust], 264
신부납치 Frauenraub [abduction of women], 327
신빙성 Glaubwürdigkeit [credibility]
신석기 시대 Neolithikum [Neolithic era], 192, 323, 327, 365
신성한 권위 divina auctoritas [sacred authority], 177-179, 182
신성한 무력 heilige Gewalt, violenza sacra [sacred violence], 88
심적 고착 Fixierung [fixation], 152-153, 169, 183, 199-200
아렌트, 한나 Arendt, Hannah, 107-108, 282, 342, 375
아리스토텔레스 Aristoteles, 7, 23, 201-202, 222-223, 226-227
아욱토리타스 auctoritas, 137, 140, 144-145, 178, 180
안정화 - 상충되는 이해관심들 간의 Stabilisierung von Interessenlagen [stabilization of complexes of interest], 241-242
안티고네 Antigone, 25, 34
암살자 Attentäter [assassins], 74-76, 78, 351
암시력 Suggestivkraft [suggestive force], 258, 260
약속 Versprechung [promise], 29, 39, 103, 114, 120, 129, 172
약체성 Gebrechlichkeit [precariousness]
억제 Eindämmung [restraint]
언제나-그러면 Immer-wenn-dann [every-time-then], 314-315
에피스테메 episteme, 227
역사적 권력 geschichtliche Macht [historical power], 260, 294
역할 부여 Rollenzuschreibung [role ascription], 191, 193
역할 획득 Rollenerwerb [acquisition of role], 192, 194, 198
연대 - 투기적 Solidarität - spekulative [speculative solidarity], 253
연대 Solidarität [solidarity], 247, 253, 264, 268-269, 277, 299, 359
연대의 상호성 Gegenseitigkeit der Solidarität [reciprocity of solidarity], 264
연대적 그룹과 생산적 우위성 Solidarische Gruppen & produktive Überlegenheit [solidary groups productive superiority], 263-264
연맹, 연합, 연대 Verband
연속성에 대한 이해관심 Kontinuitätsinteresse [continuity interest], 325-326
연속적 소속성 Kontinuitäts-Zugehörigkeit [continuity of belonging], 324
열등성의 신화 Unterlegenheitslegende [legend of inferiority], 287
영토의 지배 Gebietsherrschaft [territorial rule], 334, 366
영향가능성 Wirkungsmöglichkeit [possibilities of influence], 315
예기된 반응의 법칙 [the rule of antici-

pated reactions], 32
예속 Unterwerfung [subjection, submission]
예속적 적합성 Unterwerfungseignung [suitability for submission], 135, 353
오펜하이머 Oppenheimer, Franz, 138
완전 권력성 Machtvollkommenheit [power completeness], 79
완전한 권력 vollkommene Macht [perfect power], 66, 69-70, 79, 351
완전한 권위적 속박 vollständige Autoritätsbindung [complete authority bond], 167, 170
외부적 구성원 Außenseiter-Mitglied [outsider-associates], 273
외적 권력 äußerer Macht [external power], 33, 140, 145
외피적 특성 Gehäuse~Charakter [enclosure-character], 231-232
요건 Voraussetzung
우려 Befürchtungen [fear]
우리라는 의식 Wir-Bewußtsein [we-consciousness], 218
우수성 Superiorität [superiority]
우월성 Überlegenheit [superiority]
우위성 Überlegenheit [superiority]
우위성의 인정 Anerkennung von Überlegenheit [recognition of superiority], 146, 150, 152
우회적 생산 Produktionsumweg [roundabout production], 229-230
우회적 행동 Umweghandlung [detour activity], 229-230, 358
운송수단 Transportmittel [means of transportation], 232, 358
원자폭탄 Atombomben [atomic bombs], 95-96, 236
위계화 Hierarchisierung, 281, 299
위상 Stellung [status]
위상가치 Stellenwert [status value], 320
위임권 Vollmacht [power of attorney], 300
위험감수 준비태세 Risikobereitschaft [readiness to take risks], 126
위험성의 증강 역량 Potenzierbarkeit von Gefährlichkeit, 235
위협 - 불명확한 unbestimmte Drohung [indeterminate threat], 111
위협 - 은폐된 verdeckte Drohung [disguised threat], 116-118
위협 - 제재의 Sanktionsdrohung [threat of sanction], 31, 107, 120
위협 Drohung [threat]
위협과 약속 Drohungen und Versprechungen [threats and promises], 29, 32-33, 39, 41, 103, 119, 130, 135, 172, 348
위협의 경제 Ökonomie der Drohung [economy of threat], 119-120
위협의 구조 - 불명확한 Drohungen Struktur der Drohung - unbestimmte [indeterminate threat], 111
위협의 구조 - 은폐된 Drohungen Struktur der Drohung - verdeckte [covert structure of threat], 116-118
위협의 구조 Struktur der Drohung [structure of the threat], 104-105, 112-115, 119, 352
위협의 권력 Macht der Drohung [power of the threat], 111, 128
위협의 확장성 Dehnbarkeit von Drohungen [flexibility of threats], 122

위협의 효력 Wirkungskraft der Drohung [effectiveness of the threat], 103, 109, 119, 124

유동자산의 권력 Macht des beweglichen Eigentums [power of mobile property], 10

유산 시민층 Besitzbürgertum [property-owning bourgeoisie], 10

유용함 Nutzen [use]

은폐된 순종 verdeckte Fügsamkeit [covered-up compliance], 116, 118

은폐된 위협 verdeckte Drohung [disguised threat], 116-118

의식의 상태 Bewußtseinslage [situation of consciousness], 296

의존성의 기울기 Abhängigkeitsgefälle [gradient of dependency], 270

이성의 권력 Macht der Vernunft [power of reason], 10

이소노미아 Isonomia, ἰσονομία, 84

이율배반성 Antinomie, 73, 79

이중적 인정 doppelte Anerkennung [double recognition], 35, 176, 349, 353

이해성합에 의한 지배 Herrschaft kraft Interessenkonstellation [domination by virtue of interest constellation], 137, 306

인간 무력 관계의 탈 경계적 확장 Entgrenzung des menschlichen Gewaltverhältnisses [dissolution of boundaries of human violence relations], 58

인간 조건 conditio humana [human condition], xvi, 2, 367, 372

인간을 지도하는 비밀 Geheimnis der Menschenführung [secret of leadership], 175-176

인간적 소산 Machbarkeit [humanly produced reality], 4, 6-7, 19-20, 348, 368

인격성 이론 - 권위의 Persönlichkeitstheorie der Autorität [personality theory], 160, 165

인격성 Persönlichkeit [personality], 146, 160, 195

인격성의 권력 Macht der Persönlichkeit [power of personality], 139

인격성의 도야 Ausbildung der Persönlichkeit [cultivation of personality], 149

인류학적 개념화 Anthropologisierung [anthropologization], 20, 367

인류학적 철학 Anthropologische Philosophie [anthropological philosophy], 2, 344

인식 - 관조적 Zur-Kenntnis-Nehmen [contemplative consideration], 156

인위적 창조물 Artefakt [artifacts], 37-41, 65, 93, 213, 220-221, 223, 228-231, 233, 349, 357

인정 - 개별성의 Individualitätsanerkennung [recognition of individuality], 204, 207-208, 356

인정 - 공공의 Publikums-Anerkennung [public recognition], 196

인정 - 사회적 soziale Anerkennung [social recognition], 152, 156, 180, 184-187, 197, 354-355

인정 - 소속의 Zugehörigkeitsanerkennung [recognition of affiliation], 188-189, 204, 356

인정 - 우위성의 Anerkennung von Überlegenheit [recognition of superiority], 146, 150, 152

인정 - 이중적 doppelte Anerkennung [double recognition], 35, 176, 349, 353

인정 과정 Anerkennungsprozeß [recognition process], 153, 207, 258, 298, 302

인정 관계 Anerkennungsbezug [recognition relationship], 168, 184, 210, 294

인정 부여의 가치 Anerkennungswert [recognition value], 159-160, 192, 194, 208

인정 주장권 Anerkennungsanspruch [authoritative claim for recognition], 178, 192

인정 추구 Anerkennungsstreben [striving for recognition], 153, 183, 190, 194

인정 필요 욕구 Anerkennungsbedürftigkeit [need for recognition], 172, 355

인정 Anerkennung [recognition]

인정받지 못한 천재 verkanntes Genie [unrecognized genius], 169

인정에 대한 기대 Anerkennungserwartung [expectations of recognition], 172, 187, 198

인정에의 심적 고착성 Anerkennungsfixiertheit [fixation on recognition], 172, 177, 355

인정에의 필요성 Anerkennungsbedürfnis [need for recognition], 40, 44, 153, 182, 204

인정의 공급 Anerkennungsangebot [supply of recognition], 187, 198

일반의지 volonté générale [general will], 277

일상적 권력 Alltagsmacht [power of everyday life], 32

일탈적 행위 Abweichendes Verhalten [deviant behavior], 104, 112

일회성 권력 Einzelfall-Macht [one-off power], 311

임명규범 Besetzungsnorm, 85

자기 자유화 Selbstbefreiung, 16

자기가치 평가 Selbstbewertung [self-evaluation], 156

자기객체화 Sich-Objektivation [self-objectivation], 231

자기결정 Selbstbestimmung [self-determination], 17, 19-20

자기구속 Selbstbindung [binding himself], 108-109, 112, 318, 352

자기로의 동화 轉化 Anverwandeln [assimilation], 221

자기발견 Selbstfindung [self-finding], 209-210

자기변환의 능력 Sich-Umstellen-Können, 133

자기변환의 당위성 Sich-Umstellen-Müssen, 132

자기에로의 몰입 Selbstbezug [self-reference], 168

자기의식 Selbstbewußtsein [self consciousness], 154, 383

자기인식 Selbst-Erkenntnis [self-awareness], 157

자기인정 Selbstanerkennung [self-recognition], 153, 155-158, 168, 176,

185-186, 287-288
자기존중감 Selbstwertgefühl [self-esteem], 34, 40, 153, 156, 158, 166, 168-169, 176, 180, 190, 192, 195, 200, 208, 211, 349, 383
자기해방 Selbst-Emanzipation [self-emancipation], 16-17
자기확약 Selbstfestlegung [self-commitment], 109, 118
자발성 Freiwilligkeit [voluntariness], 88, 251, 287
자살 Selbsttötung [suicide], 66, 70, 76
자연상태 status naturalis, 80
자유 - 신공화주의적 관점, 15
자유 - 의식의 해방으로서의, 16
자유 - 자유주의자들의 관점, 15
자유 - 칸트의 관점, 16
자유 - 포피츠의 관점, 15
자유경쟁 Freie Konkurrenz [free competition], 250, 252
자유에 대한 각성 Freiheitsbewußtsein [awareness of freedom], 15
자유에 대한 최소한의 관점 [minimal view of freedom], 15
자유의식이 가지는 감수성 Sensibilisierung des Freiheitsbewußtseins [heightened awareness of freedom], 18
자유화 운동 Befreiungsbewegung [freedom movement], 17
자유화 Freiheit, Befreiung [freedom liberation], 16-17, 87-88, 209
잠재력 Potential [potential]
잠재역량 Potenz [capability]
잠재적인 권위적 속박 latente Autoritätsbindung [latent authority bond],

167
재교육 Umerziehung [re-education], 251
재분배 체제 System der Umverteilung [system of redistribution], xxv, 280-282, 299
재산권 Eigentumsrecht [right of ownership], 219, 297, 382
재판관 Richter [judge], 321-322, 326, 328, 330, 365
저장 경제 Vorratswirtschaft [storage economy], 329
저항 Widerstand [resistance], 13, 32, 39, 52, 64, 69, 74, 76-77, 107-108, 110, 122, 126, 173, 201, 246, 254, 274, 278, 280, 284, 287, 302-303, 308, 351, 362-363, 368, 375
적응 준비태세 Anpassungsbereitschaft [disposition to conformity], 151, 206
적응기량 Anpassungsfähigkeit [ability to adapt], 133
전략적으로 불가피한 개연성 strategische Plausibilität [strategic plausibility], 268-269, 360
전문화 효과 Spezialisierungseffekt [effect of specialization], 267
전제 Prämisse, Voraussetzung [premise]
전환 가능성 - 권력 수단의 Umsetzbarkeit der Machtmittel [practicality of power resources], 278, 282, 284, 300-301
절대적 강압 absoluter Zwang, 107
절대적 무력 absolute Gewalt [absolute violence], 66-67, 71, 74, 79, 85, 87, 107, 351
절차규범 Verfahrensnorm [procedural

norm], 85
정당성 - 기본적 Basislegitimität [basic legitimacy], xxv, 286, 297, 363, 374
정당성 Legitimität [legitimacy], xxv, 5, 84, 165, 176, 256-259, 270, 287, 294, 296-298, 327, 361, 363, 383-384
정당성의 구조 Legitimitätsstrukturen [structure legitimacy], 257
정당성의 규율 Legitimitätsregelung [rule for legitimacy], 257
정당성의 신뢰 Legitimitätsglaube [trust in legitimacy], 257, 259, 287, 362
정당성의 요구 Legitimitätsanspruch [need for legitimacy], 257
정당성의 타당성 - 상호성의 원칙에 의거한 Legitimitätsgeltung aus dem Gegenseitigkeitsprinzip [validity of legitimacy from the principle of reciprocity], 256-257, 286
정당성의 타당성 Legitimitätsgeltung [legitimate validity], xxv, 256-260, 296, 359
정당성의 형태 Legitimitätsform [form of legitimacy], 296
정당성의 확신 Legitimitätsgewißheit [confidence in legitimacy], 288
정당함 Legitimation [legitimation]
정당화 - 카리스마적 charismatische Legitimitätsgeltung [charismatic legitimation], 289
정당화 과정 Legitimierungsprozeß [legitimization process], 259, 286, 289, 383-384
정당화 Legitimierung [legitimization]

정치적인 것의 이데아 Idee des Politischen [idea of the political], 5-6, 8
제도적 권위 Autorität - institutionelle [institutional authority], 160, 177, 179, 181-183, 189, 191, 207, 210, 355-356
제작 - 생산적 지능을 이용한 Herstellen herstellende Intelligenz [production productive intelligence], 213, 222, 227
제작 - 조직화된 Herstellen herstellende Intelligenz - organisiertes [organized manufacturing], 224
제작 - 지식기반적 Herstellen, herstellende Intelligenz - wissendes [knowledge based manufacturing], 224, 226
제작 Herstellen [production], 213-214, 223-224, 228, 357
제작의 지식 herstellendes Wissen [manufacturing knowledge], 226-227
제재 - 관습적 Sittensanktion [custom sanction], 55
제재의 역량 Sanktionspotential [sanction potential], 123, 353
제재의 위협 Sanktionsdrohung [threat of sanction], 31, 107, 120
제재의 유보 Sanktionsverzicht [sanction withdrawal], 104, 107
제재적 무력 Sanktionsgewalt [violent sanction], 178, 316
제한 Begrenzung [restriction]
조건부 반작용 Eventualreaktion [contingent reaction], 110
조율적 상상력 Koordinationsphantasie [coordination imagination], 266

조작의 기회 Manipulationschance [opportunities for manipulation], 254

조직화 기량 Organisationsfähigkeit [organizational capacity], 247-249, 254-255, 269, 285, 298, 300-301, 359-360, 362-363

조직화 기량의 결핍 Defizit an Organisationsfähigkeit [deficit in organizational capacity], 254, 285

조직화 기회 Organisationschance [organizational opportunities], 268

조직화의 결핍 Organisationsdefizit [deficit of organization], 299

조형 가능성 - 희망의 Modellierbarkeit von Hoffnungen und Befürchtungen [malleability of hopes and fears], 129

조형 가능성 Modellierbarkeit [malleability], 128-130, 134, 383

종교적 초월 religiöse Transzendenz [religious transcendence], 180, 182, 355

종사단 Gefolgschaft [circle of followers, retinue], 286, 330-333, 365

종속성 관계 Abhängigkeitsverhältnis [relations of dependency], 278

죄책의식 Schuldbewußtsein [sense of guilt], 81, 351

주브넬, 베르트랑 드 Bertrand de Jouvenel, 151

주인 됨 Herr-Sein [being a master], 66, 69, 87

준거적 권력 [referend power], 42

중립이라는 환상 Illusion der Neutralität [illusion of neutrality], 275

중앙 집중적 지배의 일상화 Veralltäglichung zentrierter Herrschaft [routinization of centralized domination], 334-336, 366

증강 역량 Potenzierbarkeit [possibility of increasing], 79

지구상의 악 das Böse auf Erden [evil on earth], 70

지배 - 강압적 Dominanz [domination]

지배 - 영토의 Gebietsherrschaft [territorial rule], 334, 366

지배 - 이해경합에 의한 Herrschaft kraft Interessenkonstellation [domination by virtue of interest constellation], 137, 306

지배 Herrschaft [domination], 40, 84, 178, 209, 249, 274, 304, 319

지배를 위한 행정 Herrschaftsverwaltung [administration of domination], 331

지배의 신화 Herrschaftslegende [legend of domination], 287-288

지배의 장치 Herrschaftsapparat [apparatuses of domination], 331, 333, 365

지배의 정의 - 막스 베버, 295

지배의 지위 Herrschaftsposition [positions of domination], 333, 365

지배의 질서 Herrschaftsordnung [domination order], 256

지속적 권력 행사 dauerhafte Machtausübung [durable exercise of power], 32

지속적 권력 Macht auf Dauer [durable power], 28, 32, 103, 235, 237

지속적 권력관계 dauerhafte Machtverhältniss [durable power relationship], 32, 103, 235, 237

지식 기반적 제작 wissendes Herstellen [knowledge based manufacturing],

222, 226
지위 구조 Positionsstruktur [positional structure], 335
지위 부여 - 권력의 Positionalisierung von Macht [positionalization], 320, 331, 333
지위 Position [position]
지위적 구성 - 지배장치의 Positionsgefüge Herrschaftsapparate [position structures rule apparatuses], 331
지위적 구성 Positionsgefüge [positional complexes], 331-334
지위적 권력 positionelle Macht [positional power], 319, 322, 365
지향성 (질서의) Orientierungssicherheit [security of orientation], 290
직업 Beruf [job]
직위적 카리스마 Amtscharisma [charisma of office], 321
질문 제기의 권력 Macht der Fragestellung [question-setting power], 106
질문 제기의 권력 Positionsautorität [positional authority], 182
질서 자신의 무력 Eigengewalt der Ordnung [inherent violence of order], 82, 351
질서에 대한 구상 Ordnungsentwurf [design of orders], 82
질서의 관념 Idee der Ordnung [idea of order], 80-81, 351
질서의 투자 가치 Investitionswert [investment value], 291-292
질서의 표상 Ordnungsvorstellung [idea of possession], 247, 251
질서의 확실성 Ordnungssicherheit [security of order], 289-290, 292, 363

질서적 가치 - 질서의 Ordnungswert [value of order], xxv, 286, 290-292, 294-295, 297, 362-363, 374
질서적 문제 Ordnungsproblem [ordering problem], 323
짐멜, 게오르그 Simmel, Georg, xvi, 201
집단 작업 Kollektivarbeit [collective work], 309
집단 Kollektiv [collective]
집단행동 Kollektivhandlung [collective action], 94, 253, 265, 299, 359
집합 Kreis [circle]
징벌적 권력 strafende Macht [punitive power], 179
징벌적 정의 strafende Gerechtigkeit [punitive justice], 178
차등화 Staffelung [creation of echelons], xxv, 262, 270, 272, 276-280, 299, 360-361
채산성 - 위협의 Rentabilität von Drohungen [profitability of threats], 119, 128, 133
채산성 Rentabilität [profitability], 119, 124-125, 127-128, 353
책임감 Verantwortung [sense of responsibility]
처벌 Strafe [punishment], 29, 31, 39, 44, 53-56, 70, 106-107, 111, 114, 120, 123, 129-130, 133, 138, 144, 166, 172, 280, 289, 309, 348, 350, 353
처분 가능성 Dispositionsmöglichkeit [disposition possibilities]
철학적 인류학 Philosophische Anthropologie [philosophical anthropology], xv, xxiii, 2, 133, 228, 343-344, 367

최측근의 권위 Autorität des Nächsten [authority of the neighbour], 206

추정 Unterstellung

추종 준비태세 Folgebereitschaft [disposition to follow], 33, 278

추종자 Anhänger [follower]

축소 가능성 Reduzierbarkeit [possibility of reducing], 135

출생적 지위 Geburtsstatus [birth status], 191, 356

취약 용이성 Verletzungsoffenheit [vulnerability to injury], 40, 44, 52, 79, 350

취약성 Verletzbarkeit [vulnerability], 24, 27, 40, 44, 126, 173, 279, 348-350, 355, 372

침해권 Antastbarkeit, 70

카리스마 - 직위적 Amtscharisma [charisma of office], 321

카리스마 - 혈통적 Gentilcharisma [charisma of kin], 321

카리스마 Charisma, 136, 160, 242, 256, 296-297, 321, 363, 369

카리스마적 정당화 charismatische Legitimitätsgeltung [charismatic legitimation], 289

칸트 Kant, Immanuel, xv, 2, 16, 22-23, 343, 380-381

케인즈, 존 메이너드 Keynes, John Maynard, 32

크라토스 krátos [κράτος], 22-23

클루트, 하인츠 Kluth, Heinz, 146

키케로 Cicero, 144, 181

타율적 결정 Fremdbestimmung [external determination], 18

타인의 관점에서 자신을 봄 Sich vom andern her sehen [seeing oneself as one is seen by others], 157

탈 경계적 확장 Entgrenzung [release from boundaries], 58, 63-66, 79-80, 351

탈 본능 연계성 Instinktentbundenheit [release from instinctual constraints], 58, 79

탈 연계성 - 본능으로 부터의 Instinktentbundenheit, 65, 351

탈 연계성 - 현실로부터의 Realitätsentbundenheit, 65, 351

탈취적 권력 [power-over], 18, 282

태만 Unterlassung [omissions]

태생적 권위 generative Autorität [generative authority], 177, 179-180, 182, 355

테크네 techne, 222, 226-227

토템과 터부 Totem und Tabu [totem and taboo], 80

토피카 (키케로의) Topica, 144

통제처분강권 Verfügungsgewalt [force of control and disposal]

통제처분권 Verfügungsrechte [right of control and disposal]

통제처분권력 Verfügungsmacht [power of disposal and control]

통제처분하다 verfügen [control and dispose]

통합화 Integrierung [integration], 307, 310, 333, 364-365, 373

퇴니스 Tönnies, Ferdinand, 138, 146

투기적 연대 Solidarität - spekulative [speculative solidarity], 253

투영 효과 Projektionseffekt [projection

effect], 274
파우스트 Faust, 54
파테르 파트리아이 pater patriae, 180
페더럴리스트 페이퍼 Federalist Papers [federalist papers], 8
평등 Gleichheit [equality], 7, 84, 118, 210-211, 250
평등적 경향 Gleichheitstendenz [tendency toward equality], 211
평화수호의 지도자 Friedensfürst, 330
평화의 개시자 Friedensstifter [peace initiator], 326, 328
평화의 정책 Friedenspolitik [policy of peace], 277
평화의 특권 Friedensprivileg [privilege of peace], 275, 361
포테스타스, 권능 potestas, 23, 140, 145, 194, 215
포테스타스, 권능 potestas [potentia potestas], 23, 140, 145
포텐시아 potentia, 23
폴리스 Polis [polis], 5-8, 16, 84
폿지, 지안팡코 Poggi, Gianfranco, x, xvii, 4, 64, 98, 104
표상 Vorstellung [representation]
푸코, 미셸 Foucault, Michel, 2, 43, 108, 143, 347, 368, 374-375
품위 Anstand [distinguished deportment]
프롤레타리아트 Proletariat [proletariat], 10, 17, 293
프루스트, 마르셀 Proust, Marcel, 54
플라톤 Platon, 7
피어칸트 Vierkandt, Alfred, 138-139, 146
필수적 의존성 vitale Abhängigkeit [vital dependency], 25, 40, 348-349
하버마스, 위르겐 Habermas, Jürgen, 12, 367, 375
학습된 반응 gelernte Reaktion [learned reaction], 302
합당화 Rechtfertigung [justification]
해밀턴, 알렉산더 Hamilton, Alexander, 8
해탈 그룹 Nirwana-Gruppe [nirvana group], 209
행동 강박 Handlungszwäng [constriction to act], 59
행동 권력 Aktionsmacht [power of action], xxiv, 26, 28, 32, 39, 43, 45, 47, 49, 52-53, 56-57, 348, 350, 352-353, 369, 372-373
행동 기량 Handlungsfähigkeit [faculty of action], 25, 32, 40, 135, 353, 380
행동 억제 Handlungshemmung [impediment to acting], 59
행동 역량 Handlungspotenz [potency of action], 86, 125, 352, 380
행동기량 - 구성적 konstitutive Handlungsfähigkeit, 40, 349
행동의 본원적 역량 Handlungsvermögen [capacity for action], xxiii, 20, 367, 380
행위 - 일탈적 Abweichendes Verhalten [deviant behavior], 104, 112
행위 조종 Verhaltenssteuerung [behavioural control], 107, 314, 364
행위주체 Akteur [actor], 54, 56, 168, 185-186, 195-196, 199, 206, 211, 241, 259, 263, 302
헤겔 Hegel, Georg Wilhelm Friedrich, 16-17, 184, 201-203, 205, 228,

278, 315, 347, 373, 381, 384
헤로도토스 Herodotus, 327-328
혁명 Revolution [revolution], 17, 124
혁신력 Innovationskraft [innovative power], 308, 364
현세적 초월 irdische Transzendenz [earthly transcendence], 180, 182, 355
현실 초과성 Realitätsüberschuß [surplus of reality], 63, 79
현실로부터의 탈 연계성 Realitätsentbundenheit, 65, 351
현존재 보존을 위한 대비 Daseinsvorsorge [provision for human existential needs], 216, 230, 329
현존재 Dasein
혈통적 카리스마 Gentilcharisma [charisma of kin], 321
형식화 Formalisierung [formalization], 41, 92, 307, 310, 317-318, 333, 364-365, 373-374
홉스 Hobbes, Thomas, 74, 80-82, 235, 351
홉스주의의 법칙 Hobbes'sches Gesetz [Hobbesian law], 235
확장성 Dehnbarkeit [extendibility], 103, 119, 123-125, 128, 353, 375
활용 가능성 Ausnutzbarkeit [exploitation potential], 104, 279
활용(하다) Ausnutzung, ausnutzen
후대에서의 권위 Autorität der Nachwelt [authority of posterity], 169-170
흄, 데이비드 Hume, David, 241, 255, 358, 373
희망 Hoffnungen [hopes], 30-31, 39-40, 45, 103, 129, 131, 133-134, 163, 172
희생자에 대한 무관심 Indifferenz gegen das Opfer [indifference towards the victim], 89, 93, 97, 102

권력의 현상
권위, 지배, 무력, 기술

Phänomene der Macht: Autorität-Herrschaft-Gewalt-Technik, 1992

초판 1쇄 발행 | 2025년 9월 1일

지은이 | 하인리히 포피츠
옮긴이 | 현동균
발행인 | 김태진
발행처 | 진인진
등   록 | 제25100-2005-000003호
주   소 | 경기도 과천시 관문로 92 101-1818
전   화 | 02-507-3077-8
팩   스 | 02-507-3079
홈페이지 | http://www.zininzin.co.kr
이메일 | pub@zininzin.co.kr

ⓒ 1992 Mohr Siebeck Tübingen
Korean translation ⓒ 2025 현동균
Korean edition ⓒ 2025 진인진
ISBN 978-89-6347-636-0 93340

* 책값은 표지 뒤에 있습니다.